중국의 행정 개혁:
혁신과 현대화

公共行政的改革、創新與現代化

성균중국
연구총서
032

중국의 행정 개혁:
혁신과 현대화

公共行政的改革、創新與現代化

주첸웨이(竺乾威) 지음

성균관대학교 성균중국연구소 옮김

성균관대학교
출 판 부

서문

본서의 출판에 즈음하여 중국은 개혁개방 40주년을 맞이했다. 이 책은 중국의 운명을 바꾸고 중국사회의 진보를 추동한 위대한 개혁 운동에 바치는 헌정서이다.

중국의 공공행정학은 개혁개방의 산물이다. 개혁개방이 없었으면 공공행정학도 없었을 것이다. 중국의 공공행정학은 새로운 시대의 수요에 순응해 탄생하고 발전했으며, 지식 생산과정에서 개혁개방과 중국사회의 거버넌스에 지적, 학문적 토대를 제공했다.

필자는 운이 좋게도 이 과정을 온전히 경험하면서 개혁개방 이후 공공행정학의 성장과 발전을 지켜볼 수 있었다. 이 책에 수록된 논문(몇 편을 제외하면)들은 2000년 이후에 집필된 것으로 중국 공공행정의 개혁, 혁신과 발전을 다뤘다. 중국의 공공행정연구는 1980년대에 첫걸음을 떼었고 이후 모든 학문분과가 발전과정에서 거치는 도입, 모방, 감별, 비교, 혁신 등의 단계를 거쳤다. 1990년대 중후반 특히 2000년대에 들어 중국의 공공행정연구는 점차 중국 본토 문제에 대한 연구로 집중되었다. 중국 학자의 궁극적인 관심은 중국문제여야 한다는 점에서 이는 매우 자연스러운 과정이었다. 도입, 모방, 감별, 비교와 혁신의 최종 목적은 결국 중국의 공공행정 현상을 해석하고 행정문제의 해결을 위해 이론적으로 공헌하는 데 있다. 이 과정에 공공행정 지식의 생산과 공공행정학과의 발전을 위한 중국 학자들의 노력이 있었다.

'공공행정의 개혁, 혁신과 현대화'라는 주제를 택한 이유는 무엇보다도 이 주제에 대한 관심과 흥미가 컸기 때문이다. 중국의 공공행정 개혁과 혁신은 그야말로 거대한 변화를 가져왔는데 개혁개방 이후 중국사회의 전방위적인 진보는 공공행정의 개혁 및 발전과 떼어놓을 수 없는 밀접한 관계가 있다. 이는 공공행정개혁을 통해 중국 사회거버넌스의 가장 중요한 행위자인 정부가 새롭고 시의적절한 방식으로 거버넌스에 대한 책임을 질 수 있게 되었기 때문이다.

그런 의미에서 이 책의 연구는 크게 두가지 의의를 갖고 있다. 우선, 중국 공공행정의 개혁과 혁신 및 현대화 실천에 대해 탐구하고, 일부 공공행정개혁의 문제와 현상을 해석함으로써 학문적으로 문제해결에 공헌하는 것이다. 그리고 중국 공공행정연구의 발전을 위해 미력하게나마 힘을 보태고자 한다. 스틸만(Stillman)은 미국 공공행정연구의 발전에 대해, 대중의 직접적인 수요에 조용히 발빠르게 적응하는 것이 미국 행정이론의 가장 큰 강점이라고 말한 바 있다. 현실에 대한 빠른 반응성에 기반해 미국 공공행정연구는 "혁신과 새로운 방법으로 매 세대마다 또는 20년마다 새로운 지식구조로 전환되었다." 중국 공공행정학 연구의 중심이 중국 문제로 전환한 것은 개혁개방 이후의 다양한 거버넌스 실천이 주목을 끌었기 때문이기도 하지만 학문 발전의 필연적 결과이기도 하다.

학술연구는 진리에 대한 추구로, 객관적이고 비판적인 시각으로 연구대상을 살피고 구체적인 또는 일반적인 결론을 도출하고 이론을 구축하는 것이다. 이를 위해서는 난무하는 슬로건과 신개념들의 눈홀림, 눈을 어지럽히는 명예와 이익의 유혹을 견디고 세속적인 편견과 이데올로기의 선전에 흔들리지 않아야 한다. 외로움과 가난함을 버텨내는 인내도 필요하다. "차가운 의자에 10년을 앉아, 빈 문장은 반 구절도 쓰지 말라"는 요구는 의자에 앉아있지를 못하고 문장의 절반은 빈말뿐인 중국 학자들에게 어쩌면 진부하게 들릴 수도 있다. 그러나 이런 과정 없이 우수한 연구성과를 내는 것은 어려운 일이다. 이는 학자가 마땅히 가져야 할 경지이자 필자가 동경해 마지 않는 경지이기도 하다.

이 책에 실린 논문들은 원문 그대로를 유지하되 개별 문자만 약간 정정했다. 이는 역사에 대한 존중이며 독자들도 필자의 연구궤적을 엿볼 수 있을 것이다.

이 책의 출판을 앞두고 오랫동안 변함없이 필자를 지지해준 가족들에게 감사의 마음을 전하고 싶다. 가족들의 희생에 대한 감사의 마음은 말로 표현할 길이 없다. 공공행정학과의 동료와 학생들에게도 감사를 표하고 싶다. 그들과의 교류는 늘 유쾌한 브레인스토밍 과정이었으며 그 과정에서 많은 영감을 얻을 수 있었다. 이 책의 책임편집자인 순청쟈오(孫程姣)에게도 감사드린다. 그의 프로정신과 세심함 덕분에 이 책을 세상에 내놓을 수 있게 되었다.

마지막으로 이 책의 흠과 부족한 부분에 대한 독자들의 비평을 환영한다.

주첸웨이

푸단대학교 국제관계 및 공공사무학원

2018년 6월 20일

| 차례 |

제1장

체제개혁과 정부혁신

정부관리혁신의 몇 가지 문제에 대한 사색*

요약: 본 논문은 전반적 혁신과 국부적 추진, 제도적 구속과 실천의 선행, 탑레벨 디자인(Top-level design)과 지방 혁신, 이론의 돌파와 신중한 실천, 모델 참조와 유연한 개선, 혁신동력과 이해집단, 혁신과 경로의존 등 7가지 측면에서 중국의 정부관리 개혁과 및 혁신이 직면한 주요문제들을 고찰하고, 이러한 문제들에 대한 인식이 중국의 정부관리개혁과 혁신의 발전방향에 영향을 미치고 있다고 주장한다.

1. 전반적 혁신과 국부적 돌파

정부관리혁신이란 새로운 사상이념과 기술적 방법을 통해 관리체계(관리이념, 조직전략, 조직구조, 관리기술, 관리문화, 관리프로세스 등)를 리모델링하

---

*　　이 글은 『中国行政管理』 2014, Vol.2, pp.27-32에 수록되었다.

고 재구성하여 조직관리 효율성을 향상시키는 것을 목표로 하는 활동이다. 크게 두 가지 차원에서 정부관리혁신을 이해할 수 있다. 하나는 체계적 차원인데, 즉 정부관리모델의 전반적 혁신이다. 신공공관리론 모델이 전통적 관료제 모델과 다르게 작동하듯, 정부관리모델의 전반적인 혁신은 기존의 관리모델과 구별되는 새로운 모델을 만들어낸다. 게리 하멜(Gary Hamel)의 말에 따르면 이러한 관리혁신은 "전통적인 관리원칙, 프로세스 및 실천 또는 관습적인 조직형태와는 뚜렷하게 배치되는 것으로 관리의 방법을 크게 변화시킨다."[1] 혁신이 관리방법을 크게 변화시켰다는 것은 긍정적인 성과가 있다는 것을 의미한다. 다른 하나는 기존 모델의 구성부분(관리이념, 조직구조와 기능, 관리기술과 방법 등)에 대한 혁신이다. 부분혁신은 관리모델의 전반적인 변화를 가져오지는 못하지만 다양한 방면에서 관리의 효율을 향상시킨다. 물론 상술한 두 가지 측면이 확연히 구분되는 것은 아니다. 부분혁신이 축적되면 일정 단계에서 전체 모델의 전환을 일으킬 수도 있고, 전반적 혁신도 일부 부분에서 여전히 기존의 방법들이 남아있는 것을 배제할 수 없다.

상술한 두 가지 정부관리혁신 중 어떤 것을 택하느냐는 기존 관리모델에 대한 이해, 즉 기존의 관리모델이 직면한 도전과 문제점을 어떻게 인식하는지에 기인한다. 전반적인 혁신이 필요한가, 국부적인 혁신이 필요한가? 기존 모델에 체계적인 문제가 발생해 현재 직면한 상황에

---

1   Gary Hamel, "The Why, What, and How of Management Innovation," *Harvard Business Review*, 2006, No.3.

대처하기 어렵다고 판단되면 대폭적인 혁신을 해야만 문제를 해결할 수 있다고 생각할 것이다. 신공공관리론이 이 경우에 해당하는데 개혁자는 전통적인 관료제모델이 시대에 뒤떨어지고 포스트 산업시대의 수요에 적응하지 못한다고 인식했다. 관료제 행정모델의 두 개의 큰 축인 관료제 조직과 정치-행정의 양분화는 산업시대의 산물로 이미 역사적 사명을 다했기 때문이다. 다른 한편 기존 모델이 직면한 문제는 국부적인 수정을 통해 새로운 관리효과를 거둘수 있다고 판단할 수도 있다. 중국의 정부기관 개혁이 여기에 해당한다. 물론 일부 세부 영역에서 성과관리제 추진, 민관협력, 비용절감과 서비스 품질 향상 등 신공공관리론이 제창하는 기업화와 시장화를 도입하기도 했지만 전체적으로 보면 전통행정모델의 특징들이 남아있다.

　서로 다른 이해는 서로 다른 혁신과 개혁설계를 낳는다. 체계적인 방법은 전체에서 국부로 나아가는 방법이다. 즉 먼저 명확한 목표를 세운 후 목표 달성을 위한 일련의 실제적인 조치를 취하는 것이다. 신공공관리개혁을 예로 들면, 목표는 시장화와 기업화였다. 이 목표를 위해 일련의 시장화와 기업화의 특징을 갖는 방법들이 생겨나고, 궁극적으로는 기존의 전통적인 관료제적 행정모델과는 뚜렷하게 구별되는 신공공관리모델이 형성되었다. 전체적인 변혁과 혁신은 미시적 차원에서의 호응과 협력이 필요하다. 만약 전체적인 차원에만 머물러 미시적인 부분에 대한 관심이 부족하면 변혁과 혁신의 목표를 달성하기 어렵다. 또 다른 방법은 국부 또는 주변에서 시작하는 것인데 즉 문제가 생기는대로 해결하는 것이다. 이를 통해서도 혁신적인 방법이 생겨날 수 있다. 기존

관리모델의 효율성을 끊임없이 제고하는 것이 일정 시간 축적되면 기존 관리모델을 바꿀 수도 있다. 그러나 국부적인 방법의 문제점은 명확한 방향성과 체계적인 목표가 없고 수단과 방법 간 충돌이 생길 수도 있다는 것이다. 즉, 두통이 생기면 두통만 치료하고 발이 아프면 발만 치료하는 상황이 발생할 수 있다. 도시의 지하 배관을 체계적으로 설계하지 않아 수리를 반복하는 것처럼, 이런 방법은 시간 지연과 자원 낭비를 초래하기 쉽다.

정부관리의 전체적 혁신과 국부적 혁신은 차이가 있지만, 혁신 자체로만 보면 하멜이 지적한 세 가지 특징을 갖는다.[2] 첫째, 정부관리혁신은 전통적인 관리사상과는 다른 새로운 원칙에 기반한다. 전체적 혁신으로서의 신공공관리는 전통적 관리모델에 대한 시장화와 기업화라는 도전이었다. 국부적 혁신도 이러한 특징이 있는데, 예컨대 광동 순더(广东顺德) 대부처제 개혁(부문통합)은 당정의 경계를 허물고, 당정 연동개혁이라는 원칙 위에 이뤄졌다. 물론 대부처제 개혁이 정부 부문 내부에만 국한되었다는 한계점은 있지만 혁신의 특징을 띠고 있다. 둘째, 이러한 혁신은 일련의 과정과 방법을 포함하는 체계성을 띠고 있다. 신공공관리로 말하자면, 시장화와 기업화에 대해 과정과 방법 측면에서 일련의 변화가 있었다. 예컨대 성과관리, 민관 공동 공공서비스 제공, 정부서비스 외주, 물질적 인센티브 등등이 있다. 순더에서의 국부적 혁신은 조직구조, 운

---

2 Gary Hamel, "The Why, What, and How of Management Innovation," *Havard Besiness Review*, 2006, No.3.

영 프로세스, 기능재편 등 방면에서 이뤄졌다. 셋째, 이러한 혁신은 끊임없이 앞으로 나아가도록 추동하는 발전계획의 일부분이며, 이 계획은 시간이 지남에 따라 더 큰 진전을 거둘 것이다. 이는 혁신의 지속성과 긍정적인 전망을 의미하기도 한다. 많은 사람들이 신공공관리에 이의를 제기하고 개혁 자체가 많은 문제점을 가져오기도 했지만, 그럼에도 불구하고 신공공관리는 사람들이 공인하는 정부개혁모델 중 하나이다.

2. 제도의 제약과 실천의 선행

제도란 쉽게 말하면 행위에 대한 제약으로, 공식과 비공식의 구분이 있다. 조직관리에서 제도의 역할은 자명하다. 신제도경제학에서는 토지, 노동, 자본 등 요소들은 제도가 확립된 후에야 비로소 기능을 발휘한다고 보고 있다. 제도는 작게는 조직, 크게는 국가가 나아갈 방향을 결정하며, 제도는 한번 수립되면 반드시 지켜져야 한다. 그런 의미에서 제도와 규정은 태생적으로 인간의 창조성과 상상력을 억압하게 된다. 제도는 어떤 의미에서는 혁신의 산물일 수 있으나, 존재 자체로 새로운 혁신을 억압하기도 한다. 이로 인해 정부관리혁신은 종종 딜레마에 빠지게 된다. 제도를 준수하면 혁신이 있을 수 없다. 혁신과 돌파는 기존 제도나 규율에 적합하지 않기 때문이다. 반면 혁신과 돌파를 하게 되면 그것의 합법성이 공격를 받게 되어 일부 혁신적인 조치들은 만들어지기도 전에 사라져버린다.

제도적 결함, 제도의 공급부족, 제도적 공백은 국가와 조직의 발전에 불리하지만 다른 한편으로는 혁신이 쉽게 이루어질 수 있음을 의미하기도 한다. 그러나 중국의 실정은 제도와 규제가 점점 많아지고 정부관리 혁신의 공간이 점점 줄어들고 있다. 따라서 기존 관리자들이 혁신을 할 때 직면하는 가장 큰 문제가 바로 혁신을 제약하는 제도적 제한에 어떻게 대응할 것인가이다.

　　우선, 제도에 대한 미신부터 버려야 한다. 제도는 인위적으로 만들어진 산물이다. 신이 아닌 사람이 만든 제도는 완벽하지 않으며, 완벽하다 하더라도 그것은 상대적인 의미이다. 제도는 좋은 제도, 나쁜 제도, 시대에 뒤떨어진 제도 등 3가지로 나누어 볼수 있다. 나쁜 제도는 과감히 폐지해야 한다. 시대에 뒤떨어진 제도도 폐지하거나 개혁해야 한다. 제도는 특정 시공간의 산물이기에 시공간적 조건이 변화하면 새로운 제도로 구제도를 대체해야 한다. 제도의 제약과 관리의 혁신이라는 측면에서, 혁신공간을 만들기 위해서는 나쁘고 오래되고 시대에 뒤떨어진 제도를 개혁할 필요가 있다. 중국에서 시장경제제도가 계획경제제도를 대체한 것이 대표적 사례이다. 중화인민공화국 창건 초기의 자원부족 상황에서는 계획경제가 경제회복에 도움이 되었지만, 시간이 흐를수록 부정적 효과가 뚜렷해졌다. 이 사례에서도 알 수 있듯이 체제개혁 없이 국가발전을 논하기 어렵다. 물론 시장경제가 중국의 창조물은 아니지만 계획경제에서 시장경제로 어떻게 순조롭게 진환할 것인가는 혁신적인 방법이 있어야만 해결 가능한 것이다. 이는 제도개혁이 관리혁신의 조건이 될 수도 있다는 것을 의미한다. 즉 제도가 혁신을 제약하는 요인이 되기도 하지만 혁신의 기회가 될 수도 있다.

관리혁신에 대한 제도의 제약에 대해 덧붙일 점은, 필요에 의한 제도개혁 이외에 실천을 선행하는 원칙도 지켜야 한다는 것이다. 왜냐하면 개혁과정에 새로 만들어진 제도는 과도기적 성격을 띠게 되는데, 제도의 동태적 특징으로 미루어볼 때 현재 효과적인 제도가 장기적으로는 생명력이 짧을 수 있으며 개혁의 대상이 될 가능성도 있기 때문이다. 따라서 제도 밖에서의 실험, 혁신, 육성이 정부관리혁신의 좋은 방법이 될 수 있다. 선전(深圳) 특구의 발전경험처럼 제도 밖에서 먼저 실천하고 성과를 바탕으로 현행 체제를 바꾸는 것이 좋은 사례이다. 「11차 5개년계획」에서 확립한 10개 종합개혁시범구도 먼저 시범구에서 도농통합, 양형사회(兩型社會)[3], 노후공업기지 개편, 과학기술혁신을 선행하면서 현행제도의 제약을 받지 않고 새로운 개혁방안을 모색하도록 고안된 것이다.

3. 탑레벨 디자인과 지방의 혁신

탑레벨 디자인(Top-level design)이라는 용어가 중국의 정치영역에 도입된 이래 이에 대한 다양한 해석이 있었지만 일반적으로는 최고층위에서의 문제해결 방안의 모색을 뜻한다. 원자바오(溫家宝)총리는 정부업무보고와 「12차 5개년 계획요강(초안)」에서 "개혁의 탑레벨 디자인과 총체적

---

3   역자 주-양형사회는 자원절약형사회, 환경우호형를 가리키는 것이다.

계획을 더욱 중시해야"한다고 강조했는데, 총체적 계획은 최고층위에서 짜는 것이기에 여기에서의 탑레벨 디자인과 총체적 계획은 동일한 의미로 이해할 수 있다.

정부관리혁신에서의 혁신 주체는 상층과 하층을 포괄한다. 정부관리혁신 자체가 상하구조의 상호작용, 상호보완의 과정이기 때문이다. 다만 정부의 최고층은 하부조직보다 전반 국면을 파악하고 이해하는데 더 용이하기 때문에 탑레벨 디자인이 필요하다. 또한 전체적인 규범을 수립할 때도 최고층의 역할이 필요하다. 이와 같이 정부관리혁신에서 탑레벨 디자인이 중요한 것은 자명하지만 그 또한 한계가 있다.

우선, 탑레벨 디자인이 전면적이고 완전하다는 보장이 없다. 탑레벨 디자인도 사람이 하는 것이기에 지식의 한계가 있을 수밖에 없으며 이러한 한계성은 탑레벨 디자인의 오류 가능성을 노정한다. 역사를 뒤돌아보더라도 잘못된 탑레벨 디자인이 재난적인 후과를 가져온 경우도 종종 있었기에 이에 대한 맹신을 경계해야 한다.

둘째, 탑레벨 디자인이 어디에 기반하는지를 보아야 한다. 크게 두 가지로 볼 수 있는데 하나는 이론, 이데올로기, 상상력이고 다른 하나는 실천이다. 만약 설계자가 이론과 이데올로기에 대한 교조주의적 태도로 현실문제에 대한 이론의 설명력의 한계를 직시하지 않는다면 이로부터 고안된 탑레벨 디자인은 실질적인 문제를 해결하기 어렵다. 이는 중화인민공화국 창건 이후의 역사에 의해서도 증명되있다. 실제로 상층부에 가장 결여된 부분이 실천이기도 하다. 현장에 대한 이해가 부족하기 때문에 종종 현실과 동떨어진 결정을 내리게 된다. 이는 조직구조가 수직구조에서 수평네트워크화로 발전하는 원인이기도 한데 즉 상층부와 현장과의 거리를 줄여 상층부에서 신속하고 종합적으로 현실문제를 파악할 수 있도록 하는 것이다.

셋째, 탑레벨 디자인의 동력이다. 상층부는 어떤 이유에서 설계를 하며 그 동력은 어디에서 오는가? 보통 거시적 시야에서 전반적인 문제를 해결하기 위함이라고 생각하지만, 탑레벨 디자인 자체에 이해관계가 내재되어 있을 가능성도 배제할 수 없다. 상층부는 상대적인 개념으로, 전국 범위에서는 중앙정부가 상층부가 되지만 성급 단위로 내려가면 성정부가 곧 상층부이다. 무릇 모든 정부는 다양한 부문으로 구성되는데 정부 부문이 관할 범위 내에서 상층부가 되는 경우도 적지 않다. 경험적으로 볼 때 정부와 각 부문는 모두 자체적인 이익을 갖고 있다. 이들이 탑레벨 디자인을 할 때 사익을 공익보다 우선시 하지 않는다는 것을 어떻게 장담할 수 있겠는가?

마지막으로 탑레벨 디자인의 관철에 대한 문제가 남아있다. 탑레벨 디자인은 설계의 목표를 실현했을 때 빛을 발한다. 만약 목표실현이 안되면 탑레벨 디자인의 권위와 평판이 손상되어 이후에 출범하는 설계는 신뢰도가 떨어지게 된다. 따라서 설계자는 목표를 어떻게 실현할 것인지를 고민해야 한다. 탑레벨 디자인이 그럴 듯 하더라도 현실에서 저항이 클 경우 실행 가능성이 떨어지게 된다. 국가차원의 부동산정책이 지방에서 저항에 부딪히는 사례가 전형적이다.

탑레벨 디자인이 물론 중요하지만 사실 정부관리혁신에서는 지방의 혁신이 더 중요하다. 실제로 수많은 혁신은 지방에서 먼저 실천한 것이다. 존 나이스비트(John Naisbitt)는 그의 저서『메가트렌드』에서 "뉴욕과 워싱턴이 아무리 잘난 척 해도 이 두 곳에서 기원한 새로운 것은 아무것도 없다. 새로운 사상과 트렌드는 모두 탬파, 하트포드, 샌디에고, 시애틀, 덴버 등 도시에서 시작했다."[4]고 지적했다. 예컨대 공공기관에서 공개회의를 할 것을 요구한 '선샤인법'은 플로리다에서 먼저 제정되어 다른 지역까지 퍼진 것이다. 신공공관리모델 중의 수많은 혁신도 모두 지방에서 시작되었는데 예컨대 '빈틈없는 정부관리(The Seamless Government)'는 미네소타주에서 기원했다. 신공공관리의 대표 저서인『정부혁신의 길』에서 열거한 수많은 정부관리혁신의 사례도 미국의 연방 주와 지방의 실천에서 비롯된 것이다. 중국의 상황도 비슷한데, 안후이성 샤오강촌(安徽小崗村)의 실천이 전국농촌개혁을 촉발했고 또 공적추천과 선거, 표결제, 정부고용, 성과평가 등 다양한 공무원 관리방식의 혁신도 지방에서 먼저 실천하고 전국으로 보급되었다.

지방에서 발 빠르게 혁신을 할 수 있는 가장 큰 이유는 직접적인 문제의식과 압력이 있기 때문이다. 압력은 혁신을 통해 문제를 해결하는 동력이 된다. 순더(順德)에서 당정을 연계하는 대부처제 개혁을 시도한 것은 당시 당정기능이 중첩된 상황이 정부효율성을 저해한다고 간주되어 이를 해결하기 위한 새로운 방식이 필요 했기 때문이다. 지방의 혁신 제약요인이 상대적으로 적은 것도 중요한 요인이다. 지방의 경우, 상층부에 비해 고민해야 할 요소가 적고 새로운 조치의 파급력도 상대적으

---

4   [美]约翰奈斯比特,『大趋势』, 梅艳等译, 新华出版社 1984 年版, p.2.

로 적기 때문에 개혁자가 결단을 내리기 쉽다.

물론 지방의 혁신도 여러 한계성이 있다. 우선 지방의 혁신이 상층부의 인정을 받지 못하면 혁신이 높은 가치가 있다 하더라도 전국적인 영향력을 갖기 어렵다. 만약 상층부로부터의 제지를 받으면 지방의 혁신은 덧없는 운명을 면치 못하게 된다. 둘째, 지방 혁신의 일반화 문제-예컨대 공무원제도 개혁에 관한 각 지역의 조치를 상층부에서 제때에 효과적으로 채택, 보급, 규범화하지 않을 경우 오히려 전국 범위에서 비용이 더 커지는 문제가 발생할 수 있다.

정부관리혁신에서 탑레벨 디자인과 지방혁신은 상호보완의 관계에 있다. 지방 혁신이 탑레벨 디자인의 원천이 되기도 하지만 반대로 탑레벨 디자인이 지방혁신의 새로운 방향과 기초를 제공할 수도 있다. 따라서 양자의 상호보완은 정부관리혁신을 촉진하는 필수 조건이다.

4. 이론적 돌파와 신중한 실천(돌을 더듬으며 강 건너기)

무릇 모든 혁명과 혁신이 그러하듯, 정부관리혁신도 이론과 실천의 모순이라는 문제에 봉착하게 된다. 빈센트 오스트롬(Vincent Ostrom)이 지적했듯이 "하나의 체제가 어떻게 작동하는지, 체제 내에서의 변화와 변혁이 효율성에 어떤 영향을 미치는지를 이해하려면 그에 대한 적절한 이론이 필요하다."[5] 그러나 개혁과 혁신에서 항상 적절한 이론이 존재하는 것이 아니기에 우리는 정부관리혁신을 이론에 기반한 혁신과 이론에 기반하지 않은 혁신 두 가지로 분류할 수 있다. 신공공관리모델은 전형적으로 전자에 속하고 중국의 '돌을 더듬으며 강 건너기'는 후자에 속한다.

　　신공공관리개혁은 하이에크의 신자유주의 이론에 기반한 것이다. 신공공관리개혁의 제안자였던 대처 영국 총리도 하이에크가 그의 멘토임을 밝힌바 있다. 하이에크는 낮은 수준의 정부개입과 시장의 역할을 강조했다. 대처는 왜 하이에크의 이론을 택했을까? 대처는 당시 영국사회의 문제가 정부의 지나친 개입에 있다고 생각했는데, 하이에크의 이론은 이 문제에 대해 좋은 처방을 제공했다. 대처는 '사유화'로 신공공관리개혁을 시작하면서 정부의 몸집 줄이기도 동시에 진행했다. 시장화, 기업화를 위한 다른 국가의 개혁조치들도 하이에크의 이론에 기반한 것이다. 다만 신공공관리개혁의 정부혁신이론이 하이에크의 사상에 기반한 것이 사실이지만, 실제 실천과정에서 하이에크의 이론을 진일보하게 발전시킨 점도 주목해야 한다. 즉 추상적인 이론에서 실천을 직접적으로 지도할 수 있는 이론으로 거듭난 것이다. 예컨대, 오스본이 『정부혁신의 길』에서 제시한, 개혁 이후의 정부가 갖춰야 할 10가지 기능은 높은 실천가능성을 갖추었는데, 이로 인해 빌 클린턴 당시 미국대통령은 '개혁의 청사진을 제시했다'고 찬사를 하기도 했다. 이와 같이 이론과 실천이 끊임없이 상호작용하며 발전하면서 신공공관리개혁에 명확한 목표와 수단, 그리고 이론적 기반을 제공했다. 이 사례로부터 정부관리혁신에서

5　[美]文森特奥斯特洛姆, 『美国公共行政的思想危机』, 毛寿龙等 译, 上海三联书店 1999年版, p.135.

이론의 의미와 역할을 확인할 수 있다.

그러나 모든 개혁에 바로 적용가능한 이론이 준비되어 있는 것은 아니다. 일부 개혁과 혁신은 전례없는 것으로, 따를 만한 이론이 없어 실천에 의지해 배워가면서 교훈을 체득하는 수 밖에 없다. 중국의 개혁이 바로 이런 경우인데, 이로 인해 '돌을 더듬어가며 강을 건너라'는 유명한 말도 생겨났다.

'돌을 더듬어가며 강을 건너라'는 은유적 표현이며, 두 가지 측면으로 이해할 수 있다. 하나는 모색의 측면을 뜻하는 것인데, 다리도 없고 로드맵도 없기에 돌을 더듬으며 전진하는 것을 의미한다. 다른 하나는 방법의 측면을 뜻하는 것인데, 수심의 깊이를 몰라 돌이 만져지면 전진하고 만져지지 않으면 멈추는 것을 의미한다. 이를 점진적 방식이라고도 부르는데, 상술한 두 가지 측면은 사실 서로 연결되어 있다. 돌을 더듬으며 강을 건넌다는 것 자체가 다리도 로드맵도 없다는 것을 전제한다. 여기에서 다리와 로드맵을 이론, 돌을 더듬는 행위를 실천으로 볼 수 있다. 이론이 부족한 상황에서는 강을 건너기 위해 돌을 더듬는 것이 하나의 적절한 방법이 될 수 있다. 사실 이는 이론과 실천의 관계에 대한 문제를 제기한 것이기도 하다.

혁신은 기존의 관례를 탈피하는 상상력을 요하는 행위이다. 이론에 기반한 혁신도 좋지만 이론에 대해 교조주의적 태도를 취한다면 그 역시도 사람의 사상을 속박하는 것이다. 무릇 모든 이론은 특정 시공간의 산물이기에 시대적 조건의 제약을 받는다. 마르크스도 인류사회의 미래 발전 방향을 제시했지만, 한 사회가 사회주의 단계에 진입한 후 구체적으로 어떻게 운영되어야 하는 지에 대해서는 답을 제시하지 못했다. 레닌의 『국가와 혁명』이라는 책에도 미래의 소비에트 국가의 관리에 대한 낭만적인 시각이 담겨있다. 레닌은 글을 조금 쓸 수 있고 간단한 셈법만 익히면 국가를 관리할 수 있다고 보았다(물론 이는 소비에트가 노동자의 국가라는 이데올로기와 관련이 있다). 이는 레닌이 실천에 기반한 지식이 없었기 때문인데, 실제로 소비에트국가를 세운 이후 레닌은 생각과 실제가 다른 것을 깨닫고 자산계급 전문가에게 배우자는 구호를 내걸었다. 즉 이론도 혁신이 필요하고 시대에 뒤떨어지지 않아야 한다.

이론은 실천에서 오지만 또 시대에 앞선 것이기도 하다. 이는 이론과 실천의 중요성과 불가결성을 의미한다. 정부관리혁신을 포함한 중국의 여러 개혁들은 기존에 걷지 않은 길에 대한 실천으로, 이론의 지도 없이 진행되었다. 물론 관련 이론들을 충분히 참고할 수 있었지만 중국의 상황에 맞게 적용해야 했다. 오스트롬은 이론의 필요성을 강조하면서도 "하나의 설계 이론으로 다른 설계이론에 기반한 체제를 지도 또는 개혁을 한다면 심각한 오해를 불러일으키게 되고 예측할 수 없을 정도의 값비싼 대가를 치르게 될 것"[6]이라고 지적했다.

즉 중국의 경우 돌을 더듬으며 건너는 실천 정신은 바람직한 것이었다. 앞으로도 중국은 또 돌을 더듬어야 할 수도 있지만, 항상 이 방법에만 의존해서는 안된다. 돌을 더듬는 것은 어쩔 수 없는 맹목적인 부분이 있으며, 돌이 만져지지 않으면 멈춰서야 하는데 이는 막대한 시간비

6   위의 책, p.135.

용을 소요한다. 또한 돌이 만져지더라도 앞으로 가는 것이 아니라 후진 방향으로 안내할 수도 있다. 그렇기 때문에 실천 속에서 이론, 즉 강을 건너는 로드맵을 만들어야 한다. 그렇지 않으면 강을 건너지 못하거나 다시 원점으로 돌아가거나 엄청난 대가를 치르고 나서야 강 저편에 도착할 수 있다. 이로부터 이론의 중요성, 로드맵의 중요성은 자명해진다. 우리에게 필요한 것은 정부개혁론처럼 하나의 사상에 기반한, 개혁과 정부혁신을 구체적으로 지도할 수 있는 이론과 로드맵이다. 물론 강 저편의 전경도 필요하다. 강 저편의 파노라마가 강을 건너는 로드맵을 결정한다.

중국은 여러 속박의 틀을 깨고 실천 속에서 이론의 정제와 발전을 이뤄야 한다. 이론의 발전도 하나의 혁신인데, 이를 위해서는 우선 사상의 속박을 허물어야 하고 사회적으로 자유로운 사상공간이 마련되어야 한다. 정통성(正统)을 뛰어넘을 수 없는 금기로 간주해서는 안된다. 정통은 비정통적인 것과의 대결에서 더 강한 생명력을 만들어냈을 뿐이다. 만약 마르크스주의를 초월할 수 없는 정통으로 간주했다면 중국의 시장경제와 같은 혁신적 조치도 불가능했을 것이고 30년의 개혁으로 인한 사회, 경제의 발전도 없었을 것이다. 마르크스주의이론의 생명력은 시대와 더불어 발전하는 품격에 있다. 경제체제 개혁과 정부관리 혁신도 마찬가지이다.

5. 모델 참고와 융통성 있는 개선

눈이 번쩍 뜨일만한 혁신이란 굉장히 어려운 것으로 대부분의 혁신은 선인들이 쌓아온 것들을 개선하거나 향상시키는 것이다. 따라서 선인들의 경험과 방법은 성공과 실패를 떠나 소중한 자산이다. 마르크스도 후진국은 선진국을 통해 자신의 미래 모습을 볼수 있다고 말했다. 많은 중국인들이 중국의 5천년의 문명을 자랑스러워 하지만 사실 그것은 농업문명이었으며 중국의 산업문명의 역사는 매우 짧다는 점을 알아야 한다.

그렇다면 우리는 앞서 나간 사람들-서구문명을 어떻게 바라봐야 하는가? 사실 이는 오래된 문제로, 이에 대해서는 허무주의에 기반한 전반적 부정, 또는 무분별한 베끼기라는 두 개의 극단적인 입장으로 나눌 수 있다. 청나라 말엽에 서양의 선박과 총포에 마주했을 때에도 당국자들은 "기계는 서양보다 못해도 제도는 우리 것이 좋다"라는 '천조(天朝)'의 자만심에 빠져있었다. 그들은 기계가 제도에서 나온 것이며 청나라는 이미 세계에 뒤쳐진지 오래됐음을 인지하지 못했다. 청일전쟁에서는 비록 세계최고는 아니더라도 두 번째로 손꼽히는 해군력을 갖고 있다고 자신했지만 결과는 청나라 군의 전멸이었다. 이러한 천조 심리는 지금까지도 남아있는데, 중국이 조그마한 발전을 거두기만 하면 우물 안의 개구리마냥 뽐내며 천하제일이 된 듯 행동하고 있다. 발전과정에서 타인의 장점을 무시하고 자아도취에 빠지는 것은 바람직하지 못한 태도이다.

다른 하나는 자기비하(自卑) 심리에서 기인한 맹목적 베끼기이다. 역사적으로도 서구의 발전을 숭상하고 그 이후에는 소련 모델에 대해 맹

목적 숭배가 만연했던 시기가 있었다. 이런 숭배심리는 자신을 과소평가하게 되는데, 타국 모델의 단점을 제대로 보지 못하기때문에 비판적 참고, 모방, 개선과 혁신이 이루어지기 어렵다. 이와 같이 무분별한 베끼기는 자국의 상황에 맞지 않기 때문에 남귤북지[7]의 결과를 낳게 된다. 1950년대 소련에 대한 맹목적 학습으로 인해 중국은 적지 않은 대가를 치뤘다. 개혁개방 과정에서도 서구의 과도한 시장화에 대한 무분별한 모방이 있었는데, 예컨대 정부가 의무교육, 의료보장제도 등 정부의 역할이 필요한 분야에서 손을 떼면서 시장원리로는 해결할 수 없는 문제들이 발생하기도 했다. 따라서 무분별한 베끼기도 발전과정에서 조심해야 할 부분이다.

중국의 부상과 더불어 서구모델에 대한 우리의 태도도 과거의 자기비하적 사고에서 자랑스러움으로 바뀌었다. 중국의 모델이 최고의 모델이 되었으며 이제는 다른 국가들이 중국을 따라배워야 한다는 인식이 광범위하게 퍼졌다. 따라서 서구모델을 어떻게 바라봐야 할 것인지는 여전히 중국의 개혁과 정부관리혁신에서 고민해야 할 문제이다.

정부관리혁신의 측면에서 서구모델(과거의 전통적 관료행정모델에서 시장화, 기업화정부로 전환하듯 이것도 변화하는 개념이다)은 참고할만한 부분이 있는가? 대답은 당연히 긍정적이다. 왜냐하면 정부관리는 공통적인 특징이 있는데 바로 서방국가든 중국이든 정부의 관리기능은 똑같다는 것

7　역자 주-南橘北枳, '남녘의 귤나무를 북녘으로 옮겨 심으면 탱자나무가 되듯이, 사람도 환경에 따라 변한다'는 사자성어.

이다. 즉 관리 방식이 다르더라도 사회공공업무를 다룬다는 것은 점은 동일하다. 서구의 정부관리모델은 시장경제에 기반한 것으로 수백년의 역사를 갖고 있다. 이와 같이 긴 역사 과정 속에서 축적된 성공과 실패의 경험 및 교훈은 겨우 수십년의 시장경제 역사를 가진 중국 정부공공관리의 타산지석이며, 이를 활용하지 않는다면 그야말로 어리석은 짓이다. 실제로, 중국의 적지 않은 정부관리개혁과 혁신, 예컨대 공공서비스의 다원화 및 시장운행기제, 정부성과예산, 정부성과평가 등은 서구의 방식을 참고한 것이다.

물론 중국과 서방국가가 서로 다른 발전단계에 처해있고 해결해야 할 문제도 다르기 때문에 서구모델을 학습할 때 중국의 상황에 맞게 참고해야 할 것이다. 서방국가들이 일찍이 복지국가에 진입한 것과 달리 중국사회는 여전히 온포(溫飽)[8]를 해결해야 하는 단계에 있다. 똑같은 시장경제에 기반한 정부관리모델이더라도 관리방식과 공공정책이 다른 이유도 여기에 있다. 서방국가들이 시장 주도의 관리방식이라면 중국은 정부 주도의 관리방식에 더 가깝다. 물론 서구의 정부관리모델이 1980년대의 경제세계화와 더불어 시장화, 기업화, 네트워크화의 변화가 있었던 것처럼 중국의 모델도 고정불변한 것은 아니며 시공간적 조건의 변화에 따라 바뀔 수도 있다.

---

8   역자 주-따뜻하고 배부르다는 뜻으로 인민의 기본 복지를 의미.

6. 혁신의 동력과 이익 추구

앞서 서술했듯이 정부관리혁신은 상층부와 하층부가 상호교류 및 보완하는 과정이다. 혁신도 일종의 개혁으로, 상층부에서 시작할 수도, 하층부에서 촉발될 수도 있다. 즉 크게 하향식(탑다운) 방식과 상향식(바텀업) 방식 두 가지로 나누어볼 수 있다. 중국의 경우에는 탑다운 방식의 정부기관개혁과 바텀업 방식의 지방정부개혁으로 표현된다.

제도경제학에서는 하향식 개혁을 강제적 제도전환, 상향식 개혁은 유인식 제도전환이라 부른다. 상술한 두 가지 개혁은 개혁주체가 다르다. 하향식 개혁의 주체는 국가 또는 정부이고, 후자 즉 상향식 개혁의 주체는 몇몇 사람 또는 하나의 단체가 될 수 있다. 정부관리혁신은 그 주체가 정부이기 때문에 개혁의 동력이 무엇인가를 논할 때, 제도경제학에서의 유인식 제도전환의 발생 원인을 정부관리혁신에 그대로 적용할 수 있다. 제도경제학에 따르면, 유인식 제도변화는 기존의 제도에서 더 이상 이익을 얻지 못할 때, 즉 달리 말하면 수익기회에 대한 제도적 불균형으로부터 기인한다. 유인식 제도변화가 발생할 것인가의 여부는 혁신자의 기대수익과 비용에 의해 결정된다. 이는 "제도가 달라질 경우 기대수익과 비용도 달라지기 때문이다."[9] 쉽게 말해, 기존 제도에서는 더 이상 이익을 얻지 못하고 제도를 개혁해야만 이익이 발생할 때 개혁이 일어난다.

이런 관점은 설득력을 가지는데, 신공공관리론도 전통적인 행정모

---

9   卢现祥,『西方新制度经济学』, 中国发展出版社 1996年版, p.111.

델에서는 정부 서비스 비용을 더 절감할 수 없고, 정부 서비스의 질을 더 이상 향상시킬 수 없었기에 탄생한 것이다. 중국에서 공무원제도가 만들어진 것도 기존의 간부제도가 더 이상 새로운 경제, 사회적 수요를 만족시킬수 없었기 때문이다. 다만 새로운 제도를 채택할 때 반드시 비용과 편익의 문제를 고민해야 하는데, 편익이 비용보다 커야만 실행 가능하다. 종합해보면, 정부관리혁신의 발생 여부는 두 가지 요인으로 귀결될 수 있다. 하나는 개혁의 기대수익이고, 다른 하나는 개혁의 비용이 편익보다 작아야 한다는 점이다.

그런데 개혁이나 혁신은 개혁자 또는 제도경제학에서의 소위 '초기집단'에 의해 시작되기 때문에 이들이 이익과 비용편익에 대한 판단을 하게 된다. 여기에서 이익은 큰 이익, 작은 이익, 사익으로 구분할 수 있다. 큰 이익은 곧 공공이익을 뜻하며, 정부가 존재하고 기능하는 이유이기도 하다. 작은 이익은 정부 또는 정부 부서의 이익을 뜻한다. 사익은 개혁자의 이익으로 볼 수 있다. 3가지 이익은 서로 합치될 수도 충돌할 수도 있다. 공공이익에 부합하는 개혁이 작은 이익과 사익에 부합하지 않을 수 있으며, 그 반대의 경우도 마찬가지이다. 따라서, 개혁을 단행할 것인지, 어떻게 개혁할지를 판단할 때 개혁자 또는 초기집단은 반드시 공공이익이라는 최고의 원칙에 기반해야 한다.

정부관리개혁과 혁신은 개혁자 또는 초기집단의 '선호와 제한적 합리성, 관료정치, 이익충돌, 사회과학지식의 한계, 국가의 존립위기'[10]등

---

10   위의 책, p.115.

여러 요인들의 제약을 받는다. 이런 요인들을 외부요인과 내부요인으로 나눌 수 있는데, 외부요인의 핵심은 이해관계이고, 내부요인은 사람의 제한적 합리성에서 기인한다. 즉 이해관계가 개혁 단행 여부와 개혁의 방식을 결정하고, 사람의 제한적 합리성이 개혁과 혁신 과정에서의 선택을 제약한다. 두 가지 요인은 상호연관성을 갖고 있는데, 공공이익을 우선시하는 개혁에 대한 열망이 있더라도 관련된 지식과 능력이 부족하면 개혁과 혁신의 목표를 실현할 수 없다. 마찬가지로 지식과 능력을 구비했더라도 소집단과 개인의 이익을 추구하는 개혁은 잘못된 길로 빠지기 쉽다.

중국의 경우에는 공공이익보다 정부 부서와 소집단 이익을 추구하는 것이 정부관리개혁 및 혁신의 장애물이 되고 있다. 이는 국가이익의 정부 부서화 경향과 관련있다. 일부 정부 부서에서 국가의 이름으로 부서의 이익을 추구하고 있으며, 그 이면에는 개인의 승진과 같은 사적 이익이 있다. 이해관계가 개혁과 혁신 과정에서의 선택을 제약하는 것은 공공이익을 제1원칙으로 한다는 개혁의 원칙과 배치되는 것이다.

7. 개혁과 경로의존성

상상력에 기반한 선구적인 혁신 이외의 대다수의 개혁은 기존의 제도를 바탕으로 이루어진다. 따라서 기존의 상황이 어떠한지가 상당히 중요한 혁신 제약 요인으로 작용한다.

이때 초기의 경로선택이 매우 중요한데, 제도경제학 이론에 따르면 초기의 경로선택에 따라 미래의 제도변화가 결정된다. 경로선택은 점진적, 급진적 등 2가지 방식으로 나눌 수 있다. 점진적 방식은 기존의 제도, 정책과 방법 등 기본적인 틀은 유지하되 작은 변화들의 누적을 통해 기존의 제도를 개선하거나 궁극적으로 변화시킨다. 점진적 방식의 장점은 정책의 큰 변화가 없이 안정적으로 진행할 수 있다는 점이다. 물론 그 전제는 기존의 제도나 정책, 방법이 기본적으로 양호한 상태여야 한다. 점진적 방식은 시간비용과 실행비용이 있기 때문에 기존의 제도나 정책, 방법이 기본적으로 시대에 뒤떨어져 더 이상 실행 불가능한 상태라면 소폭 변화의 방식으로는 문제를 해결하기 어렵다. 이럴 경우에는 급진적인 방식으로 문제를 해결하는 결단이 필요하다. 예컨대 중국의 경제체제 개혁은 기존의 계획경제체제와 완전히 다른 체제를 구축하는 급진적인 방식으로 진행되었다. 경제체제 개혁을 점진적 방식으로 진행했더라면 중국 경제가 이토록 빠르게 발전할 수 없었을 것이다. 즉 점진적 방식은 모든 개혁에 다 적용할 수 있는 것이 아니며 그 한계점이 있음을 보여준다. 이에 비해 급진적 방식의 장점은 신속함인데 단기간 내에 문제를 해결함으로써 시간비용과 실행비용을 절감할 수 있다. 다만 급진적 방식의 단점은 개혁의 폭이 크기 때문에 갈등비용이 높아져 혼란과 불안정을 야기할 수 있다는 점이다. 이러한 불안정을 견디지 못해 개혁과 혁신을 중단한다면 더 큰 혼란을 야기할 수도 있다.

중국의 대부분의 개혁은 초기에 섬진적 방식의 경로가 채택되었는데, 초기의 경로선택은 경로의존성을 형성하기에 매우 중요하다. 제도경제학에 따르면 과거의 선택에 따라 현재 선택 가능한 옵션이 결정된다.

기존의 경로를 따라 선순환의 결과로 이어질 수도 있지만 난관에 봉착해 이도저도 못하는 상황에 놓일 수도 있다. 그러나 점진적 개혁의 경제성과 안정성 때문에 중국에서는 점진적 방식에 대한 경로의존성이 생겨버렸다. 문제는 이런 경로의존성의 시간비용과 실행비용이 상당히 높다는 점이다. 예컨대 중국에서는 1980년대에 이미 정부와 기업의 분리(政企分开), 정부와 국유자본의 분리(政资分开), 정부와 사업기관의 분리(政事分开)가 제기되었지만 30년이 지나도록 제대로 해결이 되지 않았다. 그 이유 중 하나가 개혁의 경로선택의 문제였다. 중국에서는 일종의 '점진적 경로에 대한 숭배' 심리가 작동했는데, 안정을 위해 점진적 방식만 고집하다 보니 필요시에는 급진적 방법을 취해야만 문제를 해결할 수 있다는 것을 깨닫지 못했다. 지금의 개혁전략은 주변에서 중심으로, 쉬운 것에서 어려운 것으로의 전략이다. 그러나 주지하다시피 중국의 개혁은 이미 가장 어렵고 핵심적인 문제에 접근해야 하는 심층개혁의 단계에 진입했다. 따라서 점진적인 방식으로 과연 문제를 해결할 수 있을지를 고민해야 한다.

제도경제학에 따르면 경로의존성이 형성되는 심층적 원인은 이해관계 때문이다. 하나의 제도가 형성되고 나면 그 제도로부터 이익을 얻는 집단이 생성되는데, 이들은 기존의 제도를 공고히 하면서 새로운 개혁을 저해한다.[11] 즉 점진적 방식을 채택하는 것은 안정성을 유지하기 위함도 있지만 다른 의미에서는 이해집단에 대한 양보와 용인이라는 면도

11   위의 책, pp. 81—85.

있다. 이럴 경우 점진적 방식은 이해관계를 건드리는 어느 시점에 이르러 더 나아가지 못하게 된다. 개혁이 점점 어려워지는 원인도 여기에 있다. 이러한 이해관계의 구도를 타파할 용기와 단호한 방식이 없기 때문에 개혁과 혁신을 못하고 기존 체제의 폐해는 장기간 동안 지속되는 것이다.

따라서 개혁과 혁신의 경로선택에서 급진적 방식이라는 새로운 접근을 할 필요가 있다. 물론 급진적 방식은 새로운 경로의 탐색을 의미하기에 기존의 경로를 따라가는 것보다 어렵다. 그러나 기존의 경로를 따라가서는 목적지에 도달할 수 없지만, 새로운 경로에서는 목적을 실현할 수 있는 가능성이 열려 있다. 서구의 신공공관리개혁을 보더라도 기존의 모델에서 조금씩 바꾸는 것이 아니라 급진적인 개혁으로 전통적인 관료 모델과는 완전히 다른 사회화와 기업화의 길을 택했다. 이와 같은 대대적인 개혁이 있었기에 공공관리의 새로운 모델이 만들어질 수 있었다.

새로운 경로를 개척하려면 반드시 새로운 개혁 및 혁신세력을 육성해 개혁의 새로운 동력을 만들어야 한다. 쿠르트 레빈(Kurt Lewin)의 역장 이론에 따르면 추진력이 저항력보다 클 때 개혁이 앞으로 나아가고, 추진력과 저항력이 동등할 때 개혁이 정체되며, 저항력이 더 클 때 개혁이 후퇴한다. 추진력은 개혁의 잠재적 수익자들로부터 온다. 따라서 추진력이 저항력보다 더 커지려면 반드시 잠재적 수익자들에게 개혁의 희망을 보게 해야 한다. 그 희망의 단초가 바로 기존의 불합리한 이해구도를 타파하는 것이다.

Thoughts on Several Issues of Innovation of Governmental Management

Abstract: The paper discusses following issues which are considered important for promoting innovation and reform of Chinese governmental management: systematic innovation and partial improvement, institutional restriction and putting practice first, top level design and local initiative, theoretical breakthrough and practical exploration, model copy and improvement tactically, driving force of innovation and interest seeking, and finally reform and path dependence. The paper regards that perception on the above, mentioned issues affects the future development of innovation and reform of the Chinese governmental management.

행정체제개혁의 목표, 지향과 책략*

요약: 행정체제개혁은 명확한 목표, 지향, 책략이 있기 마련이며, 이 삼자 간의 논리 관계를 분명히 정리해야 한다. 행정체제개혁은 정치, 조직, 심리 과정으로서 개혁의 목표를 둘러싸고 진행하는 것이다. 이 목표는 구체적으로 제도, 운영, 이념의 세 개 차원으로 나타난다. 목표는 개혁의 지향을 결정하고, 지향은 책략의 운용에 영향을 준다. 또한, 책략의 운용(상층 설계와 지방 혁신, 이익 보상과 사회 효율 증진, 신중한 접근과 경로의존, 체계적 사고와 총체적 추진 등 제 방면)은 최종 목표의 달성에 영향을 미친다. 행정체제개혁은 이 세 가지 측면에서 좋은 상호 작용을 할 수 있도록 삼자 간 관계를 잘 처리할 필요가 있다. 이 외에 '전면심화개혁(全面深化改革)'의 일부분으로서 행정체제개혁은 전체 개혁 시스템의 일부분일 뿐이다. 그래서 행정체제개혁은 다른 개혁 특히 정치체제개혁의 관계를 잘 처리하여 개혁이 소기의 성과를 거둘 수 있도록 해야 한다.

1. 행정체제개혁의 목표

중국공산당 18기 3중전회는 '진면적 심화개혁(全面深化革)'의 총목표를

---

*   이 글은 『江苏行政学院学报』 2014, Vol.3, pp.98-104에 수록되었다.

제시했다. 이것은 바로 중국 특색 사회주의 제도의 개선과 발전, 국가 거버넌스 체계와 거버넌스 능력 현대화 추진이다. 행정체제의 현대화는 의심할 바 없이 국가 거버넌스 체계와 거버넌스 능력 현대화의 중요한 부분을 구성한다. 그것은 바로 행정체제와 정치체제, 경제체제, 문화체제, 사회체제와 생태문명체제가 함께 국가의 거버넌스 체계를 지탱해왔기 때문이다. 이러한 의미에서 행정체제의 장점이 국가의 거버넌스 체계에 영향을 주고, 행정체제개혁은 전례 없는 중요성을 가진다.

　　행정체제개혁은 정치, 조직, 심리(心理)에 관련된 과정이다. 정치과정으로서 행정체제개혁은 사회주의 정치 자원의 조직과 동원에서 집중적으로 나타난다. 또한, 개혁의 동력을 끊임없이 불러일으킨다. 개혁은 이익의 재조정과 분배 과정에서 반드시 기득권의 저지로 인해 저항과 반발을 받는다. 그리고 이러한 저항과 반발은 이익과 권력의 결합으로 강화될 수 있다. 기존의 몇 가지 개혁 패키지가 동시에 진행되지 못한 결과로, 오늘날 우리들은 기득권이 이미 매우 강대해진 현실을 마주하고 있다. 중국의 정부-기업 분리(政企分开), 정부-국유기업 분리(政资分开), 정부-사업단위 분리(政事分开), 정부 중개조직 분리(政府与中介组织分开)의 개혁 추진은 거의 30여 년의 역사를 가지고 있지만 성과는 미미하다.

　　그래서 개혁은 만약 사회의 정치 자원을 효과적으로 동원, 조직하지 못하고 자신의 진로에 있는 장애물을 제거하지 못하면 도중에 폐기될 위험성이 있다. 바로 이 점에 기초해서, 중국공산당 18기 3중전회는 '전면심화개혁'을 제창했다. 행정체제개혁은 정치과정인 동시에 조직과정이다. 행정체제개혁은 정부의 외관(外观)을 변화시킬 뿐만 아니라 정부 내부의 운영 기제를 변화시키며, 더 나아가 정부와 사회와 대중의 전통 관계를 바꾼다. 즉 기존 정부의 단독 거버넌스에서 대중과 함께 하는 거버넌스 사회로 나아가는 것이다.

정부 자체로 말하면, 공동 가치에 기반하여 대중과 함께하는 거버넌스는 대중 참여를 조직하고 관리하는 과정이며 정부 거버넌스 능력의 중요한 발현기제이다. 이 외에 행정체제개혁은 또한 심리 과정이다. 행정체제개혁은 사람들이 기존 체제에서 형성했던 일종의 심리 상태를 파괴하는 것일 뿐만 아니라 개혁, 새로운 행정체제와 새로운 행정문화에 대한 사람들의 정체성을 배양하는 과정이다. 이러한 정체성은 개혁을 공고히 하고 진일보한 개혁을 추진하는 데 매우 중요하다.

과정으로서의 행정체제개혁은 통상 목표를 둘러싸고 진행된다. 이 목표에는 두 가지 차원이 있다. 하나는 국가의 거버넌스 목표체계이고 다른 하나는 행정 계통의 목표체계이다. 행정 계통은 국가 거버넌스 체계의 하위 체계(次级体系)이기 때문에, 행정 계통의 목표와 국가의 거버넌스 목표는 서로 일치한다. 그럼 국가 거버넌스가 달성하려는 목표는 무엇일까? 간단히 말하면 현대국가를 건설하는 것이다. 이 현대국가의 가장 기본적인 특징이 바로 중국공산당 17기 2중전회에서 제시한 '시장경제, 민주정치와 법치국가'이다.[12]

그럼 이러한 국가 거버넌스 목표를 둘러싸고 행정체제개혁이 달성

---

12   中共中央十七届二中全会文件,「关于深化行政管理体制改革意见」(2008年 2月 28日), 中国政府网, http://www.gov.cn/irzg/2008 03 04/content_909225.htm.

하고자 하는 목표는 무엇인가? 간단히 말하면, 고효율의 '거버넌스형 정부' 건설인데, 바로 18대에서 제기한 "직능의 과학화, 구조의 최적화, 청렴과 고효율, 인민 만족의 서비스형 정부 건설"이다. 이러한 정부유형은 시장경제, 민주정치와 법치국가 추진에 있어서 필수불가결하다. 그럼 행정체제개혁은 어떻게 이 목표를 달성할 수 있는가? 그리고 그것의 목표지향성은 구체적으로 어떤 방면에서 발현되는가?

먼저, 제도 차원이다. 행정체제개혁의 제도 차원의 목표와 방향은 행정체제의 민주성을 제고하고, 민주 거버넌스로 가는 것이다. 이는 주로 대중의 국가 사무에 대한 참여와 관리에서 나타난다. 즉 그것은 국가 거버넌스의 중요한 구성 부분을 구축한다. 사회 이익이 나날이 다원화됨에 따라서 정부도 사실상 사회의 여러 이익 가운데 하나를 형성했다. 그럼 공공이익은 도대체 어떻게 실현되는가? 나날이 복잡다양해지는 사회 모순을 어떻게 제대로 처리할 수 있는가? 이익상관자들이 정부의 정책 과정에 개입하는 목소리가 나날이 강렬해지고 있으며, 이 때문에 기존의 정부 단일관리 주체의 관리 모델은 난항을 겪게 되었다. 그리고 '인민이 만족하는 정부'는 바로 이러한 변화에 대한 순응이다.

다음으로 운영 차원이다. 행정체제개혁 운영 차원의 목표와 방향은 의심의 여지 없이 효율을 추구하는 것이다. 직능의 과학화, 구조의 최적화, 운영의 규범화는 고효율을 얻는 조직 차원의 접근법이다. 역대 개혁이 추진했던 기관과 인원의 간소화, 조직의 재편, 직능의 전환, 체제의 혁신 등은 정부가 고효율을 얻기 위한 것이었다. 효율은 정부가 사무기구로서 지니는 가장 중요한 특징 중의 하나인데, 효율과 관련 있는 것은 효익(效益)이다. 양자는 때로는 같은 의미로 사용되며, 효익은 행정활동의 가치와 의의를 담고 있다. 오늘날, 정부는 이전 어떤 시기와 비교하더라도 훨씬 더 적극적으로(초기 야경정부와 비교하여) 사회에 공공재와 사회서비스를 제공하고, 공공정책을 내놓는다.

만약 정부의 활동이 어떠한 효익도 만들어내지 못하면 사회의 이익은 어떠한 증진도 없으며, 그렇게 되면 정부의 존재는 의미가 없다. 만약 이러한 활동이 만들어내는 편익이 그 투입비용보다 낮다면, 이러한 정부는 경제적이지 않다. 정부의 효익은 사회 효익과 경제 효익을 포함한다. 정부의 행정활동은 의심의 여지 없이 사회 효익을 만들어내야 한다. 왜냐하면 이는 "인민을 위해서 행복을 빚어낸다(为民造福)"는 정부 행정활동의 취지에 부합하기 때문이다. 그러나 동시에 정부는 사회 효익을 추구할 때 반드시 비용과 편익의 문제도 고려해야 한다. 대가(代价)를 생각하지 않고 사회 효익을 추구하는 것은 얻어내지 못할 뿐만 아니라 오히려 해를 끼친다.

다음은 이론 차원이다. 행정체제개혁의 이론 차원의 목표는 새로운 행정문화 구축이다. 문화의 중요성은 그것이 조직 중의 모든 사람들에게 영향을 준다는 데 있다. 가브리엘 알몬드(Gabriel A. Almond)가 지적한 바와 같이, "정치문화는 정치체계 중의 모든 사람의 정치 역할의 행동에 영향을 준다."[13] 행정문화도 마찬가지이다. '유한정부' 및 '정부의 적은 관

---

13 [美]加布里埃尔阿尔蒙德, [美]小 G. 宾厄姆鲍威尔, 『比较政治学: 体系, 过程和政策』, 曹沛霖 等译, 上海译文出版社 1987年版, p.29.

여가 좋은 관리'라는 행정 가치를 숭상하면 구조와 기능이 모두 엄격한 제약을 받는 정부를 만들어내고, 사회적 평등을 중시하면 복지 색채가 비교적 농후한 정부를 만들어내고, 중앙집권을 주장하면 권력이 고도로 집중된 정부체제가 형성되고, 서비스 이념을 가진 공무원은 자신을 인민의 공복이라 생각하게 된다. 서방 국가의 시각에서 보면, 행정문화는 전통 공공행정 모델과 신공공관리 모델의 융합을 통해 형상되어 왔으며, 이러한 행정문화의 요점은 공정, 봉사, 충성심, 서비스, 효율, 경제, 이성, 책임 등으로 표현된다.

우리는 이러한 문화가 헌정주의(宪政主义)와 관리주의(管理主义) 두 개 방면의 내용을 포함하는 것을 알 수 있는데, 중국의 행정체제개혁이 건립하려는 새로운 행정문화도 크게 보면 결국 헌정주의와 관리주의 두 방면이라 할 수 있다. 여기에서 서방과의 차이가 존재한다면, 중국 전통문화의 정수(精华)가 새로운 행정문화로 흡수될 수 있다는 점이다. 국가 거버넌스의 목표가 현대국가를 건립하는 것이든, 행정체제개혁의 목표가 고효율의 정부를 건립하는 것이든 사실상, 이러한 목표의 이면에서는 궁극적인 목표가 있다. 그것은 바로 개인의 전면적인 발전과 개인의 행복이다. 개인의 발전과 행복은 그 개인이 활동하는 사회환경, 사회조건과 분리될 수 없는데, 이러한 환경과 조건의 창조는 상당 정도는 행정체제의 역할에 의존한다.

2. 행정체제개혁의 지향점

행정개혁의 지향점은 큰 틀에서 보면 바로 구조개혁과 프로세스개혁이다. 전자는 대부분 정치 차원의 내용과 연결되고, 후자는 대부분 기술적 방법의 내용과 연결된다. 그리고 이 두 가지 방면의 내용은 서로 상호조응하여, 구조가 기능 혹은 프로세스의 운영에 영향을 미치고 마찬가지로 기능 혹은 프로세스도 구조에 영향을 미친다. 중국에서 정치와 행정이 거의 분리될 수 없다는 점을 감안하면 더욱 그렇다.

중국이 개혁개방 이후 현재까지 진행한 일곱 차례 개혁(1982년, 1988년, 1993년, 1998년, 2003년, 2008년, 2013년)을 돌아보면 최초에 구조와 프로세스 두 방면(즉, 제도 차원과 운영 차원)을 모두 포함하고 있었지만 이후 프로세스 기술 개혁으로 전환되었다. 행정개혁에 대해, 덩샤오핑(邓小平)은 "먼저 당정분리(党政分开)가 관건이 된다. 즉, 당이 어떻게 영도의 문제를 잘 해결하느냐의 문제를 최우선으로 놓아야 한다. 두 번째 내용은 권력하방이다. 중앙과 지방의 관계를 해결해야 한다. 동시에 지방 각급도 모두 권력하방의 문제를 가지고 있다. 세 번째 문제는 기관 간소화이다. 이것은 권력하방과도 관련이 있다"[14]고 말했다.

덩샤오핑이 언급한 세 가지 방면의 개혁 가운데 앞의 두 개혁이 구조와 관련되어 있다. 이는 바로 제도 차원의 개혁으로 이해할 수 있다. 세 번째는 바로 프로세스 및 운영 방면의 개혁과 관련되어 있다. 이 외에

---

14   『邓小平文选』第3卷, 人民出版社 1993年版, p.177.

덩샤오핑의 언급은 개혁의 순서(次序)와도 관련되어 있다. 즉 먼저 당정 분리이고 다음은 권력하방이며 그 다음이 기구 간소화이다. 이러한 순서 는 매우 높은 수준의 논리성을 갖고 있다. 왜냐하면 먼저 당정분리가 있 어야 당정 권력 경계의 불확정성이나 불확실성의 문제를 해결할 수 있 고, 정부는 비로소 사회 및 기업과의 경계 문제를 정립하고, 정부에 속하 지 않은 권력을 기업과 사회에 환원할 수 있으며, 마지막으로 정부 자신 의 개혁으로 정부 자신의 문제를 해결할 수 있기 때문이다.

구조와 프로세스 모두에 대한 개혁에서 프로세스 중심의 개혁으로 의 전환점은 1998년의 제2차 기관개혁에서 일어났다. 이 개혁은 중국공 산당 13대에서 제안한 '당정분리'를 둘러싸고 세 가지 방면의 개혁 조치 를 채택했다. 먼저, 국가공무원제도의 건립이다. 1993년 반포한 「국가공 무원 조례(国家公务员条例)」는 공무원 제도가 중국에서 확립되었음을 의 미한다. 둘째, 당의 속지화(属地化) 관리이다. 셋째, 당의 시스템 내에서 정부와 중첩하는 부문과 기구를 없애는 것이다. 그러나 1990년대 이후, 개혁의 3대 내용은 마지막 하나의 내용, 바로 기구 간소화로 모아졌다. 즉 정부 자체에 대한 개혁으로 변모한 것이다. 개혁의 논리도 변했다. 당 정분리와 권력하방이 이루어지지 않은 상태에서 기관개혁을 진행한 것 이다. 이로 인해 개혁은 기본적으로 프로세스, 기술 방면의 내용만 다루 게 되었다.

그럼 이러한 변화 발생의 원인은 무엇인가? 먼저 구조개혁의 어려 움이다. 기관개혁은 정치체제 문제와 관련되어 있다. 당시의 배경에서 보면, 체제와 관련된 문제는 주로 다음과 같다. ① 정부와 당의 권력의 경계 문제. 이것은 '당정불분 이당대정(党政不分, 以党代政)' 현상(당과 정부가 나눠지 않고 당이 정부를 대체하는)을 겨냥해서 제기된 것이다. ② 당의 권력과 국가 법률 제도 관계의 문제. 13대에서 명확히 제안한 당의 활동은 법률의 범위를 넘어설 수 없다는 것, 즉, 권력을 제도적 틀 내로 넣는 것이다. ③ 정부와 사회 각 부문과의 관계 문제. 정부와 기업단위, 인민단체와의 관계, 정부 각 부문 간의 관계를 합리적으로 처리하는 것이다. 여기서 핵심 문제는 바로 권력 문제, 즉 권력의 배치와 권력의 운용과 관련된 것이었다. 그러나 개혁이 권력 문제와 관련된다면 개혁은 앞으로 나가기가 어려워지기 마련이다. 이는 정부-기업 관계(政企关系), 정부-사업 단위 관계(政事关系), 정부-국유 기업 관계(政资关系) 등의 개혁의제가 여러 해 동안 지지부진하고 효과적으로 해결되지 못하고 있는 원인이기도 하다.

다음으로, 시장경제체제 구축에 대한 요구이다. 서방의 자연적으로 변화 방식과는 다르게 중국의 시장경제체제는 계획경제체제로부터 전환되어 구축된 것이다. 이러한 전환은 이제 결정적 국면(攻坚阶段)에 진입했다. 그 핵심 문제는 어떻게 정부와 시장의 관계를 정확히 처리하여 경제체제개혁을 심화하는 새로운 조치를 내놓느냐이다.[15] 정부는 개혁의 주요한 이행자로서, 적어도 일정 기간 동안은 주도적 색채를 띠었다. 정부의 주도적 역할을 통해 시장과 사회가 형성되었으며, 시장과 사회의 성숙을 통해 정부의 사회관리 비용을 줄일 수 있었다. 하지만 시장경제

15   张书林, 「全面深化改革的历史逻辑—十八届三中全会深化改革之际的改革史效能分析」, 『党政研究』, 2014年, 第1期.

의 구축은 정부에게 기존과 다른 조직구조와 행위모델의 구축을 요구하고 있다. 그 결과, 정부 기능 및 역할 변화가 기관개혁의 핵심 위치를 차지하게 되었다. 1990년대의 기관개혁은 거의 모두 이러한 내용을 위주로 진행되었다.

다음으로, 서방 국가의 신공공관리개혁의 영향이다. 중국의 기관개혁은 서방 국가의 '신공공관리'를 기치로 한 거대한 정부개혁 운동의 흐름과 함께 했다. 신공공관리 개혁의 기본 지향은 바로 시장화과 기업화이다. 그러한 개혁 조치는 거의 모두 정부 프로세스와 기술적 방면의 개혁과 관련되어 있다. 그 목적은 바로 정부 지출을 줄이고 정부 효율과 서비스 질을 높이는 것이다. 이러한 개혁의 지향점은 두 개 방면의 변화가 만들어낸 압력으로 인해 형성된 것이다. 국제적 배경에서 보면, 경제 글로벌화로 인해 국가 경쟁력이 주요 의제가 되었다. 국가 경쟁력은 상당 부분 정부의 능력과 서로 연계되어 있다. 전통적 행정 모델은 경쟁력이 부족하다. 국내적 배경에서 보면, 생산자 사회로부터 소비자 사회로의 변화가 나타났다. 이러한 변화는 정부가 기존의 관리 방식에서 탈피할 것을 요구했다. 즉, 관료적인 방식, 공공재 생산자로서의 관리 모델에서 소비자와 대중에게 봉사하는 관리 모델로의 전환하는 것이다.[16]

중국 정부도 이러한 두 가지 방면의 영향을 받았다. 우선 중국 정부가 직면하고 있는 국제적 배경은 서방 국가와 기본적으로 같았다. 국내적으로도 유사한 변화가 나타났는데, 바로 어떻게 대중에게 고품질 서비

16　竺乾威,「新公共管理与文官制度改革」,『江苏行政学院学报』, 2013年, 第4期.

스를 제공할 것인가의 문제의식에서 비롯된 변화였다. 바로 이러한 변화 과정에서 '서비스형 정부(服务型政府)'가 생겨났다. 만약 이전 중국 정부가 GDP를 위주로 하는 '건설형 정부(建设型政府)'라면, 이 정부는 매우 높은 생산력의 구비를 요구하기 때문에 정부의 프로세스, 기술, 방법의 개혁이 필요하다. 서비스형 정부도 대중에게 고품질의 서비스를 제공하기를 원하기 때문에 기술, 방법, 프로세스의 개혁을 필요로 하는데, 개혁 과정에서 나타난 원스탑 서비스(一站式服务), e-행정(电子行政), 경쟁 수단과 방법, 시장화와 기업화 방법의 운용 등의 개혁 조치들이 생겨났다.

　　문제는 개혁이 여러 해 지속될수록 프로세스 지향적 개혁이 점점 더 구조적 제약을 받았다는 점이다. 정치 측면에서 이러한 기본적인 권력 관계, 예컨대 당과 법률 관계 문제 등은 아직 완전히 해소되지 않았다. 원자바오(温家宝) 총리가 예전 정치체제개혁을 언급할 때 첫 번째로 지적한 것이 바로 의법치국(依法治国)이었다. 원자바오는 "집정당의 가장 중요한 임무는 바로 헌법과 법률에 기초해서 일을 하는 것이다. 아울러 헌법과 법률의 범위 내에서 엄격하게 활동해야 한다. 이당대정(以党代政), 즉 권력의 절대화와 권력의 과도한 집중 현상을 바꿀 필요가 있다. 이를 위해서 반드시 당과 국가 기구의 영도 제도를 개혁해야 한다. 이러한 임무는 덩샤오핑이 이미 30년 이전에 제안한 것이다"[17]라고 강조했다. 필자가 생각하기에 이러한 문제의식은 오늘날에도 긴박한 문제이며, 이

17   温家宝, 「中国未来政治体制改革有5大重点和难点」(2011年 9月 14日), 财经网, http://politics.caijing.com.cn/20110914/110859487.html.

는 상황이 아직 개선되지 못했다는 의미이기도 하다. 만약 이러한 문제가 개선되지 못한다면 미래의 발전은 한층 더 제약될 것이다.

구조 문제를 아직 크게 건드리지 않았기 때문에 현행 행정관리체제의 여러 문제들이 여전히 효과적으로 해결되지 않고 있다. 중국공산당 17기 2중전회는 다음과 같이 기술하고 있다. "정부 기능 전환이 아직 자리를 잡지 못하고, 미시적 경제 운영에 대한 간섭이 여전히 많고, 사회 관리와 공공서비스는 여전히 미약하고, 부문 간 직책은 여전히 중복되어 있으며, 권한과 책임이 모호하고, 효율이 높지 않은 문제가 여전히 나타나고 있으며, 정부 기구의 설치도 여전히 합리적이지 않으며, 행정 운영과 관리 제도도 여전히 충분히 건전하지 않으며, 행정 권력에 대한 감독과 제약 기제도 여전히 완전하지 못하며, 직권의 남용, 권력을 통한 사사로운 이익 추구, 부정과 부패 등 현상이 여전히 존재하고 있다. 이러한 문제들은 정부가 전면적이고도 정확하게 기능을 발휘하는 데 직접 영향을 미친다. 오히려 어떤 측면에서는 경제사회 발전을 제약하고 있다."[18]

또한 시진핑 주석은 「철저하게 사상을 당의 18기 3중전회 정신에 통일시키자(切实把思想统一到党的十八届三中全会精神上来)」는 글에서, "비록 중국의 사회주의 시장경제체제가 초보적으로 건립되었지만, 시장 시스템이 아직 건전하지 않고, 시장 발육 상태가 아직 충분하지 않으며, 특히 정부와 시장의 관계가 아직 합리적이지 않아서 시장의 자원 배분에

---

18 中共中央十七届二中全会文件, 「关于深化行政管理体制改革意见」(2008年 2月 28日), 中国政府网, http://www.gov.cn/jrzg/200803/04/content_909225.htm.

서의 역할이 효과적으로 발휘되는데 여러 제약을 받고 있다"라고 언급했다. 결론적으로 말하면, 정부 권력이 지나치게 큰 상황에서는 효과적인 개선을 얻어내기가 어렵고, 단지 정부 프로세스와 기술적 개혁만으로는 이 문제를 해결할 수 없다. 어떠한 조직도 모두 자신을 확장 시키려는 경향이 있고 이는 조직의 천성(天性)이며 정부 조직 또한 예외는 아니다. 프로세스와 기술의 개혁이 해결하려는 것은 정부 효율성 문제이며, 정부와 사회 간의 권력 관계와 권력 배치의 문제를 해결할 수 없다. 이 문제를 해결하기 위해서는 구조개혁, 즉, 정치체제개혁이 필요하다.

3. 행정체제개혁의 책략

개혁 목표의 달성과 개혁 경로의 선택 그리고 개혁이 채택하는 책략은 연계되어 있다. 거시 차원에서 아래 몇 가지 방면의 문제를 고려할 필요가 있다.

1) 탑레벨 디자인과 지방혁신

행정체제개혁은 상하 간 상호 작용, 상호 보완의 과정이다. 이 과정의 완성은 상하 양 방면의 노력을 필요로 한다. 의심할 여지 없이 개혁에는 탑레벨 디자인이 필요하다. 탑레벨 디자인의 필요성은 탑레벨 디자인이 넓은 시야에서 총체적으로 비교적 양호한 파악과 이해를 할 수 있다는 데에 있다. 총체적이고(整体性), 전체적인(全局性) 개혁의 구체적인 진전을 계획할 때, 오직 탑레벨 디자인만이 이러한 사명을 담당할 수 있다. 따라서 행정체제개혁의 각도에서 볼 때, 탑레벨 디자인의 중요성은 당연히 따로 말할 필요도 없다. 오늘날 여러 사적 부문의 이익이 심지어 공공이익을 넘어서기도 하는 상황에서 그 중요성은 특히 부각되고 있다.

그러나 탑레벨 디자인에 과도하게 의지해선 안 되며, 탑레벨 디자인도 제한성을 갖고 있다. 먼저, 탑레벨 디자인이 반드시 완전무결하다고 보장할 수 없다. 탑레벨 디자인도 사람이 설계하는 것이다. 사람의 이성과 지식은 언제나 유한하다. 이러한 유한성으로 인해 탑레벨 디자인도 때때로 잘못될 수 있다. 또한, 탑레벨 디자인은 일반적으로 두 가지 방면에 기반하는데, 하나는 이론, 이데올로기, 혹은 상상력이고, 다른 하나는 실천의 방면이다. 그런데 실천은 때로는 상층부의 취약 지점이 된다. 마지막으로, 탑레벨 디자인의 관철 가능성에 대한 문제이다. 탑레벨 디자인의 최종 가치는 목표 설계의 실현에 있으며, 만약 실현할 수 없다면 탑레벨 디자인을 아무리 잘 하더라도 의미가 없다.

탑레벨 디자인이 물론 중요하지만 개혁은 지방의 창의성도 경시해선 안 된다. 그 까닭은 다음과 같다. 우선, 지방이 직접적인 문제의식, 직접적인 압력을 갖고 있기 때문이다. 이러한 압력은 종종 개혁을 통해서 문제를 해결하는 추동력이 된다. 다음으로, 상층과 비교하여 지방이 받는 제약 요소는 상대적으로 적으며 고려하는 문제도 상대적으로 단일하여 좌고우면할 필요가 없다. 당연히 지방의 창의성에도 제한적 측면이 있다. 지방의 창의성이 상층의 허가를 받지 못하면 창의성은 미세한 영향만을 갖게 되고 전체적인 영향력을 만들어낼 수 없다. 그렇다면 어디에서 이러한 개혁 조치의 실천적 가치를 담보할 수 있겠는가? 이처럼 만약 상층의 압력을 받는다면 이러한 혁신은 덧없는 운명을 벗어나지 못한다.

나아가 여러 공통적인 문제들을 둘러싸고 지방의 창의성(예컨대 공무원 제도 개혁에 대한 각 지방별 조치)이 효과적으로 제 때에 상층의 채택을 받지 못하거나, 널리 보급되지 않거나 공동의 규범으로 바뀌지 않는다면, 전체적인 측면에서 비용 상승 문제를 야기할 수 있다. 특히 일련의 지속적이지 않은 개혁 조치들에 대해서 제지하지 못할 때 상황은 더욱 그렇다. 마지막으로 중국은 단일한 행정관리체제를 실행하고 있어서 지방의 창의성은 왕왕 체제의 제약을 받고 성공의 가능성을 떨어뜨린다.

2) 이익보상과 사회효율증진

행정체제개혁은 일종의 이익의 재조정과 배치의 과정이다. 이 과정에서 여러 사람이 손해를 입게 된다. 중국의 행정체제개혁은 기본적으로 탑다운식(自上而下)으로 추진되기 때문에 개혁의 동력은 우선 위로부터 온다. 신제도주의 경제학은 제도 변혁과 관련하여 위로부터 아래로의 변혁을 강제성 제도변화라고 부른다. 상층이 개혁을 추진하는 동력은 사회 관리의 거래 비용을 줄이려는 데서 나온다. 그러나 강제성 변혁의 문제는 그것이 일치와 동의의 원칙을 위배할 수 있다는 데에 있다. 즉, 개혁 과정에서 이익에 손해를 입은 사람들이 이러한 제도의 규범에 따라 행위하지 않을 수도 있다는 사실이다. 여기에서 바로 이익에 손해를 입은 사람들에 대한 보상 문제가 발생한다. 왜냐하면 그렇게 하지 않으면 그들은 개혁을 반대할 수 있고 개혁의 유효성도 손상을 받기 때문이다. 개혁이 만들어내는 가장 좋은 상황은 '파레토 최적화'이다. 즉, 누구도 손해를 입지 않는 상황에서 모든 사람의 이익이 증진되도록 하는 것이다.

그러나 이것은 단지 이론상에만 존재할 뿐 현실에서 이러한 상황은 매우 희소하다. 따라서 '파레토 개선'이 있어야 한다. 파레토 개선에 기초하면, 개혁은 일부 손해를 받은 사람들에 대한 보상을 진행해야 한다. 보상 이후 사회적 효익도 증진할 수 있다. 여기에서 반드시 고려해야 하는 문제는 보상을 위한 보상이 되어서는 안된다는 점이다. 만약 보상 이후 사회 효익의 증가가 나타나지 않는다면 이러한 개혁은 의미가 없기 때문이다.

우리는 기존 기관개혁에서 간소화─팽창─재간소화─재팽창 및 기구의 합병(合幷)─분리─재합병의 반복적인 상황을 목격했다. 이러한 변화패턴의 이면에는 이익보상 기제가 개혁의 효과를 크게 감소시켰다는 문제가 존재하고 있다. 예를 들어, 대부처제(大部制) 개혁 이후, 하나의 부서에 여러 명의 부급(部級) 지도자가 있게 되었고, 심지어 어떤 현(縣)의 국(局)에는 20여 명의 국급(局級) 지도자가 있게 되었다. 물론 이러한 현상을 이익이 손상된 사람에 대한 보상으로 생각할 수 있다. 그러나 문제는 이렇게 팽창한 기구가 효율적이냐는 것이다. 다시 말해, 개혁 이후의 사회 효익은 증진되었는가를 보아야 한다.

보상도 하고 사회 효익도 증진 시키려면 어떻게 양자의 균형을 맞출 것인가의 문제를 풀어야 한다. 여기에서 생각할 수 있는 원칙은 바로 손해에서 비롯되는 개혁 저항력이 반드시 개혁의 동력보다 작아야 한다는 점이다. 르윈(Lewin)의 중력장이론(force field theory)에 따르면, 동력이 저항보다 커야 개혁이 앞으로 나아갈 수 있고, 저항이 동력보다 크면 개혁이 후퇴할 수 있다. 그리고 동력과 저항이 서로 우열을 가릴 수 없으면 개혁은 정체한다. 보상만으로는 모든 사람을 만족시킬 수 없다. 그래서 개혁은 이익손실에 대한 보상 진행(당연히 보상 이후 사회 효익의 증진을 원칙으로) 외에 다른 동력을 발굴해서 앞으로 나아가야 한다. 당연히 개혁이 앞으로 나아갈 지 여부는 국가 전체의 진보에 달려 있다. 예를 들어, 기관개혁에서의 큰 난제는 기구 간소화로 정리된 사람들이 어디로 가느냐였다. 사실상 사회발전에서 공무원 직업은 더 이상 가장 좋은 직업이 아니며, 단지 여러 가지 직업 가운데 하나일 뿐이다. 개인의 이익을 생각하고 대중들에게 서비스하려는 생각을 갖지 않고 공무원직에 나선 사람이 "더이상 공무원이라는 직업을 통해서 사사로운 이익을 취할 수 없다"고 생각할 때 이 문제도 바로 해결될 것이다.

3) 신중한 접근과 경로의존

"돌을 더듬으며 강을 건너는 것(摸石过河)"은 일종의 비유이다. 그것은 다리가 없는 것을 가리킬 수도 있지만 로드맵이 없고 현행 이론이 없는 상황에서 선행적 실천의 방법을 뜻한다. 또는 업무에 있어서의 점진적인 처리 방법일 수도 있다. 현실에서 돌을 더듬으며 강을 건너는 시기는 이미 지난지 오래됐다는 의견도 있다. 왜냐하면 개혁은 이미 깊은 수역에 들어갔으며 더 이상 돌을 만질 수 없기 때문이다. 사실, 선행적 실천의 방법으로서 돌멩이를 만지면서 강을 건너는 일은 필요하다. 왜냐하면 모든 일을 기존 이론만으로 이끌고 나가는 것은 불가능하기 때문이고, 사실 이론 그 자체도 실천으로부터 나오기 때문이다.

중국의 개혁은 행정체제개혁을 포함하여 상당 정도 전무후무한 실천이며 현행 이론이 이를 이끌 수도 없다. 이는 실천 과정에서 점진적인 모색을 필요로 한다는 의미이다. 다리가 없고 로드맵이 없는 상황에서 강을 건너는 것은 불가능하다. 이런 의미에서 '돌을 더듬으며 강을 건너는 것'이 체현하는 실천 정신은 긍정적인 가치라고 할 수 있다. 따라서 미래의 개혁도 돌을 더듬으며 강을 건너는 실천이 필요하다. 그러나 언제나 돌을 만지며 강을 건널 수는 없다. 왜냐하면 돌을 더듬는 것은 필경 일종의 맹목성이기 때문으로, 돌이 만져지지 않으면 바로 멈춰야 하기 때문이다. 여기에 바로 거대한 시간의 비용 문제가 있다.

또한 돌이 만져지더라도 우리를 앞으로 이끄는 것이 아니라 뒤로 이끌 수도 있다. 그래서 우리에게는 실천 중에 이론 생산이 필요하고, 강을 건너는 로드맵의 생산이 필요하다. 그렇지 않으면 우리는 아마도 건너편에 도달하지 못하거나 혹은 다시 처음 자리로 돌아갈 수도 있다. 그리고 엄청난 대가를 지불하고 나서야 비로소 건너편에 도달할 수도 있다. 여기에서 이론의 중요성, 로드맵의 중요성을 쉽게 만날 수 있다. 이론의 창조는 우리에게 프레임의 파괴를 요구하고, 자신의 실천을 통한 이론의 단련과 돌파를 요구한다.

돌을 더듬으며 강을 건너는 것은 일종의 점진적인 방법이다. 이것이 중국의 행정체제개혁의 거의 유일한 경로 선택이었다. 이러한 경로 선택의 장점은 기존 제도, 정책, 방법 등이 기본적으로 변하지 않은 상황

하에서 작은 범위에서 수정(이러한 작은 수정이 끊임없이 누적되고 혹은 개량되어 마지막에는 기존 제도, 정책 등을 바꿈)함으로써 정책상에서 큰 변화가 없고 오히려 안정을 유지할 수 있다는 데 있다.

이러한 방식의 단점은 실천 비용과 시간 비용이 많이 든다는 것이다. 제도경제학 이론에 근거하면, 초기의 경로 선택이 매우 중요하다. 왜냐하면 그것이 미래의 제도 변화를 결정하기 때문이다. 점진적인 방법은 중국의 초기 경로 선택이었다. 문제는 개혁이 가져오는 성공으로 인해 우리는 일종의 '점진적 노선에 대한 숭배'를 만들어냈다는 점이다. 안정을 구하기 위해서 그리고 점진적인 방법이라는 선택이 주는 달콤함 때문에 다른 방법을 고려하지 않는데, 이것이 바로 이 방법의 결함이라고 할 수 있다. 결국 점진적 노선의 고집은 개혁이 완만하게 진행되도록 하는 한편 점점 더 강대한 저항을 만들어냈다.

점진적인 방법의 채택이 고려하는 것은 안정 유지이다. 그러나 다른 의미에서 말하면, 이는 점진적인 방법이 더이상 진전될 수 없도록 모종의 이익에 얽매이는 것을 말한다. 왜냐하면 이는 이익의 요소와 관련되기 때문이다. 이는 또한 개혁이 점점 더 어려워지는 상황을 만들어냈다. 오늘날 행정체제개혁은 이미 결정적인 단계에 진입했다. 개혁은 이미 여러 이익과 밀접하게 관련된 핵심 문제들을 다루고 있다. 우리가 고려해야 하는 것은 점진적인 방식을 채택해서 이러한 이익의 프레임을 깰 수 있는가이다. 경제체제의 개혁이 낡은 계획경제를 단호히 버리고 완전히 새로운 시장경제를 채택한 것처럼 행정개혁에서도 급진적인 변혁의 방법을 채택할 필요가 있다. 만약 기존 계획경제체제를 부분적으로 개혁하고 보충하는 점진적인 개혁을 했다면 중국 사회는 오늘날과 같은 거대한 진보를 이루지 못했을 것이다.

4) 체계적 사고와 총체적 추진

앞서 지적한대로 행정체제는 국가 거버넌스 체계의 일부분이다. 행정체제는 정치체제, 경제체제, 문화체제, 사회체제와 생태문명체제(生态文明体制)와 함께 국가의 거버넌스 체계를 구성한다. 따라서 행정체제의 개혁을 훨씬 큰 시스템 가운데에서 사고하는 것이 필요하다. 시스템 이론에 따르면, 모든 시스템은 각각의 부분으로 이루어지는 유기적 통일체이며, 각각의 부분은 시스템 안에서 일정한 위치를 차지하고 특정한 역할을 한다. 각 부분들이 서로 연관되고 영향을 주면서 분할할 수 없는 전체를 구성한다.

시스템에서 베르탈란피(Bertalanffy)가 지적한 전체 효과, 즉, '전체가 부분의 합보다 큰' 효과가 나타나려면 반드시 전체와 부분 간 관계를 잘 처리해야 한다. 18기 3중전회에서 제안한 '전면심화개혁(全面深化改革)'은 이러한 체계적 사고를 잘 보여준다. 시진핑 주석은 "이번 3중전회에서 전면심화개혁의 문제를 결정한 것은 일개 또는 몇개 영역의 개혁이 아니라 모든 영역의 개혁을 추진하기 위함이다. 이것은 국가 거버넌스 체계와 거버넌스 능력이라는 총체적인 차원에서 고려한 것이다"[19]고 지

---

19 习近平, 「切实把思想统一到党的十八届三中全会精神上来」(2013年 12月 31日), 新华网, http://www.xinhuanet.com/politics/201312/31/c_118787463.htm

적했다. 행정체제개혁과 기타 영역(정치체제, 경제체제, 문화체제, 사회체제 및 생태문명체제) 개혁의 상호 작용으로 얻고자 하는 전체효과는 바로 국가 거버넌스 체계의 완비(完善)와 국가 거버넌스 능력의 향상이다.

우리는 두 개 방면에서 행정체제개혁의 전체와 부분의 관계를 사고할 수 있다. 첫째, 국가 거버넌스 체계는 전체이고 행정체제는 그 가운데 일부분이라는 시각이다. 이 각도에서 출발하여 행정체제개혁은 반드시 어떻게 경제체제개혁, 정치체제개혁, 문화체제개혁, 사회체제개혁과 양호한 상호 작용을 진행하고 장점을 서로 보완할 것인가를 사고해야 한다. 행정체제개혁이 만약 홀로 돌진하고 기타 몇 개 방면 특히 정치체제개혁과 조응해서 진행되지 않으면, 마치 개혁의 역사가 우리에게 말해주는 것처럼, 이 개혁이 관련되어 있는 여러 중대 문제는 효과적인 해결을 기대할 수 없다. 반대로, 탑레벨 디자인 차원에서 보면, 국가 거버넌스 체계 현대화라는 시각에서 행정체제개혁을 어떻게 설계하여 추진할 것인가의 문제이자 기타 개혁과의 상호 작용에 관한 것이다.

중국공산당 18기 3중전회가 설립한 중앙전면심회개혁영도소조(中央全面深化改革領导小组)도 이러한 인식을 잘 보여주고 있다. "중앙전면심화개혁영도소조는 개혁의 전체 설계, 통일적인 협조, 감독 촉진과 실천을 책임진다. 주요 직책은 경제체제, 정치체제, 문화체제, 사회체제, 생태문명체제와 당 건설 제도 등 각 방면 개혁의 중대 원칙, 방침과 정책, 총체적인 방안 등을 연구 확정하고, 전국적인 중대 개혁을 통일적으로 안배하고, 전체적이며 장기적이고 지역을 넘나드는 여러 부문의 중대 개혁 문제를 종합적으로 협조하고, 중앙의 중대 개혁 관련 정책과 조치를 지도, 추동, 감독하고 조직적으로 실천하는 것이다."[20]

둘째, 행정체제개혁은 전체(整体)이고 개혁 대상인 구조와 프로세스는 두 개의 큰 부분이다. 여기에서 구조는 대부분 관계에 대한 것인데 예컨대, 당정관계, 정부-기업관계, 정부-사업단위관계, 정부-시장 관계, 정부-사회의 관계, 정부-입법기구의 관계 등이다. 이러한 관계는 정부 권력의 배치와 권력의 경계와 관련되고 심지어 권력에 대한 제약과도 관련되어 있다. 이와 관련한 개혁은 정치체제 개혁과 연관되는 것이기에 정부 자체의 개혁에만 의존하면 실현되기 어렵다. 이는 행정체제개혁을 총체적 개혁의 견지에서 처리해야 하는 이유이기도 하다. 프로세스는 정부 기능의 이행, 행정성과, 성과 관리, 시장화, 기업화 등과 같이 대부분 정부의 업무 효율과 관련되어 있다. 앞서 지적한 것처럼, 중국에서 기관 개혁이라는 이름으로 출현한 행정체제개혁은 이미 구조와 프로세스의 동시 개혁에서 프로세스 개혁으로 전환했다. 프로세스 개혁은 구조 개혁의 결여로 제약이 많아 진전이 더딘 편이다. 따라서 행정체제개혁을 기타 개혁과 연동하는 동시에 반드시 구조와 프로세스 개혁의 상호 작용도 고려해야 한다. 이러한 상호 작용이 행정체제개혁의 전체적인 효과에 영향을 미치기 때문이다.

---

20   위의 자료.

Target, Orientation, and Stragety for Reform in Administrative System

Abstract: Reform in administrative system must have clearly defined target, orientation and strategy. The logical relationship between these elements shall be thoroughly analyzed. As a political, organizational, and psychological process, reform of administrative system is performed around the target of reform, which is represented on three levels: institution, operation, and concept. The target determines the orientation of reform, which in turn effects the application of strategy. Then, the application of strategy will finally effect the attainment of the target (such as top level design and local innovation, compensation of interests and increased social benefits, exploration and path, dependence, systematic thinking and overall progress). Reform in administrative system is required to address the relationship between these elements, so that they can function with positive interaction. In addition, as part of the policy of "comprehensively deepening reform", reform in administrative system is only a component of the entire reform drive, so it must address relations with other components of reform, especially political reform, to achieve the desired results through reform.

경제 뉴노멀 하에서의 정부행위 조정*

요약: 중국의 시장경제는 정부 주도형 경제이다. 경제가 뉴노멀 상태에 진입하면서 시장은 경제의 주도적 역량이 되었다. 이러한 발전과 변화는 경제 중시에서 보장 중시, 권력 중시에서 책임 중시, 심사와 비준 중시에서 감독과 관리 증시, 관리 중시에서 서비스 중시, 지도 중시에서 협상 중시, 수량 중시에서 질량 중시 등 정부행위에도 상응한 변화를 요구한다. 정부행위 변화의 효과는 상당 부분 정부의 본질적 특징과 서로 관련되어 있다. 그래서 정부의 개혁은 원점으로 돌아와야 한다. 즉 유한정부(有限政府), 책임정부(責任政府), 법치정부(法治政府)와 투명정부(透明政府)의 건립이다.

1. 경제발전과 정부행위

경제발전은 사회가 선택한 경제제도와 서로 관련되어 있다. 만약 현대 사회 이래로 계산해보면, 역사상 두 종류의 서로 다른 경제제도가 만들어졌다. 바로 시장경제와 계획경제이다. 계획경제의 특징은 그것이 중앙 집권과 통제의 경제체제로 구축되었다는 데 있고, 시장경제는 시장이 자

* 　이 글은 「中国行政管理」 2015, Vol.3, pp.32-37에 수록되었다.

원을 배치하는 경제체제로서 자연적으로 진화해왔다는 데 있다. 이러한 두 종류의 서로 다른 경제체제가 상당 부분 정부와 경제의 관계를 결정했다. 계획경제체제에서 정부는 계획자, 집행자의 역할을 맡고 있고, 탑다운 식(自上而下) 운영의 행태로 나타난다. 시장경제에서 정부는 단지 야경꾼의 역할만 할 뿐 주로 시장 운행 규칙을 규범화한다. 계획경제는 이후 몰락했으며, 중국 개혁개방의 거대한 체제 변혁은 바로 시장경제체제를 이용하여 계획경제를 대체하고 사회주의의 시장경제를 건립한 것이다.

시장경제의 발전과정에서 정부의 역할도 변화 과정을 겪었다. 세 명의 학자들이 여기에서 중요한 역할을 했다. 먼저, 아담 스미스이다. 아담 스미스는 정부는 경제활동에서 적극적인 역할을 해서는 안된다고 생각하고 시장이 '보이지 않는 손'으로서 역할을 해야 한다고 생각했다. 이처럼 그는 기본적으로 경제활동에서 야경꾼의 역할을 중시했다. 정부의 소극적인 역할로부터 적극적인 역할로의 변화는 케인즈 학파와 연계되어 있다. 케인즈는 정부는 투자를 통해서 수요를 촉진하고 취업 문제를 해결해야 한다고 생각했다. 케인즈 이론의 탄생은 바로 세계경제 위기 시에 의미가 있다. 그의 이론은 미국 루즈벨트(Roosevelt) 대통령 시기 신정책 과정에서 각종 조치를 도와 문제를 해결했다. 루즈벨트 대통령의 신정책 성공 때문에 이후 정부의 경제에 대한 적극적인 관여가 경제문제 해결의 길로 인식되었다. 그러나 이러한 상황은 20세 70년대에 반전을 맞게 된다.

당시 유가 인상으로 촉발된 글로벌 위기가 케인즈 이론을 무력화시켰다. 왜냐하면 이 이론이 당시 출현했던 인플레이션 문제를 해결할 수 없었기 때문이다. 그래서 하이에크(Friedrich Hayek)의 신자유주의가 생겨났다. 신자유주의는 어느 정도 아담 스미스로 돌아가는 것이다. 정부의 소극적 역할을 재차 강조하고, 시장의 역할 발휘를 강조한다. 사실상, 하이에크는 몇십 년 전 자신의 저명한 저서인 『노예의 길』에서 그의 관점을 설파한 바 있었다. 다만 당시 케인즈의 빛에 가렸을 뿐이었다. 그러나 1980년대, 그것은 "영국의 정책을 시장경제 원칙으로 돌려놓는데 가장 강력하고 힘있게 영향을 줌"[21]으로써, 이후 모든 서방세계에 영향을 준 이른바 '신공공관리'라는 이름으로 불리는 정부 개혁 운동을 일깨워주었다.

하이에크의 신자유주의는 1990년대의 '워싱턴 컨센서스'로 정점에 도달했다. 1980년대로부터 시작하여 2008년 경제 위기가 폭발하기까지 이 사상은 거의 30년 동안 서방세계를 지배했다. 이 위기는 일부 사람들에게 신자유주의의 파산으로 받아들여졌다. 정부가 아무 것도 하지 않은 것이 위기의 폭발을 야기했다는 이유 때문이다. 그 결과 케인즈주의가 다시 유행하게 되고, 정부의 적극적인 관여는 또다시 문제 해결의 길로 여겨졌다. 이것의 배후에는 사실 시장과 정부의 실패 문제가 있다.

시장의 실패는 정부 개입의 이유를 제공했다. 그러나 정부의 개입도 정부의 실패를 야기할 수 있다. 문제의 핵심은 어떠한 정부의 관여가 비로소 합당한가 하느냐이다. 사실상, 신자유주의도 정부의 역할을 완

---

21   [德] 德特马多林: 「世纪之作」, 载[英] 弗雷德里希奥古斯特哈耶克, 『通往奴役之路』, 王明毅 等译, 中国社会科学出版社 1997年版, 导言.

전히 부정하지 않는다. 현대국가의 경제는 정부체제 없이 운영되는 것은 불가능하다. 왜냐하면 더글러스 C. 노스(Douglass C.North)가 보기에, 헌법 질서와 기본 규장제도(基本規章制度) 모두 국가가 공급하기 때문이다.[22] 문제는 그 한도를 어떻게 파악하느냐에 관한 것인데 이것이 어려운 지점이다.

비교적인 차원에서 중국의 시장경제는 첫째, 구축된 것이지 진화해온 것이 아니다. 둘째, 중국의 시장경제는 계획경제에서 바뀌어온 것이다. 이 점이 중국 시장경제와 정부 간의 독특한 관계를 만들었으며 중국 특색의 정부 주도 시장경제 모델을 형성했으며 그것이 중국 정부의 경제관리 행위를 결정했다. 전통의 중국은 오직 국가만 있고 사회, 시장은 없었다. 국가가 모든 것을 압도했다. 우선, 중국의 시장경제체제는 정부가 계획경제체제를 부정한 이후 구축되기 시작한 것이다. 구축자로서 정부는 자연히 시장의 발육과 성장의 책임을 진다. 이것이 바로 정부가 시장체제를 건립한 이후 여전히 그리고 반드시 일정한 시간 안에서 중요한 역할을 발휘하는 이유이다.

다음으로, 중국의 계획경제체제가 만들어낸 정부의 통제모델(控制模式)이 여전히 그 관성을 갖고 있다. 한층 더 중요한 것은 중국이 개혁 초기에 동아시아 방식을 선택했으며 남미의 경제발전 방식을 선택하지 않았다. 전자는 정부 주도형이고 후자는 자연 진화형(自然演进型)이다. 전자를 선택한 이유는 다음과 같다. 이 모델은 자연 진화형 모델에 비해서 매

22　竺乾威, 『公共行政理论』, 复旦大学出版社 2008年版.

우 빠른 속도로 경제발전을 추진할 수 있다. 당시 중국이 직면한 가장 중요한 임무는 바로 가장 빠른 속도로 경제발전을 추진하여 국가의 빈곤과 낙후 상황을 바꾸고자 했다. 이후 역사가 증명하듯, 이러한 정부 주도형 경제발전 모델은 중국 경제의 빠른 성장을 가져왔다. 평균 9.8%의 GDP 성장률은 세계 경제사에서 자랑스러운 한 획을 그었다.

이러한 빠른 성장은 분명히 정부의 역할과 따로 분리될 수 없다. 이러한 성공은 몇 가지 조건에 힘입은 바 크다. 우선, 정부는 정부 직능의 중심(重心)을 경제발전에 두었다. 개혁개방 초기 중국 사회 빈곤은 최고점에 도달했다. 그래서 경제발전은 정부 업무 중의 가장 중요한 일 중의 하나였다. 중국은 공평과 효율 가운데 효율을 선택했다. 이는 당시 시급을 다투는 임무가 바로 국가의 빈곤한 면모를 일신하고 국가와 모든 사회를 부유하게 만드는 것이었기 때문이다. 이것은 정부가 전력을 다해서 경제를 일으키는 중요한 동력의 원천이었으며 사실상 모든 사회의 동의를 얻어냈다. 경제가 고속 발전하는 시기에 정부의 가장 중요한 목표는 바로 가장 빠른 속도로 경제를 발전시키는 것이기 때문에 GDP 추구가 정부 업무의 중심이었다.

다음으로, 비록 정부가 개혁개방에서 기존 국가일통천하(國家一统天下)의 관리 모델을 바꾸고 시장과 사회의 형성을 추동했지만, 이 삼자 간 명확한 권력 경계를 확립하지 못했다. 이것은 정부가 경제영역에서 대대적인 개입을 할 수 있는 가능성을 열어주었고, 정부 주도 혹은 정부의 관여를 위해서 합법성의 기초를 제공해주었다. 게다가, 지방정부의 GDP 지표를 둘러싼 경쟁적인 운영은 경제의 쾌속 성장을 진일보하게 추진했다. 예컨대, 각 지방 차원에서 경제개발구, 각종 매혹적인 우대 조건, 각양각색의 부양 정책, 끊임없는 자원 공급 등이 계속 쏟아져 나왔다. 이로 인해 지방정부가 기업화 특징을 일부 지니게 되었다.

마지막으로, 업적 평가 제도와 관원 승진 조건은 정부 관원들의 경제발전에 대한 중시를 높였다. 상당히 오랜 시간 동안 정부 관원에 대한 평가는 GDP가 거의 유일했다. GDP 성과는 왕왕 승진을 얻어내는 중요한 조건이었다. 이것은 관원들이 경제성장에 전략을 다하게 하는 중요한 추동력이었다. 이밖에 GDP의 높고 낮음, 재정 수입의 많고 적음이 정부 관원의 수입 수준과 복지 수준에 영향을 주었다. 왜냐하면 정부 공무원 수입 중 가장 의미가 있는 한 가지는 지방재정으로부터의 수입이기 때문이다. 정부의 추동이 경제의 두 자리 수의 고속 성장을 가져왔으나 적지 않은 문제도 가져왔다. 정부 자체에 대해서 말하면 이러한 문제들은 현재 아래와 같은 방면으로 표현된다.

1) 정부의 경제적 역할의 강화가 정부의 기타 기능 약화로

실제로 경제적 역할은 단지 정부의 하나의 역할일 뿐이다. 정부는 매우 많은 역할을 이행해야 한다. 그 가운데 가장 중요한 것은 감독 관리 역할과 공공서비스 역할이다. 감독 관리 역할의 결함 때문에 고속 경제발전 시기 안전사고 빈발, 식품 약품 안정성, 환경 오염, 자원 파괴 등 일련의 문제들이 출현했으며 이러한 문제들이 심지어 집단 시위(群体性事件)를 야기했다. 경제발전에 집중하여 공공서비스 역할도 소홀했다. 2003년 발생한 사스(SARS)는 중국 정부의 공공 보건 서비스 방면에서 상당히 곤

란한 상황을 반영했다. 의료 자원, 교육 자원 등 일련의 민생 방면 자원
의 결핍은 이미 대중들의 수요를 맞추지 못하고 있다. 바로 이러한 배경
하에서 중국 정부는 2004년에 서비스형 정부 건설을 제안하고 정부의
주요 역할을 사회 관리와 공공서비스로 돌리고 있다. 비록 이러할지라도
GDP 추구는 여전히 적지 않은 정부의 중차대한 책무이다.

2) 양적 추구가 질적 소홀로

중국의 고속 발전의 경제는 사실상 저효율, 고비용과 고소모의 경제이
다. 비록 GDP에서 거의 두 자리수 이상의 성장을 얻어냈지만 경제 운영
의 질은 그리 높지 못하고, 경제의 구조는 합리적이지 않으며, 일종의 조
방형(粗放型) 발전을 보여주고 있다. 비록 이러한 발전이 일정 시기에 합
리성을 갖는다고 하지만, 지속 가능성이 부족하다. 저효율, 고소모는 성
장 시기 중국 경제발전의 중요한 특징이다. "중국의 단위 GDP의 소모량
은 일본의 7배, 미국의 6배, 인도의 2.8배이다. 중국의 1인당 평균 GDP
가 400~1000 달러 시기에 선진 국가의 1인당 평균 GDP 3000~10000
달러였던 기간에 배출했던 수준의 오염을 배출하고 있다."[23]

그러나 이러한 문제는 고속 경제성장의 후광 아래 가려졌다. 왜냐
하면 GDP가 정부 업적을 평가하는 중요한 지표였기 때문이다. 사실상,
정부도 오래 전에 이러한 문제를 발견하고 산업구조의 전환, 경제 운영
의 질 제고, 낙후한 에너지 산업의 도태 등을 제기했다. 그러나 고속 발

---

23   宋鸣, 「对我国经济可持续性发展问题的思考」, 『特区经济』, 2008年, 第1期.

전과 높은 지표의 추구는 이러한 전환을 방해했다. GDP 수량이 민감한 지표가 되면서 일단 하락하면 정부는 전력을 다해서 그것을 끌어올렸다. 그래서 다수의 도태되어야 하는 낙후 산업이 여전히 남아 있고, 반드시 도태되어야 하는 다량의 오염을 배출하는 기업도 그대로 남아 있다. 원인은 바로 그들이 GDP를 창조해내기 때문이다.

3) 경제에 대한 관여가 지대추구 공간의 확대로

권력 운영의 불투명성과 권력에 대한 제약의 결핍이 정경유착을 야기하여 권력으로 사사로운 이익을 도모하고 부정부패의 현상을 효과적으로 억제하기가 어렵다. 중국공산당 18대 이래 조사를 받은 정부 관원은 거의 모두 금전(金钱)과의 관계를 벗어나지 못했다. 산시성(山西省)에서 탄광 업주와 결탁하여 낙마한 많은 관원들이 전형이라고 할 수 있다. 이는 정부가 경제발전에 관심을 갖는 동시에 법제의 건설을 간과한 것을 반영한다.

현대 시장경제는 본질상 법제 경제라는 것을 간과했다. 법제는 시장경제가 건강하게 운영하는 보증이며 시장이 권력의 관여를 배제할 수 있는 보증이다. 법제의 결핍은 중국의 경제를 어느 정도 약탈적 경제로 변화시켰다. 이 외에도, 정부는 GDP로 줄곧 승승장구하던 상황 하에서 정부 건설을 간과했다. 권력에 대한 제약이 박약한 상황, 권력과 금전의 밀접한 교직(交织), 지대추구 공간의 상황에서 정부 관원의 행정 도덕과 윤리 건설 간과도 부정부패가 성행하는 한 원인이다.

4) 권력의 무절제 사용이 정부 공신력 하락으로

정부 권력의 시장에 대한 관여가 야기하는 시장 왜곡, 감독과 관리 결핍이 야기하는 식품 안전 위기와 생태 환경의 악화, 제한적인 교육, 보건, 사회보장 등 공공재가 야기하는 자원 긴장, 지대추구가 야기하는 관원의 광범위한 부정부패, 권력 사용이 유발하는 집단 시위와 사회 리스크 등이 모든 것들이 정부 공신력의 하락, 정부 명예의 실추와 정책 권위의 손상을 초래하고 있다.

2. 경제 뉴노멀 하 정부행위의 조정

중국의 경제발전 속도는 2012년부터 완만해지기 시작했다. 이때부터 중국 경제는 발전의 뉴노멀 상태에 진입했다. 시진핑 주석은 최근 개최한 APEC 회의에서 경제 뉴노멀 상태의 세 가지 특징을 제시했다. ①고속 성장에서 중고속 성장으로 전환, ②경제구조의 부단한 최적화 업그레이드, 제3차 산업, 소비 수요 주체, 도시와 농촌 지역 간 차이 점차 축소, 주민 수입 점유 비중 상승, 발전 성과의 광범위한 대중에게 보급, ③요소와 투자 동력을 혁신형 동력으로 전환 등이다.[24] 이 세 가지 특징은 현재 직면한 사실, 변화 그리고 전망을 담고 있다. 예를 들어, 경제가 두 자리수

---

24 「习近平在APEC工商领导人峰会演讲全文」(2014年11月9日), 新浪网, http://news.sina.com. cn/c/20141109/102431117499.shtml.

성장에서 한 자리수 성장으로 변화한 것은 현재 직면한 사실이다. 도시와 농촌의 차이는 축소되고 있는 것은 변화이다. 뉴노멀 상태의 성장동혁을 혁신 동력으로 바꾸는 것은 미래에 대한 전망이다. 이 세 가지 방면은 사실상 이미 발생한 것으로부터 어떻게 경험과 교훈을 찾아내고, 지금 발생하고 있는 것을 어떻게 장악하고, 미래에 발생할 것에 대해 어떻게 포석할 것인가이다. 바꿔 말하면 사람들이 기대하는 고효율, 저비용, 지속 가능한 중고속 성장 단계에 진입하는 것이 바로 뉴노멀 상태를 말하는 것이고 이를 위해서는 노력을 해야 한다는 사실이다.

바로 앞서 말한 것처럼 중국 경제의 발전과 정부는 시시각각 서로 관련을 맺고 있다. 그럼 뉴노멀 상태 진입이 정부에는 어떤 의미인가. 경제발전 형태의 조정은 정부의 행위 방식에도 상응한 조정을 필요하다는 것을 의미하는가? 답은 분명하다. 왜냐하면 중국의 경제는 줄곧 정부 주도형 경제이고, 고속의 경제성장은 어느 정도 정부 추동의 결과라고 말할 수 있다. 게다가 뉴노멀 상태 진입 이후 정부가 하려고 하는 것은 경제를 다시 돌려 두 자리수 고속 성장을 추동하려는 것이 아니다. 이것은 이미 실현하기 어렵고 경제발전의 일반 규율과 어긋나는 것이다. 정부가 하려고 하는 것은 뉴노멀 상태에서 경제의 중고속 성장, 지속 가능한 성장을 어떻게 유지할 것인가이다.

추동에서부터 유지까지 정부행위 방식의 일대 전환을 의미한다. 경세발전의 초기 난계에서 경제의 고속 성장을 어떻게 추동할 것인가가 정부 능력에 대한 시험이었다면, 중국 정부가 성공적으로 고속 정상을 추동한 이후에는, 지속 가능한 경제 발전의 유지가 중국 정부에게 큰 시험으로 떠오를 것이다. 왜냐하면 경제발전 역사를 보면, 고속의 경제성장은 단지 전체 경제발전 과정에서 짧은 일시적인 단계일 뿐이기 때문이다. 뉴노멀 상태는 훨씬 길고 먼 단계의 도래를 예시한다. 이런 의미에서 유지의 어려움은 추동의 어려움보다 높다. 그것이 요구하는 정부행위는 아래 몇 가지 방면의 변화에서 나타나고 있다.

1) 경제 중시로부터 보장 중시로

중국 정부는 한때 생산형(生产型)이었다. 경제를 추동하는 성장은 정부의 가장 중요한 임무였다. 개혁 초기 중국은 효율과 공평 가운데 먼저 효율을 선택했다. 효율은 생산과 관련되고 공평은 분배와 관련되어 있었기 때문이다. 따라서 당초 가장 먼저 해야 할 임무는 바로 생산을 하고 그것을 축적하는 것이었다. 왜냐하면 당시에는 분배할 물건이 없었기 때문이다. 사회의 재부와 자원이 증가함에 따라 정부의 중점 과업도 사실상 분배와 보장 제공으로 옮겨갔으며 서비스형 정부(服务型政府)의 제안 자체도 바로 이 점을 드러낸 것이다.

그간 정부는 고속 경제성장 시기 형성된 GDP 콤플렉스를 좀처럼 지우지 못했다. 그러나 뉴노멀 상태의 도래는 어느 정도 정부가 경제 중시에서 보장 중시로 바뀌는 계기를 제공했다. 만약 뉴노멀 상태의 특징이 고속의 경제성장과 고별이라면, 정부의 입장에서는, 이는 또한 정부가 기존의 모습과는 고별하고 시장경제의 주요 행위자가 된다는 것을 의미한다. 뉴노멀 상태는 정부가 사회보장을 중시하는 것으로 바뀔 것을 요구한다. 이는 경제 하강에 따라서 잠재적인 불확실성 리스크(예컨대 부동산 시장 리스크, 지방부채 리스크, 금융 리스크 등)가 부상할 수 있고, 심지어 일련의 거대한 경제 위험, 사회 위험과 집단 시위 등의 출현을 배제할 수 없기 때문이다. 대표적으로, 이러한 집단 시위 사건이 해마다 증가하는 것에서 알 수 있다.

중국사회과학원 법학 연구소는 「2014년 중국 법치발전보고」에서 "최근 13년간 100명 이상이 참여한 집단 시위 사건은 817회 발생했다. 그 가운데 2010년, 2011년과 2012년은 집단 시위 사건의 절정기였다. 2010년, 2011년의 집단 시위 시건은 모두 170회 전후 발생했고 2012년 200회까지 치솟았다"[25]라고 발표했다. 이러한 위험을 억제하는 유력한 무기가 바로 양호한 사회보장제도이다. 그래서, 뉴노멀 상태에 진입하면 정부는 반드시 모든 역량을 쏟아서 민생 문제를 해결하고 사회보장의 수준을 높여야 한다. 동시에 "권리와 이익의 공정(权利公平), 기회 공정(机会公平), 규칙 공정(规则公平)을 주요 내용으로 하는 사회공정보장체계를 점진적으로 건립해야 한다." 이러한 보장체계는 위험과 위기를 막아내는 안전판이고, 사회가 위험과 위기가 발생하는 상황 하에서도 여전히 평온하게 운영될 수 있는 보장이다.

2) 권력 중시로부터 책임 중시로

정부는 권력의 행사자이다. 전통적인 관리 모델은 정부가 권력을 운용한

---

25   赵力等, 「社科院统计14年间群体性事件」, 2014年 2月 26日, 红歌会网, http://www.szhgh.com/Article/news/society/20140226/45472.html.

다. 그러나 권력의 경계는 명확하지 않다. 권력 합법성에 대한 근원이 부족하고, 권력을 행사하는데 반드시 책임이 따른다는 동의도 부족하고, 권력에 대한 제약도 부족하다. 이것이 현실 생활에서 정부 권력의 월권, 방만, 남용 등을 만들어내고 있다. 권력이 추동하는 경제 발전이 권력이 있으면 모든 문제를 해결할 수 있다는 어느 정도 권력에 대한 미신과 숭배 현상을 만들어냈다. 오직 경제 성과가 화려하면 권력은 심지어 법률과 법규의 제약에 개의치 않고, 권력이 초래하는 실수, 과오 혹은 손실 심지어 권력 행사자의 책임도 문제로 여기지 않았다.

권력 중시에서 책임 중시로의 전환은 비단 관원 개인의 자각(自覺)에 기댈 뿐만 아니라 더욱 중요한 것은 체제와 메커니즘을 통해서 권력의 정당한 행사와 책임에 대한 약속을 보장해주는 것이다. 여기에서 먼저, 정부 권력의 경계를 확립해야 한다. 저장성(浙江省)의 정부 권력 리스트가 그 첫발을 내딛었다. 정부 권력의 경계를 확정한 동시에 "법이 지원하지 않은 권한은 행사할 수 없다."라고 규정했다. 다음으로, 권력의 하방, 특히 심사와 비준 권한의 하방이다. 저장성은 정부 권력 리스트를 만들 당시에 '네거티브 리스트'를 함께 만들고, 시장 주체는 "법이 금지하지 않은 것은 모두 할 수 있다."라고 규정하여 시장 자유권(市場自由权)을 부여했다. 게다가 책임 의식을 강조하고 기존의 권한 중시와 책임 경시의 현상을 바꿔서 책임을 지는 쪽으로 무게 중심을 옮기고 문책(问责)을 하는 쪽으로 옮아갔다.

3) 심사 비준 중시로부터 감독 관리 중시로

중국 경제는 통상적으로 심사비준경제(审批经济)라는 비판을 받는다. 하나의 사업 항목에 백 개 이상의 비준을 받아야 하는 일이 결코 유일무이한 것은 아니다. 정부가 사업 전에 먼저 심사와 비준을 중시하는데, 이는 왕왕 일 추진 과정이나 추진 이후의 감독과 관리를 간과하는 것이다. 이는 전통 행정관리 모델의 큰 특색이다. 이러한 방식은 대량의 권력적 지대추구 공간을 만들어냈을 뿐만 아니라 사회의 활력을 속박했다. 뉴노멀 상태는 시장이 자원의 배분 과정에서 결정적인 역할을 요구한다. 이는 반드시 기존 전통적인 심사와 비준 모델을 바꿔야 하는 것을 의미한다. 심사와 비준 중시에서 감독과 관리 중시로 바꾸어 무게 중심을 일의 추진 과정이나 추진 이후의 감독과 관리에 두는 것을 말한다.

사실상, 심사 외 비준 항목의 감소와 취소 그 자체는 정부의 감독과 관리 역할의 강화를 의미한다. 왜냐하면 감소와 취소 이후 여러 곳에서 관리의 공백이 만들어질 수 있기 때문이다. 여기에서 우리가 목격하는 중앙 정부와 여러 지방 정부는 이미 이러한 문제를 예방하고 해결하는 대책을 채택하기 시작했다는 사실이다. 예컨대 국무원이 2014년 8월에 취소하고 하방한 행정 심사와 비준 항목은 모두 87건이다. 매 건 뒷부분에는 모두 일의 추진 과정, 추진 이후의 감독과 관리 조치를 부가했다. 또한 부문과 지방이 일의 추진 과정과 추진 이후의 감독과 관리 책임을 강화하도록 요구하고 있다. 매 건의 일의 추진 과정과 추진 이후의 감독과 관리 조치는 모두 실시 과정 중에서 바로바로 추적해서 상황을 이해하고 검사를 실시했다.

여러 지방정부도 상응하는 행동을 채택했다. 예컨대, 산둥성 룽청시(榮成市) 정부도 관련 문건을 만들었다. 관리해야 하는 일은 잘 관리하고, 관리하지 않아도 되는 일은 놓아두도록 했다. 또한 감독과 관리의 원칙, 감독과 관리의 내용, 감독과 관리의 조치 등 방면에서 구체적인 규정을 만들었다. 종합적인 원칙은 지위본분을 넘어서지 않고, 지위본분을 잘못 잡지 않고, 지위본분이 부족하지 않도록 하는 것이다. 감독과 관리는 장기간 줄곧 중국 정부 운영의 취약한 부분이다. 감독과 관리가 제대로 자리를 잡지 않아서 발생한 식품안전, 생산, 환경 등 문제를 자주 뉴스에서 보고 있다. 뉴노멀 상태는 사회와 경제의 평온한 운영을 한층 더 강조한다. 그래서 정부의 감독과 관리 역할을 가장 높은 곳에 위치시켰다. 왜냐하면 어떠한 감독과 관리의 역부족으로 초래하는 문제는 모두 사회와 경제에 매우 큰 손실을 만들어내기 때문이다.

4) 관리 중시로부터 서비스 중시로

정부 역할이 관리자로부터 서비스자로 바뀌고 있다. 그 원인은 사회가 생산자 중시에서 소비자 중시로 옮겨가는 변화를 만들어내고 있다는 데 있다. 만약 전통적인 관리 모델은 대중들이 정부를 중심으로 돌아간다고 말하면, 현재의 변화는 정부가 대중들을 중심으로 돌아간다는 것이다. 뉴노멀 상태 진입 이후, 정부는 경제 고속 성장 시기에 기업을 이끌고, 지휘하여 돌진하는 그러한 역할이 아니라 점점 더 서비스자의 역할을 맡을 필요가 많아지고 있다. 왜냐하면 뉴노멀 상태에서 시장은 자원의 배치에서 결정적인 역할을 하기 시작했기 때문이다. 이것은 정부가 시장을 위해서 어떤 서비스를 할 것인가를 사고하게 한다. 예를 들어, 시장 경쟁을 위해서 공평하고 공정한 환경을 건립하고, 완전한 법률과 규칙의 제도체계를 건립하고, 시장 주체가 이러한 환경에서 자유롭게 경쟁하도록 보장하여 경제와 사회의 진보를 추진하는 것을 말한다.

　　그것은 또한 정부가 시장의 주체, 예컨대 기업과 기업가를 위해 훨씬 더 서비스를 잘할 것을 요구한다. 예를 들어, 모든 기업이 평등한 시장 주체 지위를 누리고, 기업가에게 그 능력을 발휘할 기회를 제공하고, 그들이 공평하게 경쟁하고 자유롭게 성장하는 양호한 환경을 제공하는 것 등이다. 바꿔서 경제의 각도에서 말하면, 정부의 중심(重心)을 현대 경제 체계 건립 및 이 체계에 서비스 하도록 바꾸는 것이다. 이 체계의 특징은 바로 시장 경제 주도이다. 기업가는 경제활동의 주인공이기 때문이다. 사회적 각도에서 보면, 이것은 바로 대중에게 어떻게 더 좋게 공공서비스와 공공재를 제공 하느냐이다. 이것은 심지어 뉴노멀 상태에서 정부가 훨씬 중요하게 생각해야 하는 역할이다. 왜냐하면 대중을 위한 공공서비스에 대한 수요의 무한성과 정부의 공공서비스를 제공하는 자원의 유한성이 미래 중국 사회의 기본 모순이며 정부가 직면하고 있는 가장 큰 도전이기 때문이다.

5) 지도 중시로부터 협상 중시로

뉴노멀 상태는 정부가 더이상 시장 지도자의 역할을 맡지 않는다는 것을 의미한다. 정부가 맡는 훨씬 많은 책임은 바로 감독 관리자와 서비스자의 역할이다. 감독 관리자의 역할은 기업과 시장을 위해서 행위 설정이 레드라인을 넘을 수 없는 데 있다. 서비스자의 역할은 글자 그대로 바로 시장과 기업을 위해서 서비스를 제공하는 것을 말한다. 이것은 기존 정부와 기업의 상하 관계를 평행의 관계로 바꾸는 것이다. 행위 주체로서 양자는 모두 법률의 틀 내에서 행동한다. 그래서 정부는 반드시 기존에 기업에 명령을 내리는 방식을 개선하여 평등한 신분으로 기업이 필요로 하는 서비스를 제공한다.

이러한 관계의 변화는 현대 시장 체계 건립에서 매우 중요한 것이다. 그렇지 않으면 기업의 시장에서의 주체 지위는 건립될 수 없다. 지도 중시에서 협상 중시로의 변화는 정부 자체의 운영의 변화로 나타난다. 이러한 변화는 바로 정부가 점점 더 많은 역할 혹은 프로젝트를 외주를 주는 방식을 통해서 사회 조직이나 기업에게 넘기는 것을 말한다. 여기에서 바로 위탁인과 대리인의 양자 평행 관계가 있다. 뉴노멀 상태 시기에 정부와 사회 그리고 시장 간에 새로운 관계를 형성해야 한다. 이 관계의 기본 특징은 바로 법률 하에서 삼자가 각자 그 일을 수행하는 것이다. 시장의 일은 시장이 관리하고, 사회의 일은 사회가 관리하고, 정부의 일은 정부가 관리한다. 삼자가 상호 의존, 상호 보완하여 다시는 정부가 홀로 권력을 남용하는 일은 없어야 한다.

6) 수량 중시로부터 질량 중시로

정부 운영의 과정 중시에서 결과 중시는 정부행위의 일대 변화이다. 전통적 관리모델은 과정을 중시하고 결과는 묻지 않았다. 새로운 관리 모델은 결과를 강조한다. 관리의 의의가 결과에 있기 때문이다. 중국 정부는 사실상 이미 과정 중시로부터 결과 중시로 전환했다. 결과에는 양(数量)과 질(质量)의 구분이 있다. 똑같은 GDP 지표라 하더라도 내적 함의는 다를 수 있다. 이런 의미에서 중국 정부는 수량 중시에서 품질 중시로의 전환도 진행해야 한다. 뉴노멀 상태에서 필요한 것은 경제발전의 질량이지 수량이 아니다. 그러나 정부 운영의 관성은 여전히 수량 중시에 있다. 예컨대 두 자리수의 GDP 성장을 중시하면서 오직 목표치에 도달하면 된다는 식이며 획득하는 과정에서 어떤 대가를 치뤘는지는 관심 밖이다. 이는 여러 가지 부작용을 낳았다. 예컨대 중국의 경제성장을 위해 서방 국가보다 높은 비용을 소모했고, 자원이 파괴되었으며, 경제구조와 산업구조가 부실하고, 낭비와 비효율이 누누히 발생하고 있다.

요컨대, 중국의 경제발전은 경제발전의 질이 더 제고되어야 한다. 이와 같은 비싼 비용과 대가가 GDP를 얼마나 떨어뜨릴 수 있는지를 계산해 본 적이 없을 것이다. 환경을 예로 들면, 중국사회과학원의 연구 결과에 따르면 "1980년대 말부터 90년대 초반까지 환경 오염이 만들어낸 경제 손실은 GDP의 3%~4%"라고 한다.[26] 반대로, 경제 운영의 품질 제고는 GDP를 어느 정도 올릴 수 있을가? 뉴노멀 상태에서 2% 혹은 8%의 질적 성장의 실질적 효과는 고속발전 시기의 두 자리수 성장과 비슷하다고 말할 수 있다. 즉 질을 중시하는 것도 경제의 수량의 증가를 의미한다. 뉴노멀 상태에서의 경제의 질은 정부가 시장과 기업의 행위에 관

---

26 胡锦涛, 「十八大报告」, 新华网, http://www.x.j.xinhuanet.com/2012, 11/19c113722546.htm.

여하지 않는다는 것을 의미한다. 왜냐하면 시장과 기업은 충분한 이성(理性)을 갖고 있기 때문이다. 기존 여러 문제의 발생은 왕왕 시장 왜곡과 권력의 지대추구의 결과이다. 정부가 해야 하는 것은 바로 시장과 기업 행위를 규범화하고 양호한 환경 조건을 제공하는 것이다.

3. 근원으로의 회귀: 다시 시작하는 개혁의 길

뉴노멀 상태는 정부 개혁을 위해서 하나의 계기를 제공했다. 왜냐하면 정부는 반드시 새로운 정세에 따라 직능 전환에 적응해야 하고 새로운 규범과 행위 준칙을 건립해야 하기 때문이다. 뉴노멀 상태가 일상이 되었기 때문에 시간 측면에서 매우 긴 단계이다. 이 단계는 경제적 단계일 뿐만 아니라 정치적, 사회적 단계이며 국가의 성장과 함께 해야 한다. 이런 의미에서 정부의 개혁은 현대국가 건립을 둘러싸고 진행해야 한다. 그럼 이러한 현대국가의 특징은 무엇인가.

현대 국가는 17기 2중전회에서 세련된 언어로 개괄되었는데 그것은 바로 시장경제, 민주정치와 법치국가이다. 정부가 현대국가 건립의 중책을 맡고 있다. 경제건설은 단지 국가건설의 일부분일 뿐이다. 특정 역사 단계에서 중국 정부는 자신이 가진 거의 모든 정력을 경제건설에 투입했다. 정부가 주도적으로 역할을 했고, 사람들이 놀랄만한 성과를 거뒀지만 문제도 적지 않았다. 뉴노멀 상태는 정부의 역할이 반드시 바뀌어야 하는 것을 의미한다. 정부의 행위도 반드시 변해야 한다. 그리고 이러한 변화 자체는 정부의 가장 기본적인 자리매김(定位)과 함께 연계되어 있다. 비록 서로 다른 역사 시기에 정부는 서로 다른 변화를 했지만, 그러나 이러한 변화 및 변화의 성과는 사실상 정부의 본질적인 특징의 영향을 받는다. 이상적인 정부의 본질적인 특징은 마땅히 유한정부(有限政府), 책임정부(責任政府), 법제정부(法制政府)와 투명정부(透明政府)여야 한다. 미래 정부의 개혁은 간단히 말하면 바로 이러한 근원으로의 회귀이다.

1) 유한정부

유한정부는 정부의 권력이 유한하다는 것을 의미한다. 권력의 운영은 한계가 있을 뿐만 아니라 게다가 이러한 권력은 제약을 받는다. 계획경제 시대에 중국 정부는 전능형(全能型) 정부이다. 정부 권력이 모든 사회 사무, 심지어 개인 사무를 농단했으며, 권력이 침투하지 않은 공간은 없었다. 정부가 모든 것을 관리했다. 관리하지 말아야 할 것, 관리하면 안되는 것이나 관리할 수 없는 일을 관리했다. 이 외에도 이 권력은 거의 제약을 받지 않았으며 어떠한 사람도 이를 제약해야 한다고 생각하지 않았다. 왜냐하면 정부는 인민의 이익을 도모하는 정부라고 인식하고고, 정부는 착오를 범하지 않으며, 민중의 이익을 침해하지 않고, 정부는 자신의 이익이 없다고 생각했기 때문이다. 정부의 이익은 바로 민중의 이익이고, 정부의 이익은 민중의 이익과 충돌을 발생시키지 않는다고 생각했다. 모든 이러한 일들이 만들어낸 결과는 바로 정부 권력의 팽창과 무절제한 운용 그리고 민중의 권력에 대한 순종이었다.

개혁개방이 정부 권력의 일통천하(一统天下) 국면을 파괴했다. 사회가 점진적으로 국가(정부로 대표)되는, 사회, 시장의 삼분 국면으로 만들어졌다. 그러나 역사의 관성 때문에 그리고 특정 역사 단계의 필요가 추가되어 정부는 이 삼자 중에서 독점적이고 거대한 지위를 차지하게 되었다. 이러한 이유로 지위본분을 넘어서고, 지위본분을 잘못 잡고, 지위본분이 부족한 상황이 수시로 발생했다. "정부와 기업의 분리, 정부와 자본의 분리, 정부와 사회 중개조직의 분리" 등이 지연되어 효과적인 해결을 보지 못했다. 이러한 지지부진함은 중국공산당 18대에서 이 방면의 개혁을 부르짖을 때까지 계속되었다.

권력의 독점적인 거대함은 권력의 불명확성과 권력이 제약을 받지 않는 것과 연계되어 있다. 그래서 유한정부의 건립은 우선, 정부의 권력 경계의 확정이 필요하다. 법률과 규칙 제도의 방식으로 어떤 것은 정부가 할 수 있고, 어떤 것은 할 수 없는지, 어떤 것은 정부가 하는 것을 금지하는지를 확립하는 것이다. 이 외에 반드시 권력에 대한 제약을 강화해야 한다. 권력은 부패를 야기하고 절대 권력은 절대 부패를 부른다. 권력에 대한 제약을 강화하는 것은 권력 부패를 방지하는 효과적인 길이다. 이러한 제약은 반드시 법률적이어야 할 뿐만 아니라 또한 반드시 사회적이어야 한다. 사회 역량을 동원하여 권력 운영을 감독하는 것은 권력이 선하게 흘러가고 악하게 가지 않게 하는 효과적인 수단이다.

2) 책임정부

권력과 책임은 한 몸의 두 개 측면이다. 권력 행사는 책임을 부담해야 하고, 이것은 당연한 일이다. 전통적 관리는 왕왕 전자를 강조하고 후자를 간과한다. 책임정부는 우선, 정부는 어떠한 장소에서도 대중의 이익을 가장 우선에 두는 것을 요구한다. 이것이 바로 정부 직책(職責)의 소재이다. 정부 권력의 합법성은 민중으로부터 나온다. 민중을 위해서 서비스를 제공하는 것은 정부 존재 의의의 소재이다. 그래서 정부 자신의 이익과 민중 간 모순과 충돌이 발생하는 상황 하에서 공공이익은 응당 정부의 첫 번째 선택이어야 한다. 다음으로, 책임정부는 정부의 업무가 문책을 받을 수 있음을 요구한다. 이러한 문책이 바로 정부와 민중을 연계시킨다. 민중은 정부의 서비스 대상이다. 정부 업무의 좋고 나쁨의 최종 평가는 응당 민중이어야 하지 정부 자신이어서는 안된다.

문책은 정부 기구 내지 그 업무 인원을 통해서 대중과 직면하는 것으로 그들의 책임감을 높이는 것이다. 다른 측면에서 민중의 주체 의식과 참여 열정을 높인다. 게다가 책임정부는 권력 행사에 대한 책임을 용감하게 지는 것을 요구한다. 여기에서 완결된 효과적인 책임 추궁 제도를 갖추는 것이 필요하다. 책임 추궁을 하지 않으면 한편으로 권력 행사 중에 기회주의와 권력 남용을 야기할 수 있기 때문이다. 권력 남용이 징벌을 받지 않는다면 다른 한편으로는 정부 이미지가 손상된다. 일을 한것에 책임을 지지 않는 정부는 인민을 만족시킬 수 없는 정부이다. 바로 책임에 대한 강조에 있어서 4중전회는 이 방면의 건설을 강화했다. 먼저, 행정 집법 책임제(行政执法责任制)를 전면적으로 시행하고, 행정 권력에 대한 제약과 감독 관리 강화를 제안했으며, 잘못을 바로잡는 문책 메커니즘을 완비했다. 이는 정부 책임제 건설에서 중요한 의미를 갖는다.

3) 법치정부

법치는 현대국가와 현대정부의 기본적인 특징이다. 현대국가에서 법률은 최고의 지위를 갖는 것으로 어떤 사람이나 조직도 법률 위에 군림할 수 없다. 법률은 또한 사회가 양호한 방향으로 잘 돌아가도록 하는 기본적인 조건이다. 왜냐하면 사회질서는 바로 법률로 보장되기 때문이다. 법치정부의 정수(精髓)는 우선, 정부의 권력은 법률 규정과 법률 제약을 받고, 정부의 어떠한 행정 행위도 모두 법률과 제도의 틀을 벗어날 수 없다는 데에 있다. 둘째, 정부의 법에 의거한 행정(依法行政)은 법에 근거를 두고, 법 집행이 반드시 엄격해야 할 필요가 있다. 게다가 정부행위의 위법은 반드시 추궁해야 한다. 정부의 행정 행위는 사법의 감독을 받을 뿐만 아니라 모든 사회의 감독을 받아야 한다. 중국의 법치정부 건설은 개혁의 프로세스에 따라서 진보한다. 그러나 행정 프로세스 중에 인치현상 (人治現象)은 여전히 도처에서 볼 수 있다.

이것은 주로 첫째, 인격화(人格化)의 행위 표현으로 나타난다. 법치화의 정부행위는 비인격화의 특징을 갖출 것을 요구한다. 이는 곧 정부 관원이 규칙에 따라 일을 처리하고, 사실에 입각해서 일을 처리하고, 인정 요소(人情因素)를 배척할 것을 요구한다. 그러나 중국과 같은 인정화 (人情化) 사회에서 이를 견지하는 것은 쉽지 않다. 그래서 우리는 종종 문제를 처리할 때 '꽌시(关系)'의 역할을 보게 된다. 그것은 정부가 일을 처리할 때 사람에 따라 다르게 하는 것으로, 정부 운영의 불편부당과 공평 원칙을 파괴한다. 둘째, 관행(潛規則)의 성행이다. 규칙은 일종의 사람 행위에 대한 제약이다. 공식 제약과 비공식 제약으로 나눌 수 있다. 공식 규칙을 통해서 목표에 도달할 수 없는 상황 하에서 사람들은 왕왕 비공식 통로를 통해서 일을 처리한다. 서방은 이러한 방식을 정치행위라고 부르고 중국은 관행이라고 부른다. 공식 규칙에 의거하지 않고 관행에 의거하여 일을 처리하는 것을 중국의 환경에서 적지 않게 볼 수 있다. 그러나 관행은 도덕적 위험을 발생시킬 수 있다. 그것은 공식 규칙의 권위를 업신여길 수 있고 심지어 공식 규칙을 대체하는데 이용되어 규장제도(規章制度)를 일종의 장식품으로 만들 수도 있다.

셋째, 권력으로 법을 대신하는 것(以权代法)은 관원 개인의 중요성이 제도 규칙의 중요성을 뛰어넘는 것이고, 개인을 추종하는 것이 법률을 추종하는 것을 초월하는 것이다. 중국 사회는 지금 전통사회로부터 현대 사회로 변화하고 있다. 변화 시기는 사실상 공식 제도가 주목받고 관행, 인치가 소멸하는 과정이다. 삼자의 공존이 이 시기의 특징이라고 할 수 있다. 그러나 주목과 소멸의 마지막 결과는 최종 목표인 법치에 도달하도록 응당 끊임없는 제도화와 법치화 방향으로의 전진이어야 한다. 정부는 이러한 전환 과정에서 두 가지 사명을 갖고 있다. 하나는, 정부는 반드시 헌법에 기초해서 국가를 다스리고(依宪治国), 법에 의거하여 행정(依法行政)을 펼쳐야 한다. 둘째로, 법에 의거하여 자신을 관리해야 한다. 자신의 권력을 제도의 울타리 안으로 넣어서 법치정부의 이미지가 사회의 법치 진보를 추진하도록 해야 한다.

4) 투명정부

현대정부는 마땅히 투명정부이다. 왜냐하면 정부는 인민이 건립했기 때문이다. 정부는 책임을 가지고 인민들에게 자신들이 무엇을 했는지 알려야 한다. 바로 지금 무엇을 하고 있고, 앞으로 무엇을 하려고 하는지이다. 인민은 정부의 활동에 대해서 알 권리(知情权)와 참여할 권리(参与权)가 있다. 투명정부는 우선, 정부의 정보 공개를 요구한다. 무릇 사회가 알게 해야 하며 또한 마땅히 공개해야 한다. 여기에서 우리에게 지금까지 존재했던 큰 문제가 있다. 그것은 바로 정보 공개의 주동적인 권리가 완전히 정부의 손 안에 장악되어 있다는 것이다. 공개할 것인가 말 것인가, 무엇을 공개할 것인가, 어떻게 공개할 것인가, 언제 공개할 것인가, 누구에게 공개할 것인가를 모두 정부가 결정한다.

이것은 정부와 정부 관원과 관련된 부정적인 정보를 공개할 때, 정부는 왕왕 '국가기밀' 혹은 '안정의 수호' 등을 이유로 거절하기도 한다. 여기에서 예외적인 원칙으로서 비밀 보호(保密)가 통상적인 행위의 원칙으로 되었다. 그러나 이것은 근본적으로 정부 정보 공개의 본뜻을 뒤집는 것이다. 다음으로, 투명정부는 정부행위의 공개를 요구한다. 권력을 투명하게 운영한다는 의미이다. 여기에서 존재하는 가장 큰 문제는 정부 정책결정의 '블랙박스화(暗箱操作)'이다. 대중들의 중대한 이익과 결부된 일의 정책결정에 왕왕 대중의 참여가 배척되고, 정부가 말한 것으로 갈음한다. 그러나 이것은 최종적으로 이익 충돌을 야기하고, 사회의 불안정성을 초래한다. 예컨대, 최근 몇 년 동안 발생했던 '님비운동'은 바로 이것의 전형적인 사례이다. 한 차례 이같은 운동이 마지막에는 모두 정부의 피동성을 야기하고 정부 공신력의 상실을 초래했다.

유한정부, 책임정부, 법치정치, 투명정부의 근원으로 회귀는 우리에

게 정부개혁의 길을 다시 시작할 것을 요구한다. 이 개혁의 길의 지향은
정부 운영 프로세스와 기술 문제를 해결하는 동시에 정부의 훨씬 많은
구조적인 문제를 해결하는 것이다. 경제의 뉴노멀은 우리가 이러한 개혁
의 길로 나아가는데 기회를 제공한다.

Adjustment of Government Behaviors under the New Normal of Economy

Abstract: Market economy in China is dominated by the government. Market will become the driving force for economic development under the New Normal of Economy. The transformation requires the changes of government behaviors accordingly, including transforming from economic,oriented to well being,oriented, from authority,oriented to accountability,oriented, from approval to regulation, from management to service provision, from governing to consultation, and from quantitative,oriented to qualitative, oriented. Effects of changing government behaviors are related to essential characteristics of governments. Therefore, government reforms should return to its original point,namely building a limited, accountable, law,based, and transparent government.

공공서비스의 경영 : 가치, 전략과 능력*

요약: 공공서비스의 시장화 경영은 정부가 공공서비스의 제공에서 사회적, 경제적 효율을 극대화할 것을 요구하는데, 이와 같은 공공성과 시장화의 융합과정에 내적 모순이 발생한다. 융합과정에서 공공의 이익이 최우선 원칙이어야 하고 시장메커니즘은 필수요인이며 정부 인력의 경영능력이 공공서비스의 효율 극대화를 보장해야 한다.

1. 시장화 경영: 정부 공공서비스 경영의 제기

1980년대에 시작된 공공서비스의 시장화는 정부운영의 가장 눈에 띄는 변화 중 하나로 오랫동안 고착화되었던 관료제 주도의 조직구조를 바꾸었다. 뿐만 아니라 공공서비스는 정부가 제공해야 한다는 통념도 바뀌었는데, 이로 인해 정부가 독점해왔던 공공서비스의 운영형태와 정부 공무원의 능력에 대한 요구도 따라서 바뀌었다. 이러한 변화의 배경에는 정부의 제한된 자원이 대중의 날로 증가하는 공공서비스 수요를 만족시키지 못하는 문제와, 정부가 어떻게 하면 적은 비용으로 높은 공공서비스 효율을 얻을 것인가에 대한 고민이 있었다. 이는 크게 두가지 문제로 좁

---

*　이 글은 『江苏行政学院学报』 2015, Vol.1, pp.107-113에 수록되었다.

혀졌다. 하나는 공공서비스 제공 주체의 다원화 문제, 다른 하나는 시장 메커니즘을 이용해 비용-편익의 측면에서 공공서비스 효율의 극대화를 추구하는 것이었다. 중국공산당 제18차 당대회에서 사회관리 혁신을 강화하고 정부의 공공서비스 방식을 개선할 것을 제기했는데 이는 공공서비스의 시장화는 새로운 기회를 맞이했다. 새로 출범한 정부는 공공서비스 영역에서 사회적 역량을 더 많이 활용하고 정부의 공공서비스 구매를 확대할 것을 분명히 했다. 공공서비스의 시장화라는 큰 추세에서 어떻게 해야 좋은 계약을 통해 적은 비용으로 효율적인 공공서비스를 제공할 것인지가 가장 핵심적인 문제로 떠올랐다. 이러한 고민으로부터 정부의 공공서비스 경영이라는 개념이 제기되었다. 정부의 공공서비스 경영능력이 공공서비스의 수량과 수준을 결정하기 때문이다.

여기에서의 정부경영은 간단히 말해서 정부가 시장메커니즘을 통해 공공서비스를 관리 및 경영하는 것을 뜻한다. 경영과 관리는 모두 기획과 운영이라는 뜻을 갖고 있어 유사해 보이지만 실생활에서는 구별되어 사용된다. 관리는 중성적인 용어로 '기업관리'와 '정부관리' 등 다양하게 사용된다. 그러나 '경영'이라는 용어는 통상적으로 기업과 연결되어 사용되었으며 정부를 '경영'한다고는 잘 표현하지 않는다. 이는 '경영'이라는 용어가 비용과 수익, 결과지향성 등 경제적 색채를 많이 띠기 때문이다. 또 영어의 'marketing'이란 용어도 종종 '경영'으로 번역되기 때문에 '경영'은 이익과 연결된 시장행위이며 정부와는 무관한 단어로 인식되었다. 이로 인해 그동안 학계에서는 정부나 공공부문을 경영과 연결 짓는 연구가 많지 않았다. 지난 십여년간 서방 최고의 공공관리 학술

지에 실린 경영과 관련된 논문은 9편에 불과하다. 많은 학자들도 경영을 정부의 목표와 행위와 전혀 상관없는 '상업'과 '이윤'에서 비롯되는 개념으로 인식했기 때문이다.

중국의 국내학계도 마찬가지이다. 2000년 이전까지만 하더라도 국내에서 정부경영을 논하는 글은 매우 드물었다. 그러나 중국 지방정부에서는 1990년대 후기부터 '경영'이라 할만 한 활동을 활발히 진행해왔다. 이후 시장화가 진행되면서 '경영'이라는 용어도 정부활동과 연결되기 시작했다. 정부의 '도시경영', '토지경영', '교육경영' 등등 정부가 시장화 메커니즘을 통해 서비스를 제공 및 관리한다는 내용이 신문과 언론에서 넘쳐나기 시작했다. 그러나 얼마 지나지 않아 이런 현상은 곧 잠잠해졌다. 시장화 경영으로 인해 비싼 교육비와 의료비 등 공공자원의 유실이라는 사회적 문제를 야기했기 때문이다. 교육과 의료의 시장화는 정부의 '무책임한 책임회피(甩包袱)'라 비난 받기도 했다. 이로 인해 '정부경영'은 정부가 책임을 회피하고 이익만 챙기는 시장행위로 묘사되어 배척받기에 이르렀다.

그러나 '경영'에 대한 정의를 보더라도 경영은 기업뿐 아니라 정부에도 해당될 수 있다. 시장화라는 상황에서는 정부도 경영활동을 할 수 있기 때문이다. 예컨대 마케팅은 경영의 중요한 구성부분인데 정부에도 마케팅활동이 존재한다. 루이스 분(Louis E. Boone)과 데이비드 쿠르츠(David L. Kurtz)는 "마케팅은 하나의 계획이자 집행이념이고 판촉의 과정이며 개인과 조직의 목표 간 관계를 유지하기 위해 아이디어와 제품, 서비스, 조직과 캠페인을 판매하는 과정이다."[27]고 주장했다. 『브리태니커 백과사전』에도 "마케팅의 가장 일반적인 정의는 물건과 서비스가 생산 자에서 소비자 또는 사용자로 이동하는 것이다. 이는 특정한 경제에 국 한되지 않으며 영리성 부문만 가지는 기능도 아니다. 병원, 학교, 박물관 등 서비스형 기관에서도 다양한 마케팅을 하고 있다"[28]고 되어있다. 이로 부터 3가지 요점을 정리할 수 있다. 첫째, 마케팅은 하나의 과정으로 물 품과 서비스의 이동과 연결되어 있다. 둘째, 물품과 서비스의 제공은 경 제단체에 독점된 것이 아니다. 셋째, 마케팅의 목적은 개인과 조직의 목 표 간 관계를 유지하는데 있다. 정부도 제품(공공제품)과 서비스를 제공하 는 단체이기에 당연히 마케팅 기능을 갖고 있다. 다만 정부의 마케팅이 만족시켜야 할 대상은 개인 소비자가 아니라 집단소비자일 뿐이다. 이는 "오늘날 마케팅은 공공부문의 중요한 부분이 되었다. 민간기업의 마케팅 방법과 경로는 이미 공공부문에 의해 많이 채택되었다"[29]는 올리비에 세 라트(Olivier Serrat)의 말과도 일맥상통한다.

이 글에서 정부의 공공서비스 경영을 제기한 것은 다음과 같은 고 민에 기초한다. 우선 정부의 경영활동은 시장 조건하에서 항상 존재해 왔다. 공공서비스의 시장화자는 상황에서는 더더욱 그러하다. 정부는 그

---

27 L. E. Boone and D. L. Kurtz, *Contemporary Marketing*, Cincinnati: Southwestern/ Thomson Learning, 1998.

28 *Encyclopedia Britannica*, Vol. 11, Encyclopedia Britannica. Inc, 1980, p.505.

29 Olivier Serrat, "Marketing in the Public Sector", Cornell University ILR School, https: // digitalcommons. ilr.cornell.edu/intl/144/.

자체로 시장의 참여자로서 시장의 행위 주체를 감독 관리할 뿐만 아니라 '시장의 실패'를 보완하고 대중들에게 공공재와 서비스를 제공해야 한다. 마케팅활동의 전형적인 요소인 4P(계획, 가격, 경로, 판촉)는 정부가 제공하는 공공제품 및 서비스에서도 볼 수 있다. 예컨대, 정부가 서비스 제공에 관한 프로그램을 진행하려면 가격을 책정해야 하고(대중교통요금 등) 제품과 서비스를 제공할 파트너를 찾아야 하며 판촉활동(관광도시의 경우 TV광고 방영)도 해야 한다. 다만 기업이 영리를 위해 경영을 하는 것이라면 정부경영의 목적은 서비스이고, 기업이 만족시켜야 할 대상이 개인 소비자라면 정부가 만족해야 할 대상은 사회대중이다. 다른 한가지는 '공공서비스 경영'이라는 표현이 꽤나 적절하기 때문이다. 상업적 색채를 띠는 '경영'이라는 용어는 공공서비스의 시장화 운영과 잘 어울린다. 예컨대 정부는 대중들을 위해 어떻게 효과적으로 예산을 절감할 것인지, 그리고 가치있는 제품과 서비스를 제공할 것인지를 고민해야 한다. 흔히 말하는 공공서비스 제공이나 공공서비스 활성화라는 표현으로는 이러한 내용들을 담기는 어렵다. 계획경제시기에도 정부는 공공서비스를 제공해왔지만, 시장화 조건 하에서의 공공서비스는 이념과 운영방식에서 전자와 확연한 차이가 있기 때문이다. 공공서비스 활성화라는 표현도 포괄적인 의미이기에 시장 조건 하에서의 공공서비스의 본질을 제대로 반영하지 못한다.

그럼에도 불구하고 '정부경영'이라는 표현은 일찍부터 시장경제를 실행했던 서구 국가에서도 잘 사용되지 않았다. 이는 정부관리모델에서 이유를 찾을 수 있다. 전통적인 공공관리모델은 공공제품과 서비스의 제공에서 정부의 역할을 강조하다보니 정부가 거의 모든 공공재와 서비스를 독점하다시피 했다. 독점상황에서는 경쟁이 없기 때문에 정부의 공공서비스는 비용과 효용성을 따지지 않았고 이는 서비스 품질의 저하로 이어져 대중의 수요를 만족시키지 못했다. 또 한가지는 전통적 공공관리 모델에서 공공서비스 제공은 생산자가 주도했기에 제품과 서비스는 소비자의 수요나 만족도 보다는 정부의 의사에 의해 결정되었다.

정부의 공공서비스 경영이 부각된 것은 1980년대의 신공공관리 운동과 관련이 있다. 당시의 이 정부개혁운동은 공공서비스의 시장화와 기업화 운영을 추구했는데, 신공공관리이론은 공공서비스 제공에 시장 메커니즘을 도입하고 비정부기구와 민간부문을 활용해 혼합 공공제품을 제공해야 한다고 주장했다. 당시 미국 클린턴 정부는 개혁 과정에서 걸었던 슬로건도 '적은 돈으로 더 많은 일을 하자'였다. 오스본 개혁 이후의 새로운 정부에 대해 언급한 10가지 측면 중 하나가 바로 서비스 제공에서 경쟁력 있는 정부였다. 이는 정부가 자원의 유일한 겪고 가장 합리적인 배분자가 아니며 공공서비스 영역이더라도 시장을 활용할 수 있다는 이념에 의해 추동되었다.

정부의 공공서비스 경영을 강조하는 것은 중국의 공공서비스 상황과도 맞물려 있다. 2004년 중국에서 서비스형 정부건실이 제기된 이후 공공서비스는 전례없는 주목을 받았는데 정부의 다섯가지 기능(경제조정, 공공서비스, 시장감독, 사회관리, 환경보호)에 공공서비스가 포함되었다. 그러나 실제 공공서비스 제공 사황은 그다지 이상적이지 않았다. 2013년 우한대학의 품질발전전략연구원에서는 품질안전, 품질만족, 공공서비스 품질, 시민소양 등 4가지 측면에 대해 조사한 『중국품질발전관측보고』를 발표했는데 그에 따르면 정부의 공공서비스 품질만(57.82점) 유일하게 합격선에 미달했다. 그 중에서도 정부의 공공서비스 품질에 대한 총 투입, 이미지 및 양호한 소비환경 등 세가지 부문의 수준이 더욱 두드러졌다. 이로부터 정부의 공공서비스 품질에 대한 소비자들의 신뢰도와 만족도가 아직은 매우 낮다는 것을 알 수 있다. 이는 정부의 공공서비스 제공 이념, 방식, 능력 및 결과가 아직 개선해야 할 부분이 많으며 공공서비스 경영에 서투르다는 것을 의미한다. 따라서 정부의 행정기능을 이행하는 기초 상에서 공공서비스 기능의 이행 방식을 개선하는 것이 필요하다.

2. 가치 기반과 전략적 포지셔닝

정부의 공공서비스 경영은 공공성이라는 가치에 기반한다. 이로부터 다음과 같은 문제들이 제기될 수 있다. 공공서비스의 시장화는 곧 시장의 개입을 의미하는데 공공성과 시장을 어떻게 융합할 것인가? 공공서비스 경영의 비용-편익계산과 대중의 수요 및 이익이 충돌할 때 정부는 누구의 손을 들어야 하는가? 정부는 공공서비스 제공하는 현실상황에서 다음과 같은 문제들을 해결해야 한다.

　　첫째, 정부와 서비스 대상 간의 관계이다. 정부는 반드시 책임성과 이익을 둘다 고민해야 한다. 현대 정부가 존재하는 중요한 이유 중 하나가 바로 공공서비스를 제공하는 것인데, 공공서비스의 시장화에서는 정부가 공공서비스 제공의 책임을 시장에 떠넘기기도 한다. 이를 좋게 표현하면 정부가 순수 공공제품, 준공공제품, 사적제품 간 관계를 제대로 이해하지 못한 데에서 비롯된 것이지만, 직설적으로 말하면 정부가 자체 이익을 추구하기 때문이다. 즉 소위 말하는 '책임 떠넘기기(甩包袱)', 심지어는 이익을 꾀하는 행위(토지경영과 같은)에서 비롯된다. 즉 이는 누구를 위해 공공서비스를 경영할 것인가의 문제이다.

둘째, 서비스 대상 간의 관계이다. 기업의 경영 대상은 개인 소비자이고 소비자는 기업의 제품을 사거나 사지 않는 등 선택권을 가진다. 그러나 정부의 공공서비스 제공 대상은 대중 즉 광범위한 소비층이다. 이는 정부가 제공하는 제품과 서비스가 모두를 만족시킬 수 없다는 것을 의미하기도 한다. 이해관계자들은 자체 이익에서 출발해 정부의 서비스를 평가하기 때문에 대중의 이익은 일치하지 않는다. 또한 대중은 정부 서비스에 대한 선택권이 없다. 정부의 부동산 구매제한 정책을 놓고 보면 정부의 정책이 집값 안정과 하락에 도움이 된다고 생각하는 사람들은 환영하겠지만, 주택 추가 구입을 희망하는 사람들은 이 정책을 싫어할 수 밖에 없다. 그러나 각자의 선호와 상관없이 대중은 정책을 받아들여야 한다. 따라서 정부는 공공서비스 제공과정에 서로 다른 이해관계자 사이의 충돌이 발생할 경우 어떤 선택을 할 것인지를 고민해야 한다. 왜냐하면 이들 모두 국민이고 정부가 서비스해야할 대상이기 때문이다.

셋째는 비용-편익 계산과 대중 수요의 관계이다. 공공서비스의 투입에는 비용의 문제가 있다. 공공서비스의 비배타성과 비경쟁성으로 인해 '무임승차'현상이 발생하는 것은 더 말할 것도 없다. 따라서 공공서비스 경영의 비용-편익에 대한 경제적 계산과 대중의 수요 및 이익이 충돌할 때 정부는 어떻게 양자 간 관계를 균형 맞출것인지를 고민해야 한다. 간단한 예로 정부는 대중교통이 적자를 낸다고 해서 운영을 중단할 수는 없으나 적자문제를 어떻게 균형, 조정할 것인지에 대해서는 생각해야 하는 것이다.

넷째는 단기 이익과 장기 이익의 관계이다. 정부는 공공서비스를 경영함에 있어 오로지 대중이 수요에 영합할 것인가, 아니면 사회발전과 대중의 장기적 이익에서 출발해야 하는가? 예컨대, 대중은 늘 새로운 사회복지가 생기기를 희망하지만 현실적인 정부자원으로는 이런 수요를 만족시킬수 없을 때, 대중의 만족을 위해 무리하게 사회복지를 제공할 것인가 아니면 대중의 질책을 받더라도 실제에 맞게 실행가능한 복지만 실행할 것인가?

다섯째, 공공서비스 제공 주체의 다원화라는 변화에 직면해, 정부는 대중의 만족도 개선을 위해 여러 서비스 제공 주체 간 관계를 어떻게 처리해야 하는가?

상술한 문제들은 모두 정부의 공공서비스 경영 가치에 관한 것들이다. 공공성은 정부가 공공서비스를 경영할 때의 최우선 원칙이어야 하는 것은 틀림없다. 공공성은 일종의 관계이자 영역으로 이해된다. 우선 관계의 측면에서 보면 "사회과학에서의 공사 구분은, 국가와 사회, 정부와 시장, 개인과 집단, 경제와 사회관계의 근간이다."[30] 이런 관계들을 처리

30   高鵬程, 「公共性: 槪念, 模式与特征」, 『中国行政管理』 2009年, 第3期, p. 65.

함에 있어 정부가 공공의 이익을 최우선시 해야 하는 것은 당연하지만 공공서비스의 시장화라는 상황에서는 이런 관계들이 다소 복잡해진다. 즉 공공성과 시장성의 관계를 어떻게 균형있게끔 만들 것인지가 정부의 중요한 고민이 된다. 이때는 공정과 공평의 원칙이 최고 원칙이어야 한다. 즉 공공서비스 경영에서 경제적 효용성을 따져야 하지만 공정과 공평의 원칙에 어긋나서도 안된다. '영역'이라는 측면에서 보면, 사회에 존재하는 공과 사의 두가지 영역은 20세기 후반에 이르러 그 경계가 모호해졌다. 공공서비스도 민관협력이 보편화되어 공공부문과 민간기업 할 것 없이 공공서비스에 개입했다. 따라서 공공서비스를 제공할 때 공공이익의 최대화와 파트너의 이익을 동시에 만족할 수 있게 사회역량을 활용하는 것이 중요한 관심사안이 되었다.

이와 같은 공공서비스의 핵심가치와 기본원칙은 정부의 공공서비스 경영의 전략적 포지셔닝을 결정한다. 바로 공공성과 시장성의 융합, 가치와 기술의 통일 그리고 공평과 공정의 원칙 하에 시장 메커니즘을 통해 공공서비스의 사회 및 경제 효과를 최대화하는 것이다. 공공성과 시장성은 서로 모순되는 개념임은 틀림없지만 공공서비스 운영에 시장의 개입이 불가피한 오늘 날에는 양자를 어떻게 융합할 것인지가 공공서비스 전략의 출발점이 되고 있다. 실제 융합과정에서 두가지 문제에 직면하게 되는데 하나는 조직의 문제이고 다른 하나는 기술수단의 문제이다.

조직 효율성의 측면에서 보면, 전통적인 공공관리모델은 관료조직 즉 등급제의 구조, 분업, 전문화와 단일 지휘 등 막스 베버가 제시한 특징을 통해 효율성을 얻는다. 그러나 공공서비스의 시장화에서는 관료조직만으로는 부족하다. 조직문제의 핵심은 공공서비스 제공 주체의 다원화인데, 정부 입장에서는 정부와 기타 공공서비스 제공 주체 간 관계를 어떻게 처리할 것인지의 문제이다. 이 문제는 오랫동안 중국의 공공서비스 발전을 가로 막는 장애물이었다. 중국의 정부와 사회단체 간 관계는 큰 정부와 작은 사회이기에, 사회단체의 힘이 빈약하고 행정화 경향이 컸다. 정부와 사회단체 간 관계가 대등한 협력관계가 아니고 대부분의 사회단체가 독립성이 결여되어 정부와 종속관계에 있으며, 관련 정부 부문의 도움을 받아야만 활동할 수 있고 심지어 생존할 수 있다는 점들이 정부의 힘이 독보적으로 크다는 증거들이다. 행정기관에 대한 지나친 의존의 결과, "상당수의 사회단체의 탄생과 목표 그리고 경비 등이 모두 행정체계에 의존하다보니 민간성을 상실했고, 이는 정부의 재정부담을 증가할뿐만 아니라 사회단체의 독립성을 저해하여 활력이 사라졌다. 다른 한편 사회단체가 사회로부터 멀어지게 됨으로 인해 공공서비스의 제공 또는 범위의 선택에서 사회단체는 대중의 실질적인 수요가 무엇인지를 알지 못해 자원의 낭비를 초래했고 사회단체의 자원 동원능력이 저하되고 자생적으로 발전할 수 있는 사회적 토대를 결여하게 되었다."[31] 이로부터 알수 있다시피 정부와 사회단체의 관계에서 주도권은 정부에 있다. 예컨대 현재의 설립등록 관리부처와 업무주관 부처의 이중관리를 받는 체제는 사회단체의 발전을 심각하게 제약하고 있다. 따라서 정부가 공공

31   谢松保, 「湖北省社会组织公共服务能力建设研究」(2013년 6월 18일), 中国政府网, http://zyzx. mca.gov.cn/article/jpdd/201306/20130600474394.shtml.

서비스 효율을 극대화하려면 제공 주체를 다원화하고 주체 간 협력과 윈윈을 원칙으로 해야 한다. 제공 주체를 다원화 하는 이유는 정부에 의존하는 것만으로는 사회가 만족할만한 공공서비스를 제공 할 수 없기 때문이다. 다만 제공 주체의 다원성은 여러 주체의 독립성이 보장되어야만 각 주체 간의 선순환적 상호작용이 이루어지고 정부의 지대추구와 사회단체의 행정화 현상을 방지할 수 있다. 사회단체의 발전 과정에서 정부, 법률, 규장제도 등의 역할도 보완해야 한다. 협력과 윈윈의 기본 원칙은 위탁과 대리의 관계인데, 이는 양자의 책임을 분명하게 할 뿐만 아니라 정책결정과 실행을 분리함으로 인해 정부의 효율성도 담보할 수 있다.

기술적 문제는 어떻게 시장메커니즘을 활용해 공공서비스를 제공할 것인가에 관한 것이다. 경영이라는 측면에서는 정부의 경영도 기업경영과 유사한 부분이 있다. 공공서비스의 시장화는 정부가 시장메커니즘을 활용해 공공서비스 제공을 경영하는 가능성을 제시했다. 여기서 정부는 가격 메커니즘, 경쟁 메커니즘, 시장세분화 메커니즘 등 3가지 메커니즘을 채택할 수 있다.

가격메커니즘은 두 가지 분명한 역할을 한다. 하나는 다른 경제단체와 마찬가지로 정부 서비스 가격도 수요에 영향을 미친다. 예컨대 대중 교통 요금이 조정되면 수요가 변하는 데, 몇 년 전 광저우(广州)에서 대중교통 무료운행정책으로 인파가 몰려 다시 요금 수금을 재개한 것이 대표적이다. 또한 정부는 가격 메커니즘을 통해 정책목표를 실현할 수도 있다. 예컨대 환경보호와 오염방지를 위해 오염물질 배출량을 규정하고 이를 초과할 시 고액의 과세를 징수하는 것을 들 수 있다.

경쟁메커니즘을 도입해야 한다. 1980년대 후기에 출현한 정부의 공공서비스 구매(주로 계약도급, 바우처시스템, 정부보조금)는 경쟁기제를 통해 공공서비스의 수준 제고와 비용 절감을 위한 대표적인 시도였다. "정부의 공공서비스 구매 정책을 통해 공공서비스가 행정적 생산에서 시장적 생산으로 전환한 것은 전통적으로 자연독점적인 공공서비스 분야에 경쟁기제가 도입되었음을 의미한다. 경쟁을 통해 공공서비스의 생산권을 획득하고 시장의 경쟁성과 인센티브로 인해 공공서비스의 생산자들은 내생적으로 강력한 혁신 동력을 갖게 되었다. 이에 따라 경영관리 능력이 극대화되었고 공공자원이 최적화되어 공공서비스의 수준과 효율이 대폭 제고되었다."[32]

시장의 세분화도 중요하다. 시장 세분화란 어떤 조직이 제공한 제품과 서비스가 모든 사람의 관심을 받을 수 없다는 것을 깨닫는 것이다. 즉 정부의 정책목표와 서비스는 사회의 특정 계층 예컨대 노년층 또는 저소득가구 등을 대상으로 한다. 그러나 정부가 특정 계층의 요구를 전부 만족시킬 수 없을 때에는 한정된 재력을 가장 필요한 대상에 투입함으로써 재정 운영의 효율성을 높일 수 밖에 없다. 이런 의미에서 시장 분할은 정부의 업무효율을 높일수 있을 뿐 아니라 정부의 서비스와 제품에 대한 부담을 줄여주고 또한 상대적으로 경제적인 방식으로 정부의 정책 목표를 달성할 수 있다[33].

---

32   王浦劬等, 『政府向社会组织购买公共服务研究』, 北京大学出版社 2010 年版, p.24 页.
33   竺乾威, 「市场经济条件下的政府经营职能」, 『编制管理研究』1996 年, 第 2 期, p14.

3. 경영능력

공공서비스 경영은 일정한 경영능력을 필요로 하는데, 이는 공공서비스가 시장화된 오늘 정부부처와 공무원들에게 가장 필요한 능력이자 가장 결여된 능력이기도 하다.

예컨대, 영국의 경우 공무원들의 경영능력 결핍은 보편적인데 그 이유는 정부와 공무원들이 새로운 상황에 직면했기 때문이다. 우선 정부는 공공서비스를 제공하는 외부의 시장 주체와의 경쟁에서 서비스 대상의 요구, 비용-편익계산, 이미지 제고 등 다양한 요인들을 고민해야 하는데, 이와 같은 새로운 운영방식은 전례가 없기 때문이다. 둘째, 이러한 운영방식의 변화로 인해 공무원의 신분도 순수한 정치원칙과 공무집행을 본분으로 삼던 것에서부터 경제, 합리성, 실질적 효과와 가치를 추구하는 상인의 역할이 추가되었다. 이러한 두가지 변화는 정부관료들이 새로운 운영방식과 문화에 적응하고 새로운 지식과 능력을 장악할 것을 요구했다. 이런 능력을 구비하지 못한다면 새로운 조건 하에서 적은 비용으로 가치 있는 서비스를 제공한다는 정부의 약속은 공염불에 지나지 않을 것이다.[34]

중국의 공공서비스 경영 능력은 아래와 같은 부분을 포함해야 한다. 우선 제도혁신 능력을 들 수 있다. 제도는 사회와 기술 발전에서 중차대한 역할을 한다. 공공서비스도 제도의 범주에 들어가는데 전통적 제

34　竺乾威,「文官公共服务能力建设」,『南京社会科学』2013年, 第10期, p.69.

도와 신공공관리모델의 제도가 상이하기 때문에 공공서비스의 운영방식도 차이가 있다. 공공서비스의 시장화 운영으로의 전환은 제도혁신의 공간을 많이 넓혔다. 제도혁신이란 일반적으로 혁신자가 제도 조정과 변혁을 통해 잠재적 수익을 얻는 활동을 가리킨다.

잠재적 수익 획득은 제도혁신의 동력이 된다. 물론 정부와 기업의 동력은 다르다. 노스(Douglass C. North)는 기업의 혁신동력은 이윤창출에서 온다고 보았다. 혁신을 통한 이윤은 기대수익과 비용의 차이이다. 그렇다면 정부의 제도혁신 동력은 어디에서 오는가? 시장의 측면에서 보면 두말 할 것없이 비용과 편익에 대한 계산이 정부의 혁신 동력이 될 것이다. 예컨대 신공공관리 모델로부터 시작된 공공서비스의 시장화는 정부의 궁핍한 재정 상황에 기인했다. 다만 정부는 공공성의 의무가 있기 때문에 정부의 정치적 책임감도 제도혁신동력이 된다. 근본적으로 보면 정부의 비용-편익 계산도 정치적 책임감에 기인한다. 물론 공공서비스에 대한 공무원들의 열정, 용기도 제도를 혁신, 조정, 개혁하는 동력이 될 수 있다. 이와 같은 책임감 이외에도, 혁신능력은 제도에 대한 예리한 인식과 판단 그리고 개선 능력을 포함해야 한다. 그래야만 제도적 공백을 발견 및 보완하고 시대착오적인 제도와 규제를 개혁하는데 도움이 된다. 중국의 공공서비스 시장화는 아직도 점진적으로 완성되는 과정에 있으며 아직 많은 제도 혁신의 공간이 남아있다.

다음은 도구의 선택과 사용능력을 들 수 있다. 공공서비스의 경영은 일정한 도구나 방법을 통해 이뤄진다. 이때 도구와 방법의 좋고 나쁨이 공공서비스의 결과에 영향을 미치기 때문에 어떤 도구와 방법을 선택하는지가 매우 중요해진다. 오스본은 서비스의 제공방식은 36개[35]에 달한다고 보았다. 미시적으로 보면 서비스의 종류에 따라 운영방식도 달라져야 한다. 예컨대 교통, 의료, 보건 등 경쟁확대 영역에서는 진입기준을 완화할 필요가 있고 반면 실질적 경쟁자가 없는 일부 영역에서는 민관협력 방식이 더 좋은 선택일 수 있다. 방법과 도구가 올바르면 적은 노력으로 큰 성과를 거둘 수 있다.

그 외에 마케팅 능력도 경영능력에 포함된다. 마케팅은 기업과 관련된 개념으로 일반적으로 시장 예측, 경영분석, 브랜드관리, 고객관리, 고객세분화, 고객서비스, 고객관계관리, 가격관리, 판촉관리, 광고와 홍보활동 등을 가리킨다. 마케팅의 개념은 기존의 제품 중심에서부터 고객중심 그리고 고객관계 중심으로 변화했다. 이에 상응하여 마케팅 능력도 이윤 중심에서 고객만족도 중심으로 변화했다. 정부의 공공서비스도 제품중심(전통모델)에서 고객중심(신공공관리모델)로, 고객중심에서 고객관계(신뢰관계) 중심으로 변화했다. 정부차원의 마케팅 능력은 정밀한 예측, 가격관리 등 기술력 뿐 아니라 서비스 대상과 신뢰관계를 구축하는 능력도 포함한다. 상업마케팅은 소비자 개체를 대상으로 하지만 정부 마케팅의 대상은 사회대중이다. 정부와 대중 간의 신뢰관계가 사회의 안정을 유지한다.

공공서비스 경영능력의 중요성은 경영능력 건설의 시급성을 부각

35　[美]戴维奥斯本, 『改革政府』, 上海市政协编译组, 东方编译所编译, 上海译文出版社 1996 年版, p.315.

시킨다. 정부는 3가지 측면에서 경영능력 구축에 노력을 기해야 한다.

첫째, 경영능력의 중요성을 부각해야 한다. 능력은 통상적으로 결과를 산출한 구조, 기능, 과정의 집합으로 이해된다. 공공서비스 제공의 성공과 실패도 이와 같은 세가지 측면의 상호작용의 결과이다. 능력에 대한 요구도 시대와 환경의 변화에 따라 변화했다. 기술조건, 운영방식, 사상관념이 모두 크게 바뀌었기 때문에 전통모델이 요구하는 능력을 오늘에 적용할 수는 없다. 즉 기존의 공무원 능력에 대한 규정에 새로운 요인이 추가되어야 하며 그것은 시장화 메커니즘과 시장화 운영능력에 관한 것이어야 한다. 중국에서 가장 결여된 것이 바로 시장화와 관련된 능력이라 할 수 있다. 이 부분을 보완하지 않는다면 대중들에게 만족할만한 공공서비스를 제공하기 어려울 것이다.

둘째, 다양한 방법으로 통해 공무원의 공공서비스 경영능력을 제고해야 한다. 크게 4가지 방법을 고려할 수 있다. ①교육. 교육 내용에 이념과 가치관에 관한 내용 이외에 상업, 재정, 경영 등 지식과 기능을 추가해야 한다. 교육 형식은 재직교육, 온라인교육, 전문 교육 등이 있을 수 있다. ②외부 인재 영입. 긴급하고 정부에 부족한 인재는 외부 채용을 통해 영입할 수 있다. ③기업과의 교류. 관계자들을 기업에 파견해 견학을 시키거나 기업 인사를 정부에 영입할 수 있다. ④지도자 양성. 지도자는 전반 조직의 운영에서 매우 중요한 역할을 한다. 따라서 지도자의 진입장벽을 높여야 한다. 예컨대 일부 공공서비스 부문에서는 지도자 자격요건에 비즈니스 또는 운영경험을 넣을 수 있다.

셋째, 능력건설에 대한 평가를 강화해야 한다. 영국의 경험을 참고

할만한 사례로 들 수 있다. 영국은 2012년의 공무원제도개혁을 통해 '업적평가프레임'을 만들었는데 그 중에는 능력건설 결과에 대한 평가도 포함되어 있다. 능력건설은 계획한대로 행동에 옮겼는가, 능력의 제고가 조직 내에서 어떻게 반영되었는가 등 질문으로 평가했다. 능력건설 평가는 데이터 수집에 그치는 것이 아니라 어떤 의미를 갖는지 앞으로의 행동에 어떤 영향을 미치는지 등을 주목해야 한다. 그 외 평가의 방법은 통상적으로 5가지로 볼 수 있다. ①직원조사. 인사관련 조치들을 점검하고 기술력, 학습과 교육, 지도자와 개혁관리 등 구체적인 지표를 점검해야 한다. ②관리데이터 수집. 능력의 강화는 똑같은 일을 더 효율적으로 처리하는 것을 의미하는데 이런 내용은 관리데이터에서 찾을 수 있다. ③학습과 교육의 횟수와 품질 관련 데이터 점검. ④인사 부문의 정보수집. 인사 계획, 모집, 채용, 등 데이터 수집. ⑤각 전문분야의 정보 수집. 이러한 정보는 전문기술의 수준, 자격과 경력을 가진 인원의 수를 나타낸다.[36]

36　쁘乾威, 「文官公共服务能力建设」, 『南京社会科学』 2013, Vol.10, p.72.

A Tentative Study Operating Public Services: Value, Strategy and Competence Building

Abstract: The 'Market-oriented' operation of public services requires the government to maximize social and economic benefits in providing public services, which creates internal tension in integrating public and market attributes of these services. Public interest is the fundamental principle for such integration, while market mechanism is the essential factor for the integration. Operational competence of governmental staff is the guarantee for the maximum benefits of public services.

제2장

관료제도와 정책과정

관료화, 탈관료화 및 균형:
서구 공공행정개혁에 대한 이해*

요약: 신공공관리론과 신공공서비스개혁은 전통적 공공행정 관료화에 대한 서로 다른 두 가지 측면의 시정으로 볼 수 있다. 그 결과 일종의 탈관료화 경향을 낳았는데, 이는 다시 전반적 거버넌스를 통해 탈관료화를 재시정하는 결과를 가져왔다. 서구의 공공행정개혁은 갈지자(之)형으로 진행되었다. 관료제의 내부 장력으로 인해 관료화와 탈관료화 양자 간 균형을 이루는 것에 어려움이 있었지만 개혁의 성과를 저해하지는 않았다.

1. 관료제는 대체 가능한가?

관료제는 공공관리에서 비켜갈 수 없는 화두이다. 산업화 이래 관료제는

---

*   이 글은 『中國行政管理』 2020, Vol.4, pp.47-50에 수록되었다.

막스 베버가 제시한 장점들 예컨대 분업, 정확성, 효율성, 비인격화관리 등으로 인해 사회와 경제 목표를 달성하는 최고의 조직형식으로 인식되었고 다른 조직 유형과의 비교에서도 우위를 차지했다. 관료제는 상당기간 동안 전통적 공공행정의 조직적 근간을 이루어왔다.

그러나 서구사회가 포스트 산업시대에 들어선 이후 관료제에 대한 비판의 목소리가 커지면서 관료제의 권위도 도전에 직면했다. 신공공관리론은 거센 기세로 전통적 공공행정(관료제와 정치-행정 이원론은 전통적 공공행정의 양대 축)과는 구별되는 새로운 관리모델을 구축하겠다고 공언했다. 한편 신공공서비스론은 신공공관리론을 비판하는 동시에 전통적 공공행정모델도 같이 비판했다. 요약하면 오늘 관료제 문제에 대한 3가지 대표적인 견해가 있다. 하나는 관료제와 완전히 결별해야 한다는 견해인데, 데이비드 오스본의 『관료제의 추방』과 로버트 덴하트의 『신공공서비스』가 대표적이다. 다른 하나는 관료제를 수정 및 개선자는 견해인데, 마이클 바즐레이의 『관료제의 타파』를 들 수 있다. 마지막으로 관료제에 대한 긍정론인데, 찰스 굿셀의 『공무원을 위한 변론』이 대표작이다.

덴하트는 오늘날 환경조건의 변화로 정부의 역할에 대한 서로 다른 3가지 이해방식이 가능하다고 주장했다. 첫째는 정부의 역할을 법률, 정치 표준과 연관시키는 것이다. 이는 곧 전통적인 공공정책과 공공관리의 관점으로 선출직에 대해 책임지는 행정직 관료가 정부의 책임을 진다. 두 번째는 정부의 역할을 경제, 시장과 연관시키는 것인데 일부 비영리 기구와 기타 조직에 영향을 줄 수 있는 메커니즘과 인센티브구조를 통해 정책 목표를 달성한다고 보았다. 신공공관리론도 이러한 이해방식의 대표적 산물이다. 이들은 정부의 역할이 궁극적으로는 시민 또는 고객의 개인적 이익으로 기능한다고 보았다. 세 번째는 정부의 역할을 민주와 사회표준에 관한 문제와 연결 짓는 것이다. 즉 공공이익의 최우선성을 강조했다. 정부의 역할은 시민과 기타 조직에서 일종의 공유 가치를 만들어내는 것에 있다고 보았다. 이는 공공과 개인, 비영리단체를 포함한 연맹을 구축해 합의된 목표를 달성하는 것을 의미한다. 공무원은 법률뿐 아니라 지역사회의 가치, 정치규범, 전문 기준, 시민 이익에도 관심을 가져야 한다.[1]

이로부터 정부의 역할을 아래와 같이 귀납할 수 있다. ① 법률과 정치표준에 의한 정부 거버넌스는 전통적 관료행정의 특징이다. ② 시장과 경제 원칙에 의한 정부 거버넌스는 신공공관리론을 비롯한 경제합리성 모델의 특징이다. ③ 민주와 사회표준에 의해 정부와 사회단체가 공동 거버넌스를 하는 것은 신공공서비스론의 주장이다.

문제는 정부의 거버넌스가 어떤 표준과 원칙을 따르든 하나의 조직형태와 조직기반이 있어야 한다는 것이다. 신공공관리모델이든 신공공서스가 주장하는 거버넌스든 모두 관료제를 주요한 조직형태 및 기반으로 한다는 점은 변하지 않았다. 신공공관리론을 주창하는 개혁자들이 전통적 공공행정 기반인 관료제를 대체하겠다고 주장하긴 했지만 적어도 아직까지는 서구의 공공행정개혁에서 관료제를 대체할 수 있는, 뚜렷한

---

1   Robert Danhart and Janet Danhart, "The New Public Service: Putting Democracy First," *National Journal Review*(Winter), 2001, Vol.90, Iss.4.

특징을 가진 주류적인 조직형식은 나타나지 않았다. 오스본과 덴하트도 전통적 공공행정모델을 맹비난 했지만 그들이 구축한 새로운 운영방식과 이념을 이행하는 것은 여전히 관료제 조직이다. 오늘날 이미 계약제 방식의 거버넌스가 보편화된 미국에서도 여전히 수직형 모델의 관료구조의 역할이 크다. 네트워크형 거버넌스가 앞으로 전통적 관료제 정부관리를 대체할 수 있는 하나의 형식이 될수는 있겠지만 적어도 지금까지는 "정부의 조직구조를 바꾸지 못했다."[2] 필립 쿠퍼(Phillip J. Cooper)에 따르면 미국의 "공공관리는 수직적 권위모델과 수평적 협상모델이 교차하며 작동한다. 수직모델의 권위, 자원과 영향력은 거버넌스의 핵심인 헌정 과정에서 나오고, 수평적 관계는 계약이라는 개념 위에 세워진다."[3] 『공무원을 위한 변론』의 저자인 찰스 굿셀은 지금까지도 관료제를 찬양하고 있는데, 그에 따르면 "관료의 명성과 실제 행위 간에는 매우 큰 낙차가 있는데 사실 그들은 상당히 잘하고 있는 편이다."[4]

이와 같은 내용들은 수많은 문제점과 단점에도 불구하고 관료제가 여전히 하나의 조직형태로서의 생명력을 갖고 있음을 보여준다. 굿셀에 따르면 "미국정부의 관료제는 10년 된 낡은 자동차와 같아서 수천 수만개의 부품으로 만들어진 이 복잡한 장치가 아무 문제 없이 도로에서 완

2   [美]斯蒂芬·戈德史密斯, 威廉·埃格斯, 『网络化治理: 公共部门的新形态』, 孙迎春译, 北京大学出版社 2008年版, p.22.

3   [美]菲利普·库珀, 『合同制治理—公共管理者面临的挑战与机遇』, 竺乾威等译, 复旦大学出版社 2007 年版, p.2.

4   [美]查尔斯·葛德塞尔, 『为官僚制正名——一场公共行政的辩论』, 张怡译, 复旦大学出版社 2007 年版, p.5.

벽하게 달리는 것을 기대하는 것은 환상과 같다. 그럼에도 불구하고 이 자동차는 극소수의 상황에서 고장나는 것을 제외하면 대부분 정상적으로 가동되기 때문에 당신의 여정은 이 자동차와 함께 하게 될 것이다."[5] 오늘날 정보 네트워크 사회에서도 관료제는 여전히 대체할 수 없는 역할을 하고 있다. 패트릭 던리비(Patrick Dunleavy)는 정부 거버넌스의 정보 및 네트워크화도 관료 구조에 의해 구축된 것이라고 보았다. 그런 의미에서 신공공관리개혁이든 신공공서비스론의 주장이든 모두 관료제의 운영방식과 프로세스에 대한 변화일뿐 관료제를 대체하는 구조 개혁이라 보기는 어렵다. 물론 이런 변화가 관료제에 영향을 미친 것은 사실이지만 자동차의 부품과 외형을 바꾸는 정도일뿐 자동차의 가장 핵심적인 부분은 건드리지 않았다.

2. 관료제 개혁: 관료화인가 탈관료화인가?

슈무엘 아이젠슈타트(Shmuel N. Eisenstadt)는 하나의 조직형태로서의 관료제는 운영과정에서 아래와 같은 3가지 형태가 발생한다고 보았다. ① 분업, 정확성, 효율, 비인격화 규장제도 등 다른 사회단체와 구별되는 특징을 온전하게 유지, 즉 관료제가 고도의 합리성을 유지하는 것이다. ② 관료화: 조직의 활동이 자체의 영역을 벗어나 관료표준을 다른 조

---

5   위의 책.

직에 강요하고 권력 확대와 이익을 추구하는 것이다. 예컨대 군사조직이 군사규정을 시민들에게 강요하는 것이다. ③탈관료화: 관료가 다른 사회단체와의 상호작용에서 자체의 특징을 상실하고, 사회단체들이 이익을 위해 관료의 기능과 활동을 대체하고 관료는 직책 범위 밖의 일을 하도록 하는 것이다.[6] 첫 번째의 경우는 긍정적인 상황이지만 두 번째와 세 번째는 그 반대의 경우이다.

첫 번째 경우는 이상적이지만 동태적인 상황이다. 관료제의 내적 장력은 이런 합리적인 상태를 끊임없이 파괴해 관료화 경향이 발생하도록 할 것이다. 예컨대 허례허식, 효율저하의 문제 그리고 정부가 사회단체 위에 군림하거나 심지어 그들의 합법적 권익을 침해하는 등 우리에게 익숙한 현상이 발생할 것이다. 그런 의미에서 신공공관리모델과 신공공서비스는 관료화에 대한 서로 다른 두가지 측면에서의 시정이라 할 수 있으며, 이들의 숨은 공통점 중 하나는 모두 탈관료화 경향을 띠고 있다는 점이다.

신공공관리론의 관료화에 대한 시정은 경제와 시장의 측면에서 이뤄졌다. 기본 관점은 정부가 모든 상황에서 최고의 자원 배치자가 될 수 있는 것은 아니며 사회, 시장 그리고 기업이 자원배치에서 정부보다 우위일 수 있다는 것이다. 전통적인 공공관리모델을 관료행정모델이라 부르는 것은 관료가 사회의 공공자원을 독점하고 공공서비스의 유일한 제

---

6   S.N. Eisenstadt, "Bureaucracy Bureaucratization and De, bureaucratization", in A. Etzionieds, ed., *A Sociological Reader on Complex Organizations*, New York: Holt, Rinehart and Winston, Inc., 1961, pp.304-307.

공자가 되어 비효율성, 비경제성, 경쟁력 결여, 서비스의 질 저하를 초래하고 최적화된 자원배치가 이뤄지지 않았기 때문이다. 이로 인해 시장화와 기업화가 관료제개혁의 시작이 되었다. 데이비드 오스본과 테드 게블러(Ted Gaebler)가 『정부혁신의 길』에서 제시한 새로운 정부의 10가지 측면은 전형적인 시장화 및 기업화의 특징을 띤다. ①촉매역할을 하는 정부. 즉 정책결정을 하되 실행은 하지 않는 것, ②지역사회에 권한을 위임한 정부. 정부는 지역사회에 서비스 권한을 위임, ③경쟁력 있는 정부. 서비스 제공에 경쟁기제 도입, ④사명감 있는 정부. 매너리즘에 빠져 일하는 조직을 바꾸는 것, ⑤효율성을 추구하는 정부. 관료제 정부의 수요가 아니라 고객의 수요를 만족시키는 것, ⑥기업가정신이 있는 정부. 수익이 있고 낭비가 없는 것, ⑦예견력이 있는 정부. 치료보다는 예방을 중시하는 것, ⑧분권형 정부. 등급제에서 참여와 협력으로 전환, ⑨시장주도형 정부. 시장의 힘으로 변혁을 진행하는 것 등이다.

　개혁의 중요한 조치 중 하나는 정부기능의 외주화이다. 외주는 사회서비스와 공공제품의 다원적 제공을 촉진한다. 이는 자원배치의 최적화를 해결하는 동시에 정부권력의 공동화와 주변화를 일으켜 탈관료화를 초래한다. 이러한 개혁은 경제성을 추구하는 동시에 정치적 기준의 하락을 초래하기에 전통적 관료제의 높은 도덕수준, 전문성, 사회적 가치에 대한 관심 등 장점들이 퇴색된다. 1990년대 중반 이후 신공공관리 개혁의 일부 조치들이 수정 또는 중단된 이유도 이 때문이다. '9.11'사건 이후 미국의 28,000명에 달하는 공항보안관이 다시 국가시스템에 귀속된 것이 대표적 사례이다. 그 외에도 개혁과정에서 발생한 분산화, 파편화의 문제, 효율성 저하, 무정부주의의 출현 등으로 인해 다시 전체적 거버넌스로 대체되었다. 탈관료화 개혁도 거버넌스의 또 다른 측면의 결핍을 불러올 수 있음을 보여주는 대목이다.

신공공관리모델이 자원배치의 관료화에 따른 비경제성과 비효율성을 시정한 것이라면 신공공서비스는 민주와 사회의 측면에서 관료화를 시정한 시도였다. 신공공서비스론은 우선 전통적 공공행정의 공공이익관에 문제가 있다고 보았다. 전통적 공공행정에서 공공서비스는 일종의 가치 중립적인 기술적 과정으로 인식되었으며 공공이익 보호를 위한 행정책임에 대한 이론 자체가 없었다. 공공이익은 선거에서 당선된 관료에 의해 결정되었다. 전통적 공공행정의 집행은 계층을 따라 일방적인 탑다운 방식으로 이뤄졌고, 행정의 집행과정과 정책제정은 완전히 분리되어 있었다. 즉 행정 집행에 민주성이 결여되어 있었다. 전통적 공공행정의 책임감은 공식적이고 계층적인 법률책임감에서 기인한다. 이때 책임감의 핵심은 행정관료가 직책을 이행할 때 정해진 기준과, 규칙, 절차를 준수하게 하는 것이지, 대중에게 직접적으로 대응 또는 책임지는 것은 불필요한 것으로 여겨졌다. 전통적인 행정에서 시민의 역할은 제한적이었다. 시민들은 정기적으로 관료들을 선거할 뿐 그 이후에는 장외에서 공연을 '관람'하는 역할에 불과했다. 즉 시민들의 참여는 그들의 복종을 보장하는 하나의 수단이었다.[7] 신공공관리가 전통적 공공행정에 대해

7　[美]珍妮特·登哈特, 罗伯特·登哈特, 『新公共服务: 服务, 而不是掌舵』, 丁煌译, 中国人民大学出版社 2004 年版, 第 58 页.

제기했던 문제들을 신공공서비스론이 똑같이 신공공관리론에 대해 제기했다. 예컨대 공공서비스의 대상은 고객이 아니라 시민이어야 한다는 점, 그리고 기업가정신보다는 시민권리를 강조했다. 즉 신공공서비스론은 대중의 참여, 지역사회와 시민사회, 그리고 민주와 사회자본을 강조했다. 이러한 측면에서 볼 때 신공공서비스론과 거버넌스 이론 중의 다원거버넌스는 일맥상통하며, 그 이면에는 탈관료화의 경향이 깔려있다.

문제는 개혁으로 인한 탈관료화 거버넌스가 과연 개혁자가 원하는 것인가? 개혁을 통해 최종적으로 관료제 공공관리모델과 구별되는 하나의 모델이 고착화될 수 있는가? 정부기능의 외주, 권력의 분산과 다원화, 대중의 참여도 향상 등 탈관료화는 정부권위가 하락하고 공공단체의 경계가 불분명해지는 결과를 낳는다. 뿐만 아니라 전통적 관료제의 합리성, 정확성, 비인격화 그리고 공무원의 충성도와 청렴도도 점점 사라지게 될 것이다. 즉 개혁을 통해 아이젠슈타트가 지향했던 고도의 합리성을 가진 관료제로 복귀하는 것이 아니라 그 정도가 지나쳐 관료제의 성격 자체가 바뀌게 되는 것이다.

3. 관료제의 균형 발전

개혁추진자 특히 신공공관리론자들은 신공공관리모델로 전통적 관료모델을 대체하고자 하는 의도를 갖고 있다. 신공공관리가 전통적 공공행정모델과는 구별되는 새로운 모델을 구축했다는 통설도 있지만, 앞에서 서술한 바와 같이 신공공관리개혁도 궁극적으로는 관료제를 대체할만한 조직형태를 만들어내지 못했다. 즉 신공공관리모델의 매개체는 여전히 관료제이며 다만 차이점이라면 운영방식이 변화했다는 것이다. 신공공관리론의 발전과 더불어 탈관료화적 조치도 시정되었고 그로 인해 다시 전통적 관료제로 회귀하는 현상도 발생했다. 물론 이와 같은 회귀는 수평적 회귀가 아니라 일정 정도의 개선과 혁신을 포함한 것이다. 1990년대 중반에 나타난 일부 이론과 전체적 거버넌스, 디지털시대의 거버넌스가 이와 같은 변화를 잘 보여준다.

　　패트릭 던리비는 1990년대 이후의 거버넌스, 즉 디지털시대의 거버넌스에서 출현한 재조정을 탈관료화에 대한 시정이라 이해했다. 재조정의 대상에는 아래와 같은 내용들이 포함되었다. 역(逆)부서화와 파편화, 대부처제 거버넌스, 신공공관리개혁으로 인한 분산화 등이 초래한 비효율성, 재정부화, 예컨대 2004년에 영국이 비영리 철도회사인 네트워크레일사(Network Rail)를 공공기관으로 명시하고 운송부가 직접 통제, 중앙에서의 과정을 강화해 개혁과 경쟁으로 인한 무정부주의의 문제를 해결, 프로세스 비용을 대폭 절감해 서비스 제공사슬 재구축, '혼합경제모델'을 기반으로 하는 공유서비스를 제공해 기존의 집중제공 모델의 둔감성과 경질성 완화, 네트워크 간소화, 즉 공공관리개혁으로 인해 발생한 분산 집중의 특징들을 단일 기능을 가진 기관에 분산시켜 복잡한 조직 네트워크를 간소화 했나.[8]

8　　Patrick Dunleavy, et al., "New Public Management is Dead-Long Live Digital-Era

던리비의 디지털시대의 거버넌스 이론은 "정부의 거대한 정보기능이 글로벌 서비스제공업체 및 기타 정부기술회사와 관계를 맺는 새로운 세계를 제시하면서 막스 베버식의 합리적 관료조직모델이 현대에서 어떻게 끊임없이 발전하고 있는지를 보여주고자 했다. 또한 국가의 정보처리 및 정책결정 능력이 이제는 공공관료의 산업계약 및 선진적인 '지식집약형' 직업을 관리하는 능력에 달려있음도 같이 보여주고자 했다."[9]

던리비는 오늘날의 조직이 기계적인 관료제를 넘어선지 오래됐지만 관료제의 핵심이라 할 수 있는 전문성을 가진 관료의 역할은 약화되지 않았다고 생각한다. 다만 그 역할이 정보화시대에 정보관리능력으로 전환되었을 뿐이다. 막스 베버는 관료조직을 사회-기술 시스템이라 보았는데, 후자(기술)는 종종 사람들에 의해 간과되었다. 이는 현대 공공행정과 공공관리에 대한 이론이 정보기술에 대해 침묵하는 것에서도 잘 드러난다.[10]

그렇다면 관료제를 핵심으로 하는 전통적 공공행정모델을 개혁하고자 하는 동력은 무엇이었는가? 답은 관료제 자체의 불완전성과 내적 장력에 있다. 관료제는 정확성, 신속성, 효율성, 전문성, 비인격적 관리방법 등 높은 합리성을 구비했다. 그러나 이와 동시에 관료제는 경직되고 보수적이고 인간성에 대한 손상 등 다른 측면도 갖고 있다. 관료제의 긍

Governance", *Journal of Public Administration Research and Theory*, 2005, Iss.16.

9   쯔乾威: 『公共行政理论』, 复旦大学出版社 2008 年版, p.492.

10   위의 책, pp.495-496.

정적인 측면과 부정적 측면은 동전의 양면과 같지만 부정적인 요인들이 종종 관료화된 형식으로 체현되면서 개혁에 대한 수요가 발생하게 되었다. 서구사회에서도 규모만 다를 뿐 행정개혁은 멈춘 적이 없다. 포스트 산업시대에 진입한 후 사람들은 관료제에 더 큰 반감을 갖게 되었는데 크게 두 가지 원인으로 볼 수 있다. 하나는 사회가 생산자 중심의 사회에서 소비자 중심의 사회로 바뀌었다는 것이다. 과거에는 정부가 생산자로서 서비스제품을 제공하고 모든 것을 결정했다면, 포스트 산업시대에는 소비자가 중심이 되어 정부가 이들의 수요를 만족시켜야 했다. 대중의 참여도가 높아지고 정부에 대한 요구기준이 높아지면서 관료제의 부정적인 측면을 용인하기 어려워졌다. 또 하나는 글로벌 경제통합의 압력으로 인해 정부도 기업과 마찬가지로 경쟁력을 키우고 적은 돈으로 많은 일을 하는 경제성과 효율성을 추구해야 했다. 요약하면 글로벌통합이 요구되는 시대에 특히 서구사회가 생산자 중심에서 소비자 중심으로 전환하면서 관료제의 부정적인 측면들은 용납되기 어려워졌고, 이것이 신공공관리 및 신공공서비스개혁의 이유가 되었다.

아이젠슈타트가 말한 첫 번째 형태로 회귀하는 것을 좀 더 정확하게 표현하면 합리적 관료제로 회귀한다는 것이다. 신공공관리와 신공공서비스 개혁의 조치들도 합리적 관료제로 회귀하기 위한 노력의 일환으로 볼 수 있다. 다만 하나의 경향성을 극복하다가 또 다른 경향성이 발생할 수도 있는데, 예컨대 관료화를 극복하면 탈관료화가 발생하는 것이다. 그렇다면 어떻게 해야 합리적 관료제로 회귀할 수 있을까?

아이젠슈타트는 관료의 자주성과 사회, 정치의 통제 간의 균형을 유지하는 것이 관건이라고 보았다. 이 균형이 깨지면 관료화 또는 탈관료화가 발생하게 된다. 그러면 관료제가 사회와의 상호작용에서 어떻게 해야 합리성을 유지하는 동시에 권력의 확대 또는 약화로 인한 관료화와 탈관료화를 방지할 수 있는가? 아이젠슈타트는 균형의 유지는 관료제 발전의 조건, 하나의 사회시스템으로서의 본질, 관료제의 기본구성요소와 외부와의 상호연계에 바탕을 두고 있다고 보았다. 균형에 영향을 미치는 요인들은 다음과 같다. ①관료정치의 주요 목표. 이는 관료조직과 사회구조를 연결시키는 역할을 한다. ②사회에서 해당 목표의 위상. 목표의 내용도 중요하지만 사회에서의 위상도 영향을 미친다. 즉 목표가 사회의 가치관과 권력시스템에서 중심부에 위치하는지 주변부에 위치하는지와 같은 것이다. ③관료가 외부세력에 의존하는 형태. 외부에 대한 의존은 주로 조직의 기능, 서비스 대상이 서비스에 의존하는 정도에 기반한다. ④내적, 외적 통제의 본질. ⑤조직의 성공을 가늠하는 기준이다.[11]

사실 이와 같은 균형은 유지하기 어렵고 균형을 이뤘다 하더라도 일시적인 것이다. 관료제는 선천적인 결함을 갖고 있고 또 상황은 시시각각 변화하기 때문이다. 신공공관리 및 신공공서비스 개혁, 그리고 그 이후의 전체적 거버넌스도 이런 이유로 발생한 것이다. 서구 역사에서 개혁이 끊임없이 일어나고 행정개혁이 규모와 범위, 방식의 차이만 있을

---

11 S.N. Eisenstadt, "Bureaucracy Bureaucratization and De, bureaucratization", in A. Etzionieds, ed., *A Sociological Reader on Complex Organizations*, New York: Holt, Rinehart and Winston, Inc., 1961, pp.304-307.

뿐 갈지자형으로 발전한 것도 이와 같은 이유 때문이다.

서구사회의 경우, 포스트 산업시대에 진입한지 오래됐지만 하나의 조직형태로서의 관료제는 여전히 그리고 앞으로도 존재할 것이다. 왜냐하면 관료제는 높은 합리성을 대표하는데, 합리성이란 어느 사회에서나 필요한 것이기 때문이다. 따라서 예견 가능한 미래에도 관료제를 핵심으로 하는 등급은 존재할 것이다. 등급은 중심이 있음을 의미한다. 사회가 얼마나 다원화되었는가와 상관없이 중심이 없는 사회는 상상하기 어렵다. 현대사회에서의 중심은 공공 권위를 지닌 정부일 수밖에 없다. 물론 정부가 중심 역할을 발휘하는 방식은 변화할 수 있다. 또한 관료제의 핵심인 전문인력의 운영도 존재할 것이다. 사회발전은 더 많은 전문성을 필요로 하기 때문에 전문인력의 역할은 약화되기보다는 더 강화될 것이다. 신공공관리 및 전통적 공공행정을 통렬하게 비판했던 덴하트는 『공공조직이론(Theories of Public Organization)』의 중문판 서문에서 주류적 공공행정이론이 아직까지 우위에 있음을 인정했다. 주류적 이론은 관료제와 정치행정의 양분화에 기반해 만들어진 것이다. 이는 전통적 행정 및 그 이론에 대한 덴하트의 새로운 시각을 보여주는 것으로, 관료제가 지닌 역동성을 보여주는 것이기도 하다. 또는 관료제의 내적 장력이 관료제에 생명력을 불어넣어주고, 관료제 운영과정에서 관료화와 탈관료화 그리고 균형을 이루는 것을 반복하는 것이 관료제가 존속하고 공공행정개혁이 지속되는 이유라고 볼 수도 있을 것이다.

Bureaucratization, De-Bureaucratization and the Balance between the Two: An Understanding of the Public Administration Reform in Western Countries

Abstract: The administrative reforms named as New Public Management and New Public Service can be understood as an adjustment of bureaucratization caused by traditional public administration. Both reforms have led to the tendency of de, bureaucracy and followed up the readjustment of the holistic governance. The public administration reform in the West seems always making the balance between the two different directions. The inner-confrontation of the bureaucracy makes it hard to approach such balance, but it does not prevent the progress made by each reform.

지방정부 정책집행 행위의 분석:
'전력공급 제한'에 대한 사례연구*

요약: '정치적 집행'이라는 분석틀을 적용하여 '전력공급 제한'을 사례로 중국 지방정부의 정책수행 과정에서의 행위 논리를 검토했다. 정치적 집행에서 권력관계는 지방정부의 정책 집행 행위를 설명하는 주요 축이다. 지방정부 관리들은 어느 정도 자신의 이익을 고려하며 정책을 집행하는데, 이는 정책 집행의 배후 동력이 된다. 지방정부가 기타 이해당사자에 비해 분명한 우위를 점하는 것은 정책수행을 원활히 추진하기 위한 조건이 된다.

1. 이론 분석의 틀

정책 집행은 모든 정책 결정과정에서 필수불가결의 일부분이다. 왜냐하면 정책의 집행이 정책결정 목표의 최종 실현이기 때문이다. 정책 집행에 대한 연구는 1970년대 프레스먼(Pressman)과 윌더프스키(Wildavsky)가 쓴 『집행』이라는 책이 관련 연구의 기원이 되었다. 당시의 연구는 주로 집행의 문제, 장애 및 집행의 실패, 집행의 충돌 등에 초점을 맞춰, 일

---

*   이 글은 『西安交通大学学报』(社会科学版) 2012, Vol.2에 수록되었다.

부 사례에 대한 탐구를 통해 이론을 구축하려고 했다.

1980년대 이후 정책 수행에 대한 연구는 우선 위로부터의 모델과 아래로부터의 모델이라는 두 종류의 모델 혹은 분석틀을 통해 진행되었다. 위로부터의 탑다운 방식의 출발은 권위적 결정으로, 정책 집행 관료 및 목표 집단의 행위가 권위 있는 결정에서 나타난 정책 목표와 얼마나 일치하는지를 지켜보는 것이다. 마즈매니언(Mazmanian)과 사바티에르(Sabatier)는 문제의 통제 가능성, 집행의 법적 구조를 구축하는 능력, 집행에 영향을 미치는 비법률적 변수 등 세 가지 요인에 정책 집행의 성공 가능성이 달려있다고 생각했다.[12] 하향식 모델에 대해 비판적 태도를 갖고 있는 시각은 이 모델이 현실적이지 못하다고 생각한다. 정책 입안자들의 설계수행 능력을 지나치게 강조하다 보니 정책 반대자들의 개입능력을 간과하게 된다는 것이다. 정책 반대자들은 정책목표를 모호하게 만들고 집행 과정에서 자신의 영향력을 키워 정책 입안자들의 역할을 무력화시킨다. 간단히 말해 이 모델은 정책 수립과 설계 과정에서 정치를 등한시하고 있는 것이다. 반면에 상향식 모델의 시각은 정책을 집행하고 공공서비스를 제공하는 과정에서 일선 관리들의 역할을 강조한다. 그들은 어떤 경우에는 정책결정자라는 점을 강조하고 일선 관리들에 대한 통제에 있어서 상층 관료의 한계를 강조했다. 중국 속담에서 "장수가 밖에 있으면 왕의 명을 받지 않는다."라는 말과 같다. 립스키(Lipsky)

12　[美]理查德·斯蒂尔曼, 『公共行政学: 概念与案例』, 竺乾威, 扶松茂等译, 中国人民大学出版社 2004年版, p. 609.

는 정책을 집행하거나 서비스를 제공하는 과정에서 기층관리의 자유재량권을 강조하면서 '거리의 관료(중국어로 가장 적합한 번역은 '기층관리'가 될 것임)'라는 유명한 개념을 만들어냈다. 또한 자유재량권의 측면에서 기층관리가 공공정책 집행 과정에서 핵심적인 행위자임을 강조했다. 상향식 모델의 시각에서 비교적 극단적인 관점을 갖고 있는 이들은, 위에서 정한 정책목표를 평가의 기준으로 삼을 수 없다는 주장까지 한다. 상향식 모델을 비판하는 이들은 제도화된 구조, 획득 가능한 자원 및 집행 지역으로 통하는 경로 등이 모두 중앙에서 결정되어 정책의 결과에 실질적인 영향을 미칠 수 있다는 점을 고려할 때, 일선 기층관리 요인을 지나치게 강조해서는 안 된다고 주장한다.[13]

두 가지 모델에 대한 학계의 비판은 두 모델을 종합하는 모델을 만들어냈다. 하나의 통합 모델은 윈터(Winter)가 제시한 '통합된 집행 모델'이다. 이 모델은 집행 결과와 집행 출력의 주요 요인을 정책 형성, 정책 설계, 조직 간 관계, 기층 관리의 행위, 사회경제적 여건 등으로 설명한다. 이후 사바티에는 '옹호 연합 모형'이라는 모델을 제시했다. 이 모델은 정책 문제에 관여하는 다양한 공공부문과 민간부문의 참여자를 아래로부터 위로 분석하는 단위를 채택했다. 또한 위로부터의 관점에서 사회경제적 조건과 법률적 도구가 만들어내는 정책 참여자들에 대한 제약을 분석 과정에 도입했다.

리처드 매틀랜드(Richard Matland)는 통합된 분석틀로 정책의 충돌성

13   위의 책, p. 613.

충돌 가능성

		낮음	높음
모호성	낮음	행정적 집행	정치적 집행
	높음	시험적 집행	상징적 집행

〈그림 1〉 모호성-충돌성 모형: 네가지 서로 다른 정책집행 행위

과 정책의 모호성에 착안하여 정책수행을 네 가지 카테고리로 구분한다. 정책의 충돌성과 모호성이 모두 낮은 것은 행정적 집행이라 부른다. 둘 다 높은 것을 상징적 집행이라고 한다. 충돌성이 높고 모호성이 낮은 것은 정치적 집행이다. 반대의 경우는 시험적 집행이다. (그림 1 참조)[14]

매틀랜드가 보기에 행정적 집행의 목표는 주어진 것이다. 기존의 문제를 해결하는 데 사용되는 기술은 이미 알려져 있는 것이고, 정보는 위에서 아래로 흐른다. 수직적 방식으로 지시를 받고, 모든 기본 단계마다 위로부터 지시를 받기 때문에 이성적인 의사결정 과정이 갖는 선결 조건을 갖추게 된다. 만약 집행 과정에서 충분한 자원을 획득할 수 있다면, 원하는 결과는 사실상 보장될 수 있다. 이는 매우 전형적인 막스 베버의 관료제 집행 패러다임으로 위탁받은 책임을 하급자가 충실히 수행하는 것이다.

정치적 집행의 특징은 정책 참여자들이 뚜렷한 목표를 갖고 있다

---

14   위의 책.

는 점이다. 그러나 이렇게 분명하게 설정된 목표들이 서로 용납될 수 없어 충돌이 빚어지는 경우도 있다. 마찬가지로 충돌적 경쟁은 정책적 수단을 통해 발생할 수도 있다. 정치적 집행의 주요 원리는 집행의 결과가 권력에 의해 결정된다는 것이다. 이런 종류의 정책에서 순응은 자발적이지 않다. 분명한 정책이 있더라도 주요 자원이 정치 외적으로 그 정책에 의심을 품고 있는 참여자나 그 정책에 적극적으로 반대하는 참여자에게 있을 수 있다. 집행계획에는 정책 성공에 가장 중요한 요소인 참여자의 순응을 확보하고, 정책 반대자들의 저지를 받지 않도록 하는 내용이 담겨야 한다. 성공적인 집행은 자신의 의지를 다른 참여자들에게 강요할 수 있는 충분한 권력을 갖고 있는지, 아니면 충분한 자원을 가지고 있는지, 혹은 흥정을 통해 수단의 일치에 도달할 수 있는지에 달려 있다.

시험적 집행의 결과는 어떤 참여자가 가장 적극적이고 깊이 관여하느냐에 달려 있다. 집행의 주요 원리는 상황에 대한 지배이며, 결과는 지방의 미시적 집행 환경에서의 자원과 참여자에 달려 있다.

상징적 집행은 고도의 모호성으로 인해 지역에 따라 결과가 달라지는데, 그 주요 원리는 지방 차원에서 연맹의 역량이 결과를 결정한다는 것이다. 이런 정책결정의 과정은 지역 차원에서 가용 자원을 확보하고 있는 문제해결을 위한 연맹 참여자들에 의해 결정된다.

에조니(Etzioni)는 참여자의 순응을 얻어내는 세 가지 기제를 지적한 바 있는데, 이는 규범적, 강제적, 보답성의 기제이다. 규범적 기제는 공통적으로 갖고 있는 목표나 행동을 요구하는 사람의 합법성(예를 들어 관료제에서의 상급자)을 통해 참가자를 순응시킨다. 강제적 기제는 요구에 따르지 않는 행위를 위협하고 제재를 가한다. 보답성의 기제는 충분한 동기(보통은 추가적 자원)를 포함하고 있어 요구되는 행동이 대리인에게 매력적이다. 매틀랜드는 행정적 집행에 있어서는 규범적 순응 기제만 있으면 충분하다고 생각한다. 그러나 정치적 집행에서는 강제성과 보답성이 우위를 점할 것이다. 원하는 결과가 감독하기 쉽고, 강제성을 갖고 있는 위탁인이 대리인에게 꼭 필요한 자원을 통제할 수 있을 때 강제적 기제는 가장 효과적이다.

이 글은 리처드 매틀랜드의 정책수행의 모호성-충돌성 모델 중 정치적 집행 모델을 적용한 것이다. 전력공급 제한을 사례로 중국 지방정부의 정책수행 행위를 분석하고자 했다. 우선 정책의 충돌성과 모호성 두 가지 측면은 정책 집행에 있어서 중요한 고려 사항이며 정책 집행에 상당히 큰 영향을 미친다. 둘째, 이론적으로 말하자면 중국 지방정부의 정책 집행은 매틀랜드가 지적한 행정적 집행의 성격을 갖는다. 중앙정부에서 지방정부로 이어지는 일련의 시스템이 막스 베버가 말하는 관료제 구조이며, 지방에서 상급정부의 명령과 지시를 단계적으로 집행하는 것이 이 관료조직의 필수적인 특징이기 때문이다. 그러나 현실에서는 이러한 집행이 지방의 이익 형성, 지방 상황의 차이, 지방정부의 이익 추구 등에 따라 어떤 상황에서도 충성스러운 집행이 이뤄지는 것은 아니다. 오히려 게임의 특성을 갖는 경우가 더 많다. 이 글의 사례가 나타내는 것처럼, 지방정부의 집행은 정치적 집행이라는 특징을 띤다. 본 글은 매틀랜드의 정책 충돌의 부분에서 이론적으로 일부 수정 의견을 제시했다. 매틀랜드는 정책의 충돌은 특정 정책에 대한 것이라고 주장했다. 어떤 정책에서 이견이 생기는 것은 당연히 있을 수 있는 일이다. 그러나 중국의 환경에서 어떤 정책은 명확하고, 심지어 충돌성이 전혀 없는 경우가 있다(예컨대 에너지 절약과 배출량 감소 등의 지표). 그러나 이것은 전체 정책 시스템의 일부일 뿐이고, 다른 정책과 모순이나 마찰을 빚는 경우가 종종 있다. 예를 들어 에너지 절감과 지방경제 발전 간의 충돌은 지방정부의 정책 집행 행태를 바꿔놓기도 한다.

2. 지방정부의 '전력공급 제한' 사례

2006년 발표된 '제11차 5개년 계획'은 에너지 절약과 주요 오염물질 배출량 감축의 명확한 목표를 제시했다. 즉 2010년까지 중국 국내총생산(GDP)은 에너지 소모를 20% 정도 낮추고, 주요 환경오염물질 배출량은 10% 정도 줄여야 한다. 제11차 5개년 계획의 요강에서 에너지 절감과 오염물질 배출량 감축은 경제 구조조정을 추진하고 성장방식을 전환하는 데 필요한 길로 묘사됐다.

2009년 유엔 총회에서 중국 정부는 2020년까지 에너지 소비 강도를 40~45% 줄이거나 온실가스 배출 강도를 40~45% 낮추겠다고 약속했다. 재생가능 에너지의 비중은 15% 정도 높일 것이다. 2009년 말 코펜하겐 기후변화 총회에서 중국 정부는 2015년까지 중국의 에너지 소비 강도를 2010년보다 16%, 온실가스 배출 강도는 17%, 주요 오염물질 배출량을 8~10% 줄이겠다고 약속했다. '제11차 5개년 계획'에서는 화학적 산소요구량(COD)과 이산화황의 배출량을 8% 줄이기로 하고 주요 오염물질의 종류에 두 가지를 추가했는데, 암모니아 질소 총량 10%, 질소 산화물 총량 10%씩을 줄이기로 한 것이다.

에너지 절약과 배출량 감축 목표에 따라 중국은 2010년까지 국내총생산(GDP)에서 에너지 소모를 20% 감축해야 하는데, 제11차 5개년 계획의 첫 4년간 전국 단위 국내총생산(GDP)에서 에너지 소모는 누계상으로 14.38% 감소했다. 이는 2010년까지 주어진 임무에서 6% 안팎에 이르렀다는 뜻이다. 하지만 2010년도 특히 1분기에서 에너지 고소비 업종이 빠르게 증가하면서 전국 단위 국내총생산(GDP)에서의 에너지 소모가 감소하지 않고 도리어 3.2% 상승했다. 지방정부의 압력이 갑자기 커지긴 했지만 규제성 지표로서 약속을 지키기 위해서는 반드시 달성해야할 목표였다. 지방정부가 목표를 달성하는 방식은 에너지 절약과 배출 감축의 책임을 지역별로 나눠 해당 기업에 분산시키는 방식이다.

제11차 5개년 계획이 끝나는 시기에 중국이 국가발전개혁위원회에서 확정한 1급 경보에 포함된 곳은 13개 성시로, 전국 성시의 40% 이상을 차지했다. 이 때문에 2010년 7월 말 이후 제11차 5개년 계획이 몇 개월밖에 남지 않자 저장(浙江), 장쑤(江蘇), 허베이(河北), 산시(山西) 성 등은 에너지 절약과 배출량 감소를 위한 총력전을 벌였다. 대규모의 전력 제한 및 단전을 통해 감축 목표치를 달성하고자 했다. 허베이의 A현은 제11차 5개년 계획의 에너지 절약 목표가 현실과 너무 동떨어져서 2010년 8월 말 이후 전 구간에 걸쳐 전력 공급을 중단해야 했다. A현의 일부 기업과 사업 단위, 그리고 공공 시설과 일반인들은 3일마다 한번씩

무려 22시간 동안 정전을 견뎌내야 했다. 또한 일부 병원은 CT 촬영 및 심전도 검사 등 필수적으로 전력을 필요로 하는 의료장비 작동을 위해 자가 발전 방식을 유지해야 했다. A현에서의 광범위한 절전 과정에서 일부 중고등학교는 며칠 간격으로 정전을 강요당하며 큰 피해자가 되었다. 정전 기간 동안 정상적인 수업 진행에 큰 영향이 있었다. 정전은 또한 적지 않은 소도시(城镇) 주민의 생산 활동에 큰 불편을 초래했다. 도시 서남쪽 몇 km 지점에 있는 한 마을에서 정전이 발생해 마을에서 물을 제대로 퍼내지 못했을 뿐만 아니라 일상적인 빨래와 요리에도 큰 문제가 되었다. 어쩔 수 없이 마을 사람들은 큰 물 항아리를 집에 마련하고, 물이 있는 틈을 타서 물 부족에 대비해야 했다. 전기가 끊기는 환경 속에서 작은 발전기가 날개 돋친 듯 팔려 상인들이 '대박'을 터트리기도 했다. 병원, 학교 등 큰 단위 뿐만 아니라 소규모 사업장, 작업장 등도 발전기를 구매하고 배치했다. A현이 정전이 되기만 하면 발전기를 돌리느라 디젤엔진에서 연기가 나기 시작하는 것이다.

저장(浙江) 성에서는 전력 공급 중단의 여파로 많은 기업들이 주문량 생산을 완수하기 위해 잇달아 고출력 디젤 발전기를 사용해야 했다. 이렇게 되면 전력망에 들어가는 전력의 몇 배가 넘는 에너지가 소비되지만 디젤기관에서 만들어지는 전기는 전력망에 들어가지 않아 정부의 공식 통계에 잡히지 않는다. 매우 우스꽝스런 상황은, 어느 지역의 기업 정전의 대가로 보조금을 받았는데 그 돈으로 발전기를 샀다는 것이다.

이러한 상황에 대해 국가발전및개혁위원회 홈페이지에는 2010년 9월 6일 발표된 글이 실렸다. 제11차 5개년 계획의 에너지절약 및 배출량 감축을 위한 목표를 달성하기 위해 국무원은 각 지역이 더욱 노력할 것을 요구하면서, 에너지 효율이 낙후된 곳에 대해서는 법에 따라 단호하게 도태시킬 것이라고 했다. 에너지 과소비 및 고배출의 업종이 성장하는 것을 제한함으로써 경제발전의 질과 효율을 제고하겠다는 것이었다. 국가발전및개혁위원회는 일부 지역에서의 심각한 전력단속을 중지하지 않았고, 2010년 9월 17일에는 『에너지 절약 및 오염물질 배출 감축에 성공하기 위한 긴급 공지』를 발표했다. 국가발전및개혁위원회의 이 공지는 9월 말까지 낙후된 생산능력을 가진 기업 및 단위를 퇴출하는 등 5가지 임무를 제시한 것 외에 일부 지방이 목표 달성을 위해 전력 제한 조치를 하는 것을 비판했다. 또한 에너지 절약과 오염물질 배출량 감축의 목표를 달성하기 위한 관건은 장기적 메커니즘에 있으며 단기적인 '돌격 행동'에 의존해서는 안 된다고 지적했다. 각 지역과 부문이 장기적인 이익과 현재의 이익, 전체 이익과 부분 이익의 관계를 정확하게 조정하도록 요구했다. 에너지 절약 및 오염물질 감축 조기 경보를 실시하려면 과학적이고 합리적이며 질서정연하게 조절해야 하며, 단순히 전력공급을 중단해서는 안된다고 강조했다. 특히 주민들의 생활 전기 사용과 난방 및 공공 시설 전원의 사용을 제한해서는 안 된다고 지적했다.

그러나 일부 지역에서는 이 긴급 공지에도 불구하고 여전히 제멋대로 전력공급을 제한하는 사태가 벌어졌다. 긴급공지가 있은 지 두 달 뒤인 2010년 11월 23일 국무원 판공청은 '전력공급 제한'에 대해 『주민 생활용 전기와 정상적인 전기사용 질서 확보에 관한 국무원 판공청의 긴급공지』를 하달했다. 국무원의 이 긴급공지는 "연말이 다가오면서 에너지절약 감축 목표를 기습 달성하기 위한 일부 지역들이 정상적인 생산 생활 질서와 전력망의 안정적인 운행을 방해하고 사회적으로 심각한 악영향을 미치고 있어 즉각 시정해야 한다."고 명시했다. 하지만 국무원 판공청의 지시에도 불구하고 이를 여전히 들은 체 만 체하는 지방정부도 있었다. 허난의 L시는 2011년 1월 5일, 영하 10도의 날씨에 집단 난방공급을 10일 간이나 중단했고, 20만 m^2에 이르는 지역에 대해 난방을 중단해 피해를 본 주민이 5,000여 가구에 이르렀다. 이에 일부 병원과 학교에서는 자체 난방기기를 가동하는 등 일반 시민들은 각자도생을 할 수밖에 없었다. 이 시의 난방 공급 중단의 원인은 담당 전기 발전소가 오염물질 배출량 감축 목표를 달성하기 위해 1월 5일 냉각탑을 해체한 것에 있었다. 이 발전소가 그렇게 한 것은, 시의 주요 기관장이 일전에 그런 지시를 내렸기 때문이었다. 발전소를 정지시킨 것은 "융통성이 없는 임무"였다. 저장(浙江)의 B시는 그해 남은 전력 사용량 지표가 당시의 전력수요를 만족시킬 수 없는 상황이 되자, 제11차 5개년 계획의 에너지 절약의 목표를 달성하기 위해 국무부의 긴급공지 이후에도 전력 사용 시간과 총 사용량을 이중으로 통제했다. 11월 25일부터 전력 사용 기업이 "하루 사용, 하루 중단"의 방안을 실시했고, B시는 홀수 날은 전기를 사용하고, 짝수 날은 정전을 했다. 기업이 전력 사용 한도 지표에 도달하면, 그 기업에 대해 전력 사용을 중지시켰다.

3. 지방정부 '전력공급 제한' 정책 집행의 행위논리

이 글은 전력공급 제한 사례를 아래의 세 가지 질문을 통해 지방정부의 정책집행 행태를 분석하여, 지방정부의 정책집행에 대한 행동 논리를 찾아보자는 것이다. 첫째, 지방정부는 왜 서로 충돌하는 정책(예를 들어, 에너지 절약 및 오염물질 배출 감축과 경제발전)을 추진하는 과정에서 결국 어떤 정책을 집행하게 되고, 그로 인해 다른 정책을 방치함으로써 피해를 보느냐는 것이다. 둘째, 정책집행 과정에서 집행자는 어떻게 생각하는지, 다른 문제들의 관련자들은 어떤 역할을 하는지, 일부 전력공급에 반대하는 관계자들은 왜 제동을 걸지 못하는지에 대해 살펴 보는 것이다. 셋째, 중앙정부가 전력공급 제한을 제지하는 문건을 발송했음에도 불구하고 일부 지방정부는 왜 여전히 구태의연하게 행동하는가를 살펴 보는 것이다. 이상의 세 가지 문제는 지방정부의 정책집행 과정에서 흔히 나타나는 행동 방식을 구성하고 있다.

첫째, 전력공급 제한은 아주 전형적인 정책 충돌 하에서의 집행방식이다. 전력은 중국의 공업 생산에서 주로 사용하는 에너지이며, 에너지 절약 및 오염물질 배출량 감축과 경제 발전은 모든 지방 정부가 집행해야 하는 목표이다. 이 둘은 서로 연관되어 있지만, 또한 서로 모순된다. 이론적으로 말하면, 에너지 절약 및 오염물질 배출량 감축은 낙후된 생산능력을 가진 산업을 법적 규제를 통해 도태시키고, 에너지 고소비, 오염물질 고배출 산업의 지나친 성장을 엄격히 제한함으로써, 경제 발전의 질과 효율을 제고하는 데 그 목적이 있다. 하지만 긴 시간을 필요로 하는 과정 중에, 만약 상응하는 증가량이 없다면 점차 이러한 도태 상태를 보충하고 대체해야 하는 것이다. 예를 들어 감축 목표를 달성하기 위해 전기를 끊으면 경제 발전에 부정적 영향을 미칠 수밖에 없다. 전력 제한의 대가는 산업생산의 중단이며, 이는 GDP 성장의 중단을 의미한다.

정부의 내부 전망에 따르면 C현의 올해 GDP 증가율은 전력공급 제한 조치로 0.5% 감소할 수 있다. 그렇다면 왜 많은 지방정부들이 에너지 절감 및 오염물질 배출량 감축이 경제발전을 저해할 수 있다는 상황을 알면서 에너지 절감 정책을 추진하는 것일까? 사실 에너지 절약 및 배출량 감축과 경제발전 중 어느 쪽을 우선시하느냐에 따라 지방정부의 행태가 달라진다. 경제발전은 오랫동안 정부의 가장 중요한 목표 중 하나였는데, 왜 제11차 5개년계획이 끝날 때 즈음에서야 에너지 절약을 대대적으로 추진하다가 결국에는 전력공급 제한조치를 취하고 경제발전에 영향을 미쳐 GDP가 하락하는 것도 돌아보지 않게 되었는가? 물론, 관료제의 등급 구조에서 하급 단위가 상급단위에 복종할 수 밖에 없는 지휘 사슬이 가장 중요한 설명이 될 것이다. 금융위기가 터졌을 때 지방 지도자들은 에너지 절약 및 배출량 감축이 규제성 지표로 바뀔 것을 예상하지 못했을 것이다. 그때까지만 해도 규제성 지표는 경제발전이었고, 에너지 절약 및 배출량 감축은 기대성 지표로 여겨졌다. 금융위기 기간에 중국 정부는 4조원의 정책을 추진했다. 4조원 정책의 추진으로 인해 일부 에너지 절약 정책인 우대 철폐, 낙후 에너지 폐쇄, 전기요금 차등화 등이 왜곡되는 현상이 벌어졌다. 예컨대 철강업계의 경우 2009년 6월 8일 재정부 국가세무총국이 일부 철강의 수출관세 환급율을 9%(이와 관련된 철강의 원래 수출 관세 환급율은 대부분이 5%였음)로 높이라는 공지를 했는데, 위기 전인 2007년 재정부 국가세무총국은 일부 품목의 수출환급율을 낮추라는 공지(財稅「2007」90号)를 했었다.

또 2009년 겨울 국가발전및개혁위원회는 '석탄, 전력 공급 보장에 관한 긴급공지'를 긴급 발송해 소형 탄광의 정상적인 생산과 휴가 시간 단축을 요구하고 장려했다. 지방정부가 당초 경제발전과 GDP를 규제성 목표로 삼아 추구한 것은 상당 부분 에너지 절약과 배출 감축을 애매하게 만들었다. 이 상황은 지방정부가 정책집행 과정에서 상부에 먼저 복종하는 관료제의 기본적 특성을 잘 보여주었고, 지방의 집행이 상부의 정책 목표에 따라 변한다는 점을 다시 한번 보여주었다. 이에 따라 제11차 5개년 계획의 종결기가 다가오고 에너지 절약 및 배출 감축이 다시 중앙정부의 규제성 지표로 떠오르자 지방의 집행 목표도 이에 따라 변하게 되었다. 규제성 지표인 만큼 강제성의 특징을 갖게 되었고, 이에 따라 하급 조직은 복종해야 하고 흥정의 여지가 없어진다. 행정적 집행과 달리(행정적 집행에서는 규범적 순응 기제이면 충분하고, 하나의 공통된 목표나 행동을 요구하는 사람의 합법성만 있어도 참여자의 복종을 이끌어낼 수 있음), 이러한 집행 방식은 위계구조에서 상하 간의 권력 관계를 더 많이 보여준다. 정치적 집행 모델이 보여주는 것은 "정치적 집행의 주요 원리는 집행의 결과가 권력에 의해 결정된다는 것"이다.[15] 권력에 의한 결정은 상급 단위

---

15 [美]理查德·斯蒂尔曼, 『公共行政学: 概念与案例』, 竺乾威, 扶松茂等译, 中国人民大学出版社 2004年版, p. 624.

가 하급 단위에 대해 매우 필요한 자원을 통제하고 있음을 의미한다. 이 권력자원은 에너지 절약 및 오염물질 감축 지표에 대해 '한 표의 부결'을 의미하며, 한 표의 부결은 관리의 승진에 영향을 미칠 수 있다. 이러한 등급제의 강제적 메커니즘은 결국 지방정부가 에너지 절감을 선택하는 가장 중요한 추진력을 구성하고, 상부의 정책을 수행하기 위해 전력공급 중단까지 불사하여 경제발전과 서민생활에 지장을 초래할 수 있다. 또한 에너지 절감 및 배출량 감축이 구속적인 지표가 되기 때문에 다른 것들은 부차적인 것으로 전락하게 된다.

하지만 정책이 충돌하는 상황에서 이런 집행이 순순히 이뤄지는 것은 아니다. 전력공급 중단이라는 집행방식이 상부의 의도에 어긋난다는 것(상부의 의도는 국가발전및개혁위원회가 지적하듯이, 에너지 절약 및 배출량 감축이 일종의 장기적인 메커니즘이지 단기적인 돌격은 아니며, 전력공급 중단이 시장과 주민 생활에 영향을 주어서는 안됨)을 보여주는 것이다. 그 외에, 상부로부터 온갖 제지를 받았음에도 불구하고 자기 마음대로 실행에 옮기는데, 여기에서 두 번째 문제가 발생한다. 지방정부는 왜 또 다른 방식이 아닌 이런 방식(예컨대 전력공급 중단)을 시행하는지, 집행자는 어떤 고려를 하는 것인지, 전력공급에 반대하는 관계자들은 왜 이를 제지하지 못하는지 등의 문제이다.

제11차 5개년 계획의 마감 기한이 다가오기 전에 절대 다수의 지방정부는 모두 전력공급을 중단하는 방법을 채택했다. 이는 전력이 현재 중국의 공업 생산에서 주로 사용되는 에너지이기 때문이다. 무엇보다 중요한 것은 에너지 절감 및 배출량 감축이 관련된 각종 지표에서 전력은 유일하게 조작할 수 없는 지표라는 것이다. 국내 주요 발전소에는 이미 네트워크에 연결된 발전용 전력 데이터 모니터링 시스템이 설치돼 있어 중앙정부가 직접 열람할 수 있다. 다른 지표는 대부분 지방에서 보고하는 것으로 쉽게 조작할 수 있고, 각지에서 이것을 완수하기가 어렵지 않다. 따라서 전력 공급을 제한하는 것이 에너지 절약과 배출량 감축의 실적을 따질 때 그 실효성을 확인할 수 있는 가장 확실한 지표인 것이다.

둘째, 전력공급 중단에는 시간적 절박성이 있었다. 금융위기에 대처하는 과정에서 중앙정부가 4조 위안을 투입해 경기를 끌어올린 것이 에너지 절약과 배출량 감축의 진전에 어느 정도 영향을 미쳤다. 그러나 중앙정부는 이 같은 경기부양책 때문에 에너지 절약과 배출량 감축의 목표를 바꾸지 않은 것이다. 중앙정부가 국제사회에 약속을 했기 때문이다. 제11차 5개년 계획이 끝나는 시점에서 지방정부 입장에서 신속하게 효과를 낼 수 있는 옵션이 전력 차단이었던 것이다. 지방정부의 궁여지책이 반영된 결과라고 할 수 있다. 이 같은 부득이한 대응은, 지방정부의 입장에서 내심 가장 중요한 것이 역시 경제발전이라는 것을 반영한다. 이런 식의 단선적인 접근은 근본적인 문제를 해결하지 못하고 중앙정부의 산업구조 조정 취지에도 맞지 않는다. "전력공급 중단 이후, A현에서 가장 잘 팔린 제품은 발전기였다. 일부의 서비스 기업들은 정전으로 문을 닫을 수는 없었다. 전기가 끊길 때는 발전기를 동원하여 휘발유를 태워 검은 연기가 피어나게 했다. 이는 결국 에너지 절감은 커녕 공기 오염을 가중시키게 되었다."[16] 다른 지방도 전력 공급을 제한한 뒤 경유기로 전기를 생산함으로써 한 때 휘발유 부족 현상을 일으킨 바 있다.

지방정부가 에너지 절약을 위해 수행하는 주요 방법에는 선택적인 전력공급 중단과 비선택적 전력공급 중단이라는 두 가지 방법이 있다. 선택적 전력공급 중단은 지방정부의 모순된 심리를 단적으로 보여준다. 한 지역에서는 "거주지에는 전기를 공급하지 않고 정부 부문에는 전기를 공급하며, 민간 기업에는 전력을 중단하고 이윤과 세금은 많은 기업에는 전력공급을 중단하지 않는" 행태를 보이기도 했다. 예컨대 한 관리는 거리낌없이 다음과 같이 말했다. "담배업체에 전력공급을 규제하지 않는 것은 이윤을 많이 내기 때문이다. 상장회사에 전기를 제한하지 않는 것은 그것이 대중의 회사이기 때문에 주식 투자자의 이익에 영향을 주기 때문이다. 외자기업들의 전기를 끊지 않는 것은 국제적 영향을 고려해서이다."[17] 이 같은 조치는 정책집행에 도움이 안 될 뿐 아니라 공정성의 문제를 낳는다. 반면에 선택적 전력공급 제한이 아닌 일률적인 전력공급 제한이 이뤄진 경우는 마감기한이 되기 전에 에너지 절약과 배출량 감축 목표를 빨리 달성해야 한다는 지방정부의 다급함이 반영된 것이다. 허베이 A현의 무차별적인 전력 제한이 그 사례이다. 그 현의 모든 기업 단위와 공공시설 및 일반 주민들은 사흘에 한 번씩 22시간이나 되는 시간 동안 정전에 시달렸다.

지방정부의 이러한 결정이 설마 이해관계자의 이익을 고려하지 않

16   程双庆, 范世辉, 齐雷杰, 「河北安平全县拉闸限电节能减排引发争议」(2010年 9月 6日), 참조:
      http://money.163.com/ 10/ 0906/ 23/ 6FUG545U002524SO.html
17   위의 자료.

고 반대자의 의견을 고려하지 않은 채 이뤄졌을까? 공공정책 이론은 정책 집행의 성공 여부를 결정하는 한 가지 조건으로 참여자나 관계자들(그들의 자원이 정책의 성공에 매우 중요하기 때문에)의 순응과 지지를 확보하는 것을 들고 있으며, 집행과정에서 정책 반대자의 방해를 받지 않는 것이 중요함을 강조한다. 전력공급 제한 조치의 사례에서 볼 수 있듯이, 모든 과정이 정부 뿐만 아니라 기업과 서민의 이익과 관련됨을 알 수 있다. 기업 특히 중소기업은 이러한 정책의 피해자가 된다. A현의 경우 전력공급을 제한함으로 인해 일부 사업주가 어렵게 따낸 주문이 전력 대란으로 생산을 못해 납기를 연기함으로써 위약금을 물어야 하는 상황에 직면할 수 밖에 없었다.[18] 우안(武安) 시의 한 제철소 내부 인사의 설명에 의하면, 현재의 제철소 생산능력의 규모를 고려할 때, 전력 중단으로 기계를 한 번 멈출 때마다 매일 소모되는 돈이 대략 200만 위안 정도라고 한다. 한 달 간 적자가 6,000만 위안이었다. 정부 부처는 에너지 절약 및 배출량 감축을 완수했지만, 기업은 자금 사슬이 끊기고 생산능력이 손실되어 공장의 문을 닫게 될 위험에 직면하게 되었다.[19]

한편으로는 전력회사들도 큰 피해를 입었다. "전력회사 자체가 전기를 생산하는 경제활동의 단위인데, 이렇게 전력공급을 중단해 버리면 전력회사 자체의 생산질서가 엉망이 되어버리는 것이다. 또 일부 지

---

18   위의 자료.

19   易艳刚,「节能减排靠胡乱拉闸限电, 其实是骗」(2010年 9月 10日). 참조: http://www.dzwww.com/ dzwpl/ mspl/ 201009/ t20100910_5816662.htm

역, 특히 중서부의 석탄 발전소는 이용 시간이 낮아지면 적자가 더 커지기 때문에 전력회사 입장에서는 생산에 큰 영향을 받는다."[20] 에너지 절약 및 배출량 감축 과정에서 전력 업체들은 줄곧 전국 상위를 달렸다. 2010년 10월까지 전국의 전력 공급 석탄 소비량은 이미 334g/kwh로 줄어들었다. 전력 회사들은 에너지 절약 및 배출량 감축 목표치를 앞당겨서 초과 달성했다. 게다가 전력공급 제한으로 인한 자체 발전으로 경유 수요가 크게 늘면서 국내 시장의 경유값 상승을 견인하는 등 경유 부족 현상까지 일어났다. 기업들은 전력공급 중단을 찬성하지 않았다. 또한 서민들의 일상생활은 전력공급 중단으로 엉망이 됐다. 허베이 A현 서민들의 생활은 심각한 영향을 받았는데, 허난 L시의 경우 영하 10도에서 전기가 끊긴 주민들이 5,000여 가구에 이른다. 전력공급 중단은 의심할 여지 없이 국민들의 찬성을 얻지 못하는 행위다. 이 모든 과정 중에 정부는 이러한 조치를 내놓기 전에 여러 이해당사자들과 논의하거나 의견을 수렴하는 모습을 보이지 않았다. 기업과 주민들의 조직적인 표현도 눈에 띄지 않았다. 그들은 기껏해야 사석에서 불만을 토로할 뿐이었다. 그렇다면 정부는 왜 아무런 어려움 없이 이해당사자들에게 피해를 줄 수 있는 전력공급 제한 조치를 실행한 것일까?

매틀랜드는 "성공적 집행은 다른 참여자들에게 자신의 의지를 강요할 수 있는 충분한 권력을 갖고 있느냐에 달렸거나, 아니면 흥정을 통한

---

20 「火电: 拉闸限电我也很无奈」(2010年 12月 2日), 北极星电力网, http://news.bjx.com.cn/html/20101202/ 262674.shtml

수단의 일치에 도달할 수 있는가에 달렸다."라고 말했다. 전력공급 중단 사례에서 지방정부의 성공은 전자에 있었던 것이지 후자에 있지 않았다. 지방정부의 강압적 자세는 정책결정을 내릴 때 반드시 충분한 자원을 확보하지 않고 자신의 권력에만 기대어 자신의 의지를 다른 이해관계자에게 강요할 수 있게 한다. 자신의 의지를 타인에게 강요할 수 없을 때에만 흥정으로 실행에 성공할 수 있다. 정치적 집행의 주요 원리가 권력에 의해 결정된다는 점을 재확인해 준 것이다.

셋째, 일부 지방정부가 중앙정부로부터 전력공급 중단에 대해 비판을 받았음에도 불구하고 왜 이를 고집했고 그 배후에는 어떤 동력이 작동했을까? 정부 관리들의 사적 이익에 대한 고려가 출발점이 될 수 있지만 진정한 동력은 에너지 절약 및 오염물질 배출량 감축의 배후에 있는 '한 표의 거부권' 제도이다. 2008년 허난성은 에너지 절약 및 배출량 감축 항목에 대한 문책제와 '한 표의 거부권' 제도 시행에 관한 공지를 하달했다. 중국 전체 18개의 성(省) 및 직할시와 6개의 확대권한 현(시)에 대해서, 주요 에너지 소비 기업 및 오염물 배출 기업은 엄격하게 에너지 절약 감축 목표에 대한 문책제와 '부결권' 제도를 실시하고 있다.[21]

우선 에너지 절약 및 배출량 감축이 중앙정부의 확고한 목표라는 것이다. 위계적인 관료체제 하에서 이 목표는 한 단계 아래의 하급 기관으로 점점 확대된다. 하지만 같은 상급 기관이라도 지방정부에게 더 의

---

21 胡印斌,「顺官心寒民心河南林州为什么敢全城停暖」(2011年 1月 13日). 참조: http://www.hebei.com.cn/zygl/system/2011/01/13/010253436.shtml.

미가 있는 것은 중앙정부(위의 예에서도 마찬가지임)보다 바로 위의 상급 기관인 성(省)급 정부이다. 중앙정부는 이들과 너무 멀리 떨어져 있기 때문에 통상 현(縣)급 지방집행자와는 "직접적인 관계를 가지고 있지 않아서 강제적 메커니즘이 하급 기관으로 하여금 순응하게 하지 못한다."는 것이다. 이들 지방정부 집행자들은 대부분 직접적으로 상부 기관의 통제 하에 있고, 관리들은 바로 밑의 기관에 대해서만 관리권을 행사한다. 그리고 관리들의 승진이나 처분에 있어서도 바로 위의 상급 기관이 결정하는 것이 일반적이다. 이 때문에 중앙정부와 직접적인 상급 기관에 대해 지방정부는 오히려 직접적인 상급 기관의 의중을 고려하고 그 지시와 명령을 따르는 경우가 더 많은 것이다.

또한 지방은 중앙에서 멀고 일부 진행중인 정책에 대해 중앙이 잘 모를 수밖에 없다는 점에서 기회주의적 행보와 요행을 바라는 행태를 보이기도 한다. 2007년 1월 20일 국가발전및개혁위원회는 「소형 화력 발전기 폐쇄 가속화에 관한 의견서」를 지방정부에 내려 보냈다. 이 의견서는 기존의 화력발전기를 철거한 후 새로운 발전기를 도입하도록 규정하고 있다. L시는 발전소의 2×30만 kw급 발전기 도입 프로젝트를 위해 자발적으로 건설된 3년 밖에 안 된 L시의 Y화력발전소를 폐쇄하겠다고 했다. 2009년 5월 국가발전및개혁위원회가 L시 열병합발전소의 신축공사를 허가했고, 이로 인해 L시는 2백만 위안의 보조금을 받게 되었다. 그러나 L시는 Y발전소를 폐쇄하지 않았다. 2010년 말 Y발전소의 위법 행위가 국가발전및개혁위원회에 적발되자 L시장은 아무 통보 없이 냉수탑 3개와 굴뚝 1개를 폭파해 도시 전체의 온난화를 초래했다.[22]

4. 결론

정책적으로 충돌하지만 명확한 정치적 집행을 하는 경우, 권력관계는 중국 지방정부의 정책집행을 해석하는 중요한 축이다. 이것은 정부의 위계적인 관료제 조직형태와 관련하여 하부조직의 집행이 통상 상부조직의 정책목표가 바뀌면서 이뤄지는 경우가 많으나, 반드시 진심에서 우러나와 순응하는 것은 아니다. 정책 집행의 결과는 주로 권력관계에 의해 결정되는 것이다. 권력이 다른 사람의 의지에 영향을 미치기에 충분한 상황에서 정책 집행은 기본적으로 집행자의 생각대로 추진될 수 있다. 하급 기관이 상급 기관에 대해, 또는 지방정부에 대해 국민들의 민원이 있을 수 있지만, 그 불만이 집행을 위협할 정도는 아니다.

권력 체계에서 가장 의미 있는 것은 직접적인 상하관계이다. 하급 기관은 보통 직접적으로 연결되는 상급 기관의 명령과 지시를 집행한다. 상급 기관의 명령과 지시가 더 한 단계 위의 상급 기관의 생각에 부합하지 않을 때, 지방에서는 전자를 따르는 것이 보통이다. 전자는 자신의 이익과 직결돼 있고, 하급 기관 관리의 출세에 영향을 미칠 만한 정치적 자원을 상급 기관이 직접 장악하고 있기 때문이다. 앞에서 제기했듯이 일부 지방정부가 중앙정부의 비판에도 불구하고 전력공급 제한 조치를 단행한 이유는 성(省)급 정부의 지표를 완성해야 했기 때문이다. 그들의 입

---

22   涂重航, 「河南林州停暖理由闪烁其词 幕后涉嫌套取补贴」(2011年 1月 17日), http://news.sohu.com/20110117/n278903656.shtml.

장에서는 성(省)급 정부가 가장 중요한 자원을 확보하고 있기 때문이다. 현행 권력구조는 또한 지방정부의 정책결정 과정에서 기본적으로 사회적 영향력을 무시할 수 있게 만든다.

전력공급 제한이 내려진 것은 하나의 결정이라고 할 수 있다. 그런데 정부가 영향력이 큰 결정을 내릴 때는 중요한 이해관계자인 국민과 기업의 참여에 기반하여 의견교환 및 흥정의 과정이 이뤄져야 한다는 것이 중앙정부의 기본 규칙인데, 그 규칙이 지켜지지 않았다. 전력공급 제한의 집행이 신속하고 강력했지만 여러 불확실성의 요인들을 포함하고 있었다. 정부가 사회와의 교류에도 불구하고 이런 강압적인 태도를 유지한다면, 지방정부의 의사결정과 집행 모델은 기본적으로 유아독존식이 되어 버린다.

지방정부의 이익(어떤 경우에는 정부 주요 관리의 이익)과 사회적인 이익이 충돌할 때, 여러 사례들은 지방정부가 자신의 이익을 먼저 고려하는 것을 보여준다. 전력공급 중단은 국가가 정한 제11차 5개년 계획의 에너지 절감 목표를 수행하기 위해 국가나 집단의 명의를 내세우지만, 그 이면에는 여전히 정치적 치적 및 이를 통해 승진을 바라는 관리들의 사익이 도사리고 있다. 사실 지방정부 관리들은 전력공급 제한이 관련자들에게 미치는 부정적인 영향이나 이런 부정적 효과가 정부의 신뢰도를 얼마나 떨어뜨릴 수 있는지에 대해 모르는 것이 아니겠지만 치적이나 승진보다는 중요하지 않게 생각한 것이다. 국민들의 불만은 그들의 관직을 흔들지 못한다. 그들이 가진 권력 자원이 독단적으로 사용할 수 없는 상황이 되어야 협상과 흥정을 통해 정책을 집행하는 방향으로 전환할 것이다.

정책결정 이론들은 정책의 영향에 대한 평가가 각각의 집행 단계마다 이뤄져야 한다는 것을 알려준다. 각각의 단계마다 이뤄지는 평가가 정책결정 목표를 달성해야 하는지 아니면 수정해야 하는지에 대한 빠른 판단을 내릴 수 있게 하며, 이를 통해 시의적절하게 조정할 수 있다. 몇몇 사례 연구는, 지방정부가 정책을 집행하는 과정에서 시의적절한 평가가 부족했고 금융위기 대처를 위해 4조 위안의 경기부양책이 에너지 절감에 부정적인 영향을 미쳤음을 보여준다. 그러나 지방정부는 정책 집행 차원에서 중앙정부가 기존 에너지절약 감축 목표를 고수할 경우 이를 어떻게 달성할 것인지를 고려하지 않고 있다.

정치적 집행의 경우 강제적인 집행 방식은 상급 조직이 중요한 자원을 장악하고 있을 때 복종을 이끌어 낸다. 물론 이 복종이 마음에서 우러나오는 것은 아닐지라도 말이다. 그러나 복종에 대한 보상은 정책의 목표를 달성하게 만드는 중요한 수단이 된다. 정책 집행은 쌍방향의 과정으로 진행되며, 정책 집행의 상황은 종종 새로운 정보 투입의 형태로 의사결정층에 진입한다. 따라서 상급조직의 입장에서 보면, 에너지 절약 및 배출량 감축으로 인한 피해에 대해 보상하거나(정책상으로든 물질적 이익상으로든) 그에 대한 인센티브가 주어진다면 지방정부의 행동에 변화가 생길 것이며, 적어도 발전소의 스위치를 내리고 전기를 끊는 등 관련 당사자들에게 피해를 주는 상황이 벌어지지는 않을 것이라 생각한다.

An Analysis on the Policy Implementation Behavior of Local Governments: With "Switching out to Limit Power Consumption" as an Example

Abstract: Using the analysis framework of "political implementation", and taking "switching out to limit power consumption" as a case, we analyze the behavior logic of the Chinese local governments in the course of policy implementation. From the analysis, it is indicated that during the "political implementation", the power relation is a main line to explain the implementation behavior of the local governments. The self interest consideration of a certain degree of the local government officials is the driving force behind the implementation behavior. The obvious advantage of local governments relative to other parts at stake is the condition in the successful implementation course.

지방정부의 정책 결정과 대중 참여 :
누장댐 건설 사례 분석*

요약: 시장경제로 인한 이익분화는 지방정부가 이해충돌로 인한 사안에 대해 판단 및 결정을 내려야 하는 상황에 빠지게 만들고 있다. 또한 다양한 차원에서 정책결정에 개입하는 이해관계자를 더욱 증가 시키고 있다. 이를 염두에 두고 본 글은 누장(怒江)댐의 의사결정을 사례로 지방정부의 의사결정 과정에서의 일반대중의 참여에 나타나는 일반적인 특징을 묘사하고자 한다. 또한 이 과정에서 이익충돌과 표출, 정책결정자의 자기이익 선호 억제, 정책결정 절차 및 보이지 않는 규칙 등의 문제를 분석하고자 한다.

1. 누장댐 정책결정 사례에 대한 약술

누장(怒江)은 중국 서남쪽에 있는 하류로, 누장 간류 중하류 구간이다. 전체 길이가 742km에 이르고 자연 낙차가 1,578m이며 개발가능 적재용량이 2,132만 kW로 중국의 중요한 수력자원 중 하나다. 누장에 발전소 건설계획을 수립하는 데만 3년이 걸려 2003년 8월 13일이 되어서야 「누

* 　이 글은 『江苏行政学院学报』 2007, Vol.4에 수록되었다.

장 간류 수력발전 개발계획 보고서」가 국가발전및개혁위원회 전문가들의 심사를 통과했다. 최종 확정안에 따르면 장치 용량은 2,132만 kw이다. 전문가들은 누장 중하류 하류 구간에 계단식 발전소가 모두 건설되면 연간 300억 원 이상의 직접적인 경제효과가 있을 것으로 보고 있으며, 관련 산업을 견인하는 효과가 클 것으로 보고 있다. 2003년 10월 19일자 윈난일보는 공사가 2003년 내에 시작되어 2006년 말에 수력발전을 시작할 것이며 2007년에 가동하는 것을 목표로 하고 있다고 낙관했다.

댐 건설과 관련한 논의에서 두 종류의 서로 다른 전문가 의견이 개진되었다. 한편의 의견은 찬성이고 다른 한편의 의견은 반대다. 주요 반대 이유는 누장 수력발전소 건설이 환경에 악영향를 끼칠 수 있다는 점과 수력발전소가 건설되면 현지 주민들에게 어떤 이익이 돌아가느냐는 점이었다.

이 논쟁이 신문에 소개되면서 광범위한 반향을 일으켰다. 양측 의견이 엇갈렸고, 환경보호단체들은 누장에 댐을 건설하는 것을 저지하기 위해 나섰다. 2003년 8월 13일 국가발전및개혁위원회의 결정으로 거의 결론에 이르는 듯 했으나 사건을 종결짓기는 못했다. 이후의 전개 과정에서 다음의 몇 가지 사건이 일어났다. ① 국가발전및개혁위원회의 결정 열흘 만인 2003년 8월 24일부터 10월 5일까지 산시 웨이허(渭河) 유역에서 50여년 만에 최악의 홍수피해가 발생했다. 수십 명이 사망하고 515만 명의 이재민이 발생하면서 직접적인 경제 손실이 23억 위안에 달했다. 산시성은 이 수재가 1950년대에 건설된 싼먼샤(三门峡) 수력발전소 때문에 일어난 결과라고 지목했다. ② 쓰촨성 두장옌(都江堰) 즈핑푸(紫坪铺) 수리 공사는 2001년에 78억 위안을 들여 급히 착수했는데, 이것이 양류호(杨柳湖)댐의 입지를 좁게 만들었다. 양류호댐을 보수하지 않으면 담수의 재조정 기능이 부족한 즈핑푸(紫坪铺)의 경우 연간 5,000만 위안의 손실이 발생한다. 쓰촨성이 양류호댐을 위해 여론전을 펼치자 관광도시로서의 실익이 훼손됐다고 느낀 두장옌시는 반격을 가해 양류호댐 가동을 저지하는 조치를 취하는 결정을 내리기도 했다. 두장옌시 인민대표대회 상무위원회는 이와 관련하여 쓰촨성 인민대표대회에 양류호 저수지 건설에 심각한 문제가 있다는 보고서를 하달했다. 국가발전및개혁위원회가 누장에 댐을 건설한다는 결정안을 통과시킨 그 달 양류호댐 공사는 긴급하게 중지됐다. ③일군의 환경보호 운동가들이 적극적으로 활동하는 가운데 미국 뉴욕타임스 기자에게 이 사실을 알린 사람이 있었다. 이 신문은 2004년 3월 10일 누장댐 건설 관련 보도를 냈고, 중국 국내 매체가 이 보도를 인용하면서 이 사건은 국제적 반향을 일으켰다.

일부 환경단체는 인터넷 홈페이지 개설과 전시회 개최 등의 방식을 통해 댐 건설을 반대했다. 사태의 진전에 따라 원자바오(溫家宝) 총리는 누장댐 건설과 관련하여, "사회적으로 높은 관심을 불러일으키고 환경보호에 관한 이견이 있는 만큼, 대형 수력발전 프로젝트에 대해 신중히 연구하고 과학적 결정을 내려야 한다."고 주문했다.[23] 원 총리의 재가 이후 누장댐 건설의 마스터플랜과 환경평가는 국가로부터 허가를 받지 못했다. 누장댐 건설이 중지된 후 원자바오 총리는 제10기 전국인민대표대

---

23 「环保新力量登场的台前幕后」(2015年 1月 28日), http://www.people.com.cn/GB/huanbao/1072/3152478.html.

회 제2차 회의에서의 정부공작보고에서 "대중 참여와 전문가 검토 및 정부의 정책결정과정이 결합된 정책결정 기제를 완비해야 한다."[24]고 말했다. 2005년 6월 9일 중국사회전환포럼(中国社会转型论坛)은 2004년 중국 사회 전환을 초래한 20대 사건 중 환경보호단체들의 누장 수력발전소 건설 저지를 9위로 꼽았다. 비정부조직이 공공정책에 중대한 영향을 미치기 시작했고, 그 노력이 결국 정부의 결정을 바꿔 놓았다. "이것은 큰 도약이며, 중국의 사회발전에 있어서 기념비적인 의미를 갖는다."

2006년 2월 23일 중국 환경보호 분야에서 대중 참여에 관한 첫 번째 규범적 문건인「환경영향평가에 대한 일반 대중의 참여 및 임시 방법」을 국가환경총국이 정식으로 공포했다.

2. 누장댐 건설에 투영된 중국 지방정부 정책결정 중 대중참여의 특징

누장댐 건설의 정책결정 과정에는 중국 지방정부의 정책결정 과정에서 대중 참여의 실상이 일정 정도 투영되어 있다.

1) 약세의 이해관계자가 정책결정과정에 참여하지 못함

어떤 정책 결정도 이해관계자에게 영향을 미친다. 정책결정 이론은 정책 결정 과정에 이해관계자의 참여가 얼마나 중요하고 필요한지를 강조하

---

24   温家宝,「政府工作报告」,『新华月报』2004年, 第4期, p. 45.

고 있다. 이익이 충돌하거나 이익 분배가 불균등할 때 어떤 이는 이익을 얻고 어떤 이는 손해를 보며, 어떤 이는 이익이 크고 어떤 이는 이익이 적으며, 어떤 이는 손해가 크고 어떤 이는 손해가 적다. 이는 정책결정의 최종 결과에 의미있는 영향을 미치고, 그 결과가 초래할 수 있는 후유증을 감소시킬 수 있다.

　누장 수력발전소가 영향을 미치는 직접적인 이해관계자는 세 분류가 있다. 하나는 국가 수력발전소인데, 수력발전소는 댐을 건설하여 영리를 얻으려고 하기 때문에 이익이 가장 큰 쪽이다. 다른 하나는 정부로, 정부는 댐을 건설함으로써 빈곤 문제를 해결하려고 한다(물론 관리들의 치적 같은 사적 이익과 관련된 숨겨진 이유도 있다). 세 번째는 주민인데, 댐 건설로 주민이 혜택을 볼 수 있을지는 아직 해결되지 않은 문제이다. 누장 수력발전소와 관련하여 또한 간접적인 이해관계자(여기서 정의하는 간접적 이해관계자는 정책결정에 의해 물질적으로나 경제적으로 직접적인 영향을 받지 않는 이들을 가리킴)가 있으며, 이들은 주로 환경보호를 주장하며 댐 건설을 반대하는 전문가와 민간 환경보호단체이다. 전자는 정책결정 과정에 참여했고, 후자는 국가발전및개혁위원회가 보고서를 통과시킨 후 적극적으로 활동하기 시작했다. 직접적인 이해관계 사이에서 수력발전소와 지방정부는 강자에 속한다. 누장 전체의 계단식 개발 후 전력회사는 연간 340억 위안 정도의 생산액을 창조했고, 정부는 매년 이로 인해 10억 위안 이상의 재정수입을 얻었다. 이는 현재 누장 재정의 10배가 넘는 것이며, 다른 산업의 발전도 가능하게 했다.[25] 그러나 문제는 이 같은 정부의 생각이 과연 현지 주민들의 생각과 일치하는가이다(예를 들어, 과거에는 일부 이민자들이 새로운 거주지에 적응하지 못하고 제자리로 돌아간 선례가 있었다).
정부가 주민 이익을 대표할 수 있는가?

전체 정책결정 과정에서 이해당사자로서 주민이 시종일관 나타나지 않고, 정책결정 과정에 들어가지 않아 나중에는 사건을 일으키는 것이다. 정부는 빈곤퇴치라는 명분으로 국민의 이익을 대변하는 것이라 생각한다. 누장주(州)의 한 지도자는 "프로젝트를 수주할 때는 정부와 투자상이 한편이 되지만, 일단 프로젝트를 딴 후에는 서민의 이익을 대표해 투자상과 협상을 벌여야 한다."고 말했다. 문제는 정책결정 과정에서 정부의 이익과 국민의 이익이 항상 일치하느냐는 점이다. 정부의 이기적 충동과 선호가 정책결정 과정에서 억제될 수 있는가? 사실 그렇게 되기는 쉽지 않을 것이다.

2) 정부가 참여자를 선택할 때 월권 및 관행적 규칙이 정책결정 과정에 강압적 작용을 하는 경우

중국 정부의 정책결정 과정에서 전문가 자문 제도를 확립하는 것은 정책결정의 위험성을 낮추는 규범적 고려이다. 그러나 이런 공식적인 규범은 역설적으로 일부 정책결정자들을 구속하기도 한다. 정책결정자가 이 규범을 자신의 가치지향이나 선호에 반한다고 느낄 때 이 제도의 취지에 불만을 갖게 된다. 이런 불만은 현행의 전문가 자문 제도가 다른 제도보다 순이익이 적다는 데 있다. 제도경제학의 관점에 따르면 이는 제도

---

25   郑国华, 时捷, 高桐, 「怒江大坝呼唤决策民主」, 『国际先驱导报』, 2004年 4月 16日.

변천의 전조이다. 그러나 정책결정 과정(특히 중요한 정책결정)에서 전문가의 자문제도를 어떤 형태로든 대체하기는 불가능하다. 그래서 생긴 것이 제도의 변천이 아니라, 이 제도를 유지하면서 보이지 않는 관행으로 이 제도를 수정하는 것이다. 이런 행태는 누장댐 건설의 정책결정과정에서 잘 드러났다.

2003년 8월 윈난(云南)성 누장주에서 「누장 중하류 지역 수력발전소 계획보고서」를 발표하자 큰 반발이 일어났다. 같은 해 9월과 10월, 환경보호총국은 누장 발전소 개발에 대해 두 차례의 전문가 좌담회를 열었다. 그 기간 동안 윈난성 환경보호국도 두 차례 전문가 좌담회를 열었다. 나중에 쿤밍에서 열린 좌담회는 "호적등본에 의해 구분된 것"으로 묘사됐다. 전문가들은 남방 출신이냐 북방 출신이냐에 따라 입장이 분명하다. 베이징에서 온 전문가들은 누장 수력댐 건설에 모두 반대했지만 윈난성에서 온 전문가들은 대부분 공사를 지지했다. 회의가 끝난 다음 날, 공사가 순조롭게 진행되도록 누장주 지도자들은 상경하여 일주일 동안 누장 수력 개발과 환경보호 문제에 대해 여러 국가 부처에 보고했다. 한 달 뒤 다시 환경보호총국 실무팀이 꾸려져 강도 높은 조사를 벌였지만 이번엔 전문가가 한 명도 없었다. 이후 국가환경보호국에서 댐 건설에 반대했던 일부 사람들이 침묵하기 시작했다. 누장의 논쟁에 참여한 한 전문가는 이렇게 "갑자기 소외되어버리는 전문가"의 역할을 한 게 처음이 아니었다고 한다. 그는 두장옌 즈핑푸 수리공사 과정에 참여하여 1차 논증에서 허위자료를 발견해 부결시킨 바 있었다. 두 번째 평가에서 전문가들 역시 문제점을 지적했다. 세 번째 평가 과정에서 이미 그의 차례는 오지 않고 전문가들이 교체되었다. 2004년 4월 16일자 『국제선구자도보(国际先驱导报)』는 누장댐 건설 과정에서의 정책결정을 "전문가 골라내기 게임"으로 묘사했다.

누장 개발 문제에서도 마찬가지였다. 누장 환경평가 결과는 전문가들이 한 것이고, 데이터도 전문 영역에서 나온 것이지만, 문제는 이런 결과와 데이터가 누장댐 건설에 찬성하는 전문가들로부터 나왔다는 점이다. 여기서 전문가 자문 제도는 형태는 그대로이지만 그 실질에는 변화가 일어나 자문의 역할에서 찬성의 역할로 변질돼 버렸다. 이렇게 되면 전문가 자문제도는 형식적인 것이 되어버려 의미를 잃게 된다.

3) 전문가가 정책결정에 참여하는 과정에서 생기는 역할 전도의 문제

전문가가 전문적 입장에서 정책결정에 기여하는 것은 정책결정 과정에 있어서 어느 정도 제도의 일부가 되었다. 하지만 전문가의 역할은 전문적 영역에서의 공헌일 때 진정한 공헌이 된다. 전문적 시각에서 문제를 고려할 때 전문가의 가치가 빛을 발한다. 그러나 정책결정의 문제는 기술적 측면 뿐만 아니라 정치, 경제, 사회 등 측면과 연결된다. 이 측면들은 전문가들이 모두 잘 아는 영역이 아니다. 또한 누장댐의 문제에서 드러났듯이 같은 문제에 대해서도 전문가들의 의견이 다를 수 있다. 따라서 최종 결정은 분명 정책 결정권자의 책임이다. 누장댐 정책결정 과정에서 일부 전문가의 역할 전도는 두 가지 부분에서 나타났다. 하나는 그들이 논증한 문제가 '가능한가 아니면 불가능한가'에서 '필요한가 아니면 불필요한가'로 변했고, 논증자의 역할에서 정책결정자의 역할로 변했다. 특히 기술 전문가에서 이러한 문제가 나타났는데, 수력발전 전문가, 하천 전문가, 생태 전문가 등이 그들이다. 댐 건설을 찬성하는 전문가들은 주민들의 빈곤 탈출을 위한 것이라는 측면을 강조하면서 생태계 보호에 대해서는 언급하지 않았다. 댐 건설의 필요성 여부는 여러 전문성을 뛰어넘는 종합적인 문제로 정책 결정자들이 고민해야 할 문제인 것이다. 다른 하나는, 댐이나 생태, 이주 등과 관련된 분야의 전문가가 아닌 사람들이 전문가로 나서서 공개적으로 댐 건설 여부에 대한 의견을 피력하기도 했다. 반드시 안되는 것은 아니지만 자신이 그런 분야의 전문가가 아니라는 점을 밝히지 않아 오도되기 쉬웠다.

4) 간접적인 이해관계자의 개입

간접적인 이해관계자의 개입은 누장 수력발전소 정책결정 과정에서 나타난 특수한 측면이었다. 누장댐 건설이 환경보호 문제와 연결되었기 때문이다. 정책결정 과정에서 환경보호를 주장하며 댐 건설에 반대한 전문가는 개인의 의견을 대변할 뿐이어서 반대 의견은 쉽게 부결됐다. 하지만 환경단체가 누장 발전소의 간접적 이해관계자로 끼어들면서 결정이 내려진 후에도 누장주정부, 심지어는 중앙정부의 국가기관(국가발전및개혁위원회)과도 게임을 벌인 끝에 누장에 댐을 짓기로 한 결정을 뒤집는 데 성공했다. 민간 환경보호 조직의 성공은 두 가지 측면에 있다. ① 조직적인 힘이었다. 누장댐 건설을 반대하는 환경보호단체는 여럿이었지만 목표는 자연환경 보호에 있었다. 하나의 공통된 목표 아래 각자의 능력을 과시한 것이다. 이들은 언론, 인터넷, 전시회를 활용해 대대적인 홍보전을 펼치며 국제여론의 관심을 끌었다. 그들은 윈난과 베이징에서 세미나와 논증회를 열어 누장 프로젝트의 각종 폐단을 지적했다. 이처럼 누장댐 건설에 대한 반대 목소리는 여러 경로로 흘러나왔다. 이들은 우선 국가 환경보호 부처의 지지를 얻었고, 결국 정부 최고지도자에게 영향을 미쳤다. 이런 조직적인 힘은 누장의 댐 건설을 반대하는 전문가들에게는 없는 것이었다. ②간접적인 이익 관련성은 이러한 민간 환경보호 조직으로 하여금 더 쉽게 지지를 얻도록 만들었다. 휴 헥터는 미국의 정책결정 과정에 대해 언급하면서 문제의 네트워크는 분산된 집단이며 수많은 블로거들이 이 짧은 네트워크를 넘나든다고 지적했다. "문제의 네트워크에 말려드는 지식과 감정 요인에 비하면 직접적인 물질적 이익은 종종 후순위로 밀려난다"[26]는 것이다. 열정, 관념, 도덕적 헌신은 정책에서 얻을 수 있는 물질적, 경제적 이익을 상당 부분 대체한다. 이해관계자는 직접적 이익과 간접적 이익으로 나뉘고, 직접적 이해관계자가 물질적 이익에 관심이 있다면, 간접적 이해관계자는 직접적인 물질적 이익에 관심이 없다. 누장댐의 의사결정 과정에서 나타난 환경단체들이 그랬다. 이들이 이 게임에 뛰어든 것은 열정, 이념, 도덕적 헌신 때문이었지 물질적 이익을 얻기 위해서가 아니었다. 이런 이미지가 전력회사나 지방정부에 비해 유리한 위치를 점하게 했고 여론의 지지를 얻는 데 도움이 되었다.

---

26   [美]理查德·斯蒂尔曼, 『公共行政学: 概念与案例』, 竺乾威等译, 中国人民大学出版社 2004
      年版, p. 668.

3. 대중들이 지방정부의 정책결정 과정에 참여함으로써 생기는 문제들에 대한 분석

누장댐 건설 정책결정 과정은 중국 지방정부의 정책결정 과정에서 나타나는 몇 가지 보편적인 문제를 반영한다.

1) 이익의 충돌과 표출: 대중의 참여는 어느 정도 효과적인가?

누장댐 건설 정책결정에서 한 가지 주목할 점은 민간의 반대 역량이 결국 정부의 결정을 뒤엎었다는 점이다. 여기서는 정부 결정을 뒤집은 것이 옳은 일인지 그른 일인지에 대해서는 논하지 않을 것이다. 민간의 반대로 정부의 결정이 바뀌었다는 점만으로도 중국 지방정부의 정책결정 과정에 큰 의미를 갖는 것이다. 대중의 참여가 형식에 흐르지 않고 진정한 작용을 했다는 데 그 의미가 있다. 앞서 지적했듯이, 대중이 정책결정 과정에 참여한 것으로 오늘날 우리 사회에서 전례 없는 주목을 받았다. 이는 민주국가가 가져야 할 특징 중의 하나였기 때문이다. 미국은 반세기 전 제정된 「행정절차법」에서 정부의 정책결정이 내려지기 전에 관련자의 의견을 수렴해야 한다고 명시하고 있다. 중국에서는 오랫동안 정부의 결정이 정부가 결정하면 그만이었으며, 대중은 기본적으로 배제되었다. 그들은 정부 정책결정에서 소외된 존재였다. 이 점은 계획경제 시대라면 이해될 수 있는 일이다. 그러나 지금은 이러한 상황이 더 이상 지속되기 어렵다. 시장경제로 인해 개인의 이익과 개별 집단의 이익이 확립되었고, 정부가 모든 문제에서 인민의 이름으로 결정할 수는 없게 되었다. 비록 그들은 공통의 이익이 있지만, 몇몇 이익에서는 서로 충돌하게 되는 것이다.

이것은 또한 기술적인 시각에서 왜 대중이 정부의 결정에 참여해야 하는지 한 가지 이유를 논증하는 것이다. 정부가 사회적으로 납득할 수 있는 결정을 내리는 데 동참해야 하는 이유가 기술적으로 입증된 것이다. 따라서 개혁개방 이후 정부의 정책 결정 과정에 대중의 참여를 포함시키는 것은 충분히 이해할 수 있는 것이다. 그러나 대중의 참여는 양날의 검이다. 그것은 정부 결정의 난이도를 증가시켰고, 정부가 정책결정 과정에서 마음대로 결정하고 책임질 수 없게 만들었다. 그래서 형식적인 참여와 실질적인 참여가 생겨났다. 형식적인 참여와 실질적인 참여는 다른 것이다. 형식적인 참여는 단지 구색을 맞추는 것일 뿐, 최종적으로 만족시키는 것은 정부의 자부심이다. 실질적인 참여는 정부의 결정이나 생각을 바꿀 수도 있다. 지방정부가 형식적인 참여를 비교적 많이 유도하는 것도 누장댐 건설 결정이 민간의 반발로 좌초된 경험이 있기 때문이다. 이 사건은 실질적인 대중 참여(물론 정부가 반드시 실패해야 실질적 참여가 되는 것은 아님)의 시대를 열었다.

여기에서 생겨나는 문제는 중국의 대중 참여가 얼마나 효과가 있느냐는 것이다. 누장댐 정책결정 사건의 영향을 받은 것으로 2006년 2월 통과된 「환경평가에 대중을 참여시키는 잠정 방안」에는 환경에 영향을 미치는 프로젝트에 여러 형식적, 절차적 규정이 추가되었다. 이는 대중 참여의 유효성을 높이는 것으로 매우 중요한 것이다. 누장의 사례를 보면 민주적 제도(예를 들어 관리 임면이나 통제)의 부재 외에 참여의 유효성이 두 가지 측면에서 연관돼 있었다. 하나는 참여의 형식이고, 다른 하나는 정책 결정자의 도량이다. 이해당사자의 조직적인 참여와 개인의 정책결정 참여가 정책결정에 미치는 영향은 다르다. 앞서 언급했듯이 일부 전문가들이 지방정부의 정책결정 과정에 반대 의견을 냈지만 쉽게 부결되었고, 다음 회의에 초청받지 못한 이유 중 하나는 세력이 약하다는 점이었다. 반면에 민간 환경보호단체의 성공은 조직적인 힘에 있었으며, 그 힘이 만들어낸 압력은 몇몇 전문가가 만들어내는 압력과는 비교할 수 없는 수준이었다. 문제는 조직적인 역량이 중국에서는 아직 적고 환경단체의 성공은 예외적인 것이라는 점이다. 정부가 추구하는 이익이 조직적인 역량을 형성하지 못하게 만드는데, 이는 정책 결정의 어려움을 가중시키기 때문이다. 이것은 정책 결정자의 아량과 관계가 있다. 정부의 시각에서 보면 사회적 책임 차원에서 조직적이고 이익에 바탕을 둔 역량을 적극 육성해야 하는데, 이는 이익 충돌 상황에서 대다수가 납득할 수 있는 결정을 내리고 평화적으로 문제를 해결하는 데 도움이 되기 때문이다. 조직적 표출이 부족하여 이해관계자들이 우르르 몰려와 수습이 불가능한 경우도 많은데, 이는 지방정부의 의사결정 과정에서 흔히 볼 수 있는 일이며, 결국 정부를 수동적으로 만들고 어떤 경우에는 비싼 대가를 치르게 만든다.

정책 결정자의 아량은 우선 겸손과 신중함에 있지 유아독존식 스타일에 있지 않다. 중국의 관(官) 본위 문화는 관료들, 특히 정책결정자의 지도자로서의 자긍심을 고취시키고, 민간은 종종 지식과 진리의 권위보다 권력의 권위를 더 인정한다. 제도의 강한 구속이 없는 상황에서는 정책 결정자의 개인적 요소가 때로 매우 중요해지기 마련이다. 정책결정자의 개인적 성향에 따라 정책결정 과정 및 결과도 달라질 수 있다. 정책결정자의 아량은 다른 의견을 용인하는 것에서 나타난다. 누장댐 사례에서 다른 의견의 전문가들을 배척한 것은 아량 있는 지도자의 모습이 아니었고, 전문가 참여의 의미를 퇴색시켰다.

2) 정부는 이익이 충돌하는 상황에서 어떻게 결정을 내리는가? 어떻게 하면 정책 결정자의 이익 선호를 억제할 수 있을까?

이해관계가 충돌하는 상황에서 어떻게 결정을 내릴 것인가는 지방정부의 정책결정이 직면한 복잡하고 현실적인 문제가 되고 있다. 앞서 지적했듯이 시장경제는 이익 분화를 가져와 이익단체나 조직을 낳는다. 이익의 충돌로 정부 결정의 어려움을 증가시키고 있다. 또한 정부가 또 하나의 이익집단이 되고, 정책결정자의 편견이 정책결정 과정에 유입되면 정책결정을 더욱 어렵게 만들 수 있다. 중국에서 사회의 각종 이익과 정부의 이익은 그 역량에 있어서 어울리지 않는다. 사회의 각 이익단체들이 일부 문제에서는 게임의 관계에 있다면, 정부와의 관계는 게임의 관계가 아니며, 이러한 관계는 정부의 의도로 더 많이 표현된다. 누장댐 사례에서 최고 행정지도자가 개입하지 않았더라면 이런 결과가 나왔을 리없다. 여기에서 대중이 정책결정 과정에 참여하는 것과 정책결정권자의 선호를 억제하는 것 사이의 중요성을 엿볼 수 있다. 이것이 정부 정책결정에 가져오는 한 가지 좋은 점은 기본적으로 자신의 뜻에 따라 일을 처리할 수 있다는 것이다. 문제는 결정의 결과가 한 편의 이익에 저촉되어 반발을 일으킬 수 있다는 것이고, 결국 원하지 않는 결과를 초래할 수 있다. 누장댐 사례가 그 증거다. 계획경제 시대에 정부의 말에 의해 모든 것이 결정되는 상황은 더 이상 존재하지 않을 것이다. 자신들의 이익만을 지키기 위해 정부와 충돌한 것은 오늘에 이르러서야 당연한 일이 되었다. 그렇다면 정부 입장에서는 어떻게 하면 충돌하는 각종 이익 사이에서 선택을 할 수 있을 것인가?

규범적 시각에서 보면, 정부가 이익의 측면에서 중립을 지켜야 하지만, 린드브롬의 말처럼 이익적 중립은 사실상 존재하지 않는다. 정책 결정에 영향을 미치는 이익단체는 강압적인 단체와 약세의 단체로 구분할 수 있다. 일반적으로 강압적인 단체들은 다양한 강점으로 정부 지지를 얻기 쉽고, 둘의 이해관계가 맞아 떨어지는 경우가 많다. 반면 약세의 단체는 의사결정 과정에서 소외되기 쉽다. 누장댐의 경우 댐 건설이 거주민들의 빈곤 탈출을 도울 수 있다고 생각하면서도 이주민들이 이주할 의사가 있는지, 이주비용이 얼마인지 등 댐 건설이 결정되기 전에 물어보지 않았다. 이런 현상은 지방정부의 철거 결정에서 더욱 보편적인 현상이며, 정부는 도시를 개조한다는 명분으로 주민들의 의견수렴 없이 철거 결정을 내리는 경우가 많다. 중립을 지키는 것은 정부가 자신의 이익 경향을 고려할 필요가 없다는 것을 의미하지 않는다. 문제는 어느 한쪽의 이익에 치우치는 것에 있다. 특히 자신과 부합하는 이익(때로는 이 이익이 옳더라도)이 때로는 공공의 이익을 해치거나 이익의 상대편과 윈윈하는 결과를 낳기 어렵다. 공공의 이익이나 윈윈의 결과(또는 한 쪽이 이기고 다른 한 쪽이 지지 않는 상황)는 이익이 충돌할 경우 정책결정이 추구하는 최고의 경지이다.

여기에서 이익 충돌에 따른 선택의 문제가 발생한다. 복지 경제학의 근간인 파레토 최적, 즉 한 사람의 이익에 해를 끼치지 않으면서 모든 사람에게 이익을 주는 것은 현실적으로 비현실적이다. 파레토 개선은 한쪽이 손해를 보고 한쪽이 이득을 보는 경우 그 피해를 입은 쪽이 보상을 받고도 남는 것이 있는 상황이다. 즉 보상 후에도 사회의 이익이 증진되는 것이다. 물론 이론적으로는 어렵지 않고 실제의 정책결정 과정에서 이뤄질 수도 있다. 문제는 보상이 없거나 보상이 부족한 경우 결정의 결과가 장기적으로 관계자에게 유리하거나 사회에 도움이 될 때 어떻게 선택할 것인가, 공적 이익보다 사적 이익이 더 중요하거나 국가이익이 모든 것보다 더 중요한 사고방식이 될 수 있는가에 있다.[27]

정책결정 과정 중의 선택은 이해관계자의 상충된 이익 사이에서 뿐만 아니라 의사결정자의 자기 이익과 이해관계자 간의 충돌로 표현되기도 한다. 정책 결정자의 자기이익 선호가 지방 정부의 정책 결정 과정에서 작용할 경우, 어떻게 이러한 선호를 억제할 수 있을지가 매우 현실적인 문제가 되었다. 특히 관(官) 본위 의식이 강하고 권력에 대한 제약이 없는 사회에서 더욱 그러하다. 바로 이것이 정부의 의사결정에 대중이 동참하고 민주화의 정도를 높이는 것이 중요한 이유다. 이 경로는 두 가지 방면에서 구현돼야 한다. 첫 번째 경로는 법적 규제이고, 두 번째 경로는

---

27 이는 중국 사회가 오랫동안 선전해 온 가치관이자 많은 지방 정책 결정자들의 사고방식이다. 그들은 정책결정 과정에서 이해관계자들의 개인적 이익을 국가 이익이라는 이름으로 희생시키곤 했다.

정책결정자의 자율이다. 이미 통과된 「감독법」은 현급 이상의 지방인대 상무위원회가 본급 정부가 선포한 부적절한 결정과 명령을 철회할 권리가 있다는 것을 규정하고 있다. 물론 지방정부의 결정에 대한 제약이기는 하지만, 사후적인 일이다. 정부가 결정, 특히 자기의 이익에 의한 부적절한 결정을 하지 않도록 한 것으로 매우 바람직한 것이다. 여기에서는 절차 분야의 규칙과 제도가 분명 중요하다. 그러나 이것도 정부가 부족한 것이다. 예컨대 지금까지는 정부의 관리에 「행정절차법」이 없었다.

정책 결정자의 자율을 강조하는 것은 중국의 행정 환경에서는 의미가 있는 것이며, 규제 제도의 집행은 사람에 달려 있다. 형식상의 규제 제도는 누장댐 사례에서 나타났듯이 사실상 드러나지 않는 관행에 의해 대체될 수 있다. 이 점은 다시 다루기로 한다.

3) 정책결정 과정에서 전문가의 역할을 어떻게 볼 것인가?

오늘날 지방정부의 정책결정에 전문가가 개입하는 것은 제도적으로 보편화되었다. 지방정부의 정책결정 과정에서 전문가들을 어떻게 대할 것이냐에 따라 전문가를 숭배하는 것과 전문가로 구색을 맞추는 것의 상반된 현상이 나타난다. 전문가들에 대한 숭배, 특히 이름난 전문가들에 대한 예우가 전문가의 고유 한계를 간과하게 만들기도 한다.

전문가는 전문가일 뿐이다. 전문가가 전공 분야를 떠나서는 전문가가 아니며, 어떤 정책결정 문제에 대해 거시적 시야를 갖추지 못한 것이 전문가의 한계이기도 하다. 전문가의 가치는 전문적 분야에 있으며, 정책결정 과정에서 전문가의 가치는 여기에 있다. 예컨대 누장댐의 생태적 문제에서 정책결정자들이 생태 전문가들을 통해 살펴봐야 할 것은 댐이 건설되면 누장 생태계에 어떤 영향을 미칠지, 그 대가가 무엇인지, 그 영향을 되돌릴 수 없는 것인지 등이다. 댐이 건설되어야 하는가에 대한 조언을 듣는 것은 전문가의 지식 그 이상의 문제이다. 따라서 생태 문제는 댐과 관련된 문제일 뿐 기타 이주의 문제는 생태 전문가의 강점이 아닌 것이다. 다음으로, 같은 전문가일지라도 한 가지 전공 분야의 문제에 대한 생각과 판단이 일치하지 않을 때가 있다. 전문가의 전문적 판단에도 우열이 있다.

또 다른 현상은 전문가를 구색 맞추기로 삼는 경우이다. 정책결정제도 때문에, 오늘날에는 적어도 전문가들을 불러 겉치레를 해야 한다. 마치 꽃병을 어디에 둘 것인지, 어떻게 둘 것인지, 바꿀 것인지의 여부는 결국 지도자가 결정해야 한다. 전문가의 의견이 내 뜻에 부합하면 쓰고 부합하지 않으면 버린다. 누장댐 건설에 대해 다른 시각으로 보는 전문가들이 다음 회의에서 소외된 것이 매우 전형적 사례이다. 전문가를 겉치레로 삼는 것은 매우 실용주의적인 행태이다. 전문가가 이용 대상이 되는 것이다. 여기서 전문가들을 정책결정에 참여하도록 요구하는 것은 결정이 표면적으로 합법성과 권위를 갖도록 하기 위함일 뿐이다. 그 외에 전문가들 입장에서 보면, 전문가 그 자체에서도 문제가 있다. 전문가들도 역할의 전이를 반긴다. 누장댐 사례에서 일부 전문가는 정책결정자가 되거나 민생을 돌보는 용사가 되었다. 전문용어가 대중용어로 바뀌었다.

4) 의사결정 절차와 숨겨진 관행의 문제

정책결정 이론에 따르면 역경 속에서 정책결정의 핵심은 정책결정의 과정과 절차에 있고, 고도의 고려와 준비를 필요로 한다.[28] 사실 일반적인 정책결정은 과정과 절차의 중요성을 보여준다. 지방정부는 그 정도에 따라 관련 의사결정 규칙과 절차가 있는데, 이는 정책결정 과정에서 없어서는 안 될 조건이자 비용 절감을 위한 제도적 장치이다. 중국 개혁의 역사적 진보가 정부의 정책결정을 비교적 좋은 외부 환경을 형성하고 있다(물론 추가적인 개선이 필요하다). 즉 앞에서 언급한 법률 환경을 말한다. 몇몇 관련 규칙과 제도가 잇달아 공포되었는데, 예컨대 「행정허가법」, 「법에 의거한 행정의 전면적인 추진을 위한 강요」, 「환경영향 평가의 규칙 참여의 임시 방안」, 「환경보호 행정 허가 공청회 임시 방안」, 그리고 최근에 통과된 「감독법」 등이다. 반면에 제대로 된 감독 역량이 부족해 정부의 관리에 있어서 중장기적으로 형성된 "장관의 의지"가 끊임없이 법적 의지와 부딪히는 현상이 있다. 지방정부의 정책결정 과정에서 숨겨진 관행이 성행하고 있는 것이 단적인 예이다. 위에서 언급했듯이 전문가 초청 과정에서 같은 의견을 가진 전문가만 초청하는 것은 형식적인 규정에는 부합하지만 실제로는 제로의 본질을 바꾸는 것이다.

숨겨진 관행은 지방정부의 정책 결정 과정에서 흔히 보이는 현상이다. 숨겨진 관행의 출현에는 통상 몇 가지 원인이 있다. 하나는 공식 규

---

28 Yehezkel Dror, "Decision making under Disaster Conditions", in Louise K. Comfort, ed., *Managing Disaster: Strategies and Policy Perspectives*, Durham and London: Duke University Press, 1988, p. 269.

칙의 문제로 ①규칙 자체에 구멍이 있고 불건전성이 있다는 점이 암묵적인 활동의 여지를 제공하는 것이고, ②규칙이 시대에 뒤떨어진 경우, 현 상황에 적용할 수 없고 현 문제를 규정할 수 없기 때문에 생겨나는 것이다. ③규칙 자체에 경직성이 있어서 규칙에 따라 융통성 있게 처리할 수 없는 경우이다. ④공식적인 규칙이 지도자의 마음에 들지 않는 경우이다. ⑤공식 규칙이 자신에게 불리한 구속을 가하는 경우이다. 이런 것들은 숨겨진 관행이 작동하게 만든다. 법제화의 진전과 법률의 권위가 높아지면서 숨겨진 관행이 공식 규칙과 상충되지 않으면 자신의 것을 몰래 작동해 목적을 달성하는 관행이 생겨난다. 숨겨진 관행의 기능에 대해 말하자면, 어떤 경우에는 비교적 좋은 결과로 이어지기도 한다는 것이다. 그러나 통상적인 정책결정 수단으로서는 바람직하지 않다. 정책결정의 절차와 규칙이 무의미해지기 때문이다. 예를 들어 누장댐 중단 결정 후 나온 「환경영향평가 규칙 참여 잠정 조치」에는 상세한 공청회 규정이 있는데, 이러한 규정이 베이징 공청회나 누장댐 정책결정 과정에서 전문가가 경질되는 것과 같은 왜곡 현상이 남발하게 될 소지가 커질 수 있다. 두 번째로 행정문화 측면에서의 문제다. 장기화된 관본위 문화는 정부 관리와 정책결정 과정에서 법치의식을 약화시키고, 인격화된 관리가 비인격화된 관리에 의해 대체될 수 있다. 세 번째로는 법의 권위를 유지하고 관료를 통제하는 강력한 감독과 제약의 힘이 결여되어 있다는 점에서 사실상 현행 행정문화와 서로 연결된다.

Decision-Making of the Local Government and Public Participation: Taking Nujiang Dam as an Example

Abstract: Due to the polarization of interest resulted from market economy, the local government makes decisions more and more in the background of the conflict of interest and more and more people relevant to interest are involved in the decision-making. Taking the decision of Nujiang Dam as an example, this article describes general characters of public participation in the decision-making process of the local government and analyzes interest conflicts and expressions, self-interest fondness which restrains policy-makers, decision-making procedures and unspoken rules, etc.

제3장

정부조직의 혁신과 발전

지방정부의 조직 혁신 : 형식, 문제, 전망*

요약: 이 글은 지방정부의 조직구조 개혁과 혁신 중 6가지 주요 방식을 총결했다. 주요 내용은 그리딩(gridding) 구조, 편평화(flat) 구조, 행렬(matrix) 구조, 당정일체 구조, 대부처제 구조, 그물망(network) 구조 등 여섯 가지 혁신 구조가 갖고 있는 문제점을 분석하는 것이다. 이것을 기초로 개혁의 가능성을 전망하려 한다. 조직구조 최적화는 조직 기능 발휘에 중요한 의미를 갖는다. 그러나 지방정부 개혁에서 이러한 최적화는 여러 요인에 의해 제약을 받는데, 그 중 체제상의 제약이 가장 중요한 요인이다. 행정체제, 효율, 이익균형, 정보기술, 공무원의 역량 등은 미래 지방정부 조직 혁신에 있어서 중요한 변수이다.

---

* 　이 글은 『复旦学报』 2015, Vol.4, pp.139-178에 수록되었다.

1. 구조의 최적화: 지방정부 조직 혁신의 배경

중국은 2004년부터 서비스형 정부 건설을 시작하여 경제조절, 시장규제, 사회관리, 공공서비스 등 서비스형 정부의 4가지 기능을 확립했다. 이는 중국정부 기능의 중대한 전환인데, 과거에 경제건설에 중점을 두었던 것에서 사회관리와 공공서비스로 전환한 것이다. 현대 조직이론에서 알 수 있다시피, 정부 기능은 조직을 통해 이행되는 것이다. 조직의 구조는 기능에 따라 결정되는 면이 있지만 조직 구조 자체가 기능 수행에 중요한 영향을 미치기도 한다. 즉 구조의 합리성 여부가 조직의 운영에 영향을 미칠 수 있다. 중국공산당 18차 당대회 보고에서 행정체제 개혁의 기본 목표와 과제(기능의 과학적 건설, 구조의 최적화, 청렴 및 고효율, 인민이 만족하는 서비스형 정부)를 제기할 때, '구조의 최적화'를 강조한 것도 이러한 이유 때문이다.

거의 모든 현대 정부는 막스 베버식의 관료제 조직을 기반으로 한다. 관료제의 구조적 특징은 간단히 말해서, 수직적이고 계층적인 명령 지휘 및 집행 시스템과 수평적인 기능부서 형태의 분업적 협조 시스템 등 두 부분으로 이뤄져 있다. 수직적 명령 시스템은 통일된 지휘를 보장하고 명령 또는 지시가 위에서 아래로 신속하게 집행될 수 있도록 한다. 반면 수평적 분업 시스템은 현대사회의 전문화 요구를 구현하고 업무의 효율성을 보장한다. 이러한 구조로 인해 조직은 합리성을 띠게 되는데 이는 관료제 조직이 오랫동안 사회경제 문제의 해결과 기술적 목표 달성에 가장 이상적인 구조로 여겨져 온 이유이기도 하다. 그러나 관료제라는 구조의 장점은 종종 단점이 되기도 한다. 수직적 계층 구조는 지휘 체계의 통일성은 보장하지만 하부조직의 능동성, 창조성, 상상력의 결여를 초래하기도 한다. 즉 명령에 대한 복종 시스템은 상부의 명령이 관철되는 것을 보장하는 반면 하부 조직의 자아 상실과 인간소외 및 행정윤리의 문제를 초래하기도 한다. 수평적 구조에서는 전문화가 가능한 반면 부처들의 난립과 기능 중복 등으로 부처 간의 조정이 어려워지고 원활한 운영이 이뤄지지 않아 효율성에 영향을 줄 수 있다. 이 때문에 가장 효율적인 조직이 종종 비효율적 조직으로 전락하기도 하는데, 관료주의의 각종 폐해가 이를 증명하고 있다. 이러한 이유로 관료제는 줄곧 비판의 대상이 되어 왔고 관료제를 폐기해야 한다는 주장도 제기되고 있다.

중국 정부의 조직 구조도 일종의 막스 베버식의 관료제 구조의 형태이기에 그 장단점을 똑같이 갖고 있다. 이 밖에도, 중국 특유의 당정 구조와 단일 행정체계로 형성된(조직 간) 수직적이면서(지역 간) 수평적인 관계는, 중국 정부의 조직 구조 개혁이 단지 관료제 구조에 존재하는 일반적인 문제뿐만 아니라 중국 특색의 구조가 안고 있는 문제도 해결할 것을 요구한다.

베버식 조직구조는 전통적인 정부 운영과 연계되어 있다. 전통적인 행정 운영은 정부 중심의 운영이다. 구체적으로 말하자면, 그것은 다음의 몇 가지 방면에서 나타난다. ①정부는 공공이익을 규정하는 유일한 주체이며 공공이익을 실현하는 것이 정부의 가장 높은 이상이자 정부 모든 활동의 의의이기도 하다. 그렇다면 무엇이 공공이익이고 누가 공공의 이익을 규정하는가? 전통적인 행정에서, 정부는 공공이익을 규정하는 유일한 주체이며, 정부가 하는 일은 반드시 공공의 이익을 대변하는 것이었다. 이로 인해 정부는 행정 운영의 최고의 지위를 획득했다. 정부가 규정한 공공이익은 늘 정확해야 하고 바꿀 수 없으며, 비판해서도 안되는 것이었다. ②정부는 공공정책의 유일한 결정권자이다. 전통적인 행정에서는 정부의 공공정책 제정 과정에 공공문제와 관련된 이해관계자의 참여가 없다. 또한 전문가의 자문, 청문, 사전공시 결정과 같이 이해관계자의 의견을 듣는 제도적 규정도 없다. 이는 정부가 민중의 대변자이자 공공이익의 대표자라고 자임하는 것과 관련이 있다. 문제는 이해관계자와의 사전 소통이 부족하기 때문에, 정부가 내놓은 정책이 종종 지지를 얻지 못하고, 심지어는 반대에 직면하기도 한다. 예컨대 환경문제에서 이해관계자들의 참여가 부족해 정부의 결정은 종종 관민 대립을 초래하거나 심지어는 사회적 충돌을 일으키기도 한다. ③정부는 공공서비스의 유일한 제공자이며, 유일한 제공자라는 것은 공공서비스 제공에서 정부의 독점적인 지위를 나타낸다. 정부는 공공서비스를 독점하고 있는데, 즉 정부는 공공서비스와 공공재의 생산자이자 공공서비스와 공공재의 제공자이다. 정부는 생산자의 입장에서 출발한 것이며 수요자의 입장에서 출발한 것이 아니다. 우선 어떤 서비스를 제공하고, 언제 어떻게 제공할 것인가의 문제를 정부가 결정한다. 이로 인해 정부가 제공하는 서비스가 반드시 대중의 요구에 부합하는 것이 아닌 경우가 있다. 둘째, 경쟁의 결핍으로, 서비스를 제공하는 원가를 증가시킬 수 있으며, 게다가 정부의 생산자와 제공자로서의 두 가지 직능의 합일성도 정부 업무의 효율성에 영향을 미친다.

전통적인 행정 모델은 정부 개혁 시기에 변하게 되는데, 가장 중요한 변화 중 하나는 서비스형 정부의 제안에 있다. 서비스형 정부는 정부의 관리 모델이 기존의 규제 방식에서 거버넌스 방식으로 나아갈 것을 요구한다. 하나의 상징으로서, 거버넌스는 관리 주체의 다양성을 의미한다. 원래 정부의 단독 통치에서 정부와 민간이 함께 통치하는 방향으로 나아가는 것이다. 이 전환은 전통적인 정부 중심의 운영 패러다임의 변화를 가져왔다. 구체적인 발현은 다음의 세 가지 측면에서 나타났는데, 우선 정부는 더 이상 공공이익의 유일한 규정 주체가 아니다. 대중과 이해관계자도 공공이익의 규정 주체가 되었다. 이러한 상호 소통은 공공이익의 확립 및 공공이익의 수용성에 중요한 역할을 한다. 둘째로, 정부는 더 이상 공공 정책의 유일한 결정권자가 아니다. 비록 정부가 공공의 권위 주체로서 최후의 결정권자라고 하더라도, 정책 결정 과정에서 민간의 참여는 이미 정부 단독으로 결정하는 방식을 바꾸어 놓았다. 게다가, 정부 프로젝트의 외주는 정부 혼자서 공공서비스를 혼자 제공하는 방식을 바꾸어 놓았다. 정부의 공공서비스와 공공재의 생산자와 제공자로서의 두 가지 역할을 분리시킬 수 있게 되었다. 경쟁성을 가진 아웃소싱 방식은 정부의 직능을 간소화할 뿐만 아니라, 원가를 감소시키고, 품질을 높인다.

정부의 이러한 새로운 운영 방식은 조직 구조에 대한 새로운 요구를 제기했다. 예를 들어, 정부 프로젝트의 외주 혹은 공공서비스 구매는 정부가 어떻게 수직적인 구조에서 네트워크 구조로 확장할 것인가에 대한 문제를 제기했다. 또한 공공서비스와 공공재 제공의 확대가 어떻게 총체성을 확보하며 서비스 제공 과정 중의 파편화 문제를 해결할 것인 가를 제기했다. 그리고 중국 특색의 수직적이자 수평적 정부조직 관계에서 하급 부문의 개혁이 어떻게 상급 부문과 조응할 것인가에 대한 문제 등을 제기했다.

만약, 서비스형 정부 건설이 지방 정부 조직 구조의 혁신과 최적화를 추진하는 주요 동력의 하나라면, 정부혁신론은 지방 정부 조직의 혁신과 최적화를 추진하는 데도 중요한 역할을 할 것이다. 정부혁신 (government reinvention)이 의미하는 것은 "공공 체제와 공공 조직에 대하여 근본적인 전환을 함으로써, 조직의 효력과 효율적응성 및 창의력을 대폭 제고하고 조직의 목표, 조직의 동기부여, 책임 메커니즘, 권력 구조 및 조직 문화 등을 변화시킴으로써 전환의 과정을 완성하는 것"[1]이다. 정부혁신의 기본 방향은 시장화와 기업화이며, 정부의 조직 구조와 기능의 두 가지 측면과 연관되어 있다. 기능의 개선은 권력의 이양, 아웃소싱, 성과의 평가, 경쟁적 선택, 권한 부여, 품질 보증 등 다양한 분야를 포함한다. 이러한 조직 구조상의 운영의 변화는 크게 세 가지 측면에서 반영된다. 하나는 빈틈없는(seamless) 구조인데, 정부가 고객을 중심으로 전개하는 과정과 결과를 지향하는 빈틈없는(seamless) 프로세스의 재구축이다. 이것은 정부의 직능과 부문에 따라 진행하던 기존의 운영방식을 변화시킨다. 둘째는 네트워크 구조의 확장이다. 이것은 아웃소싱 운영이

---

1   [美]戴维·奥斯本, 彼得·普拉斯特里克, 『摒弃官僚制: 政府再造的五项原则』, 谭功荣译, 中国人民大学出版社 2002年版, p.14.

가져오는 구조 형태이다. 셋째는 의뢰인, 대리인 위에 세워진 패들링 조직과 조타 조직의 분리이다. 그 전형이 영국의 집행국이다.

이 밖에 중국 정부의 조직구조 개혁도 새로운 공공관리 개혁의 실천을 거울로 삼았다. 예를 들어, 오스본이 정리한 서구 국가의 서비스 제공 방식만 36가지나 된다.[2] 그 중에 중국에 의해 채택된 방식이 적지 않다. 예를 들어, 영국은 1950년대에 이미 대부처 시스템(big ministry system)을 건립했다. 중국의 대부처제 개혁은 실제 운영 중에 자신만의 방법이 있기는 하지만 기본 원칙과 방법 상에서 동일한 원칙을 준수하고 있다. 또한 서양의 새로운 공공관리 개혁 중 정부 프로젝트의 아웃소싱으로 유행하기 시작한 네트워크 구조는 중국에서도 발전 가능성을 보여주었기 때문에, 오늘날 네트워크 구조 역시 중국 정부가 운영하는 중요한 조직 구조의 형태가 되었다. 그 외에 빈틈없는 정부는 조직 사이의 울타리를 타파하고, 전방위적이고 질 높은 서비스를 제공하는 것인데, 이러한 사상과 방법은 중국 정부의 조직구조 혁신에 상당한 영향을 미쳤고, 그리드(grid)화된 중국 특색의 조직구조와 운영을 만들어 냈다. 또한 "수평적으로 구석 구석까지, 수직적으로 가장 아래까지"라는 표현처

---

2   이 36종류의 서비스에는 다음과 같은 것들을 포함한다. 법률 조문의 제정과 제재, 관리 혹은 관리 철회, 감독과 조사, 허가증 발급, 교부금, 보조, 대출, 대출보증, 계약 체결, 특허권 운영, 공기업과 사기업의 합작, 공기업과 공기업의 합작, 준공영 또는 사영 기업, 공기업, 구매, 보험, 포상, 장려금 및 증여, 공공투자 정책의 혁신, 기술 원조, 정보 제공, 추천, 자원봉사자, 유가증권, 비정부기관 노력의 촉진, 비정부 기관 지도자들과의 회의 및 협상, 종자 펀드, 주식투자, 자원봉사자 협회, 합작 생산 또는 셀프 서비스, 교환, 수요 관리, 부동산의 매각, 교환 및 사용, 시장에 대한 규범화 등이다. [美]戴维·奥斯本, 特德·盖布勒,『改革政府』, 上海市政协编译组, 东方编译所编译, 上海译文出版社 1996年版, pp.315—325.

럼 추진했다. 이외에도 중국의 독특한 행정관리 체제와 운영 및 그에 따른 문제가 중국의 개혁가들로 하여금 외부에서 유래한 방법을 참고하게 만들었을 뿐만 아니라, 자신의 특징에 근거하여 조직 구조상의 혁신과 최적화를 진행시켰다. 이를 통해 당면한 실제 문제를 해결하고 서비스형 정부 건설을 더욱 잘 추진하게 했다.

2. 지방정부의 조직 구조 혁신과 문제

지방정부의 조직구조 혁신은 아래로부터의 과정으로, 제도변화 이론에 근거하는 것이다. 아래로부터의 개혁은 '원래의 제도 하에서는 얻을 수 없는 이익을 획득하는 기회'에서 출발하는 것이다. 이것은 지방정부 개혁의 동력을 형성했다. 다른 점이 있다면, 지방정부가 직면한 문제가 다르기 때문에, 취하는 개혁의 방식도 달라진다. 귀납하면 다음과 같은 조직구조상의 혁신이 존재한다.

1) 그리딩(gridding) 구조

이것은 빈틈없는 구조의 기초 위에서 발전되어 나온 중국 특색의 구조이며 점차 확대되고 있는 조직 형태이다. 빈틈없는 조직은 유동성, 탄력성, 완벽성, 투명성, 일관성 등의 단어로 표현할 수 있는 조직 형태이다. 빈틈없는 조직은 행동이 빠르고, 제공하는 서비스의 품목이 다양하며, 소비자가 원하는 방식으로 되어 있고 개별화된 제품과 서비스를 제공하는 조직이다. 각자 자기방식대로 운영되기보다는 통합적인 방식으로 서비스를 제공한다.[3] 린든(Russell M. Linden)이 보기에 이런 구조와 관료제 구조의 가장 큰 차이는 과정과 결과를 중심으로 운영된다는 데 있다. 관료제는 기능과 부문을 중심으로 운영된다. 또한 이 운영방식은 고객 지향적이고, 결과 지향적이며, 경쟁 지향적이다. 그리딩(gridding) 구조의 기본 사상과 빈틈없는 구조는 일치한다. 정보 기술과 사회의 역량을 빌려 정부 계층, 직능과 부문 사이에서 전방위적인 방식으로 연결된다. 이렇게 총체적인 방식으로 운영하고 서비스를 제공한다. 이러한 총체성을 다른 말로 "수평적으로는 구석 구석까지, 수직적으로는 가장 아래까지"라고 표현할 수 있겠다.

그리딩 관리는 업무에 대한 관리에서 사람에 대한 서비스에 이르기까지 변화를 경험했다. 그리딩 관리는 처음에는 새로운 디지털화된 도시 관리 모델에서 시작했는데, 그리딩 지도 기술을 이용하여 관할 구역을 여러 개의 그리드 유닛으로 구분했다. 이 유닛을 관리와 서비스의 최소 단위로 하여 각각의 그리드에 해당 관리 및 감독자를 배치했다. 그 직능은 관할 그리드 내의 도시 시설을 모니터링하고 문제가 발견되면 그 정보를 통신기술을 통해 관련 센터로 전송한다. 센터는 관련 직능 부서를 최대한 빨리 찾고 그 부서가 문제를 해결하게 한다. 플랫폼이 모든 직능 부문에 접속할 수 있기 때문에 기능 간 및 부서 간의 조율이 이 플랫폼상에서 완성될 수 있다. 여기에서 직급, 직능, 부문이 모두 연결되는 것

---

3   [美]拉塞尔·M. 林登,『无缝隙政府』, 汪大海等译, 中国人民大学出版社 2002年版, p. 3.

을 볼 수 있다.

저장(浙江) 저우산(舟山) 시는 이것에 기초하여 진일보한 혁신을 이뤄냈다. 즉 그리드 관리에 서비스 제공을 포함시킨 것이다. 이 그리드 관리는 '대중을 중심으로 한다'는 이념에 따라 시 전체를 2,428개의 그리드로 구분하고, 각각의 그리드에 6-8명의 서비스 팀을 만들었다. 이를 '그리딩(그물망) 관리, 클러스터식 서비스'라고 부른다. 동시에 그리딩식 운영을 위해 종합적이고 통합적이며 공유적인 정보 관리 시스템을 개발했다. 구조적으로 그리드의 더듬이는 가장 밑바닥까지 이어져 수직적으로 가장 아래까지 미칠 수 있고, 조직 체계상 말단 부문의 관리와 서비스에서 '주체의 부재'와 '관리의 공백' 문제를 해결했다. 이를 통해 전통적인 관료 조직의 하향식 운영 방식을 변화시켰다. 가장 밑바닥의 그리드 팀이 그리드 내의 대중에게 서비스를 제공하고, 그리드 내에서 해결할 수 없는 문제가 발생했을 경우에는 상향식으로 상황을 반영하도록 했다. 이렇게 관리의 과정에서 쌍방향으로 상호작용을 할 수 있도록 함으로써 원래의 하향식 구조에서 생겨나는 문제들을 보완했다. 또한, 그리드는 횡적으로 기능과 부서를 하나로 이어 매우 수평적인 조직을 만들어내고, 서비스팀에서 문제를 해결하지 못하면 상층에 보고함으로써 해결하는데, 각 직급마다 이와 유사한 플랫폼이 있어서 문제점과 수요가 관련 기능 부서에 빠르게 도달할 수 있었다. "각급 정부 및 부처는 전개된 각종 관리 서비스 활동과 그리드화 관리 업무를 유기적으로 결합하여, 블록의 협력관계를 강화하고, 네트워크식 서비스를 통해 블록 간의 효과적인 도킹을 실현함으로써, 서로 다른 관리 부문 간의 의사소통 협조가 부족하거나, 각자 여러 분야에서 일하면서, 분산된 상태의 사회 관리 자원을 효과적으로 통합한다. 이로써 지역사회 대중 관리 서비스에 대한 정보화와 세밀화를 실현하여, 대중들의 의견에 신속하게 피드백을 하는 메커니즘을 정교하게 만들어 낼 수 있다."[4]

그리드 구조에 기반한 그리드화 관리는 운영 과정 중에 관료제와는 다른 양상을 보이고 있는데, 그 특징은 다음과 같다. ① 직급과 직능, 부문 간에 상하좌우로 전방위적인 커뮤니케이션을 진행한다. ② 절차의 재구성은 정부기관 자체를 넘어 사회 조직을 통해 정부기관의 촉각을 최하위층까지 넓혀준다. ③ 그리드의 구조 형식은 일종의 세밀한 관리를 위한 토대를 제공하며, 전방위적인 서비스의 플랫폼을 제공한다. ④ 정보통신기술의 개발과 운용은 그리드 운영을 효율적이고 견실하게 뒷받침한다.

물론 그리드화 관리에도 몇가지 문제점들이 존재한다. 우선, 가장 기층 그리드의 서비스 팀이 갖는 속성은 무엇인가의 문제이다. 만약 그것이 정부 역량의 연장선으로서 주민위원회(결국 모두 정부의 집행기구 혹은 준행정기구로 변모)와 유사하다면, 이는 기층 민중의 '자치'와 상충되는 것이다. 둘째, 서비스 팀에 대한 인센티브는 어디에서 오는가? 팀 구성원의 행동은 헌신과 자아실현에서 비롯되는가, 아니면 물질적 동기부여에서 비롯되는가? 만약 후자(예를 들어 주민위원회 직원처럼 수당이 있는 것)라면 재

---

4   夏仁康, 「以人为本, 创新基层社会管理-舟山市'网格化管理, 组团式服务'调查」, 浙江省委党校2011年, 第二期领导干部进修二班第二组课题. www.zjdx.gov.cn/1304/30953.htm.

정이 감당할 수 있는가? 또한, 그리드화 관리는 전통적인 관료조직의 위로부터의 운영과 아래로부터의 운영이 동시에 이뤄진다. 이러한 쌍방향의 운영은 민중의 요구를 충족시키는 동시에 아래의 몇 가지 문제를 낳기도 한다. 첫째, 아래로부터의 운영은 전문적인 플랫폼이 필요한데, 문제를 부문별로 분류하여 신속히 관련 기능 부서에 전달할 수 있어야 한다. 이렇게 하면, 기구 설치 차원에서는 기관이 하나 더 많아지는 것이고, 그에 따른 인원과 경비를 늘릴 수 있다. 둘째, 만약 아래로부터의 방식에서 나오는 문제가 아래 단계의 기관에서 해결되면 이것이 상층의 유휴화를 야기할 것이다. 상층이 상설기구라면 낭비가 될 수 있다. 셋째, 플랫폼 운영자는 매우 전문적이어야 한다. 아래로부터 오는 문제들이 어느 직능부문에 들어가야 하는지, 혹은 어느 직능부문과 관련되어 있는지를 빨리 판단해서 신속하게 문제를 전달하여 처리하도록 해야 한다. 이밖에 플랫폼은 직능 부문들 사이에서 조정을 할 수 있는 충분한 권위가 있는가도 중요한 문제이다.

2) 수평적 구조

수평적 구조는 조직 내부 등급을 줄이는 것을 의미하며 등급의 수평화가 갖는 강점은 다음과 같다. 우선 등급 감소로 지도부과 일선의 거리가 짧아진다. 이는 지도부로 하여금 신속하게 일선 상황을 파악하고 현장 상황에 신속히 반응할 수 있게 한다. 다음으로, 상하 거리의 단축은 상하의 의사소통을 신속하고 정확하게 진행하게 하여 지도층의 정확한 의사결정에 도움이 된다. "성이 현을 관할하도록 하는(省管縣)" 개혁은 구조가 수평적인 하나의 예라 할 수 있으나, 수평적인 것은 관리 권한의 고려로 부터 기인한 것이다.

현실에서 중국의 행정 시스템은 위에서 아래로 다섯 등급으로 구성된다(중앙정부, 성정부, 시정부, 현정부, 그리고 향진정부). 지방정부 행정관리 체제의 개혁은 1980년대의 시(지급)가 현을 관할하는 제도를 통해 도시의 투사와 지도적 역할을 통해 현의 경제 발전을 촉진하려는 것이었다. 그러나 이후의 발전 과정에서 일부 지방(특히 발달된 지역)에서의 현(县)의 발전은 사실상 시(市)의 발전을 능가했고, 중국의 행정자원과 경제자원이 행정급에 따라 배치되기 때문에 이것이 현으로 하여금 상대적으로 불리한 지위에 놓이게 했다. 게다가 시가 현을 관할하는 체제는 현의 자원을 박탈하여, 현의 발전에 제약요인이 되었다. 이러한 배경에서, 성이 현을 관할하도록 하는 개혁이 나타났는데, 최초의 구호는 "강한 현의 권한을 확대하자(强县扩权)"는 것이었다. 구조상으로 말하면, 조직의 종단적인 등급에서 한 층을 줄이는 것으로, 이른바 "성(省)-시(市)-현(县)"의 3급 행정관리 체제를 "성-시 및 현"의 2급 체제로 바꾸는 것이다. 저장성은 성의 현 관할을 가장 먼저 추진한 곳으로, 1992년에 이미 13개의 경제발전이 비교적 빠른 현에 대해 권한 확대를 추진했으며, 2002년에는 313개 항목의 원래 지급 시의 경제관리에 속하는 권한을 최소 20개 현급 행정구역에 이양(下放)시켰다. 그 내용은 인사, 재정, 계획, 프로젝트 승인 등 모든 면에 걸쳐 있다. 저장성에 이어, 여러 성(안후이, 후베이, 허난, 산둥, 장쑤, 푸젠, 후난, 허베이 등)이 현의 성 관리 대열에 합류했다.

성시현의 3급 행정 구조를 성(省)과 현(县)의 2급 행정구조로 수평화한 것 외에, 향을 진에 통합하는 것을 통해 구조의 최적화를 이뤘다. 장쑤성의 경우 "1999년부터 2003년까지 모두 향진 731개를 병합하고 촌 15,362개를 병합했는데, 병합률이 각각 37%와 43. 6%에 달했다. 현재 전 성에서 향진이 차지하는 평균 면적은 49.14 km²에서 78.04 km²로 증가했으며, 평균 인구 규모는 3.13만 명에서 4.97만 명으로 증가했다. 제10차 5개년 계획 말기에는 모든 성이 향진의 총수를 1,000개 정도로 줄이고, 진이 차지하는 면적을 80만 km² 이상까지 확대하고 인구 규모는 5만 명 이상으로 확대할 계획이다"[5]라고 말했다. 농촌 인구의 감소, 교통의 편리화, 자원의 집중이 향(乡)을 없애고 진(镇)을 통합할 수 있도록 만들었다. 향진의 관리 공간을 집중시켜, 진의 수를 감소시켰고, 이에 따라 현의 관리 폭도 축소되어, 현과 진의 관리가 유리해졌다.

조직 구조의 측면에서 수평적 구조는 관리, 의사결정, 의사소통 등에서 변화하는 외부환경에 더 잘 적응할 수 있게 만든다. 그러나 현에 대한 성의 관할은 수평적 구조의 개혁에서 보면 다음의 세 가지 문제가 생긴다. 첫째, 관할권의 분리가 현급에서의 운영을 원활하지 못하게 만든다. 적지 않은 지방에서 현에 대한 성의 관할은 재정 방면에서만 이뤄질 뿐, 인사 임명 등은 여전히 지급 시에 있으며, 성과 지급시는 일부 이익상의 불일치 때문에 현급으로 하여금 곤란한 상황에 처하게 만들 수 있다. 왜냐하면 현에 두 개의 직속 상관이 생기기 때문에 양쪽의 의견을 모

---

5   「江苏省一共有多少个城市?」(2014年 1月 28日), 中国城市网. http://www.aicheer-hk-com/chengshiwenhua/20140128/9910.html.

두 고려해야 한다. 둘째, 이 수평화의 직접적인 결과 중 하나로 지급시(地级市)를 약화시켜 지급시의 경제사회 발전 속도가 느려지고, 지역 중심도시의 형성이 어려워져서 시가 약해지고 현이 강해지는 현상을 심화시키는 것이다. 셋째, 현에 대한 성의 관할이라는 구조는 현실적 이익 측면에서 문제가 있다. 주로 나오는 저항력은 지급시에서 나오는데, 원래의 3급 체제에서 지급시의 많은 자원과 재정의 근원은 현이다. 현에 대한 성의 관리가 만들어내는 커다란 변화는 이 같은 자원의 상실로 이어지며, 이 때문에 이러한 공급원을 유지하기 위해서, 지급시에서는 통상 현을 철거하고 구(区)를 만들어 원래의 현을 여전히 자신의 관할 하에 두는 것이다. 이런 힘겨루기는 성현 두 등급의 수평적 구조로 발전하는 난이도를 증가시켜 혼란을 초래했는데, 저장성 창싱(长兴)현 정부는 후저우(湖州)시 지급 정부가 현을 철거하고 구를 건립하는 것에 반대하여, 결국 지급 정부가 손을 떼게 만들었다.

3) 행렬 구조

행렬 구조의 특징은 직능구조에서 횡적인 직능 경계를 허문 프로젝트 구조를 추가했다. 이렇게 되면 프로젝트 완성과 관련된 일부 직능 부서를 하나로 연결시켜 이들 부서의 자원을 활용해 프로젝트를 진행할 수 있게 된다. 이러한 구조는 이후 지방정부 기관의 상향식 개혁에 적용되었고, 지방정부의 개혁이 일부 직능부문을 횡적으로 통폐합하여 인원을 줄이는 방식을 취했다. 그러나 이는 종종 중국의 행정체제에서 상하 직능적 대응관계를 파괴함으로써 어려움에 빠지게 되는데, 중국의 단일 행정체제는 종적 구조에서의 일치성을 갖게 되었다. 예를 들어 중앙 1급에는 문화부가 있고, 성 1급에 대응하는 문화청이 있으며, 현 1급에는 문화국이 있고 향진 1급에 바로 문화센터가 있다. 지방의 개혁은 이런 구조의 일관성을 깨뜨리는 경우가 많은데, 개혁 후의 부처가 상층조직에 대응하는 곳이 없어 상층 조직의 지지를 받지 못하게 되는 것이다. 따라서, 이러한 개혁의 최종 결과는 종종 원래의 체제로의 회귀와 다시 상하 대조를 이루어 좌우로 정연하게 된다.

저장성 푸양(富阳)시는 매우 창의적으로 '전문위원회'의 형식으로 나타난 행렬 구조를 통해 병목 현상을 풀었다. 푸양시는 15개 전문위원회를 설치하여 각 전문위원회마다 몇 개의 직능 부서를 포함하고 있는데, 푸양시 개혁의 특징은 '상부에는 과거 그대로, 하부에는 새롭게'이다. 개혁은 체제 내에서 진행되며, 조직 구조상 원래 부서의 상하 대응을 유지하고 있는 것이다. 반면에 하급 기관에 대해서는 전문위원회라는 하나의 브랜드로 운영되어 전문위원회가 산하 기관에 실권을 갖고 있어 각 직능부서의 권력을 통합할 수 있는 것이다. 이것을 산하 기관에 대해 새로운 방식으로 부문 간의 조율 문제를 해결한다고 하는데, 일례로 도시농촌통합위원회가 관련된 몇몇 부처는 전문위원회가 구성되기 전까지는 각자 따로따로 정책을 중복 추진하고 낭비하는 면이 있었다. 전문위원회가 건립된 후, 농민 관련 자금은 각 부문을 모두 통합하여 이 위원회가 넘겨받아, 위원회가 통일적으로 관리했는데, 원래 서로 협조하지 않던 관련 부서가 이곳에서 소통하게 되었다. 이 개혁은 현지 지도자들의 말에 따르면 "마인드는 변하되 형태는 변하지 않는 것"이라 한다.[6] 마인드의 변화는 비슷한 직능의 통합을 통해 횡적으로 정부를 원활하게 운영해서 효율성을 높이는 데 있다. 형태의 불변은 상하 기구의 대응을 유지하는 것인데, 전문위원회가 부처 형태에 변화가 없을 정도로 상하좌우 문제를 허허실실하게 해결한다. 상부에 대해서는 허(虛)하게 부서 형식을 그대로 유지하고, 하부에 대해서는 실(实)하게 부처의 직능에 있어서 통합적으로 운영하는 것이다.

푸양시의 행렬 구조가 갖는 장점은 직능 부문의 자원을 활용하여 기존의 여러 갈래 정치 활동을 통해 협력을 성사시키는 문제를 해결한 것이다. 직능 부문은 여전히 상부에서 온 자원을 획득할 수 있는 것이다. 그러나 이 구조에도 결함은 있다. 첫째, 행렬 구조에는 직능식 행렬과 프로젝트식 행렬의 구분이 있는데, 전자는 직능주관을 주요 정책결정자로 하고, 후자(즉 푸양의 모델)는 프로젝트 책임자(푸양의 구조에서는 선도부문으로 나타남)를 위주로 한다. 이 구조 자체는 직능과 프로젝트의 조정 비용 증가를 초래하고, 행렬 구조 중의 직원이 두 개의 상관을 동시에 갖게 되고 이중적 지도를 받게 한다. 둘째, 직능 부문은 여전히 상급 조직과 대응을 하고 있지만, 전문위원회가 직능 부문에 대한 권한을 행사할 수 있기 때문에 전문 위원회가 상급 조직과 때때로 충돌할 수 있다. 일단 충돌이 발생하면, 누가 권위를 갖고 있는지의 여부가 문제인데, 예를 들어, 푸양시가 재정 운행 체제를 변화시켰지만, 위에서 고치지 않았기

---

6   黄志杰, 「浙江富阳大部制改革: 重整政府架构 打破部门利益」(2008年 4月 7日), 新浪网, http://news.sina.com.cn/c/2008 04 07/164515306276.shtml.

때문에 도킹이 이뤄지지 않는다. 시정부와 성정부에 재정보고를 할 때마다 전통적인 예산에 따라 시 전체의 보고서를 다시 작성해야 하는데, 이렇게 하면 업무량이 너무 많아지는 것이다.[7] 셋째, 직능부서의 권한을 전문위원회에 위임하는 것도 부처 권한의 비대칭성을 초래하여 직능부문을 약화시키고, 심지어 내부 업무 뿐만 아니라 상부조직과 조정할 수 있는 능력도 상실할 수 있다. 넷째, 전문위원회는 집단책임제(직능 부서의 지도자는 전문위원회 구성원)를 채용하는 구조여서 집단적인 결정 시 부처 간 이해충돌로 효율성이 떨어질 수 있다. 다섯째, 시급 지도자 한 사람이 흔히 여러 전문위원회에서 주임이나 부주임을 맡게 되는데, 어떤 전문위원회의 구성 부문은 20개(예를 들어, 도농통합위원회)나 되고, 적은 것도 10여 개나 된다. 그러다 보니 한 지도자가 대다수 부처를 뛰어넘을 수 있고, 그에 따라 지도자의 전문성 문제가 야기된다. 조율에도 불과할지라도 서로 다른 직능별로 매우 전문적인 지식과 업무 내용이 포함되어 있기 때문이다.

4) 당정 합일 구조

중국 행정체제의 특징은 당정(党政)이 두 갈래 선(线)을 이뤄, 구조적으로 당과 정부(政)의 두 개 부문으로 나타난다. 이에 따라 직능적으로 동일하고 겹치는 부분이 생긴다. 예를 들어 당과 정부(政)에 모두 감독 부서가 있는 것이다. 신(新)중국 출범 이후 한동안 당정(政政)을 구분하지 않고

---

7 钱昊平,「浙江富阳大部制调查: 专委会探索未获上级认可」,『新京报』, 2011年 1月 19日.

당이 정부를 대신하는 특징을 보였으나, 1980년대에 개혁개방 시기에 비판을 받게 되었다. 덩샤오핑은 당이 관할하지 않아야 할 것, 관할할 수 없는 것, 잘 관할할 수 없는 것은 건드리지 말아야 한다고 생각했다. 그리고 당정 분리를 제기했다. 그는 "국무원에서 지방 각급 정부까지 위에서부터 아래까지 강력한 업무 시스템을 구축하고, 모든 정부 직권 범위 내의 업무는 국무원과 지방 각급 정부가 토론하고 결정하여 반포하며, 더 이상 당 중앙과 지방 당위원회가 지시하거나 결정하지 않아야 한다."고 말했다.[8] 1988년 '당정 분리'를 둘러싼 제2차 기구개혁이 진행되었는데, 덩샤오핑의 표현대로 "개혁은 우선 당정을 분리하고, 당이 어떻게 지도력을 개선할 것인가의 문제를 해결해야 한다. 이것이 관건이고 가장 우선으로 삼아야 할 문제이다. 두 번째는 권력을 하방하고 중앙과 지방의 관계를 해결하는 것이다. 지방에도 권력 하방의 문제가 있다. 세 번째 문제는 기구를 간소화하는 것으로, 이는 권력 하방과 관련이 있다."[9] 그러나 당정분리의 개혁은 이후 지속되지 못했다. 그러나 지속되지 않았다는 것이 문제가 존재하지 않는다는 것을 의미하는 것은 아니다. 당정의 분리개혁이 제기된 지 20여 년 후, 광둥 순더(順德)에서는 다시 당정이 연동되는 개혁을 시작했다.

1980년대 당정 분리를 통해 당정 문제를 해결하는 것과 달리 당정 통합을 택해 당정의 합일 구조를 구축한 것에 그 특징이 있다. 그 내용은

---

8 『邓小平文选』第2卷, 第2版, 人民出版社 1994年版, p.339.
9 『邓小平文选』第3卷, 人民出版社 1993年版, p.177.

다음과 같다. ①기구의 간소화이다. 기존 41개 당정 기구를 16개로 줄이는 것이다. ②비슷한 기능의 당정을 통합해 당 위원회 사무를 지역과 관계 기관이 통합하는 것이다. 구위원회 판공실과 구정부 판공실을 합치는 것이다. ③당정 부문의 통합은 정부 부처와 기타 사회 분야가 당 부문으로 접근하는 데 있다. ④두 관이 하나가 되는 것으로 지도자들이 당정을 고루 돌보고, 새로 생긴 '부국(部局)'의 제1책임자는 대부분 구위원회 부비서와 구위원회 상임위 부구장이 겸임하도록 한다. 간단히 말해서, 이 구조는 당정 일체, 당이 행정을 관리하고, 당이 정부를 대표하는 것이다.

순더의 '당정연동'이라는 대부처 제도 개혁이 낳는 첫 번째 문제는 구조상의 것이며, 당과 정부의 경계를 허물고 새로 건설하는 부문과 상급 기관과의 비대칭으로, 지방정부의 아래로부터의 개혁은 곤경에 처하게 되는 것이다. 예를 들어, 순더의 사회공작부가 대응하는 성시 부서는 모두 35개인데, 그 중 성은 19개, 시는 16개이다. "아들 한 명이 여러 노인을 섬겨야 하는 난처한 문제가 생긴다. 회의만 참석하는 데도 숨가쁘게 움직여야 하고, 성·시 회의에서는 기본적으로 해당 부처의 보좌직(副職) 이상의 상관이 참석하도록 되어 있어, 부처 지도자가 회의만 하다가 시간을 다 허비하는 현상이 벌어진다. 이렇게 되면 하층 조직의 내부 구조가 아무리 합리적이고, 운영이 효율적이고 원활할지라도, 상층 조직의 많은 부서에 대응해야 하기 때문에 효율성을 향상시키기가 어렵다.[10] 두 번째 문제는 상하관계가 상호조정 문제 뿐만 아니라 행정주체의 합법성

---

10   黄多娅, 陈川, 「地方大部制改革运动成效跟踪调查」, 『公共行政评论』2012年, 第6期.

문제로 연결된다. 예를 들어 순더는 개혁 중에 지세국(地稅局)을 수직관리에서 구정부 관리로 조정하고, 구재정국과 지세국의 직책을 통합하여 구재세국(区財稅局)을 건립했으나, 지방조세법 집행 주체로서의 자격을 갖추지 못하여 결국 지세국을 존치하고, 재세국과 공동으로 사무를 보게 되었다.[11] 세 번째 문제는 당정 합일 구조개혁의 방향성 문제로, 순더 개혁의 특징은 당정합일, 당정불문, 행정권력의 당집중이다. 개혁개방이전 시기 당정 구분이 없던 상황을 능가할 정도로 일치된 모습이다. 문제는 더 높은 당정합일로 향하면서 과거 당정 간 불일치라는 폐해를 피할수 있느냐는 점이다. 주지하다시피 당시 덩샤오핑은 당정 구분이 없는 것으로 인한 여러 폐단을 겪은 후에 당정 분리를 제기하고 당정의 분리를 개혁의 첫 단추로 삼았다. 따라서 당정의 일체형 구조는 당정의 통합이 갖는 여러 폐단을 어떻게 방지할 것인가를 먼저 고민해야 하는 것이다.

5) 대부처제 구조

관료제 조직의 한 가지 특징은 횡적인 직능 분업을 통해 관리의 효율을 얻는 데 있다. 그러나 이 분업은 때때로 정부 기능의 파쇄화와 직능의 중복 문제를 야기하기도 한다. 예를 들어, 정부 부문에는 인구를 관장한 적이 있지만 건강을 관장한 적이 없는 관리, 의료를 관장한 적이 있지만 약품을 관장한 적이 없는 관리, 도시의 의료보험을 관장했지만 농촌의 의

---

11   위의 논문.

료보험에 대해서는 모르는 관리들이 나타나게 된다. 또한 여러 부서가 같은 직능에서 교차하는 경우도 있다. 예를 들면, 2008년 대부처제 개혁 이전, 건설부, 국가발전 및 개혁위원회, 교통부, 철도부, 국토자원부 등 24개 부서는 직능이 교차하는 부분이 있었다. 이러한 상황은 쉽게 행정 효율을 떨어지게 하는데, 조직 구조상 이 문제를 해결하는 한 가지 방법은 대부처제 구조를 적용하는 것이다. 이를 통해 일의 성격이 비슷하고 직능도 비슷한 부문을 통합하여 큰 부처를 건립하는 것이다. 또한, 대부처제 구조는 원래 부처와 부처 간의 관계를 부처 내부 관계로 바꾸어 조정과 효율의 향상에 도움을 줄 수 있다.

대부처제 구조는 자체적으로 조정 및 집중 관리에 있어서 장점이 있지만, 다른 한편으로 여러가지 문제를 안고 있다. 우선 대부처제의 경계 획정이 하나의 문제이다. 많은 부서를 모두 하나의 커다란 부처로 통합하는 것은 불가능하다. 만약 합병된 부문이 적절하지 않다면, 대부분 그것의 장점을 드러내기 매우 어려울 것이다. 그 다음으로, 대부처로의 통합은 통합에 참여하는 여러 부문이 어떻게 서로 융합되어 결속력을 만들어 낼 것인가의 도전에 직면하게 된다.

중국공산당 17기 2중전회에서 통과된 「행정관리체제의 개혁을 심화하는 것에 관한 의견」은 대부처제 운영의 결정권, 행정권과 감독권이 서로 견제와 조화를 이룰 방안을 제기했다. 부처 차원에서 의사결정, 집행, 감독이 상호 견제하고 서로 조화를 이루는 것은 부처 내 운영 방식과 메커니즘의 변화를 의미하는 것이다. 이 변화의 기본 방향은 의사결정과 집행의 분리를 뜻한다.

그러나 이 분리는 또한 구조상의 개혁을 필요로 한다. 마지막으로, 지방에서 주도하는 대부처제 개혁을 보면, 가장 큰 문제는 개혁 후 상하 조직 사이의 비상응성이다. 서로 상응하지 않음으로써 기존 체제로 회귀(1990년대 산시성 황룽현의 개혁은 이 방면의 전형이다. 개혁을 추진했던 사람들은 후에 "하부 조직에서 개혁을 아무리 추진해도 상부가 개혁에 나서지 않으면 개혁해봐야 아무 소용이 없다."는 유명한 말을 남김)하거나, 계속 실험에 머무를 수밖에 없다. 순더에서의 개혁도 이런 종류에 해당되며 동일한 문제를 노출했다.

6) 네트워크 구조

네트워크 구조의 출현은 정부 운영의 변혁, 즉 네트워크화 거버넌스와 결부된 것으로 "정부와 기관 간의 계약, 상업화, 공사 동반자적 관계, 아웃소싱, 특허협정과 사유화 등의 형태는 모두 네트워크화 거버넌스의 핵심 내용으로 간주해야 한다."[12] 네트워크형 구조 형성의 원리는 자원에 대한 충분한 이용으로, 비용을 유지하면서도, 심지어는 기존 원가 절감이 변하지 않는 상황에서 정부가 사회에 양질의 서비스를 제공하는 것이다. 스미스는 네트워크 구조의 몇 가지 장점을 아래와 같이 이야기하고 있다.

① 전문화: 네트워크에서 가장 우수한 전문기술인력과 관리인력을 모을 수 있다. ② 혁신성: 예를 들어 맨하탄 프로젝트의 네트워크형 조직 구조는 혁신의 잠재력을 극대화하고, 인터넷으로 대중의 니즈를 실시간

---

12 [美]史蒂芬·戈德史密斯, 威廉·埃格斯, 『网络化治理: 公共部门的新形态』, 孙迎春译, 北京大学出版社 2008年版, p.9.

으로 파악해 더 높은 품질의 서비스를 제공할 수 있다. 등급제 구조는 이 것을 할 수 없다. ③속도와 유연성: 획일적인 방식으로 복잡한 문제를 해결하는 것은 오늘날에는 더 이상 가능하지 않다. 네트워크 구조는 대 상별로 접근할 수 있는 유연한 방법을 제공하며, 유연성은 정부 반응의 속도를 높인다. ④영향력 확대: 네트워크는 정부 서비스를 더 폭넓게 도울 수 있다. 또한 네트워크가 비영리조직의 창의력을 제공하여 주요 사회 문제 해결에 있어 정부의 영향력 확대를 도울 수 있다.

개혁 개방 이후, 중국의 지방정부에서는 공공서비스 구매를 주요 내용으로 하는 네트워크 운영이 갈수록 보편화되었다. 이런 구매 서비스는 구매 방식에 있어서 계약제, 직접 원조제, 사업 신청제가 있다. 왕푸취(王浦劬) 등은 이러한 네트워크화된 작동 방식이 주는 긍정적인 성과에 대해 다음과 같이 말하고 있다. ①정부 직능의 변화를 추진함으로써 정부 역할의 전환에 도움이 되었다. ②공공서비스의 질을 높이고 정부 부처에 대한 시범 효과도 가져왔다. ③사업 단위 개혁의 새로운 방법을 제공하여 재정 원가를 낮추었다. ④사회 조직의 발전을 촉진하고 사회 조직이 성장하는 사회 공간을 확대하였다. ⑤사회봉사자를 양성하고 자원봉사 자원을 축적했다. ⑥도시와 농촌의 균형화된 발전을 촉진했다. 도농 간 기본 공공서비스의 균등화에 새로운 아이디어를 제공했다.[13]

네트워크 구조는 오늘날 심지어 일각에서는 관료제에 도전하는 데

13   王浦劬, [美]莱斯特·M.萨拉蒙等, 『政府向社会组织购买公共服务研究: 中国与全球经验分析』, 北京大学出版社 2010年版, pp.23-26.

사용될 수 있다고 까지 이야기되고 있다. 그러나 네트워크 구조 기반의 네트워크화 거버넌스도 문제는 있다. 우선 관료제는 거의 모든 기타 조직의 기초적 형태이다. "네트워크의 대부분 접점은 여전히 등급 시스템 내에서 역할을 하고 있다."[14] 이는 관리 문제를 발생시킨다. 스미스 씨의 주장처럼, 네트워크 거버넌스의 가장 큰 문제는, 정부의 조직, 관리, 인사제도 등은 모두 등급화 정부모델을 위해 설계된 것으로, 네트워크형 정부모델을 위해 설계된 것이 아니라는 데 있다. 따라서 두 가지 관리 모델이 실제 운용 중에 자주 충돌하게 된다. 수많은 공급업체의 네트워크를 관리하는 것과 정부 고용원을 관리하는 방식은 분명히 다르며, 정부와 국민이 이미 백 년 이상 몸에 밴 공공관리 패턴과 완전히 다른 것을 요구한다."[15] 둘째, 정부는 점점 더 정보에 의존하고 있으며, 기술 분석가의 역할은 더욱 강화되고 있다. "관료행위의 외연성은 시스템 분석가의 외연성으로 대체될 수 있다."[16] 정부 부처와 공무원의 능력의 문제이며, 네트워크상의 아웃소싱 운영은 종단적인 등급 운영과는 전혀 다른 새로운 운영 방식으로, 이는 종단적인 운영에 익숙한 공무원의 능력에 큰 도전이다. 특히 공공서비스가 시장화된 오늘날 정부의 공공서비스는 그에 걸맞은 경영능력을 갖춰야 한다.

---

14 [美]简·E.芳汀,『构建虚拟政府』, 邵国松译, 中国人民大学出版社 2010年版, p.54.

15 [美]史蒂芬·戈德史密斯, 威廉·埃格斯,『网络化治理: 公共部门的新形态』, 孙迎春译, 北京大学出版社 2008年版, pp.19-20.

16 [美]简·E.芳汀,『构建虚拟政府』, 邵国松译, 中国人民大学出版社 2010年版, p.54.

3. 미래의 개혁

미래 지방정부 조직의 구조개혁은 공공관리의 미래가 어떤 형태로 나타날 것이냐에 달려 있다. 이 장에서는 공공관리 분야의 미래 발전 추세를 살펴보고자 한다.

1) 공공관리의 민주화 정도가 높아질 것이다

이는 주로 관리에서 거버넌스로의 전환에서 나타날 것인데, 즉 공공관리가 종래의 정부 단일 관리 주체에서 다원적 관리 주체로 전환할 것이다. 구체적으로 말하자면, 공공 제품과 공공서비스의 다원적 제공에 있어서 대중의 사회 업무에 대한 참여가 나타나고 있지만, 공공관리의 주체가 다원화되어 정부가 여전히 가장 중요한 주체라는 이 상황(관료제)은 바뀌지 않고 있으며, 현재까지 공공관리학에서는 공공관리가 세 가지 모델을 발전시켜 왔다고 보고 있다. 하나는 전통적인 정부의 공공관리 모델로 법과 정치적 표준에 의거하여 관리를 진행한다. 둘째는, 즉 새로운 공공관리 모델로, 정부가 경제와 시장의 원칙에 따라 거버넌스를 수행하는 것이다. 세 번째는 새로운 공공서비스 모델(이 모델에 이념적으로 아직 많은 의문점이 남아 있지만), 즉 정부와 기타 사회조직이 민주화 사회적 표준에 따라 공동으로 거버넌스를 수행하는 것이다. 어떤 모델이든 하나의 조직 형태로 운영될 필요가 있다. 전통적인 모델의 조직 형태는 관료제이고, 새로운 공공관리의 개혁은 관료제에서 탈피하려 하지만, 적어도 관료제의 조직 체제를 바꾸는 데 성공하지 못했다. 그것은 단지 시장화와 기업화의 운영 방식처럼 관료제의 운영 방식을 바꿨을 뿐이다. 관료제에 기초한 정부 조직구조는 기본적으로 원래의 상태를 유지하고 있다. 비판의 칼끝이 관료제 조직 자체보다 관료의 행위를 겨냥한 것이라는 점에서 적어도 현 단계에서는 생명력이 있다는 것을 보여준다. 예컨대 위에서 지적한 바와 같이 의뢰인-대리인 모델, 행렬 구조, 편평한 구조 등이 이러한 구조를 개선한 것으로 볼 수 있고, 현재의 네트워크 구조도 관료제에서 유리된 것이 아니며 관료제 조직을 대체하지 못했다.

2) 효율성은 여전히 정부 운영이 추구하는 목표이다

새로운 공공관리 개혁의 공헌은 시장화와 기업화를 통해 비용과 효율의 관점에서 공공서비스의 질을 높이려는 것에 있다. 사실 효율성은 처음부터 정부 운영이 추구해야 할 목표였고, 관료제 조직은 막스 베버가 보기에 이를 달성한 가장 좋은 조직이었다. 시대의 발전과 과학기술의 진전에 따라 새로운 조직 형태가 출현하고 있는데, 이러한 구조는 정부의 기능을 더욱 잘 수행하고 정부의 업무 효율을 높이기 위한 것임에 틀림없다. 예컨대 네트워크 구조는 공공재와 공공서비스를 다변화하기 위한 새로운 접근방식이고, 대부처제 구조는 부처 난립, 기능 중복 등으로 인해 원활하지 못한 운영의 문제를 해소하기 위한 것이다. 행렬 구조의 출현은 기존 행정체제 하에서 수평적 부처 간 협조 문제를 해결하는 동시에 이들 부처와 상급 부처 간의 상응 문제를 유지하기 위한 구상이다. 정부의 미래 운영에서 조직 형태에 또 다른 변화가 발생할 수 있는데, 특히 정보기술의 발달이 조직구조에 미치는 영향을 과소평가해서는 안 된다.

관료제 조직은 미래에도 근본적 변화를 겪게 될 것이다. 어쨌든 이러한 변화의 목표는 효율성의 추구에 있다.

3) 민주와 효율성 향상에 정보기술이 더 큰 역할을 한다

정보 기술이 조직 구조의 형태를 개선할 것이라는 점은 의심의 여지가 없다. 전자 정부가 이미 정부 운영의 한 추세가 되었고, 그것의 표현 형태는 가상정부이다. 가상정부는 정보 흐름과 전파 흐름을 점점 더 관료적 루트나 기타 공식 루트가 아닌 네트워크에 의존하고 있으며, 그것의 정부 조직은 갈수록 조직간 네트워크 및 네트워크화된 컴퓨팅 시스템 내에 존재하고 있으며, 각자의 독립된 관료기구 내에서 하나의 가상정부가 많은 것을 커버하고 있다.[17] 가상 기구는 미국 정부의 구조변화를 다양한 형태로 반영하고 있다.[18] 첫째, 세계 어디서나 인터넷에 접속하여 정보를 추출할 수 있는 기관 홈페이지, 둘째, 여러 기관의 정보 및 거래를 하나의 사이트에서 공유하고, 한 사이트에서 여러 기관을 찾을 수 있는 정보를 제공하는 기관 간 사이트, 셋째는 기관 내부망, 넷째는 크로스오버 기구 통합 시스템이다. 즉, 가상 기구는 한 무리의 조직을 포함하여 기구 내에서와 크로스오버 기구에서 그들의 활동을 통합한다. "기구 간 네트워크가 시간, 자원, 정보 등을 효율적으로 활용하기 때문에 네트워크화된 컴퓨팅 시스템은 정치인들로 하여금 네트워크의 구조적 용도를

---

17   위의 책, p.54.
18   위의 책, p.86.

찾게 할 것이고, 이는 결국 기관 간의 네트워크화로 이어질 것이다. 네트워크화된 컴퓨팅 시스템이 정부 인프라의 더 큰 구성부분이 될 때 점점 더 많은 정치인들이 점점 더 이를 성장기구의 자원, 능력, 그리고 반영도의 신호로 받아들일 것이다. 가상정부는 제도적이고 기술적이며 사회적이며 정치적인 논리가 맞부딪치고 서로 협상할 때 건립될 수 있다."[19] 가상 정부가 행정의 민주성을 높이는 역할을 할 것이라는 것은 의심의 여지가 없다. 예컨대 국민의 정치 참여와 의정, 정부에 대한 감시와 책임을 묻는 좋은 플랫폼을 제공한다. 동시에 정부가 보다 효과적으로 공공서비스를 제공할 플랫폼을 제공한다. 자원, 시간, 기술과 능력이 여기에서 더욱 잘 배치될 수 있기 때문이다. 지방정부 조직구조의 이노베이션과 개혁의 과정, 그리고 미래의 공공관리 발전 추세는 관료제와 정보기술이 미래 조직구조 이노베이션과 개혁의 가장 기본적인 요소이다. 즉 미래 조직의 개혁은 관료제 조직구조 개선과 정보기술의 추가 활용이다. 관료제 구조의 개선을 위해서는 다음과 같은 여러 가지 측면에서 노력을 기울여야 한다.

1) 지방 정부조직구조 개편을 체계적으로 고려해야 한다

위에서 지적했듯이 지방정부의 상향식 개혁(보통 상하 대응의 틀을 깨는 방식으로 진행되는 것)이 현 행정체제의 제약을 받고 있는데, 이 행정체제의 기본 구도가 변하지 않는다면 지방정부의 자발적 개혁은 결국 원래 상황

---

19   위의 책, p.89.

으로 돌아갈 수밖에 없다. 푸양의 행렬 구조는 어느 정도 이러한 모순을 해소했지만, 이는 현재의 구조 하에서 어쩔 수 없이 이뤄지는 것이며 근본적인 문제는 여전히 해결되지 않았다. 지방개혁은 걸핏하면 체제의 제약을 받는 상황이어서 지방개혁의 적극성을 저해할 수 있다. 하지만, 지방의 개혁 추진자들은 개혁의 중요한 역량이다. 일선에서 가장 직접적인 문제에 직면하면서 개혁의 압력과 개혁의 동력을 갖고 있기 때문이다. 그들이 개혁할 수 있는 공간을 준다면 그들은 그들의 창의력과 상상력을 더 크게 발휘할 수 있게 될 것이다. 따라서 시스템의 측면에서 가능한 하나의 고려는 중앙정부와 지방정부의 권한을 구분하여 지방의 자주성을 제고하는 것이다. 일반적으로 정책적·규제적 역할은 중앙정부가 더 많이 행사하고, 사무적·서비스 기능은 지방이 더 많이 행사한다. 이렇게 각 지방이 자체의 상황에 따라 부처와 기관을 설치하면, 통일성과 상응성을 요구하지 않으면서도 국가가 기구 편제 수, 인원수, 재정상에서 통제를 할 수 있을 것이다.

2) 새로운 조직구조의 복제 문제

지방정부가 진행하는 조직구조상의 개혁은 모두 실험적인 성격을 띠고 있다. 개혁은 통상적으로 현지 상황을 반영하는 것이지만, 중국 행정체제의 일관성 때문에 한 곳의 문제가 종종 다른 곳의 상황에 상당 정도 반영되기도 한다. 따라서 중앙과 성(省)급은 개혁의 진행과 결과에 유의해야 한다. 개혁이 효과를 얻었다면 시의적절하게 국가나 성급으로 격상시켜 이를 복제할 수 있다. 효과가 나쁘면 이런 실험이나 개혁을 적시에 중단해야 하고, 이런 개혁이나 새로운 접근이 자꾸 실험되어서는 안 된다. 시간적 기회비용을 고려해야 하기 때문이다.

3) 관리와 이익의 균형문제

조직 구조의 개혁은 일반적으로 관리상의 효율을 얻기 위한 것이지만, 이 개혁 역시 이익의 영향을 받아, 관리 효율에 영향을 미치게 된다. 예를 들면, 대부분의 대부처 개혁에서 기존 부서의 일부 사람들이 지도직을 잃게 되는데, 이를 보상하기 위하여 주요 부서의 편제를 확대한다. 이로 인해 또다시 비대화를 초래하고, 나아가서는 관리의 효율성에 영향을 미친다.

4) 구조개혁과 연계된 공무원의 능력문제

결국 사람의 능력을 빌려서 역할을 발휘하는 구조로 되어 있는데, 공공의 관리 발전 방향에서 보면 전자 정부, 사이버 행정이나 가상 정부, 그리고 이와 같은 기반의 사이버 관리는 미래 비전을 보여주고 있다. "정부가 더 적은 수의 공무원에 의존하고 더 많은 협력 네트워크와 하청업자가 공공사업을 할 때 정부기관의 네트워크 관리 능력은 공공고용 관리 능력과 마찬가지로 기관의 성패를 좌우한다."[20] 그러나 능력이 우수한 정부 공무원은 "그들이 관리하는 기구가 과정보다는 기술이나 네트워크

---

20   [美]史蒂芬·戈德史密斯, 威廉·埃格斯, 『网络化治理: 公共部门的新形态』, 孙迎春译, 北京大学出版社 2008年版, p.121.

를 이용한 문제 해결을 자신의 과업 수행의 수단으로 간주해야지 임무의 최종점이라고 생각해서는 안된다."는 것이다.[21] 따라서 공무원이 자신의 지식과 능력을 배양하는 것은 매우 중요하고 절실한 일이다. 기술 발전도 빠르게 진행되고 있으며, 사이버 행정도 빠르게 발전하고 있으며, 공무원들이 갖추어야 할 능력은 새로운 것이 되었다. 관료제 조직구조에서 과거에는 포함되지 않던 능력, 예를 들면 협상력, 마케팅 능력(구매력 포함), 인터넷 기술력, 새로운 아이디어에 대한 기획력 등등이다.

5) 정보기술의 추가 운용 문제

정보기술의 운용은 두 가지 문제와 연결된다. 하나는 가상 구조의 발전이다. 미국 비즈니스 자문네트워크가 하나의 예인데, 기업들은 이것을 관리할 법률 및 법규를 찾기 어렵다고 불평한다. 게다가 미국 주와 지방의 법률은 상황을 더욱 복잡하게 한다. 가상 기구(예컨대, 가상 상무부)는 하나의 사이트 아래에 연방 기구의 규정, 계획, 서비스, 관리 정보를 조직할 수 있다. 이러한 사이트를 통해 기업들은 그들을 관리하는 주요 연방부처(에너지부, 중소기업관리국, 직업안전 및 건강관리국, 국내세무국, 환경보호서, 교통부 등)에 들어가 필요한 정보를 찾을 수 있다.

다른 하나는 네트워크 구조를 통해 빅데이터를 활용하여 국민들에게 더 좋은 서비스를 제공한다. 예를 들면, 구글은 대량의 데이터를 분석하여 얻은 예측과 2007년과 2008년 미국 질병관리센터가 기록한 실제

---

21   위의 책, p.145.

독감 사례를 비교했는데, 그 결과의 상관성이 97%에 달했다. 이를 근거로 2009년 신종 인플루엔자(H1N1)가 발생했을 때 구글은 공식 데이터보다 효과적이고 시의적절한 지표를 제공했다.[22] 이는 정보기술(IT)이 지방정부의 거버넌스에서 무한한 미래를 열어가고 있어 지방정부가 이를 활용해 가치있는 제품과 서비스를 국민에게 제공할 수 있음을 보여준다.

22   [英]维克托·迈尔-舍恩伯格等,『大数据时代』, 周涛等译, 浙江人民出版社 2013年版, p.21.

The Organizational Innovation of Local Government: Patterns, Problems and Prospects

Abstract: The article summarizes six patterns of innovation of organizational structure in the reform of local government, e. g. the structures of grid, flat, matrix,super ~ministry and net, and analyses the problems of the innovation. Also the article, based on the analysis, points out the future development of the reform. It holds that the optimization of organizational structure is of great importance for functioning of organization, but has been limited by various factors, among that the institutional factor is most obvious. It also holds that the administrative institution, the balance between efficiency and interests, information technology, and the capability of civil servants are important variables in the future reform of local government.

지방정부의 대부처제 개혁:
조직구조 차원에서의 분석*

요약: 지방정부의 상향식 대부처제(大部制) 개혁에서 직면하는 병목현상 중 하나는 개혁 후 나타나는 상위부서와 하위부서의 불일치이다. 이러한 불일치는 수직적 조정 문제를 야기하며 많은 개혁이 결국 기존의 체제로 회귀하게 했다. 푸양(富阳)에서 대부처제 개혁을 통해 설립한 전문위원회는 이러한 문제를 비교적 잘 해결하였다. 여전히 개선해야 할 부분이 있지만, 연구하고 장려할 가치가 있다. 향후 정부기구의 개혁도 지방정부의 적극성과 창의성을 발휘할 필요가 있다. 조직구조의 개혁과 혁신은 지방정부의 개혁에서 고려할 수 있는 중요한 측면이다.

1. 대부처제: 관료제 조직구조와 그 한계

대부처제는 중국 정부 기구개혁의 중요한 내용이다. 대부처제라는 용어는 2008년 중국의 제6차 기구개혁을 통해 널리 알려졌지만 실제로는 1982년 최초의 제도 개혁 당시에 이미 등장했다. 다만 당시에는 대부처제라는 표현을 사용하지 않았을 뿐이다. 예컨대, 인사부와 노동부는 당시 개혁으로 노동인사부로 합병되었다. 또한 2008년 대부처제 개혁 이

＊ 이 글은 『中国行政管理』 2014, Vol.4, pp.17-23에 수록되었다.

전에 일부 지방정부에서는 이미 대부처제와 유사한 개혁을 시작했다. 중앙정부든 지방정부든 대부처제 개혁은 오랫동안 존재해 온 기구의 중첩, 불명확한 기능, 부서의 난립, 직책의 중복, 권한과 책임의 비대칭 등 문제를 해결하여 정부의 운영을 원활하게 하고 업무의 효율성과 서비스의 품질을 높이는 것을 목표로 한다. 21세기 초, 중국이 서비스형 정부 건설을 제기한 이후 이 목표는 더욱 뚜렷해졌다.

정부의 사명은 사회에 공공재와 공공서비스를 제공하고 사회를 관리하는 것인데, 이는 하나의 조직형태를 통해 이행해야 한다. 이 조직형식은 산업화 이후에는 기본적으로 관료제의 형태를 띠었다. 1980년대 정부의 공공서비스와 공공재가 시장화 및 사회화되면서, 특히 정부의 공공서비스가 외주화되면서 네트워크형 형태가 나타나기 시작했다. 그럼에도 불구하고 관료제에 기반을 둔 현대의 정부조직은 여전히 유효하다. 네트워크형 조직의 형태가 보편화된 미국에서도 관료제에 기반을 둔 정부가 여전히 존재하며 역할을 하고 있다. 쿠퍼(Phillip Cooper)가 계약형 정부(Governing by Contract: Challenges and Opportunities for Public Managers)에서 지적했듯이 미국의 "공공관리는 수직적 권위모델과 수평적 협상모델이 서로 교차하는 상황에서 운영된다. 수직적 모델의 권위, 자원과 영향력은 거버넌스의 핵심인 헌정(憲政)에서 나오고, 수평적 관계는 계약의 개념 위에 세워진다."[23] 여기에서의 수직적 권위모델이 바로 계층적 형태를 띠는 관료제 구조이다. 네트워크 형태가 발전하고 있지

---

23   菲利普·库伯,『合同制治理』, 竺乾威等译, 复旦大学出版社 2007年, p.12.

만 관료제의 조직형태는 여전히 과소평가할 수 없다. 골드스미스(Stephen Goldsmith)는 『네트워크 정부: 공공부문의 새로운 모습(Governing by network :the new shape of the public sector)』에서 "정부의 조직, 관리 및 인사 시스템은 네트워크로 연결된 정부모델이 아닌 계층적 정부모델을 위해 설계되었다"고 지적했다.[24] 이는 오늘날 관료제 정부가 사회 거버넌스와 공공서비스 제공에서 여전히 핵심적인 역할을 하고 있음을 보여주며, 특히 중국에서는 더더욱 그러하다.

이는 관료제 조직구조 자체가 가진 장점에 의해 결정된다. 막스 베버(Max Weber)는 관료제라는 조직형태가 산업 사회에서 사회적·경제적 목표를 달성할 수 있는 가장 좋은 조직형태라고 말했다. 정확성, 속도, 명확성, 공식 문서에 대한 이해, 연속성, 자율적 재량권, 통일성, 엄격한 종속관계, 그리고 인적·물적 지출 감소 등에서 다른 조직과 비교할 수 없을 정도로 우월한데 그 결정적 원인은 "순수한 기술적 우위에 있다"[25]고 해석했다. 합리적이고 효율적인 조직형태로서 관료제의 기본 특성은 분업, 하향식 권한 등급, 법제와 비인격적 운영에 있다. 관료제의 장점은 상당 부분 조직구조에 의해 결정된다. 주지하다시피, 이 구조는 수직적이고 계층적으로 나타나는 명령·시행체계와 수평적인 부서형태로 나타나는 분업·협력체계로 구성된다. 수직적인 명령체계는 지휘의 통일을 보

---

24   史蒂芬戈戈德·史密斯, 威廉·埃格斯,『网络化治理: 公共部门的新形态』, 孙迎春译, 北京大学出版社 2008年版, p.19.

25   理查德·斯蒂尔曼二世,『公共行政学: 概念与案例』, 竺乾威等译, 中国人民大学出版社 2004年版, p.86.

장하며 명령이 상부에서 하부로 빠르게 집행될 수 있도록 한다. 수평적 부서별 분업은 전문적인 수요를 실현한다. 교육부가 교육을, 보건부가 보건을 주관함으로써 업무의 효율을 확보하는 것으로 확인할 수 있다.

그러나 관료제의 장점이 일부 측면에서는 오히려 단점이 될 수 있다. 관료제의 조직구조를 보면, 수직적인 계층구조는 지휘의 통일성을 보장하지만 하부부서의 능동성, 창조성과 상상력을 제약하는 결과를 초래한다. 수평적인 조직구조는 전문화에 적합하지만, 부서의 난립, 직능의 중첩으로 인해 부문 간 협력에 어려움이 발생하고 원활한 운영이 어려워 효율성에 영향을 미친다. 당연히 이러한 구조는 각기 다른 행정체계에서 차별화된 역할을 한다. 연방제와 같은 행정체계(미국)에서 수직적 구조는 국가의 최상위조직인 연방정부와 차순위조직인 주(州)정부가 상하관계에 있지 않으며 주정부가 높은 수준의 자주권을 가지고 있다. 미국에서는 지방정부와 그 부서의 설립이 주정부의 권한이기 때문에 주정부의 부서가 연방정부의 부서와 대칭될 필요가 없으며, 이로 인해 각 주정부의 조직구조가 다르고 단일화된 모델이 존재하지 않는다. 그러나 중국과 같은 단일제 국가에서는 지방정부가 모두 중앙정부의 하위기관에 속하며 국무원에 소속되어 있다. 따라서 지방정부의 부서는 중앙정부의 부서에 따라 설립된다. 예를 들어 중앙정부에 문화부가 있으면 성(省)정부에는 문화청이 있고, 현(县)에는 문화국, 향(乡)에는 문화계가 있다.(그림 1 참조) 권력분배의 관점에서 보면, 지방정부의 부서 중 일부는 중앙정부의 지방업무를 담당한다. 지방정부의 문화청은 지방정부에 속하지만, 세관과 같은 부서는 중앙정부의 직접적인 지휘를 받는다. 이러한 부서는

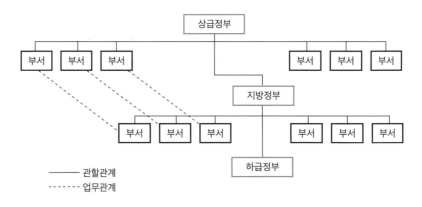

〈그림 1〉 관료제에서 부서 간 대응 구조

지방에 있다고 할지라도 지방정부와 종속적인 관계가 아니기 때문에 지방정부의 관리에서 통상적으로 말하는 종적·횡적 관계의 문제를 야기한다. 이러한 대칭관계는 향후 논의할 중국 지방정부의 상향식 대부처제 개혁의 조직구조의 병목 문제와 연관되어 있다.

수평적으로 보면, 분업에 대응하기 위해 설치된 전문부서는 부서의 난립, 직능의 중첩 등을 초래하며 상호 간 협조가 쉽지 않고 운영이 원활하지 못한 문제를 야기한다. 분업이 세분화되고, 부서가 많을수록 상호 협력은 더욱 어렵게 된다. 특정부서가 어떠한 기능을 완벽하게 수행할 수 없고, 많은 업무가 다양한 부서와 연계되어 있기 때문에 부서 간 협력이 필수적이다. 예를 들어, 교육은 교육부서의 업무지만 학교에서는 안전교육을 진행하기 때문에 공안부서와 연계될 수 있다. 따라서 전문화는 일정 부분에서 관리의 파편화를 초래한다. 완벽한 프로세스는 몇몇 단계로 분할될 수 있고, 단계마다 각기 다른 부서가 개입하여 소위 말하는

'직능분담(五龙治水)'이 이루어진다. 예를 들어, 중국에서 돼지의 사육부터 도축, 운송, 판매 및 마지막으로 식탁에 오르기까지는 축산, 비즈니스(商务), 품질관리, 공·상업(工商), 식·약품과 공안 등 다양한 부서가 감독한다. 축산 관련부서는 돼지의 사료 관리와 질병 예방을 담당하고, 비즈니스 관련부서는 돼지고기 도매업체가 농부로부터 돼지를 구매할 수 있는 영업허가증을 발급하거나 거래 중 계약 분쟁을 관리한다. 품질감독기관은 육류의 생산·가공업체를 감독하며 공·상업 관련부서는 농산물거래시장을 감독한다. 식약처는 요식업체와 서비스업체를 감독하고 공안부는 법에 의거하여 불법적인 '클렌부테롤' 첨가, 사적인 도살, 유해물질이 포함된 돼지고기의 생산 및 판매와 같은 범죄행위를 단속한다. 이러한 부서 간 협력을 통해 돼지고기의 품질 안전이 보장된다.[26] 한편, 부서 간 직능 중첩도 매우 일반적이다. 도시의 수자원관리를 보면, 건설국은 하수처리장과 하수관의 건설 및 관리를 담당하고, 수자원국은 도시 하천의 물 분배 및 수질관리를 담당한다. 농업국은 가금류로 인한 오염을 관리·감독하며, 환경보호국은 공업오염원을 관리·감독한다. 도시관리국은 서비스산업의 관리·감독을 담당한다. 2008년 대부처제 개혁이 진행될 당시, 국무원의 66개 부서에는 80여 개의 직능이 있었다. 일부 학자들의 통계에 따르면 "건설부문만 하더라도 발전개혁위원회, 교통부문, 수리(水利)부문, 철도부문, 국토부문 등 24개 부문에서 직능이 중복되었다.

---

26 胡颖廉, 「'问题猪肉'的监管困局」(2013年 5月 22日), 东方早报网, http://www.dfdaily.com/html/63/2013/5/22/1001622.html.

이밖에 농업부문도 생산 전, 생산 중, 생산 후의 관리가 14개 부분과 연계되어 있었다."[27]

부서의 신설은 전문화에 대한 수요를 반영하지만, 부서가 많고 직능이 중복되는 상황에서 부서들이 종종 자신의 이익에 의거하여 문제를 고려하기 때문에 서로에게 문제를 미루거나 협조하지 않으며 행정의 효율성이 저하된다. 예를 들어, 중국에서 돼지를 관리·감독할 때, "돼지 한 마리에 8개의 모자를 씌울 수 없다."는 말이 있다. 이러한 부서 사이의 협조의 어려움, 정치적 다원화와 상호 책임전가와 같은 문제를 어떻게 해결해야만 정부의 운영이 원활하고 효율성이 제고될까? 원칙은, 업무의 성격과 직능이 유사한 부서를 병합하고(예를 들어, 분산되고 개별적인 해상, 육상, 항공 운수 부문을 교통부문으로 통합), 직능이 유사한 부서를 수평적으로 배열함으로써 부서의 수를 감축하고 소통과 협조를 개선하며 업무의 효율성을 높이는 것이다. 중국에서 이러한 대부처제 개혁은 두 가지 형태가 있다. 하나는 중앙정부가 선도하는 하향식 개혁으로, 이는 가장 주요한 형태이다. 다른 하나는 지방정부가 선도하는 상향식 개혁으로, 이러한 개혁은 많지 않지만 전체 개혁의 한 부분이다. 본문에서는 후술한 개혁을 주로 분석하고자 한다.

---

27 邓聿文,「大部制改革的核心是转变政府职能」(2008年 1月 16日), 人民网, http://politics.people.com.cn/GB/1026/6780372.html

2. 상하 비대칭: 지방정부 대부처제 개혁의 어려움

지방정부의 상향식 개혁은 중앙정부가 2008년 진행한 대부처제 개혁 이전부터 진행된 경험이 있다. 몇 가지 전형적인 사례를 보면, 1990년대 초 샨시(陝西)성 황룽(黄龙)현의 개혁, 2000년 후베이(湖北)성 수이저우(随州)의 개혁, 2007년 저장(浙江)성 푸양(富阳)의 개혁 및 2009년 광둥(广东)성 순더(顺德)의 개혁이 있다.(이러한 개혁이 설사 성급 지방정부에서 진행한 대부처제 개혁이라고 할지라도 각각의 주도성과 창의성을 가지고 있었고, 상향식 개혁과 같은 구체적인 조직구조 문제가 나타났다.) 이러한 지방정부가 선도한 대부처제 개혁이 초기에 지향했던 바는 다르지만 푸양을 제외하고 개혁을 채택한 방식은 동일하다. 간단하게 말해, 유사한 직능을 병합하여 큰 정부를 만드는 것이다. 이를 통해 조직과 인력을 감축하고 수평적으로 부서 간 협조 문제를 해결했다. 황룽현, 수이저우현과 순더에서 시행한 대부처제 개혁의 기본적인 특징은 "직능과 기구를 바꾸어 직능과 기구를 연동"한 것이다. 이들 지역은 부서 간 수평적인 협조에 드는 원가를 절감하려고 노력했지만 신설된 대부처제 구조와 상부 부서의 비대칭으로 인해 상하 간 협조원가가 증대했다. 다시 말해, 수평적으로는 원활하게 되었지만 수직적으로는 원활하지 않게 되었고, 이로 인해 지방정부의 상향식 대부처제 개혁이 난관에 직면했다.(그림 2 참조).

황룽현의 개혁은 재정적인 문제로 발생했다. 기구가 방대해지고 인력이 증가하면서 정부의 지출이 수입보다 많아졌다. 황룽현은 적자가 축적되는 상황임에도 불구하고, 인원은 많은데 자금이 부족했기 때문에 기

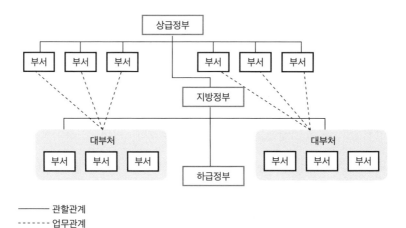

──────── 관할관계
----------- 업무관계

〈그림 2〉 지방정부의 대부처제 구조 중 상부부서와 하부부서의 비대칭

구개혁과 인원 감축을 결심했다. 이에 부서를 통폐합함으로써 조직을 간소화하고 인력을 감축하는 방법을 채택했다. 58개의 당정(党政)사업부서를 통폐합하고, 과학위원회, 교육위원회, 체육위원회, 문화국을 과학문화교육체육국으로 통합한 것과 같이 유사한 직능을 가진 국(局)과 위원회를 통합했다. 하지만 이 접근법은 성공하지 못했다. 가장 중요한 이유 중하나는 '라인'의 압력이 있었기 때문이다. 지방정부 개혁 이후의 대부처제와 상부정부의 부서가 비대칭되면서 상부정부의 일부 부서가 황룽현에서 적합한 대응부서를 찾지 못했다. 황룽현은 위생부서와 가족계획부서를 통합했는데, 상부정부의 가족계획부서에서는 가족계획이 국책사업임에도 불구하고 황룽현이 이에 상응하는 독립적인 기구를 갖추지 않으며 국책사업을 경시했다며 수차례 비판했다. 통계국도 기획부서로 통합되었는데, 상부정부의 통계부서는 이러한 통합이 통계 데이터의 진실성

에 영향을 미친다는 이유로 강하게 불만을 표명했다. 이로 인해 황룽현은 개혁 이후 매우 난처한 상황에 직면했다. 상부정부에서는 통합된 대다수의 부서에 회의를 통보하지도 않았고, 문서를 하달하지도 않았으며, 지급해야 할 예산을 배정하지 않았다. 결국 개혁은 원점으로 되돌아왔다. 상부부서와 하부부서의 일치를 위해 황룽현에서는 '하부부서가 상부부서를 모방하고, 각급 부서가 중앙을 모방'하는 국면이 나타났다. 상부에 어떠한 부서가 있으면 하부에는 수요에 관계없이, 조건을 갖추었는지 여부에 관계없이, 조금도 예외 없이 상부에 상응하는 조직을 만들었다. 이로써 기층단위에 수많은 유사하고 중복된 행정기구와 부서가 설립되었고, 심지어 일부 향촌과 마을에는 체육개혁판공실, 문명판공실, 정책연구판공실 등이 설립되었다. 상부부서와 하부부서가 대칭되지 않고, 동일한 층위의 부서가 정상화되지 않으면서 "하부부서가 개혁해도 상부부서는 개혁하지 않고, 개혁을 해도 소용이 없는" 결과를 초래했다.[28]

수이저우에서 대부처제 개혁이 발생한 원인은 황룽현과 유사하다. 경제력과 기반이 열악했기 때문에 2000년에 지급시로 승격할 기회를 이용해 조직과 인력을 간소화하여 정부가 감당해야 하는 압박을 해소하고자 했다. 수이저우의 개혁은 직능이 기본적으로 유사한 부서는 통합이 가능하면 가능한 많이 통합하고, 직능이 비교적 밀접한 부서는 하나로 통합하며, 직능이 겹치는 부서를 별도로 신설하지 않아도 되면 신설하지 않는다는 세 가지 원칙을 기반으로 진행되었다. 상부부서와 하부부서의

---

28   刘健, 姚晓娜, 宋振远,「黄龙县的机构改革为何受挫」,『半月谈』2001年, 第12期.

대칭을 고려하지 않았고, 수평적인 정렬도 고려하지 않았다. 개혁을 위한 방법은 황릉현과 같이, 유사한 부서를 통합하고 직능과 인력을 조정했다. 차이점은, 형식적으로 기존 부서를 그대로 둘 것인지 아닌지를 구분했다. 직능이 기본적으로 유사한 원래 부서는 통합 후 간판을 내렸다. 예를 들어, 문화국, 문물국, 체육국, 신문출판국 등 직능이 유사한 부서는 문화체육국으로 통합했다. 직능이 비교적 밀접한 기존 부서들은 통합 후 간판을 유지했다. 예를 들어, 시(市)당안국과 당안관, 시(市)당사판공실과 시(市)지방지편찬판공실은 통합 후에도 여전히 간판을 유지했지만 조직은 하나로 통합했다. 시(市)농업국 하부의 농촌기술보급센터는 농약관리감독소, 토양비료사업소, 식물검역소, 식물보호소, 농업생태환경보호소, 종자관리소, 농업과학연구소 등 7개의 간판이 추가로 걸렸지만 조직은 하나로 유지했다. 간판을 유지한 이유는 성(省)정부 부서와의 대칭을 위해서였다. 그러나 실제로 이러한 부서 유지의 의의는 동일했다. 핵심은 개혁 후 기존의 여러 부서를 하나로 통합하면서 통합된 부서가 원래 대응해야 하는 부서에 대응해야 했고, 이러한 부서 내 인력들은 상부부서와 접촉할 때 끊임없이 신분을 전환해야 하는 결과를 초래했다는 것이다. 이러한 '특수성'은 수이저우 편찬판공실 주임에 불편함을 느끼게 했다. 그는 매번 성정부 회의에 참석할 때마다 어색함을 느꼈다고 말했다. 그 어색함의 가장 큰 이유는 수이저우의 조직구성이 다른 지역의 구성과 차이가 있었기 때문이다. 상부부서와 소통하기 위해 "때로는 유연한 방법이 필요해 말장난을 하거나 통합하는 방법을 바꿔 부서를 합치기도 했다." 이 주임은 "장애인연합회를 민정부문으로 분류한 것은 적합하다.

같은 팀이기 때문에 매번 같은 사람들이 회의에 참석한다. 그러나 많은 지도자들은 이를 이상하다고 생각했다"[29]고 말했다.

황룽현과 마찬가지로, 이러한 구조적인 비대칭은 상부부서와 하부부서의 협조비용을 증가시켰다. 예를 들어, 성정부에서는 시정부의 농촌에너지보급센터를 부처(副処)급 조직으로 만들 것을 요구했지만 수이저우에서 이 센터는 농업국의 과(科)급으로 만들어진 조직이었다. 이로 인해 성정부에서 신농촌 메탄가스 개조계획을 수립할 때 "부서가 상부의 요구대로 설치되어 있지 않기 때문에" 시정부에 하달하기로 한 기존의 1만 명의 메탄가스 개조 목표를 5,500명으로 조정했고, 이로 인해 투입할 경비도 450만 위안을 삭감했다. 또한 성정부에서는 주민 이전 업무를 개별적으로 설립된 부처급 기구에서 담당해야 한다고 요구했지만 수이저우에서는 주민 이전 업무를 민정국에서 담당했고, 이로 인해 민정국에서 성 회의에 참석할 때마다 비판을 들었다.[30] 황룽현과 마찬가지로, 이러한 상부부서와 하부부서가 비대칭적인 상황은, 결국 전환의 수준이 황룽현만큼 크지 않지만 기존 체제로의 회귀로 이어졌다. 예를 들어, 과학기술협회는 한때 과학기술국으로 통합되었지만 수이저우에서 과학기술협회는 독자적인 부서가 아니었기 때문에 과학기술국과 과학기술협회로 분리되었다. 시의 장애인연합회, 규획국, 종교국, 법제판공실 등 조

---

29   郑津,「随州大部制改革7年之困: 下改上不改改了又回来」(2008年 2月 20日), 北方网,
     http://news.enorth.com.cn/system/2008/02/20/002835998.html
30   위의 글.

직 역시 유사한 원인으로 별도의 부서로 분리되었다. 55개 수준의 부서가 개혁 전으로 회귀하면서 64개로 증가했다. 7년의 시간 동안, 부서의 수가 감소하지 않고 오히려 9개 증가한 것이다. 수이저우의 개혁이 일부 수평적인 조정의 문제를 해결했다고 할지라도, 이 개혁의 주요 설계자 중 하나인 편제판공실 주임은 수이저우의 조직구성으로는 이상적인 효과를 얻을 수 없다고 판단했다. 이 주임은 "하부부서가 개혁해도 상부부서는 개혁하지 않고, 개혁을 해도 소용이 없다"며 황룽현의 개혁 담당자와 비슷한 말을 남겼다.[31]

순더의 대부처제 개혁은 당과 정부가 연동한 개혁으로 유명했다. 설사 이러한 개혁이 국가의 대부처제 개혁 이후 성정부에서 진행된 하나의 시범조치였지만 순더의 개혁은 혁신적인 조치를 동반했다. 순더도 상부부서와 하부부서가 비대칭인 방법을 채택하면서 개혁에서 동일한 난관에 직면했다. 개혁의 방법에서 순더는 황룽현, 수이저우와 비슷하게 '직능과 구조를 바꾸고, 직능과 구조를 연동'했다. 이로 인해 개혁 후 부서가 상부부서와 대칭하지 않았다. 순더의 개혁 폭은 앞의 두 지역보다 컸고, 통합의 수준도 정부의 경계를 초월했다. 당의 부서도 통합하는 동시에, '라인' 위에 있는 부서 역시 통합했다. 순더의 구체적인 방법은 당과 정부를 관통하여 직능이 유사한 당과 정부의 부서를 통합했다. 부서는 41개에서 16개로 감축했다. 예를 들어, 통일전선부, 농촌공작위원회, 공회, 공청단 지역위원회, 부녀자연합회, 공상연합회, 장애인연합회를 당

---

31 위의 글.

의 사회공작부와 연동했다. 또한 기존의 수직적인 관리가 이루어진 공상, 품질검사, 의약검사 등 부서를 새로운 시장안전관리감독국으로 통합했다. 시장안전관리감독국은 문화부문의 법률 집행, 관광시장관리감독, 식품안전, 안전생산 등 직능을 포괄하여 하나의 거대한 관리감독 구도를 형성했다.

상부부서와 하부부서의 비대칭과 부조화 문제는 순더에서도 나타났다. 황룽현이나 수이저우와 같이, 대부처제에서는 하나의 부서가 필연적으로 상부의 많은 부서에 대응해야 한다. 예를 들어, 순더의 사회공작부는 성정부나 시정부의 35개 부서에 대응해야 했다. 이중 성정부는 19개, 시정부는 16개였다. '한 명의 아이가 여러 명의 어른을 모셔야 하는' 난처한 상황이 발생했고, 회의로 인해 바빠서 숨을 돌릴 틈마저 없게 되었다. 게다가 성정부와 시정부의 회의는 기본적으로 모두 부(副)급 이상의 간부가 참여해야 했기 때문에 부서의 간부는 '회의전문업자'가 되었다. 설사 대응해야 하는 상부부서가 비교적 작은 부서도 3~4의 부서에 대응해야 했고, 연말의 종합보고서 역시 다양한 버전으로 만들어야 했다. 이로 인해 하부부서의 내부 구조가 합리적이고 업무 효율이 높다고 할지라도 상부의 수많은 부서를 상대해야 하면서 효율 제고가 어려울 수밖에 없었다.[32]

이러한 상하부 관계는 상호 협조 문제는 물론, 행정주체의 합법성 문제로 확대되었다. 예를 들어, 순더는 개혁 과정에서 수직적인 관리를

---

32   黃冬娅, 陈川慜,「地方大部制改革运动成效跟踪调查」,『公共行政评论』2012年, 第6期.

위해 지방세무국을 구(区)정부 관리로 조정했고, 재정국과 지방세무국의 직능을 구(区)재정세무국으로 통합했다. 그러나 재정세무국이 지방세수를 집행하는 법적주체의 자격을 갖지 못하면서 결국 지방세무국이 유지되었고, 재세국과 업무를 함께 했다.[33] 이와 같이 상하 구조에서 결국 최종적으로 상부에 대응하는 부서는 개별적인 것이 아니다. 예를 들어, 앞에서 언급한 사회공작부는 마지막에도 통일전선부의 간판을 달았다. 순더는 대부처제 개혁 당시 의약품관리감독 직능을 인구와 위생약품관리감독국으로 이양했고, 식품관리 업무는 시장안전관리감독국으로 이양했다. 2013년 초, 국가식약품관리감독총국이 설립되면서 순더는 부서의 직능을 조정해야만 했다.[34] 과학기술국을 폐지한 후, 그 직능을 경제촉진국으로 이양했다. 과학기술국은 없어졌지만 과학기술분야의 업무가 빈번하게 발생하자 경제촉진국은 결국 '경제 및 과학기술발전국'으로 명칭을 바꿨다.[35] 상부부서에 대응하면서 내부적으로 이익을 조정해야하는 문제가 나타났다. 예를 들어, 순더의 '국토도시건설과 수리국'과 '환경운송과 도시관리국'은 원래 도농건설국과 도시관리국이었다. 앞의 두 부서는 도시건설을 담당했고, 뒤의 두 부서는 도시관리를 담당했다. 지금의 명칭으로 변경한 이유는 상부에 부합하는 부서를 만들라는 압력 때문이었다. "성국토국은 예하 지방정부에 국토라는 두 글자를 찾기 번거롭게 되자

---

33   위의 논문.

34   凌广志, 黄玫, 叶前, 「顺德: 改革向纵深推进」, 『瞭望』 2013年, 第12期.

35   黄冬娅, 陈川慜, 「地方大部制改革运动成效跟踪调查」, 『公共行政评论』 2012年, 第6期.

위성으로 사진을 찍어 곳곳이 법규를 위반했다고 말하는 한편, 담당자들에게 당신들을 찾기 불편하다고 질책했다. 물론 수많은 지역에서 법규를 위반하고 있지만, 순더에 집중적으로 법규를 들이밀었다. 예를 들어, 수리부문에는 많은 비용이 필요한데 성의 수리부에서는 순더에 수리부가 없으니 도시건설국에 예산을 줄 수 없다고 해서 국토도시건설 뒤에 수리국을 추가했다."[36] 순더에서 2010년 진행한 '강한 진(鎭)' 개혁에서도 이러한 상부부서와 하부부서의 비대칭이 지속되면서 '역피라미드' 형태의 내부구조가 형성되었다. 예를 들어, 순더구에 설치된 부서는 싱탄(杏壇)진에 설치된 부서보다 3.5배 많았다. 예꾸이런(叶贵仁)은 이로 인해 하부부서에서 인계해야 하는 상부부서의 임무가 점점 많아지며 임무를 완수할 수 없는 결과가 초래되었다고 지적하며, 향후 진(鎭)급 기구의 조정에서는 반드시 합리적이고 시행가능하다는 마음가짐을 유지해야 하고 급하게 '거대한 부서와 작은 조직'의 모델을 만들 필요가 없다고 주장했다.[37]

세 지역의 상향식 대부처제 개혁은 모두 조직구조에 문제를 드러냈다. 직능과 구조의 변동은 상부부서와 하부부서의 비대칭을 초래했고, 이는 개혁을 통해 부서를 감축하고 수평적 협조 문제를 해결했지만 상부부서와 하부부서의 수직적 조정 문제와 운영이 원활하지 않은 문제를 초래했다. 그렇다면, 기존의 체제(상부부서와 하부부서가 대칭적이고, 수평적으

---

36 위의 논문.

37 叶贵仁, 钱蕾, 「选择式强镇: 顺德简政强镇改革路径研究」, 『公共行政评论』 2013年, 第4期.

로 정상화된 체제)로의 회귀는 지방정부의 상향식 대부처제 개혁의 숙명이라고 할 수 있을까?

3. 매트릭스 구조: 푸양의 혁신

저장성 푸양은 '전문위원회' 형식의 대부처제 개혁을 통해 조직구조의 혁신을 모색했다. 이는 수평적인 내부 협조 문제를 해결하는 동시에, 상당 부분에서 지방정부의 상향식 대부처제 개혁의 문제점인 상부부서와 하부부서의 비대칭 문제를 해결했다. 황룽현이나 수이저우와는 다르게, 푸양의 대부처제 개혁은 재정이 곤란하여 발생한 것이 아니었다. 푸양의 대부처제 개혁이 추진된 이유는 부서가 난립하고 소통이 원활하지 않으며 상호 협조가 이뤄지지 않고, 부서의 이익으로 인해 업무가 중복되면서 거대한 낭비가 발생했기 때문이었다. 경비 신청을 예로 보면, 푸양의 삼농사업 지원자금은 연간 2억여 위안이었지만 농촌판공실, 농업, 수리, 수전, 임업 등 농민 관련 부서가 분산되어 있었고, 교통, 건설, 문화, 교육, 위생, 관광 등 비농민 부서도 존재했다. 각 부서 간 소통과 협조가 이뤄지지 않는 메커니즘으로 인해 여러 번에 걸쳐 신청을 해야 하거나 신청을 반복해야 하는 현상이 빈번하게 발생했다. 예를 들어, 농업레저관광사업의 경우, 농촌판공실에 농업종합개발자금을 신청해야 하고, 저수지가 있으면 수리수전국에 지원금을 신청해야 했다. 또한 과수 재배를 위해서는 임업국에 지원금을 신청해야 했고, 가축을 기르면 농업국에 지원금을 신청해야 했다. 관광농업의 경우에는 관광국에 지원금을 신청해야 하고, 도로 건설이 포함되어 있으면 교통국에 지원금을 신청해야 했다. 사업이 형태를 갖추면 명칭만 바꿔서 동일한 사업을 매년 다시 신청해야 했다.[38] 푸양시에서 한 촌지부의 서기가 산간의 계단식 밭을 도급하기 위해 사업 개발을 목적으로 지원금을 신청했는데, 5년 동안 6개의 부서에서 11회에 걸쳐 54만 위안의 지원금을 받은 사례는 매우 유명하다. 더욱 더 재미있는 점은 이 부지 가운데 34.8묘가 농촌보호구 경지에 포함되어 있어서 국토국으로부터 밭으로 전환하는 자금으로 8.7만 위안을 받았다는 사실이다. 설사 "각 부서에서 받은 지원금의 규모가 크지 않더라도, 합쳐보니 실제 투자액을 뛰어넘었고, 이로 인해 지원이 필요한 다른 지역이 지원을 받지 못하게 된 것이다."[39] 푸양시 위원회 서기는 이러한 현상에 대해 "다양한 계획에서 제각각의 규정으로 생산력을 구성하고 제각기 지역에 자원을 분배하며 제각각 부서의 역량을 도모하여 제각각 싸웠다. 부서들은 경계가 명확해야 하고 각자가 맡은 임무를 해야 한다"고 판단했다.[40] 따라서 이러한 한계를 타파하고 정부의 업무 효율을 높이기 위해서는 반드시 기존의 정부부서를 효율적으로 통합해야 했다. 기구의 중첩, 불명확한 직능, 부서의 난립, 각 부문의 협조 어려움 등이

38   夏燕, 「浙江富阳试水大部制: 专委会牵头部门负责制」(2018年 11月 17日), 新浪网, http://news.sina.com.cn/c/20181117/161616670201.html

39   위의 글.

40   黄志杰, 「浙江富阳大部制改革: 重整政府架构打破部门利益」(2008年 4月 7日), 新浪网, http://news.sina.com.cn/c/20080407/164515306276.html

발생하는 배경에서 푸양시는 대부처제 개혁을 단행했다.

　　대부처제 개혁으로, 수평적으로 기능이 유사한 부서는 통합했다. 즉 '동일한 유형의 통합'은 빼놓을 수 없는 방법이다. 그러나 상술한 세 지역의 개혁에서 가장 큰 차이점은 푸양의 방법이 '직능은 바꾸되 기구는 바꾸지 않고 직능과 기구를 연동하지 않은' 것이다. 다시 말해, 새로운 대부처제 구조의 기존 부서체계는 변하지 않고, 전문위원회라는 명칭의 협조기구를 통해 상부의 기능을 따르게 했다. 푸양시위원회 서기의 말을 빌리면 이러한 방법은 "정신은 변했지만 신체는 변하지 않은" 것이다.[41] 정신의 변화는 직능이 유사한 부서의 통합을 통해 정부의 운영을 원활하게 함으로써 업무 효율을 높인 것이고, 신체의 불변은 상부부서와 하부부서의 대칭을 유지한 것이다. 상부부서와 하부부서의 대칭이 가치가 있다고 인식했기 때문에 신체가 변하지 않았다. 푸양시 개혁의 설계자는 이 점을 명확하게 인지하고 있었다. "직능이 유사한 부서는 더욱 큰 부서로 통합되었다. 이는 덧셈과 뺄셈의 문제지만 현급 단위의 측면에서 볼 때 결코 비현실적이었다. 하나는 상부의 각 부서마다 대량의 자원을 가지고 있기 때문이다. 다른 하나는 분업체계인 현대 사회에서는 많은 일들이 연관되므로 하나의 부서에서 모든 업무를 관리할 수 없기 때문이다. 예를 들어, 정부의 수많은 업무가 자금 문제와 연계되어 있는데, 그렇다고 해서 모든 부서에 재정국을 설치할 필요가 있는가? 부서가 크면, 내부적으로 소통과 협조가 어려운 문제가 발생하고, 부서의 이익화 현상

41　위의 글.

이 더욱 심화되며 더욱 감독하기 어려워진다. 따라서 우리는 조직을 바꾸지 않은 대신, 상대적으로 유사한 직능을 통합하여 최소의 자본과 대가로 직능을 통합하고 운영을 원활하게 하는 목적을 실현했다."[42]

푸양의 구체적인 방법은 '5+15'의 구조였다. 먼저 시의 네 개 부서에 공업화전략추진영도소조, 도시화전략추진영도소조, 작풍건설영도소조, 관리감독위원회와 정책결정자문위원회를 설립했다. 이들의 직능은 중대한 사안을 협조하는 것이었다. 이어서 완전히 새로운 시정부 사업추진운영메커니즘을 구축하며 15개의 전문위원회를 설립했다. 전문위원회는 계획총괄, 규획총괄, 공유자산관리운영, 토지수매저장경영, 체제개혁, 사회보장, 공업경제, 환경보호, 중대공정건설, 도농총괄, 사회사업발전, 현대서비스업발전, 투자유치, 정보화사업, 운동여가도시위원회로 구성되었다. 이 15개의 전문위원회는 부시장 중 한 명이 주임이 되고, 그에 상응하는 국(局)이 뒷받침했기 때문에 모든 국과 판공실이 조직에 포함되었다.(그림 3 참조)

통상적으로 설립된 부서는 실질적인 부서와 다르다. 전문위원회는 허위적인 기구였지만 협조의 측면에서는 실권을 가지고 있었다. 상술한 세 지역에서 구축된 대부처제 구조가 모두 실질적인 부서(기존 부서 사이의 협력이 한 부서 내에서 분업되면서 기존 부서 사이의 수평적인 협조 문제가 비교적 효율적으로 해결되었지만 이러한 실질적인 구조는 상부부서와 하부부서의 비대칭을 초래)였다는 점과 달리, 푸양시에는 하나의 허위조직과 하나의 실질조

42   위의 글.

제3장 정부조직의 혁신과 발전 | 223

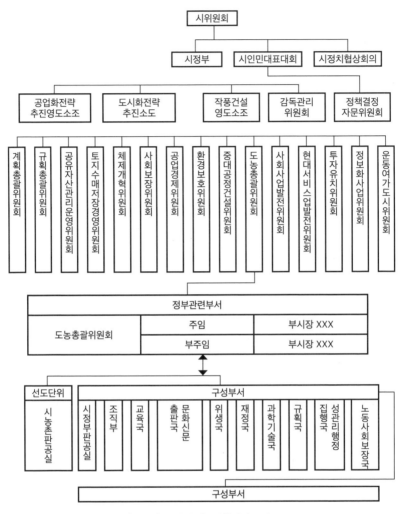

〈그림 3〉 푸양시 전문위원회의 조직도

직으로 구성되었다. 허위조직은 수직적인 상하 부서 간 대칭 문제를 해결했고(구조가 변하지 않았음), 실질조직은 수평적인 소통 문제를 해결했다.(직능은 변함) 전문위원회의 구성을 통해 푸양시는 계획, 재정, 국토, 삼농, 공업, 상업무역, 규획, 건설, 교통, 환경보호, 사회보장, 관리감독 등 12개의 커다란 사업 구도를 형성하였다. 개혁자의 말을 빌리면, "위에 대해서는 그대로 하고, 아래에 대해서는 새롭게 함으로써 개혁이 체제 내에서 진행될 수 있었던 것이다."[43]

푸양시 전문위원회의 실체는 위원회가 실권을 가지고 있다는 점에서 확인할 수 있다. 이는 전문위원회의 수평적 협조를 보장했다. 전문위원회의 실권은 각 부서의 국장으로부터 위임받았고, 새로운 분류 계획에 따라 조정되었다. 예를 들어, 도농총괄위원회는 몇몇 부서의 업무를 총괄하는데, 이전에는 제각각 업무를 담당했다. "산에 있는 감나무는 임업국에서 관리하고 밭에 있는 감나무는 농업국에서 관리했다. 도로는 교통국에서 관리하고 전기는 전력공급국에서 관리하는 등 모든 부서마다 자신의 관할구역이 있었다." 도농총괄위원회는 20개의 부서를 정리하며 푸양시가 공포한 농업우대정책의 수가 많고 범위도 넓다는 사실을 발견했다. 정책만 37개였고, 관련된 자금만 2.2억 위안에 이르렀다. 사업이 도처에서 진행되고, 자금이 어지럽게 흩어진 현상이 비교적 보편화되어 있었으며, 많은 분야에서 서로 중첩되어 자원의 낭비가 심각했다. 도농총괄위원회는 농업우대정책을 7개 분야로 새롭게 정비하여 삼농건설을 위

43 徐文光, 「富阳'专委会'制度: 创新运行机制提高县政效率」(2011年 9月 15日), 中国改革网, http://www.chinareform.net/index.php?m=content&c=index&a=show&catid=204&id=16337

한 연간 사업계획과 예산을 마련했다.[44] 이로써 농업분야와 관련된 자금이 각 부서에서 모두 도농총괄위원회로 모아졌고, 자금의 중점투자방향이 통일되게 정해졌다. 사업의 승인도 통일되고 관리와 검수도 통일되었다. 기존의 서로 소통하지 않고 협조하지 않던 부서들이 도농총괄위원회를 통해 소통하기 시작했다.

이와 같은 수평적 소통과 통합은 운영을 원활하게 만들었다. 예를 들어, 공유자산관리운영위원회는 기존의 166개 독립채산단위의 각종 재정수입을 모두 분할하여 재조정하고, 분산된 각 부서의 자금을 재정전용통장에 예입했다. 이러한 통합된 구조를 통해 예금과 차관이 상호 조정될 수 있었고, 매월 지출되는 이자만 1,000만 위안 가까이 절약되었다. 이익을 최대화한 예금방식을 선택할 수 있었을 뿐만 아니라 남는 자금의 운영할 수 있게 되면서 재원을 집중해 대형 사업을 진행하였다. 이외에도, 개혁위원회는 시에서 운영하는 모든 기관의 사업단위가 보유한 부동산과 토지를 회수하였다. 이러한 부동산과 토지를 개혁위원회 산하의 공공자산관리센터로 이양한 후 총괄적으로 임대 및 관리했고, 이를 통해 연간 임대수익만 1,600만 위안을 벌어들였다. 정부의 수입은 증가했고, 각 부서 지도층의 지대추구 행위는 감소했다.[45]

이러한 소통과 통합은 업무의 효율을 제고했다. 예를 들어, 어느 하

---

44 宗新建, 「浙江富阳成大部制基层样本官员称存在利益角斗」(2008年 3月 26日), 搜狐网, http://news.sohu.com/20080326/n255910333.shtml.

45 黄志杰, 「浙江富阳大部制改革: 重整政府架构打破部门利益」(2008年 4月 7日), 新浪网, http://news.sina.com.cn/c/20080407/164515306276.html.

천 인근에 위치한 마을 주민들의 주택 대다수가 붕괴의 위험이 있었다. 하천의 지질재해 가능성이 항상 존재해 시급하게 이주가 필요했다. 그러나 지질재해는 국토국의 소관이고, 하천정비는 수리국의 소관이었다. 주거이전은 농업판공실 소관이고 농촌에 거주하는 극빈가정지원은 건설국의 소관이었다. 국토부와 마을 주민들은 지질재해 예방을 위한 자금에 대해 논의했지만 의견이 일치되지 않으며 이주할 수 없게 되었다. 도농총괄위원회가 설립된 이후 이 문제에 개입했다. 도농총괄위원회는 각 부서의 관련 자금을 통합하여 모든 가구에 원래 계획보다 많은 지원금을 지급함으로써 순조롭게 문제가 해결되었다.[46]

그렇다면 전문위원회는 어떻게 상부부서와 하부부서의 대칭 문제를 해결할 수 있었을까? 운동여가위원회를 예로 보면, 운동여가위원회는 상부에 적합한 부서가 없다. 상부부서와의 대칭을 위해 위원회는 기존의 조직구조와 편제를 남겨두었다. 관광국과 체육국이라는 두 부서의 간판을 유지했지만 내부적으로는 하나의 간판으로 독립적이고 종합적으로 부서를 운영했다. 이로부터 푸양시의 개혁이 상술한 세 지역과 다르다는 사실을 알 수 있다. 수이저우의 개혁에서도 간판은 있었다. 그러나 핵심은 편제가 없어 구조가 바뀌었고, 부서가 실제로 있었다.(몇 개의 부서가 하나의 팀이 되었다) 조직자체가 허수이기 때문에 따라서 이러한 간판은 실질적인 의의가 없었다. 그러나 푸양시의 구조는 변하지 않았고, 전문위원회 형식으로 나타난 부서는 허수였지만 기구는 실체가 있었다.

46 위의 글.

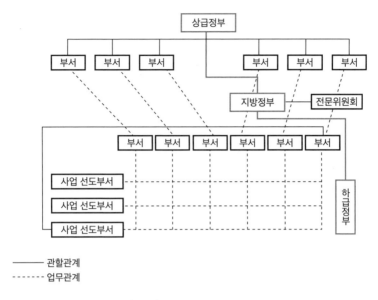

상급정부

부서　부서　부서　　　부서　부서　부서

지방정부　　전문위원회

부서　부서　부서　부서　부서　부서

사업 선도부서
사업 선도부서
사업 선도부서

하급정부

——— 관할관계
------- 업무관계

〈그림 4〉 푸양시의 매트릭스 구조

원래의 구성원은 변화 없이 유지되었고, 평소와 같이 상부부서에 대응하였다. 전문위원회는 부서의 상하 대칭에서는 허수였지만 이로 인해 다른 세 지역에서 발생한 새로운 대부처제 개혁에서 상부부서와 하부부서가 대칭하지 않는 상황을 피할 수 있었다.

　　조직구조의 측면에서 볼 때, 푸양시가 관료제 구조에서 하나의 매트릭스 구조를 구축했다는 사실을 발견할 수 있다.(그림 4 참조)

　　매트릭스 구조의 특징은 수직적인 직능구조에 수평적인 사업구조를 추가한 것이다. 사업구조는 사업완수와 관련된 직능부서와 연계되었고, 수평적인 방식을 통해 부서의 경계를 허물었다.(대부처제 구조는 일부 부서의 통합을 통해 하나의 새로운 부서를 만들면 기존의 부서는 사라진다) 이러한 구조의 장점은 다섯 가지로 요약할 수 있다. 첫째, 상부부서와 하부부서의 대칭 문제를 비교적 양호하게 해결하였다. 즉 각각의 부서 업무에서 상하 대칭이 가능했다. 둘째, 매트릭스 구조는 기존 부서의 자원을 이용할 수 있었다. 협력을 통해 기존의 정치적으로 다원화되는 상황을 타파하며 실질적으로 대부처제와 유사한 기능을 했다. 차이점이라면 매트릭스 구조에서는 부서 간에 여전히 협력을 하지만 대부처제와 달리 내부에서의 분업이 이뤄졌다. 이와 같이 매트릭스 구조는 더욱 큰 범위에서 정치적 다원화 문제를 해결했다. 셋째, 대부처제의 시행 전에는 범부서적인 업무가 발생하면 행정수장을 통해 다양한 관련 부서들이 협조를 해야 했고, 이로 인해 부급(副級) 인사가 과도하게 증가하며 협조가 어려워지는 상황이 나타났다. 대부처제의 시행 후에는 설사 기존의 부서 간 협조가 큰 부서 내부에서의 협조로 바뀌었지만 업무상의 경계가 있을 수밖에 없었기 때문에 행정수장의 임무가 여전히 비교적 컸다. 푸양시의 매트릭스 구조에서는 전문위원회의 설립을 통해 수많은 업무 협조를 몇 개의 전문위원회가 담당했다. 이는 임의적인 회의를 통한 협조에서 정상적인 업무 협조가 될 수 있게 하였고, 행정수장의 협조 어려움을 해소했다. 넷째, 관련 부서가 책임져야 하는 임무를 명확하게 했다. 푸양시의 매트릭스 구조에서는 선도단위를 확정했다. 선도단위는 업무를 책임진다는 의미를 가진다. 이로써 행정수장이 부담해야 하는 협조의 책임이 각 선도단위로 이전되었고, 행정수장은 더욱 높은 단계에서 사안의 진행과정을 파악할 수 있게 되었다. 동시에 참여부서의 책임 추궁을 보장했다. 다섯째, 행정수장은 협조를 위한 자원을 가지고 있었다. 협조를 위해서는 자원이 필요하다. 행정수장이 가진 자원은 인사권과 평가권이었는데, 푸양시의 매트릭스 구조에서는 전문위원회가 자금과 조직인사 등 다양한 협조자원을 가지면서 협조가 더욱 강력하게 이뤄질 수 있었다.

당연히 매트릭스 구조 자체에도 일정한 문제가 있다. 먼저, 매트릭스 구조는 직능식 매트릭스와 사업식 매트릭스로 분류된다. 직능식 매트릭스는 직능을 주관하는 사람이 정책결정자가 되고, 사업식 매트릭스는 사업책임자(푸양시의 구조에서는 선도단위)가 주관이 된다. 이러한 구조에서는 직능과 사업의 협조원가가 증가하고 충돌 가능성이 있다. 직원의 입장에서 보면, 두 명의 상급자가 있어 각각의 지시를 받아야 한다. 푸양시의 구조에서는 직능과 사업의 상위에 전문위원회가 있어, 이러한 문제를 해결할 수 있었지만(전문위원회가 국의 권력을 받아, 더 큰 권위로 선도부문과 선도부문 관련 부서의 협조를 해결했다) 직능부문의 존재와 상하 부서의 대칭으로 인해 전문위원회도 "라인"상의 상하관계 문제를 처리해야만 했다. 전문위원회가 이러한 측면에서 권위를 가질 수 있는지 여부가 문제가 된다. 푸춘강의 모래 채취 문제를 예로 보자. 강의 모래는 푸양시에서 관리한다. 생태보호를 위해 시정부는 채취하는 모래의 총량을 통제하며 연간 채취량을 180만 톤으로 삭감했다. 그러나 수송선은 상부의 항만부서에서 관리를 한다. 항만부서가 승인한 적재량은 2,000만 톤이었다.[47] 또다른 예로, 푸양시가 재정운영체제를 개혁했지만 상부부서는 개혁을 하지 않았기 때문에 조건을 맞출 방법이 없었다. 시정부와 성정부의 재정

---

47   钱昊平, 「浙江富阳大部制调查: 专委会探索未获上级认可」, 『新京报』, 2011年 1月 19日.

부서에 보고를 할 때, 전통적인 예산 편제에 따라 모든 시의 보고서를 다시 만들어야 했고, 이로 인해 업무량이 더 많아지고 중복률이 더 높아졌다.[48] 다음으로 직능부서의 권력을 받은 전문위원회 역시 권력과 책임의 비대칭이 나타나며 직능부서가 약화되고, 심지어 내부적인 업무 처리나 상부와의 협조 역량을 상실하게 되었다. 다음으로, 전문위원회는 위원회의 형식을 빌린 집단책임제일 뿐, 주임이 책임을 지는 구조가 아니다.(직능부서의 지도자는 전문위원회 위원) 따라서 집단적인 결정을 할 때, 부서 간 이익 충돌이 발생하며 효율이 저하되는 결과를 초래한다. 마지막으로 부시장과 같은 지도자의 경우, 한 명의 부시장이 여러 전문위원회의 주임이나 부주임을 겸임한다. 일부 전문위원회(예를 들어, 도농총괄위원회)에는 20개의 부서로 구성되었고, 운동여가위원회와 같이 포함된 부서가 적은 위원회도 13개의 부서로 구성되었다. 한 명의 지도자가 수많은 부서에 걸쳐있다 보니, 지도자의 전문성 문제가 나타났다. 설사 협조를 하더라도 각기 다른 직능부서의 전문적인 지식과 업무내용에 영향을 미칠 수밖에 없었다.

4. 소결

조직구조는 지방정부의 상향식 대부처제 개혁의 제약요인 중 하나이다.

[48] 위의 글.

조직구조로 인해 개혁이 후퇴한다. 푸양의 전문위원회와 같은 매트릭스 구조가 나타나며 대부처제 개혁에서 이러한 제약요인을 상당히 해소했다. 이러한 새로운 조직구조 형태는 중앙정부의 2008년 하향식 대부처제 개혁에서 폐지되지 않았다. 이를 통해 설사 이러한 새로운 조직형태가 개선해야 할 부분이 있음에도 불구하고 그 자체가 가진 생명력을 충분히 반영했다.

그러나 이러한 조직구조의 더욱 중요한 의의는 이를 반영한 지방정부의 조직개혁에 혁신적인 성향이 있다는 사실이다. 황룽현, 수이저우, 순더 모두 마찬가지이다. 문제는 2008년 하향식 대부처제 개혁 이후(전구의 절대다수 지방정부는 모두 상위정부와 대칭되는 개혁을 진행했다) 지방정부의 수평적 구조가 과거부터 지속되어 온 협조의 어려움 극복과 원활한 운영이라는 과제를 해결할 수 있을까? 답은 당연하다. 상황은 호전되었지만 문제는 여전히 존재한다. 부서는 더욱 거대해지고 부서 간 경계가 생겼지만 더 많은 부서 내부의 협조 문제가 나타났다. 지방의 상황이 다르기 때문에 해결해야 하는 문제도 다르다. 현행의 단일한 행정체제에서 지방정부는 여전히 개혁의 충동을 느끼고, 따라서 상향식 개혁이 나타날 수 있다. 순더에서 2009년 시작된 당과 정부가 연계한 형태의 대부처제 개혁이 좋은 사례이다. 물론 순더의 개혁이 조직구조 문제에 봉착하기도 하고 개혁의 방향성에 대한 논란을 초래하기도 했다. 17기 2중 전회에서 통과된 「행정관리체제개혁 심화에 관한 의견」에서는 "직능 전환과 직책 조정의 관계를 중심으로 정부조직구조를 한층 더 최적화하고 기구의 설치를 규범화하며 직능이 유기적으로 통일된 대부처제 체제의 실행을 탐색하고 행정운영 메커니즘을 개선해야 한다."고 요구했다. 여기에서의 탐색은 지방정부 차원에서의 탐색도 포함된다. 향후 정부의 구조개혁에서 지방정부의 적극성과 창의성이 발휘되어야 한다는 점에서는 의심할 여지가 없다. 지방정부의 입장에서, 직능이 유기적으로 통일된 대부처제는 상하좌우가 모두 소통할 수 있는 구조이다. 분업이 초래한 부서의 전문적 운영을 완벽하게 타파하는 것은 비현실적이지만 적어도 더욱 좋아질 수 있다는 점을 푸양의 개혁이 보여줬다.

The Super Department Reforms of Local Government: An Analysis from the Organizational Structure

Abstract: The bottleneck of the bottom-up super department reforms for local governments is the problem of a symmetric structure of departments at the different levels after reforms, which gives to rise a problem of vertical coordination and makes the reforms return to the old system? Fuyang City has a special arrangement in its super department reforms which resolve the problem well. Although there is still much to be desired, its practices are still recommendable. For future reforms, it is needed to have local government stop lay their initiative and active role. The reforms and innovation of organizational structure are one aspect to be considered from Fuyangs case.

대부처제 개혁 : 문제와 전망*

요약: 대부처제 개혁을 통해 몇 개의 새로운 대부처(공업 및 정부화부, 교통운송부, 인력자원 및 사회보장부, 환경보호부, 주택 및 도농건설부, 보건부(卫生部))들이 설립되었다. 본문에서는 대부처가 왜 필요한지, 대부처의 설립과 운영에서 어떤 문제들을 해결해야 하며 대부처제의 전망은 어떠한지를 고찰하고자 한다.

1. 권력구조의 재편인가, 정부조직구조 재편인가?

모든 개혁은 문제 해결을 위해 단행된다. 그렇다면 대부처제 개혁이 해결하고자 하는 문제는 무엇인가? 개혁의 핵심 문제는 무엇인가? 흔히들 대부처제 개혁은 권력구조의 재편을 목표로 하고 있으며 그 핵심은 행정결정권, 집행권과 감독권의 삼권분리라고 주장한다. 즉 대부처제 개혁은 "근본적으로는 권력구조의 재편과 재건이며, 이는 행정결정권, 집행권과 감독권의 합리적 분할과 상대적 분리"[49]라고 보는 것이다.

대부처 내에서 결정, 집행, 감독의 '삼권분리'모델을 실행하는 것이 더 실현가능성이 있다는 주장도 있다. 이런 관점은 17차 2중전회에서 통

---

* 이 글은 『21世纪的公共管理: 机遇与挑战—第三届国际学术研讨会文集』, 格致出版社 2010年版, pp.356-363에 수록되었다.

49 许耀桐, 「大部制: 再造政府权力结构的契机」, 『改革内参』2008年, 第6期.

과된 「행정체제개혁을 심화할 것에 관한 의견(이하 의견)」에 기반한다. 「의견」은 정부기구개혁의 추진에 대해 정교화, 일치화, 효율성의 원칙 및 결정권, 집행권, 감독권이 상호 제약하는 원칙에 따라 기능변화와 책임관계를 명확히 하고, 정부조직구조의 최적화, 기구설립의 규범화를 진행해 기능이 유기적으로 통일된 대부처체제를 실행하고 행정운영체제를 정비해야 한다고 밝혔다.

행정시스템의 결정권, 집행권과 감독권은 정부와 기관이라는 두 가지 측면에서 이해할 수 있다. 정부 차원에서 보면 상술한 세 가지 권력은 정부가 소유해야 할 당연한 권력이며 이미 서로 분리되어 있다. 일반적으로 정부기관은 정책조율기관, 정책집행기관, 감독기관 등 세 가지로 분류할 수 있다. 중국의 중앙정부기관 중 국가발전및개혁위원회는 정책조율기관에 속하며 주로 관련 정책의 제정 및 조정을 담당한다. 보건부와 공상행정관리총국은 정책의 제정과 집행을 담당한다. 감찰부, 심계서 등은 전형적인 감독기관이다. 반면 관료기관은 그 특성상 결정권, 집행권과 감독권을 모두 갖고 있는데 이는 기관의 업무효율성을 보장하기 위함이다. 통상적으로 기관의 최고지도자가 정책결정권과 감독권을 행사하고, 그 다음 등급에서 집행결정을 하며 최고지도자가 결정 및 집행 결과에 대해 책임진다.

일반적으로 말하는 결정권, 집행권, 감독권의 상대적 분리는 기관보다는 정부차원의 분리를 가리킨다. 중국공산당 제17차당대회 보고서에서 제기한 결정권, 집행권, 감독권의 상호제약과 상호조정도 기관이 아닌 정부차원의 권력관계를 가리키는 것이다.

그렇다면 기관의 삼권분리는 어떻게 제기되었을가? 이 주장은 영국과 뉴질랜드의 시장화 정부기관개혁의 영향을 받은 것이다. 정부기관개혁은 간단히 말하면 부처 내부에 집행국을 설립하고 부처에서 외주화한 공공업무를 집행국에서 집행하는 것이다. 즉 부처의 업무가 부처 외부로 분리되어 전문적인 집행기관(사회단체도 가능하며, 경쟁입찰함)에 의해 집행되는 것이다. 따라서 정책결정자와 집행자의 관계는 기존의 상하관계가 아니라 의뢰인과 대리인의 관계가 된다. 이런 구조에서 의뢰인은 업무가 제대로 집행될 수 있도록 대리인을 감독할 수 밖에 없다. 그러나 이와 같은 기관개혁은 파편화 상황을 초래했는데, 영국의 경우 2002년 한 해에 환경, 식품, 농촌업무부에만 환경, 어업, 해양생물과학센터, 영국감자위원회, 환경보호국, 토종곡물관리국, 어업관리국, 육류축산위원회, 살충제안전관리국, 주류기준위원회 등 21개의 집행기관이 설립되었다.

　　개혁의 파편화는 기능중첩 및 조정의 어려움을 야기했다. 이로 인해 1990년대 중반부터 영국에서는 기관개혁의 역전(逆轉)현상이 나타났는데, 페리6(Perri 6), 던리비 등 영국의 일부 학자들이 통합형정부와 통합형 거버넌스를 주장하고 블레어 정부는 '협동형'정부의 조치들을 취하기 시작했다. 통합형 거버넌스는 말 그대로 조정, 통합, 협동을 강조하는 것인데 이는 어떤 의미에서는 기존 관료제 조직으로의 회귀를 의미하는 것이기도 하다. 대부처제는 일종의 통합 방식의 개혁이기에 블레어 정부와 이후의 브라운 정부가 취했던 협동형정부의 조치와 유사하다.

　　대부처의 삼권분리를 주장하는 것은 사실 1980년~90년대 초반 영국의 개혁수준에 머무른 관점이다. 만약 대부처제 개혁의 목표가 대부처 내부의 결정권, 집행권, 감독권의 상대적 분리, 즉 권력재편이라면 영국과 마찬가지로 개혁으로 인한 파편화 상황을 겪게 될 것이다. 이런 결과는 대부처제 개혁이 강조하는 통합조정의 취지와도 배치된다. 따라서 중국의 대부처제 개혁은 대부처 내부의 권력재편이 아니라 정부조직구조의 재편이라 하는 것이 더 정확하다. 왜냐하면 대부처제 개혁의 목적은 부처 간 직책의 중첩과 권력과 책임의 비대칭문제, 특히 부처 간 이해충돌 조율문제를 해결하는 것에 있기 때문이다. 원자바오(溫家宝)가 「정부업무보고」에서 제기했듯이 국무원 구조개혁방안, 즉 대부처제 개혁은 부처의 기능전환과 거시조정부처의 합리적 기능배치, 산업관리기관의 조정 및 보완, 사회관리 및 공공서비스 부처 강화에 목적을 두고 있다. 또한 기능이 유기적으로 통합된 대부처체제를 실행함으로써 기능중첩 및 권력과 책임의 비대칭문제에 대해 부처 간 분업과 권한을 명확히 하고 부처 간 협조체제를 정비하는 것이다.

중국의 정부관리의 문제 중 하나는 부처가 다양해 기능 및 기관중첩이 심각하고 정책이 여러 곳에서 나오는 것이다. 예컨대, 인적자원관리에서 노동보장부, 인사부, 교육부의 기능이 중첩되고, 도시 급수 및 지하수관리에서는 수리부, 건설부, 국토자원부의 기능이 중첩된다. 정보산업관리에서는 정보산업부와 국가신문판공실, 국가방송총국(国家广播电视总局)의 기능이 중첩하고 건설부는 국가발전및개혁위원회, 교통부, 철도부, 국토자원부 등 24개의 부처와 기능이 중첩한다. 기능중첩은 곧 다중관리를 의미하는 것으로 이해관계가 엇갈려 조정이 어렵고 행정효율성이 떨어진다.

중국의 의료개혁은 이 방면의 아주 좋은 반면교사이다. 새로운 의료개혁 방안의 출범이 아직까지도 지지부진한 이유는 의료행정관리시스템이 과도하게 분할되어 부처 간 목표 불일치 및 정책 혼선때문이다. 의료기구개혁의 전제는 지역보건계획, 즉 지역 의료기관의 배치와 수량을 합리적으로 제정하고 명확히 하는 것이다. 그러나 중국의 의료기관은 여러 기관에 각자 소속되어 있는데 예컨대 보건부(卫生部) 산하 병원, 성(省) 산하 병원, 군 병원, 대학 산하 병원, 기업병원 등이 병존해 이해관계 조율에 어려움을 겪고 있다.

이로 인해 지역보건계획은 지금까지도 백지화 상태이다. 2007년에 대대적으로 추진한 신형 농촌협력의료 및 도시주민의료보험은 '의료보험'의 범주에 속하지만 두 개 부처에서 관리했는데, 이는 행정 비용 증가뿐 아니라 제도 분할을 초래했다. 이에 2007년의 '양회(两会)'에서 바더넨(巴德年) 중국공정원 원장을 비롯한 전국정협위원 9명이 '국가 인구 및 건강위원회(国家人口与健康委员会)'의 설립을 제안한 바 있다. 바더넨은 보건부의 권한과 권위가 예전 같지 않다고 지적하며 중국 정부 부처 중 인구 관리를 담당한 부처는 국민건강을 관리하지 않고, 의료 관리부처는 제약영역을 관리하지 않으며, 도시의료보험 관리 부처에서 농촌의료보험은 관리하지 않는 등 문제가 있는데 이는 효율성 저하뿐 아니라 책임 회피와 부패를 초래하기 쉽다고 지적했다.

대부처개혁은 기존의 부처 간 관계를 부처 내 관계로 바꿈으로써 부처 간의 장기간 협상과 이해충돌로 정부 업무가 차질을 빚는 문제를 해결할 수 있다. 또한 대부처는 자체적으로 업무 중요도를 결정하고 중앙의 정책을 지지할 수 있는 명확한 전략을 제정할 수 있다.

2. 대부처제 구축 과정의 문제

사실 중국의 대부처제 개혁은 이미 여러 차례 시도된 바 있다. 1992년의 기구개혁에서도 일부 기능이 비슷한 부처를 묶어 대부처구조를 구성한 바 있지만 당시에는 대부처제라는 용어를 사용하지 않았다. 당시 수리부(水利部)와 전력부를 수리전력부로 통합했고; 전국공급판매합작총사(全国供销合作总社)와 식량부를 상업부에 합병시켰으며; 대외무역부, 대외경제연락부와 외국투자위원회를 대외경제무역부로 통합했다. 그러나 이후 일부 통폐합된 부처는 다시 분리되었는데, 예컨대 인사부(人事部)와 노동부가 통합된 노동인사부는 다시 노동부와 인사부로 분리되었다.

이와 같은 부처 통폐합과 분리가 반복된 대표적인 사례가 에너지부(能源部)이다. 에너지부의 전신은 연료산업부라 할 수 있는데 당시 연료산업부 산하에는 석탄, 석유, 전력, 수력 등 4개 총국이 있었다. 이후 1982년에 국무원 산하에 에너지위원회가 설립되었는데 당시 이와 동급인 부처로는 석유부, 전력부, 석탄부, 핵공업부가 있었다. 이로 인해 에너지위원회는 제대로 기능하지 못했고 2년만에 폐지되었다. 1988년에 국가는 재차 에너지부를 설립했으나 석유산업총회사(石油工业总公司)와 핵산업총회사(核工业总公司)가 가입하지 않아 에너지부의 관할 영역은 전력과 석탄에 한정되었다. 이후 석탄도 에너지부에서 탈퇴하면서 에너지부는 유명무실해졌고 결국 1993년에 에너지부를 폐지하고 전력부를 설립했다. 이로써 에너지부는 세 번의 통폐합과 세 번의 폐지를 겪게 된 것이다.

사실 대부처제에서 나타나는 번복현상은 중국만의 사례는 아니다. 영국은 1950년대부터 기능적으로 연결된 일부 부처를 큰 부처로 통합했는데 1960년대에는 세 개의 주요 대부처(보건 및 사회보험부, 외교 및 연방사무부, 국방부)가 형성되었다. 1970년대의 〈중앙정부개혁〉백서는 "기능 원칙을 분업의 근거"로 제시하고 "기능을 유형별로 집중하여 대형부처에서 집행을 책임질 것"을 제기했다. 이를 근거로 무역산업부와 환경사무부 등 두 개 대부처가 탄생했으나 이후 곧 분리되었다. 1974년에는 에너지위기를 맞아 에너지부가 무역산업부에서 분리되었고, 몇 개월 뒤에는 나머지 부처도 무역부, 산업부, 물가 및 소비자보호부로 재편되어 분리되었다. 1976년에는 교통부가 환경부에서 분리해 나왔다.

그럼에도 불구하고 많은 국가에서 대부처제 개혁을 지속했다. 영국은 1983년에 무역부와 산업부를 다시 통합해 무역산업부를 구성했다. 고든 브라운 영국 총리도 무역산업부에서 에너지부를 분리해 에너지, 환경, 식품 및 농촌업무를 포괄하는 대부처를 구축하는 방안을 고려하고 있다. 스웨덴의 노동부는 1988년에 새로 설립된 무역기업부에 통합되었다. 프랑스의 경제·재정·산업부는 초대형 부처로 경제정책, 재정정책, 산업정책뿐 아니라 거시경제관리, 세수관리, 재정예산과 정산, 국제무역, 제1~3차산업정책과 조정까지 책임진다. 산하 기관으로 해관, 세수, 통계, 무역, 공정거래감독 등이 있는데 파리 본부에 근무하는 직원만 1만명에 육박한다. 또 대표적인 예로 '9.11'테러 이후에 설립된 미국의 국토안전부를 들 수 있다. 이 초대형 부처에는 12개 기관과 17만 명의 직원이 소속되어 있다. 오스트레일리아의 산업관광자원부도 전형적인 대부처이다. 이 부처는 제조업을 포함한 중공업, 건축업, 경공업 등 모든 산업; 지적재산권정책과 관리, 관광오락, 서비스업을 포함한 제3차산업; 석탄, 석유, 천연가스, 태양에너지 등 자원관리와 방사능폐기물관리, 수자원정책, 전력 및 광물산업개발과 자원평가 정책, 지구물리 및 대기측정, 지도 제작 등 업무를 포괄한다. 최근 출범한 오스트레일리아 노동당 정부는 교육, 고용, 사업장관계를 포괄하는 초대형 부처를 새로 설립했다. 2001년의 일본 행정개혁을 통해 구성된 경제산업성, 국토교통성도 대부처 관리모델이다. 국토교통성은 기존의 운송성, 건설성, 홋카이도개발청과 국토청을 통합한 것으로 12개 정부부처 중 가장 큰 규모이다. 주로 국가 관련한 토목, 건축, 국내외 육해공 운송관리, 국토정비 및 개발이용 기능을 담당하며 산하에 기상청과 해상보안청을 두고 있다.

대부처제는 통상적으로 다음과 같은 특징을 지닌다.

첫째, 대부처에 통합된 부처는 대부분 조정형 및 정책형 부처이다. 예컨대 중국의 노동인사부, 영국의 무역산업부, 오스트레일리아의 교육고용사업장관계부 등이 그러하다. 부처를 설립할 때 우선 먼저 규모의 문제를 고려하게 되는데 사실 부처의 규모는 업무의 성격을 어느 정도 반영한다. 일반적으로 정책제정 또는 감독 부처의 규모는 대중에게 직접적으로 서비스를 제공하는 부처보다 작다. 일부 서방국가의 경우 교육부의 규모는 크지 않은데, 그 이유는 직접 교사를 고용하지 않고 지방교육부처에 의견제기나 검사만 진행하기 때문이다. 이와 대조적으로 보건부와 사회보장부는 규모가 큰 편이다. 중국에서도 조정형, 감독형, 정책형 부처, 예컨대 국가발전및개혁위원회와 인사부는 규모가 크지 않은 반면 공상관리부 등 서비스 제공 또는 행정집행 부처의 규모는 큰 편이다. 대부처제구조는 일반적으로 조정형, 정책형 부처를 포함한다.

둘째, 기능이 비슷한 부처를 통합하는 경우가 많다. 현대의 정부부처는 노동분업과 업무 전문성의 원칙에 따라 만들어진 것으로 보건부는 보건을, 교육부는 교육을 관리한다. 이는 관리의 효율성과도 연관된다. 그러나 한 개 부처가 관련한 모든 기능을 포괄할 수는 없기 때문에 부처 간 기능 중첩 또는 관리공백이 생기게 된다.

중국 국무원의 경우 개혁개방 이후에 5차례의 개혁을 거쳤으나 그 규모는 여전히 방대하다. 최근의 대부처제 개혁을 단행하기 이전에는 국무원 산하에 28개 기관, 1개 특설기관, 18개 직속기관, 4개 사무기관, 10개 관리국, 14개 직소적응기관, 그 외 100여개의 의사조정기구가 있었다. 건설부만 하더라도 국가발전및개혁위원회, 교통부, 수리부, 철도부, 국토부 등 24개 부처와 기능이 중첩되었다. 그 외 농업의 생산 전후 과정 관리도 14개 부처에 걸쳐서 이뤄지고 있었다. 문화부, 출판부, 공상관리부는 문화시장관리에서 기능중첩이 발생했고 노동 및 사회보장부, 민정부, 보건부에서 모두 사회보장 기능을 담당하고 있었다. 이러한 상황은 행정비용의 증가, 효율성 저하로 이어지기 때문에 기능이 비슷한 부처를 통합하는 것이 관리에 도움이 되는 것은 분명하다.

대부처 구조에서는 많은 동급부처와 다양한 계층관계가 형성된다. 현대의 정부는 통상적으로 막스베버의 관료제구조를 채택하고 있는데 조직운영과 내부조정은 주로 계층구조에 의해 진행된다. 조직이 커지면 조직의 관리의 폭이 커지게 되고 따라서 계층구조도 늘어나게 된다. 물론 계층이 많은 것도 문제점이 있지만 효율성에서는 부처 간 조정보다 우세한다고 할 수 있다. 대부처제는 의사조율과 집중관리가 용이하다는 점에서 장점이 있지만 실제 운영에서는 여러 문제점들이 있다. 이런 문제들은 대부처가 궁극적으로 다시 분리되는 원인이 되기도 한다.

우선, 대부처의 경계를 어떻게 정확히 설정할 것인지의 문제이다. 대부처의 설립은 통상적으로 기능이 비슷한 부처를 통합하는 것인데, 문제는 대부처가 아무리 크더라도 모든 유사한 기능을 전부 포괄할 수는 없다는 것이다. 미국의 국토안전부를 예로 들면, 그 산하에 12개 기관을 두고 있음에도 불구하고 50개의 국토안전과 관련된 기타 기관들은 해당 부처에서 제외되었다. 제외된 기관에는 미국 국내 테러 용의자 검거를 전담하는 연방수사국, 국립보건연구소와 질변관리센터 등이 있다. 즉 대부처를 설립할 때 부처의 경계 설정에 어려움을 겪게 된다. 통합할 기능을 적절하게 선택하지 못하면 대부처의 우세를 발휘하기 어렵기 때문이다. 중국의 식품안전관리의 경우, 보건부, 국가품질기술감독검사검역총국, 공상총국, 환경보호총국 등 8개 부처를 비롯해 농업국, 축산국, 어업국, 기술품질국, 환경보호국, 위행방역국, 무역국, 검역국 등에서 모두 식품생산관리 및 품질 감독을 담당하고 있다. 만약 식품안전관리와 관련한 대부처를 설립한다고 하면 상술한 모든 부처를 하나로 통합하는 것은 불가능하기에 경계를 어떻게 설정할 것인지가 매우 어려운 문제가 되는 것이다.

둘째, 부처 통폐합과 관련된 문제이다. 대부처가 효과적으로 운영 되려면 부처 내부통합, 특히 문화적 통합이 매우 중요하다. 대부처는 여러 부처가 통합된 것인데, 조직의 응집력을 위해 각 부처의 자체적인 독특한 문화를 어떻게 융합시킬 것인지가 대부처제의 중요한 과제이다. 실제로 일부 대부처가 분리되는 것은 문화적 요인에 기인한다. 존 그린우드(John Greenwood)와 데이비드 윌슨(David Wilson)은 영국의 대부처제를 논하면서 "영국의 일부 초대형 부처는 진정한 내부 응집력을 형성하지 못했다. 환경사무부는 하나로 긴밀히 결합된 통일체라기보다는 여러 부처로 구성된 혼합체에 가까우며, 보건 및 사회보험부는 공통된 업무가 있기는 하지만 여전히 두 개의 부처로 업무를 진행하고 있다"[50]고 지적했다.

셋째, 대부처는 내부관리비용과 운영비용을 증가할 수 있다. ①막스 베버식 관료조직구조에서는 조직이 클수록 계층이 많은데, 계층이 많으면 조직 내 의사소통의 효율성과 유효성이 떨어져 조직의 유연성에 영향을 미친다. ②조직이 클수록 내부 부서가 많아, 조직 내 의사조정의 부담이 커지고 이는 업무효율성에 영향을 미친다. 중국의 국가발전및개혁위원회의 경우, 2003년의 개혁에서 국가경제무역위원회를 폐지하고 그 기능을 국가발전및개혁위원회에 통합했다. 그러나 거시정책의 제정과 구체적인 경제의 운행, 산업의 총괄배치와 구체적인 자금배분, 장

---

50 [英]约翰·格林伍德, 戴维·威尔逊, 『英国行政管理』, 汪淑钧译, 商务出版社 1991年版, pp.34-35.

기적인 경제규획 제정과 연도별 생산을 동시에 책임지는 등 기능이 과도하게 집중되면서 역부족의 상황이 노정되었다. "초대형 부처의 설립은 많은 업무량을 부처 내부로 전이해 부처 간 기구의 부담을 덜어주는 역할을 했다. 그러나 실제로는 소기의 개선이 이루어지지 않았으며, 대부처 내 조정기구의 부담이 과중해져 진정한 통합은 실현되지 못했다."[51] ③통합을 이루기 전까지 인원배치, 자원배분 등 내부의 부서 간 이해관계로 인한 여러 가지 문제들을 처리해야 한다.

마지막으로 대부처조직의 감독과 관련된 문제이다. 서방국가에서는 의회가 정부부처를 감독하는 역할을 한다. 예컨대 미국의 농업부는 국회농업위원회의 감독을 받는다. 부처의 변동에 따라 감독부문도 그에 따라 변화해야 하는데 이는 감독의 난이도를 증가시킨다. 변화한 감독부문이 대부처의 새로운 기능을 감독할 능력을 갖추지 못했을 수도 있기 때문이다. 중국에서는 중국공산당이 정부부처를 감독하는 역할을 상당 부분 맡고 있다. 정부업무에 대한 당의 관리도 정부기능에 따라 결정된다. 정부부처기능의 변화는 김독기관의 변화로 이어지며 또한 새로운 감독기능에 대한 요구를 제기한다.

---

51   위의 책, p.49.

3. 대부처 개혁의 전망

5개 대부처는 개혁의 규모가 크지 않은 만큼 어느 정도 실험적 성격을 지녔다고 볼 수 있다. 그런 의미에서 대부처를 어떻게 운영하는지에 따라 미래 대부처 체제의 발전에 영향을 줄 수 있다. 제대로 운영하지 못하면 대부처는 다시 해체되는 전철을 밟게 될 것이다. 대부처의 소기의 역할을 발휘하게 하려면 다음과 같은 몇 가지 문제가 구조 및 운영의 측면에서 고려되어야 할 것이다.

1) 이익 보상의 문제

기구의 개혁은 이익 재분배의 과정으로, 기존의 이익 구조가 바뀌어 일부 사람들은 이익을 얻고, 일부는 손해를 입는다. 그래서 보통 기구개혁에서 덧셈은 쉬워도 뺄셈은 어렵다. 기구를 늘리고, 편제를 늘리고, 행정등급을 올리는 것들은 승진과 이익이 늘어나는 것이기에 모두가 환영하는 일이다. 그러나 뺄셈을 하는 것은 이익을 줄이는 것이기 때문에 어려운 일이다. 이는 개혁이 번복되는 주요 요인 중 하나이기도 하다. 기구개혁에서 간소화-팽창-재간소화-재팽창이 반복되어 나타나는 것도 이 때문이다. 대부처 개혁은 몇 개 부처를 하나로 통합하는 것으로 뺄셈 개혁이다. 한눈에 들어오는 변화는 기존의 일부 부처 지도자들의 직위가 격하되는 것이다. 장관은 한 사람뿐이기 때문에, 기존 지도자들은 직급을 유지하더라도 직무는 변화할 수밖에 없다.

또한 통폐합의 과정에서 인원과 기구가 간소화되어 부처가 사라지고 일부는 직위를 상실하게 되며 공무원의 대열에서 떠나는 사람도 생기게 된다. 즉 통폐합 개혁은 누구도 손해받지 않고 모든 사람에게 혜택을 주는 파레토 최적을 이루기 어렵다.

　따라서 대부처의 설립은 이익구조의 변화로 손해를 입은 사람들의 반발과 저항을 받게 된다. 이에 대부처를 설립할 때 우선적으로 이익 조정에 따른 이익 보상의 문제가 고려되어야 한다. 즉 파레토 최적이 불가능한 상황에서 어떻게 파레토 개선을 실현할 것인지를 생각해야 하는 것이다. 이 문제를 잘 해결하지 못하면 대부처는 선천적 결함을 지니게 된다. 중국에서는 1988년에 첫 에너지부가 설립되었는데, 당시 전력업계는 에너지부에 직접 통합되었지만 석유와 석탄 두 부처는 에너지부 설립을 지지하지 않았다. 에너지부가 생긴 지 얼마 되지 않아 석탄부의 차관 20여 명이 연명으로 석탄부 회복을 요구했고 결국 1993년에 에너지부는 폐지되고 석탄부가 회복되었다. 문제의 핵심은 이익 문제이다. 개혁 과정에서 손해 보는 측의 이익 보상이 제대로 이뤄지지 않으면 개혁 추진 자체가 어렵고 개혁이 진행되더라도 후유증이 많이 남을 수밖에 없다. 미국 레이건 행정부 시기에도 정부기구 개편이 있었는데, 레이건 집권 8년 동안 감원 인원은 3명에 불과했고 그마저도 모두 실형을 선고받은 사람들이었다. 세 사람 중 한 명은 이후 무죄로 석방되어 연금도 받았는데, 이를 두고 사람들은 우스개로 "두명 반을 잘랐다"고도 했다.

2) 지도자의 선택과 배치 문제

부처의 최고 지도자는 대개 전능형인 경우가 많고 보좌직은 전문가로 채워진다. 대부처의 지도자는 대국적 시야와 탁월한 조직 및 조율 능력을 갖춰야 하기에 더더욱 전능형 리더십이 필요하다. 대부처 지도자의 선택과 배치에서 중요한 문제는 기존 부처에서 정직(正職)에 있었으나 대부처에서는 정직을 맡지 못한 사람들을 어떻게 할 것이냐의 문제이다. 이들이 대부처에 남게 되면 1명을 제외(물론 1명을 다른 곳에서 뽑아올 수도 있지만)한 나머지는 보좌직이 된다. 하지만 이들은 또 전능형 사람들이기에 기능적 관리에는 익숙하지 않다. 이로 인해 보좌직이 된다면 기존의 전문가형 보좌직과 마찰이 생길 수 있다. 그렇다고 대부처를 설계할 때 기존의 부처를 그대로 유지한 채 대부처에 통합만 시킨다면 기존 부처의 정직은 직급만 보좌직일 뿐 여전히 원래의 부처를 담당하게 된다. 이렇게 되면 부처 통합이 어렵고 종국에는 "여러 부처가 합쳐진 하나의 혼합물일 뿐, 하나의 긴밀하게 결합된 통일체가 되지 못할 것이다."[52] 대부처를 통합하면 많은 장관급 지도자가 필요하지 않다. 그렇게 되면 기존 부처 지도자들의 진로 문제를 고민해야 한다. 만약 이 문제를 해결하지 못하면 영국처럼 환경부에만 9명의 각료가 있는 상황이 생길 수도 있다.

3) 부처 통합의 문제

대부처는 통합된 부처여야 한다. 통폐합된 기존 부처들이 제각각 운영되면 대부처의 무늬만 가지고 있을 뿐 효율성이 떨어지고 결국 다시 쪼개질 수밖에 없다. 따라서 통합은 필수적이다. 그러나 통합은 어려운 과

---

52   위의 책, p.34.

정이며 다음과 같은 문제들이 발생할 수 있다. 우선 세력이 강한 부처와 약한 부처 간의 균형 문제가 생긴다. 대부처에 통폐합된 부처들은 상대적 지위가 다를 수 있다. 인적, 물적 자원이 많은 부처가 있는 반면 그렇지 못한 부처도 있다. 세력이 강한 부처는 대개 다른 부처와 자원을 공유하려고 하지 않고, 세력이 약한 부처는 평등한 지위를 얻기 위해 투쟁하려고 한다. 따라서 균형적 관계는 통합의 중요한 과제이다. 둘째, 내부 이익 배분의 문제다. 대부처에 통폐합된 부처들은 내부 이익(자금, 직위) 배분에 매우 민감해지고, 이를 얻기 위해 서로 경쟁한다. 이익 배분에 자칫 문제가 생기면 내부의 불화와 충돌로 이어져 내부 결속력을 갖추기 어렵다. 인원 배치의 문제도 있다. 대부처를 설립할 때 인사 문제를 어느 정도 조정되는 경우가 많은데, 이는 조직에서 가장 민감한 사안이다. 사실 통폐합 이후에 인사 배치를 적절하게 진행한다는 것은 매우 어려운 일이다. 가장 어려운 점은 인사문제에서 이익 균형을 맞추면 조직의 효율성에 지장을 주고, 실제 상황에 따라 차별대우 하면 불만이 생겨 원치 않는 불협화음이 커질 수 있다. 예컨대 이번 대부처 개혁에서 인력자원부와 사회보장부의 지도자급 직위의 배치(부장-장관급 1명, 부부장-차관 10명, 그 중 서열 1위인 부부장은 특별히 장관급이라 명시함)는 분명히 이익의 균형을 고려한 것이다. 문제는 이렇게 많은 장관을 두는 것이 과연 적절한 구조인가 하는 점이다. 이는 대부처 개혁 과정에서의 이익 균형과 조직 효율 사이의 딜레마를 보여주는 것으로 낙관적이지만은 않은 개혁의 전망을 사회에 전달한 것이다.

4) 문화 재건의 문제

대부처로 통폐합된 조직은 기존의 조직문화를 그대로 가져온다. 문화는 흔히 가치관, 태도, 인식, 이념, 관습의 총합이다. 조직의 발전 과정에서 자신만의 문화를 형성하는 것은 조직의 응집력을 유지하는 데 매우 중요하다. 대부처는 기존 부처의 문화를 재건하는 과정에서 자신의 문화를 형성해야 하는데, 이 문화의 재건과정에서 다음과 같은 문제들을 직면할 수 있다. 우선 기존 조직 구성원들이 반감을 가질 수 있다. 이들은 이미 기존의 조직 문화에 적응해 비교적 안정적인 이념, 태도와 습관을 형성했다. 문화 재건은 이런 안정적인 상태를 깨뜨리고 새로운 문화에 적응하도록 하는 것이기에 반발을 살 수 있다. 둘째, 대부처 문화의 형성 과정에서 기존 부처의 문화와 충돌할 가능성이 있다. 부처 간 그리고 구성원 간에 관점, 습관, 이념, 태도 등에서 충돌할 수 있는데 이는 종종 새로운 문화 재건의 장애물이 된다.

5) 정치체제 개혁의 문제

중국공산당 17차 당대회 보고서에서는 행정관리체제 개혁 부분을 다룰 때 행정관리체제 개혁의 목표로 "기능 전환, 관계 정돈, 구조 최적화, 효율성 향상"을 꼽았다. 궁극적으로 "권한과 책임의 일치, 합리적 분업, 과학적 정책결정, 원활한 집행, 강력한 감독의 행정관리체제"를 형성하는 것을 목표로 삼았다. 중국공산당 17기 2중전회는 2020년까지 성숙한 행정관리체제를 구축하는 행정관리체제 개혁의 시간표를 처음으로 확정했다. 2020년까지 이러한 행정관리 체제를 갖추려면 정치체제 개혁이 없이는 불가능하다. 대부처제도 행정관리체제 개혁의 일환으로 만약 정치체제 개혁이 병행되지 않으면 성공하기 매우 어려울 것이다. 정치체제가 보다 거시적인 차원에서 공권력의 구조적 형태(중앙과 지방, 정부와 입법, 사법 및 중국공산당과의 관계), 권력의 배분(사회 및 시장과의 관계), 권력의 작동 방식(집중과 분산, 제약과 균형, 조정과 통합 등)을 해결할 수 있도록 하는 것이 대부처 개혁 및 미래 발전과 연계되어 있기 때문이다. 일부 기본적인 문제조차 해결하지 않으면 대부처제의 미래는 빛 좋은 개살구가 될 수 있고, 다시 해체되는 전철을 밟을 수도 있다.

Reform of Super Ministry: Problem and Prospect

Abstract: Several new super ministries such as ministry of industry and information, ministry of transportation, ministry of human resource and social security,ministry of environment protection etc. have been established in the government institutional reform. The article aims at exploring the problems such as why super ministries are needed, what problems should we solve in establishment of new super ministries and how to deal with the problems in their functioning and whats the future development of these new super ministries?

대부처제 개혁과 권력 삼분*

요약: 대부처제(大部制) 개혁은 조직의 구조 문제를 해결하려는 것일 뿐 아니라, 새로운 구조의 운용 문제를 해결하려는 것이다. 정책결정권, 집행권, 감독권의 분리 및 상호 간 제약과 협조는 구조와 운영의 두 개 층위에서 동시에 나타날 수 있다. 이 글은 정책결정권과 집행권, 그리고 감독권의 삼권 분리에 대한 회고 및 분석을 통해 대부처제 개혁의 본질이 베버식 관료제에 대한 개혁이며 정부의 DNA를 바꾸는 것임을 지적하고자 한다.

1. 대부처제 개혁: 권력 구조의 재편인가, 조직 구조의 재편인가?

대부처제 개혁은 2008년부터 그 시작을 계산하면 2013년까지 이미 두 번의 지도부 교체를 거쳤고, 시간적으로도 대략 6년의 시간을 겪었다. 그러나 여전히 한 가지 문제가 불명확한데, 그것은 대부처제 개혁이 도대체 어떤 문제를 해결하는 것인가이다. 이 문제에 있어서 두 가지 서로 다른 관점이 존재한다. 첫 번째는 대부처제 개혁이 권력 구조의 재편이라는 것이다. 대부처제 개혁은 "근본적으로 권력 구조의 재편이자 조정이다. 이러한 권력 구조의 재편과 조정은 정책결정권과 집행권, 감독권

* 이 글은 『行政论坛』 2014, Vol.5에 수록되었다.

의 합리적인 구분과 상대적인 분리에 달려 있다."[53] 이러한 관점은 당의 17기 2중전회가 통과시킨 「행정관리체제 개혁 심화에 관한 의견」의 해석에서 비롯된다. 이 의견에는 정부 기구 개혁의 추진과 관련하여 다음과 같은 내용이 담겨 있다. "간소화와 통일, 효율의 원칙, 그리고 정책결정권과 집행권, 감독권의 상호 제약 및 상호 협력의 요구에 따라, 직능 전환을 중심으로 직책 관계를 정리하고, 정부 조직 기구는 최적화한다. 기구 설치를 규범화하고 직능의 실행이 유기적으로 통일될 수 있는 대부처 체제를 탐색하여 행정적인 운용 기제를 정비한다."[54] 이러한 관점의 배후에 자리하는 뜻은 대부처제의 구조를 통해 권력의 삼분을 이룰 수 있으며, 대부처제 개혁을 통해 최종적으로 권력 구조의 재편과 조정이 이뤄진다는 것이다.

두 번째 관점은 대부처제 개혁이 직능에 기초한 조직 구조의 재편이라는 것이다. 예를 들어, 당시 원자바오(溫家宝) 총리가 정부공작보고를 통해 언급했던 국무원 기구 개혁 방안을 생각해볼 수 있다. 거기서 대부처제 개혁 문제는 "주로 직능 전환을 중심으로, 거시 조절 부문의 직능을 합리적으로 분배하고, 업종 관리 기구를 조정 및 정비하며, 사회 관리 및 공공서비스 부문의 직능 수행을 유기적으로 통일시킬 수 있는 대부체제를 강화하는 것"이었다. 나아가 "직책이 서로 엇갈리고 권한과 책

---

53   许耀桐, 「大部制: 再造政府权力结构的契机」, 『改革内参』 2008年, 第6期.

54   「关于深化行政管理体制改革的意见」(2008年3月15日), 新华网, http://newsxinhuanet.com/misc/200803/15/content_7794932.htm.

임이 서로 어긋나는 문제와 관련하여, 각 부문의 업무 분담과 권한을 명확히 하고, 부문의 직책 관계를 정리하며, 부문 간의 상호 협조 및 조정 기제를 정비하는 것"이다. 중앙기구 편제위원회의 왕펑(王峰) 부주임은 2013년의 기구 개혁과 관련하여 다음과 같이 지적하기도 하였다. "이번 기구 조정을 통해 하려는 목표가 무엇인가? 더욱 합리적으로 우리의 기구를 설치하고, 국민들이 가장 관심 있어 하는 영역의 기구가 더욱 과학적으로 조정될 수 있도록 하려는 것이다. 조정을 통해, 직능을 더욱 과학적으로 배치하고, 나아가 우리의 개혁 목적에 도달하는 것"[55]이다.

대부처제 개혁의 진행 과정을 살펴보면, 개혁은 두 번째 방향으로 진행되고 있다. 직능을 기초로 한 조직 구조 재편의 양상이 나타나고 있다.

우선 2008년 수립된 몇몇 대부(大部)를 살펴보면, 그 구조적인 측면이든, 아니면 운영 과정이나 운영 기제의 측면이든, 일부에서 논의되었던 정책결정권과 집행권, 그리고 감독권의 구분과 상대적 분리는 일어나지 않았다. 오히려 더 많이 나타난 것은 "비슷한 직능의 합병"이라는 기초 위에 조직 구조를 재편한 것이었다. 예컨대 인력자원과 사회보장부의 경우를 살펴보면, 그 내부 기구가 2008년 대부처제로 개편되면서 24개로 늘어났는데, 이는 이전 노동 및 사회보장부의 13개 내부 기구와 이전 인사부 내부 기구가 더해지며 만들어진 결과였다. 여기에 인사고시센터, 노동과학연구소 등의 24개 부속 단위도 추가되었다. 그 내부 기구와 부

55 王峰, 「大部制完全正确, 但要稳步推进」(2013年3月11日), 人民网, http://theory.people. com.cn/n/2013/0311/c14898020746624.html.

속 단위에서 이른바 삼권의 구분이나 상대적 분리는 나타나지 않았다. 이러한 상황 때문에 다음과 같은 논의가 등장하기도 하였다. "당의 17대 보고는 대부처제의 구체적인 운영 기제에 대해 비교적 구체적인 지도 의견을 내놓았다. 예를 들어, 대부처제는 정책결정과 집행, 그리고 감독이 서로 제약하면서도 서로 협조하는 기제를 실행해야 한다는 내용과 같은 부분이다. 나아가 새롭게 형성된 대부처(大部)는 어떻게 직능을 종합하고 어떻게 사회 감독을 받아야 하는지 등에서 그에 적합한 운영 기제를 새롭게 만들어내야 한다. 그러나 과거 6년 동안 사람들이 더 많이 보게 된 것은 기구의 수량 및 명칭의 변화였다. 구체적인 운영 기제의 탐색에서 실질적인 움직임은 거의 없었다. 이것이 지난 6년간의 대부처제 개혁 실천이 남긴 가장 큰 아쉬움이라 할 수 있다."[56]

다음으로 대부처제 개혁의 방향을 살펴보면, 이 개혁은 직능 정비와 관리 효율의 제고에 더 많은 관심을 보였다. 이러한 사실은 2013년 식품 및 약품 감독관리 총국의 대부처제 개혁에서 잘 나타나고 있다. 당시 그 개혁은 이전의 식품안전 판공실, 식품 및 약품 감독관리 부문, 공상 행정관리 부문, 질량 기술 감독 부문 등의 식품 안전 관련 기구를 약품 관리 직능과 함께 통합하였다. 그에 따라 식품 및 약품 감독관리 기구가 만들어졌고, 식품 및 약품에 대한 집중적이고도 통일적인 감독 및 관리가 가능해졌다. 동시에 각급 정부의 식품안전위원회의 구체적인 업무

---

56   李丹阳, 「2008-2013: 中国大部制改革探索的成效和存在的问题」, 『经营管理者』 2014年, 第3期, p.293-294.

를 담당하게 되었다. 당시 개혁의 시행 원칙은 다음과 같다. "정부 직능의 변화를 중심으로, 기구와 감독 및 관리 직능의 통합에 초점을 맞추며, 간소화와 통일, 효능 원칙에 따라, 감독 및 관리 부분을 줄이고, 각 부문의 책임을 명확히 하며 자원 배치를 최적화한다. 생산과 유통, 소비 단계에서의 식품 안전과 약품의 안정성과 유효성에 대한 감독 및 관리를 통일하고, 기층의 감독 및 관리 역량을 강화하며, 식품과 약품의 감독 및 관리 수준을 한 층 더 제고한다. 이를 통해 식품 및 약품의 감독과 관리 업무에서 상하 연동과 협력 추진, 안정적인 운용과 전반적인 수준 제고를 이뤄낸다."[57] 이러한 서술은 2008년의 「정부공작보고」와 일치한다.

그렇다면 정책결정권과 집행권, 그리고 감독권의 상호 제약과 상호 협조이라는 '권력 삼분'은 대부처제 개혁의 범위 안에 존재하지 않는 것일까? 혹시 그 방향의 개혁이 아직 진행되지 않은 것은 아닐까? 물론 이미 6년의 시간이 지났고, 그 영향으로 대부처제 개혁의 느린 속도에 대해 불만이 제기되고 있기는 하지만 말이다. 아니면 지금까지의 개혁은 대부처제 개혁의 첫 번째 단계인 것은 아닐까? 우선 구조의 문제를 해결하고 나서, 그 다음 운용 기제의 문제를 해결하는 것은 아닐까?

여기에는 "정책결정권과 집행권, 그리고 감독권의 상호 제약과 상호 협조"라는 삼권을 어떻게 이해할 것인가의 문제가 포함되어 있다. 우선 명확히 해야 할 것은 여기서 말하는 권력 삼분이 헌정에서 말하는 입

---

57 「国务院关于地方改革完善食品药品监督管理体制的指导意见」(2014年4月18日), 中国政府网, http://ww.gov.cn/zwgk/201304/18/content2381534.htm.

법권과 행정권, 사법권의 분리가 아니라는 사실이다. 그것은 정부가 내부적으로 관리하는 세 종류의 권력 분리를 가리킨다. 정치학 이론에 따르면, 현대 국가에서 정부는 집행 기구이다. 정부의 권력은 집행권이라 할 수 있으며, 입법 기관의 의지를 집행하게 된다. 입법 기관의 한계 때문에, 그리고 행정 사무의 복잡하고 번잡한 사정 때문에, 입법 기관은 일부 권력을 정부에 남겨주었고, 정부는 결정을 내릴 수 있는 권력을 갖게 되었다. 그러나 이러한 결정권은 본질적으로 집행권이라고 봐야 한다. 즉 여기서는 권력의 층위에서 삼권을 이해할 수도 있고, 직능의 층위에서 삼권을 이해할 수도 있다.

먼저 첫 번째 층위, 권력 배치의 측면에서 권력의 삼분을 이해해보자. 만약 권력 배치의 층위에서 권력의 삼분을 이해한다면, 세 가지 권력의 상호 제약과 상호 협조는 정부의 기구 설치에서 명확하게 나타나게 된다. 왜냐하면 그 삼자의 상호 제약과 상호 협조는 정부의 집행력을 확실히 하는 데 필수적이기 때문이다. 정부 조직의 구조(수평적 부문) 역시 이 세 가지 권력에 따라 설치된다고 볼 수 있다. 일반적으로 정부 기구는 그 속성에 따라 세 가지로 구분된다. 정책 협조 기구, 정책 집행 기구, 그리고 감독 기구. 이 글에서 살펴보고 있는 정책 결정과 집행, 감독을 담당하는 세 가지 기구가 이에 해당한다. 중국의 중앙 정부 기구로 말하자면, '위원회(委)'라는 이름으로 등장하는 기구는 많은 경우 정책 결정과 협조의 기능을 가지고 있다. 예컨대, 국가발전및개혁위원회를 생각해볼 수 있는데, 여기서 주로 담당하는 것은 관련 정책의 제정과 협조이다. 그리고 '부(部)'와 '국(局)'의 이름으로 등장하는 기구는 부분적으로 정책결정의 기능을 가질 때도 있지만, 많은 경우 집행의 기능을 담당한다. 공상총국이나 세무국 등이 그 대표적인 예이다. 이 기구들은 정책을 제정하기도 하지만, 주로 정책을 집행하며, 방대한 집행 인력을 보유하고 있다. 그 기구들을 집행성 기구로 보기에 손색이 없다. 반면 감찰부나 심계서 등은 전형적인 전문 감독 기구로서 정부의 기타 부문에 대해 감독권을 행사한다. 이와 같은 세 종류의 기구 설치는 세계적으로도 비교적 보편적이라고 할 수 있다. 예컨대 뉴질랜드의 경우, 마오리 사무부는 전형적인 정책 기구로서, 주로 마오리족과 관련된 정책을 제정한다. 반면 사회복지부는 정책 제정도 하지만 정책 집행도 담당한다. 일군의 상당한 집행 인력을 보유하고 있다. 정부 차원에서는 이러한 세 가지 서로 다른 권력 부문이 존재하지 않을 수 없으며, 동시에 그 자체로 구분된 것이라 할 수 있다. 정책 결정권과 집행권, 그리고 감독권의 상호 제약과 상호 협조는 이러한 권력의 층위에서 얼마든지 고려할 수 있다.

다음으로 두 번째 층위, 곧 기구와 부문의 측면에서 권력의 삼분을 이해해볼 수 있다. 정부 내 기구나 부문은 자신의 직능을 수행하는 과정에서 정책 결정과 집행, 감독의 세 층위를 가지게 된다. 여기서 정책 결정과 집행, 감독은 세 가지 직능으로 이해하는 것이 가장 좋다. 관료제 내부의 상하 위계 구조에서는 부문 내 영도자들이 정책 결정과 그 운용에 대한 감독 직능을 담당하고, 하급은 상대적으로 그 집행을 담당하게 된다. 그러나 실제 운용에서 지도부는 정책 결정에만 주의한 채 그 집행에 전혀 신경 쓰지 않을 수 있다. 특히 과정에만 주의하고 결과는 돌아보지 않는 전통적인 운용에서는 그 경향이 더 강하게 나타난다.(예를 들어, 정부 구매 방식으로 컴퓨터를 사기로 결정할 경우, 최종 구매한 컴퓨터가 구형일 수도 있고 더 비쌀 수도 있다.) 혹은 한 사람이 세 가지를 모두 담당할 수도 있다. 조타수를 잡은 채 노를 젓는 것처럼, 결정도 하고 집행도 담당하는 것이다. 베버식 관료 구조에서는 이러한 권력의 상호 제약과 상호 협조의 문제가 존재하지 않는다. 거기에 존재하는 것은 직능 상의 분업뿐이다. 서로 다른 등급은 서로 다른 직능을 수행한다. 대단히 명확한 상하 간의 명령 및 복종 관계가 있을 뿐이다. 여기서 정책 결정과 집행, 그리고 감독은 그저 통일만 되면 그만이다. 제약은 불필요한데, 왜냐하면 효율성을 확보할 수 있는 방식을 추구하기 때문이다. 결국 부문 내부의 정책 결정과 집행, 감독이 더 잘 드러나는 경우는 일종의 직능 상의 운용이라고 할 수 있다.

그렇다면 「행정관리체제 개혁심화에 관한 의견」에 나타났던 "정책 결정권과 집행권, 감독권의 상호 제약과 상호 협조"를 어떻게 이해해야 할까? 그것은 정부 차원에서 이뤄지는 삼권의 상호 제약과 상호 제약인가, 아니면 기구 및 부문 차원(즉 새로 조직된 대부)에서 이뤄지는 삼권의 상호 제약 및 상호 협조인가? 앞에서 지적했던 것처럼, 기구 부문 측면에서는 삼권이나 삼권의 명확한 구별, 삼권의 상호 제약 및 상호 협조와 같은 것은 존재하지 않는다. (확실한 것은 그 세 가지가 직능으로서만 존재한다는 것이다.) 그렇다면 위의 표현은 어떻게 나올 수 있는 것일까? 이 맥락에서 행정 부문의 정책 결정과 집행, 감독이 어떻게 나뉘게 되었는지를 살펴볼 필요가 있다.

2. 정책 결정과 집행, 감독의 삼분: 키를 잡는 것과 노 젓는 것의 구분

정책 결정과 집행, 감독의 삼분은 1980년대 영국과 뉴질랜드의 정부 개혁에서 그 시작을 확인할 수 있다. 그 구별은 정부 부문 내부에서 이뤄진 직능 운용 상의 변혁이었고, 한 개 부문의 운용을 세 가지 직능의 수행으로 나눈 것이었다. 구체적으로 살펴보면, 집행 기구를 만들어 집행 직무만 따로 수행케 함으로써 키를 잡는 행위와 노를 젓는 행위를 구분하는 것이었다. 그 시작은 어떻게 공공서비스의 질을 높이고 사무의 효율을 높일 것인가의 물음이었다. 그러한 문제의식 속에서 전통적인 공공서비스 모델과는 사뭇 다른 새로운 경로와 방법이 모색되었다. 이전의 전통적인 행정 체제는 그것이 베버 식의 관료 조직 기초 위에 건설되었기 때문에 공공서비스 관리 모델이 집중되는 양상을 보인다는 점에서 문제가 있었다. 1988년 영국 정부는 「정부 관리의 개선: 다음 단계의 행동」이라는 제목의 보고서를 통해 기존 모델을 통렬하게 비판을 내놓았다. 기존 모델에서는 정책 제정에 너무 많이 신경 쓰는 바람에 공공서비스의 제공을 소홀히 했다는 것이었다. 보고서는 각 부문 안에 독립적인 집행 기구가 있어야 하고, 그 기구가 주어진 정책 구조와 자원 배치 안에서 상응하는 집행 능력을 가져야 한다고 지적하였다. 정책 자체가 아니라 정책의 집행과 실시를 전문적으로 다뤄야 한다는 것이었다. 그 결과 차량 검사국이 만들어졌는데, 이는 당시 그 보고서에 준해 만들어진 첫 번째 집행 기구였다. 나중에 이 모델은 빠르게 발전하였다. 1990년대 말이 되면 집행 기구의 수가 139개로 늘었고, 그 집행 기구에서 일하는 공무원의 수가 전체 중앙 정부 소속 공무원의 3/4에 이르게 되었다.[58] 같은 해 뉴질랜드도 「뉴질랜드 국가 부처 법」을 제정하였는데, 부(部) 아래 국(局)을 집행 기구로 바꾸고, 이전의 상임 국장을 집행장으로 개명하는 것이 골자였다.

영국과 뉴질랜드의 집행국은 아래와 같은 공통점을 가졌다.

①집행국의 건립은 부문의 내부를 기능적으로 분할한다는 의미이다. 이전에는 정책결정과 집행, 그리고 감독이 하나의 기구에 통합되어 있었는데, 새로운 방식에서는 두 부분으로 나뉘어, 부의 책임자는 정책 제정 및 정책 집행에 대한 감독만 진행하고, 집행국이 그 집행을 책임지게 된다. 집행국은 준 행정기구로서 집행 직능을 수행한다. 반(半) 분리 및 반(半) 자치의 성격을 가지는데, 즉 부의 관리와 감독, 지도를 받기 때문에 부로부터 독립적인 것은 아니지만, 독립적인 예산을 가지고 있고, 일상 운용에서는 충분한 자율권을 누린다. 예를 들어, 집행국은 일정 수준의 재정 자율권과 인사 자율권을 가진다. 국가 재정부가 제정한 지출 원칙을 준수하기만 한다면, 집행국은 얼마든지 자유롭게 재정 자원을 처리할 수 있다. 인사 방면에서도 실적에 근거한 보수 지급이라든지, 혹은 인력 충원 등에서 상대적으로 자율적인 권리를 누릴 수 있다.

②집행국의 활동은 국(局)과 부(部)가 맺은 계약에 근거해 진행된다. 영국에는 프레임워크 성격의 문서가 존재하는데, 그 문서는 부의 책

58   鲁迎春, 「英国执行局模式评析」(2013年 7月 10日), 论文网, http://www.xabu.com/1/view4190832.htm.

임자와 집행국의 책임자 사이에 맺은 협의와 업무 계약이다. 집행국은 부가 제정한 문서와 정책 범위 안에서 그 직책을 수행하고, 계약서는 집행국의 존재 의미와 목표, 제공 서비스의 구체적인 내용, 집행국 책임자의 직책과 권한 등을 규정한다. 뉴질랜드의 경우에는 집행국의 책임자가 집행장으로 불리며, 국무위원회로부터 임명을 받는다. 국무위원회는 그의 보수 뿐 아니라 다음의 일곱 가지에 대하여 책임을 가진다. 첫째, 집행 기구의 구조를 검토하고 기구 간의 역할 조정을 진행한다. 둘째, 각 기구가 그 역할을 수행하는 데 있어 효율과 유효성, 경제성을 검토해야 한다. 셋째, 집행장의 업무 실적을 검사하고, 그에 대한 일반 감사와 특별 감사를 진행해야 한다. 넷째, 관련 장관에게 집행장이 수행한 업무의 방식 및 정도를 보고해야 한다. 다섯째, 각 기구의 교육, 직업 발전, 관리 시스템 등과 관련하여 건의한다. 여섯째, 각 기구가 확정한 내부 임명 검사 절차를 비준해야 한다. 마지막으로 일곱 번째, 소속 인원들의 행동을 구속할 수 있는 규범을 제정해야 한다.[59]

③집행 기구의 책임자는 공개경쟁을 통해 선발되며, 정부 안팎의 사람 모두 그 직위를 놓고 경쟁할 수 있다. 해당 직위는 지도 능력이 중요하며, 따라서 민간 기업의 관리자를 유치하는 데 초점을 맞춘다. 책임자의 직위는 계약에 근거하며 연임 및 해임될 수 있다. 예를 들어, 뉴질랜드 집행장의 임명은 국무위원회와 지원자 사이에 맺은 5년짜리 계약 형식으로 구체화된다. 보수 및 기타 고용 조건은 계약서에 명시되며, 보

59　쯔乾威, 「新西兰的执行长制」, 『中国行政管理』 2005年, 第6期, p.78-79.

수는 일반적으로 민간 기업의 동등 직위의 경우와 비슷하게 정해진다. 5년 임기가 끝났을 때, 그 실적이 양호할 경우 계약을 연장할 수 있다. 그 반대라면 면직될 수도 있다.

④임명을 받게 되면, 집행국은 수장 책임제를 실시한다. 즉 집행국의 국장이 부처 장관에게 그 책임을 다한다. 책임자가 집행 기구의 고용주가 되는 셈이다. 그 책임자들은 다음과 같은 직책을 수행해야 한다. 우선 집행 기구의 직능과 책임을 집행 및 수행해야 한다. 다음으로 소속 부처의 장관 및 다른 부처의 장관에게 의견을 제시해야 한다. 세 번째로 집행기구를 지도해야 하고, 효과적이고 경제적인 방식으로 집행기구의 활동을 관리해야 한다. 관리 차원(가령 인원 채용, 보수 대우, 재무 관리 등)에서 충분한 자율권을 가진다.

⑤영국의 경우와 비교해보면, 뉴질랜드의 집행장 경우가 프로젝트나 기구에 업적을 연계시키는 것이 아니라 개인에게 연계시키는 경향이 강하다. 이럴 경우, 개인 책임이 훨씬 강하게 드러난다. 집행장은 일반적으로 내부 관리 시스템을 가지고 조직 내 개인의 실적을 감독 및 평가하고, 이를 바탕으로 계약서에 명시된 결과를 실현하는 데 주력한다. 집행장의 실적 평가는 특별 집행장 부문 위원회의 도움 아래 국무위원회 위원들이 주관한다. 국무위원회 위원들은 보통 실적 협의서 상의 요구치와 기타 정보를 가지고 집행장 및 집행기구의 실적 보고를 평가하며, 마지막에 집행장의 실적 성과에 대한 총 평가를 도출한다.[60]

---

60 위의 글.

집행국 모델은 정부측으로부터 긍정적 평가를 받은 바 있다. 2002년 영국 내각 사무처는 「더 좋은 공공서비스: 21세기의 집행국」이라는 정부 업무 평가서를 내놓은 적 있는데, 그 평가서는 집행국 모델이 성공적이라고 평가했다. 아울러 "1988년 이후 집행국 모델은 이미 전체적으로 공공서비스의 효율과 반응 수준을 큰 폭으로 개선했다"고 밝혔다. 지금도 집행국은 영국 중앙정부의 주요 조직 형태라고 할 수 있다. 집행국에서 일하는 공무원은 여전히 전체 중앙정부 공무원의 50%를 점하고 있다. 뉴질랜드 역시 집행 기구 모델을 지금까지 운용해 오고 있다.

그런데 집행국은 나중에 그 운용 과정에서 몇 가지 문제에 봉착하게 되었다. 영국의 경우 1990년 후반에 집행국의 수가 점진적으로 감소한 적 있다. 2011년까지 집행국의 수가 80여 개로 줄어들었다. 그 원인을 정리하면 다음과 같다.

우선 집행국 개혁은 파편화를 초래하는 경향이 있다. 2002년 영국이 새로 조직한 환경·식품·농촌 사무부의 경우, 집행국의 수가 21개에 달했다. 환경, 어업, 해양생물과학센터, 영국감자위원회, 환경보호국, 본토곡물관리국, 어업관리국, 육류 및 목축위원회, 살충제안전관리국, 주류표준위원회 등이 그 예이다. 파편화는 분산을 의미하고, 협조의 어려움을 내포한다. 결국 90년대 중후반부터 영국에서는 이론적인 차원에서 전체로서의 정부와 전체로서의 거버넌스라는 관점이 등장하기 시작하였다. 실천적인 차원에서도 블레어 정부는 '협동성' 정부의 정책 조치를 채택하기 시작하였다. 대부처제는 블레어 정부 및 그 이후 브라운 정부의 협동성 정부가 파편화의 문제를 해결하기 위해 내세웠던 조치에 해당한다.

그 다음으로 집행국 구조에서는 부처 이기주의가 발생하기 쉬웠다. 주지하다시피, 공공서비스는 개별 정부 부문을 넘어설 때가 있다. 그런데 집행국 책임자의 실적 계약은 구체적인 하나의 부문과 관련을 맺게 된다. 이 실적 계약 때문에 실적 구매자로서의 부처 장관과 실적 제공자로서의 집행국 책임자 사이에 긴밀한 관계가 형성되고, 그에 따라 본위주의적 사고가 나타나게 된다. 부문 사이의 협조가 어려워지는 경우가 발생하는 것이다. 게다가 부처 장관과 집행국 책임자 사이에 확립된 '계약' 관계 때문에 장관은 '계약'의 결과에만 주의한 채, 부문의 전체적인 활동에 대해서는 신경 쓰지 않게 되는 일이 발생하게 된다. 집행국 책임자의 입장에서 보면, '계약'은 계량할 수 있는 실적만을 강조하기 때문에, 그 책임자는 장관의 이익이나 계량할 수 있는 실적만 생각할 뿐, 관련 공공 이익은 소홀히 다루기가 쉬워진다.

정리해 보면, 집행국 모델은 시장화와 기업화의 특징을 보여주고 있다. 그리고 이러한 부분은 서방의 새로운 공공관리 개혁 운동의 방향과 일치한다. 전통적인 공공관리는 관료제 위에 기초한다. 관료제의 특징은 등급제이며, 권력이 상부에 집중된다. 영국의 개혁론자들은 이러한 전통적인 체제에서는 정부가 질 좋은 관리를 수행하기가 어렵다는 것을 발견했다. "고급 공무원은 어떠한 관리 훈련도 받지 않았고, 그에 대한 관심도 별로 없다. 공무원 사회에서 엘리트들은 당장의 중요한 정책 문제에서 장관들에게 의견을 제기할 뿐이다. 그들은 지금껏 부정한 정책의 실시에 대해 고민하지 않았고, 관리자를 경시하면서 '2류' 공무원 정도로 간주하였다."[61] 서방의 문관 체제에서는 그러한 고급 공무원들이 사실상 정책의 집행자라고 할 수 있는데, 집행자들이 집행에 대해 고려하지 않은 것이다. "문제는 공무원에게 있는 것이 아니라 그러한 체제에 있다. 정부가 효과적인 관리를 수행하고자 한다면 관료 체제와 관료제를 바꾸지 않으면 안된다."[62] 개혁은, 오스본의 말을 따르자면, 키를 잡는 것과 노를 젓는 것을 구분 한 다음, "각자가 모두 자신의 주요 사명에서 최선을 다하는 것이다."[63] 그 구별의 결과가 바로 관료제의 기본 구조를 뒤엎는 것이다.

관료제는 종적이고 등급 형식으로 구체화되는 명령 지휘 및 집행 시스템과 횡적이고 직능 부문 형식으로 구체화되는 분업 협력 시스템으로 구성된다. 종적 구조를 살펴보면(그림 1 참조), 이러한 설계가 노리는 것은 효율성이다. 그러나 실제 운용에서는 영국의 경우에서처럼 상층이 관리를 경시하고 실시에 그다지 신경 쓰지 않는 상황이 나타날 수 있다. 나아가 상층이 정책을 결정하는 동시에 실시와 집행을 모두 도맡는 상황도 나타날 수 있다. (예를 들어, 중국의 경우 정무와 사무의 두 종류 관료를 구분하지 않는 상황) 그런 상황에서는 그 효율이 저하될 수밖에 없다.

새로운 구조(그림 2 참조)에서는 이전의 등급 서열이 사라지면서 정책 결정과 집행 두 부분으로 바뀌게 된다. 그리고 이 두 부분을 이어주는

---

61 戴维·奥斯本, 彼得·普拉斯特里克, 谭功荣译, 『摒弃官僚制: 政府再造的五项战略』, 中国人民大学出版社 2002年, p.27.

62 위의 글.

63 위의 글, p.30.

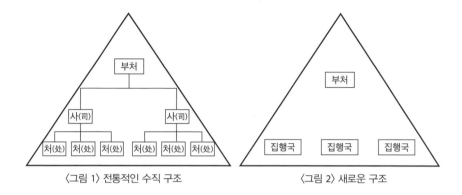

〈그림 1〉 전통적인 수직 구조   〈그림 2〉 새로운 구조

것이 계약이다. 그에 따라 조직 내의 인력 관계가 기본적으로 뒤바뀌게

되었다. 전통적인 관료제 구조에서는 상하 관계가 일종의 상명하복의 복

종 관계였다. 그러나 새로운 구조에서는 상하 관계가 위탁과 대리의 관

계로 변모한다. 이것은 본래 기업에서 볼 수 있던 것인데, 이를 정부 조

직에도 대담하게 적용하였다. 기업에서 위탁과 대리로 해결하려 한 것

은 기업 소유권과 경영권의 분리 문제이다. 그리고 이를 통해 경영자(곧

대리인)는 소유자(곧 위탁인)의 이익에 준하여 일을 처리하게 된다. 새로운

구조에 정책 결정자는 위탁인이 되고, 집행자는 대리인이 된다. 그리고

그 둘은 상호 체결한 계약에 근거해 일을 처리하면서, 각자의 이익을 지

키면서 상대방의 권리 침해를 받지 않으려 한다. 그러나 구체적인 운영

과정에서 위탁인과 대리인은 정보 면에서 비대칭적인 경우가 많다. 후자

는 정보 면에서 우위를 점하게 되고, 이 때문에 대리인에 대한 통제 문

제가 불거지게 된다. 기업에서도 그러한 통제(혹은 격려)의 형식이 존재할

수 있는데, 스톡옵션과 같은 경우가 그러하다. 새로운 집행국 구조에서

는 위탁인은 주로 실적 평가와 심사를 통해 대리인을 감독한다. 여기서

정책 결정과 집행, 감독은 관료 등급제의 경우와 완전히 다른 모습을 내보이게 된다. 이후 서방의 발전 과정을 살펴보면, 그러한 관계가 기구와 부문의 경계를 넘어서게 되고, 정부는 하청의 방식으로 일련의 공공서비스 기능을 외부 사회가 담당토록 넘기기 시작하였다.

3. 대부처제의 다음 단계 개혁: 정부 DNA의 개조

"정책 결정권과 집행권, 그리고 감독권의 상호 제약과 상호 협조"는 정부 층위에서 제기된 것으로 이해할 수도 있고, 기구 및 부문 층위에서 제기된 것으로 이해될 수도 있다. 전자의 경우라면 구조의 문제라고 할 수 있고, 후자의 경우라면 운용 기제의 문제라고 할 수 있다.

정부 차원에서 보자면, 대부처(大部)의 건립을 통해 서로 다른 권력을 집행하는 부처 사이에 상호 제약과 상호 협조가 있을 수 있도록 한 것이다. 일반적으로 대부처는 부처의 난립과 직능의 중복 상황을 해결하기 위한 것으로 알려져 있다. 이는 물론 틀린 것이 아니다. 그러나 대부처를 만든다 하더라도 그 경계는 있기 마련이며, 그 성격 문제 역시 존재하기 마련이다. 예를 들어, 앞에서 언급했던 것처럼, 어떤 부처는 기본적으로 정책 결정 성격을 갖게 되고, 어떤 것은 집행 성격을 갖게 되며, 어떤 것은 감독 성격을 갖게 된다. 이처럼 대부처제 개혁은 횡적인 차원에서 이중적인 함의가 있다. 한 편에서는 이전 부처 사이에 존재했던 분업 체계의 불합리성과 직능 중복의 문제를 해결하는 동시에, 다른 한 편으로는 새로 만든 서로 다른 성격의 대부처가 상호 제약하고 상호 협조하도록 하여 그 관계에 문제가 발생하지 않도록 하는 것이다. 그런 점에서 2009년 선전(深圳)의 대부처제 개혁이 '정책 결정권과 집행권, 감독권의 상호 제약 및 상호 협조'를 잘 구현했다고 할 수 있다.

선전의 개혁 방안에 따르면, 새로 만들어진 '위원회'는 주로 정책 및 계획, 표준의 제정을 담당하고, 집행에 대해 감독을 수행한다. 가령 주거 환경위원회는 주거 환경 관련 정책 및 계획을 총괄하고, 환경 거버넌스와 오염물질 관리, 생태 보호, 에너지 절감, 오염 물질 처리, 환경오염 감시 등의 업무를 담당한다. 반면 주로 집행 및 관리 직능을 담당하는 기구는 '국(局)'이라 하고, 독립된 행정 관리 직능을 가지지는 않지만 시장(市長)의 업무를 도와 특정 사안을 처리하는 기구는 '판사기구(办)'라 한다. 여기서 '위원회'와 '국'은 모두 정부에 대해 책임을 진다. '위원회'는 '국'의 중요 정책과 사안에 대해 전체적인 협조 방침 아래 그 집행 상황을 감독 및 지도한다. 그리고 '국'은 '위원회'의 정책에 대해 피드백과 의견을 제기한다. 나아가 개혁의 과정에서, 일부 집행과 감독 직능을 담당했던 '국'과 정책 및 계획, 표준 제정을 담당했던 '위원회'가 연계되고, 일부 '판사기구'가 정부 판공청으로 연계된다.[64]

그런데 이러한 이해에는 네 가지 문제가 존재한다. 첫째, 위원회와 판사기구, 국 등은 대부처제 개혁 이전에도 존재하던 것들이다. 명칭도

---

[64] 「深圳政府机构改革启动10大领域实行大部门体制」(2009年8月1日), 新浪网, http://finance.sina.com.cn/roll/20090801/07102985373.shtml.

바뀌지 않았을 뿐 아니라 새로 만들어진 위원회와 판사기구, 국의 기본적인 위상이 이전과 다르지도 않다. 규모 면에서 약간의 변화만 있을 뿐이다. 둘째, 지금과 같은 구도에서는 정책 결정과 집행, 감독의 삼분이 나타나기 어렵다. 위원회와 국은 대등한 기구로서 모두 정부 부문에 속한다. 그 둘은 정책 결정과 집행의 관계라기보다는 기능적으로 서로 다를 뿐이다. 위원회는 협조와 정책 결정에 좀 더 치우친 경향이 있고, 국은 집행에 조금 더 치우친 경향이 있다. 그러나 그 둘이 상하 관계를 형성하고 있는 것은 아니다. 셋째, 이 맥락에서 국은 영국이나 뉴질랜드의 집행국과는 거리가 멀다. 그것은 여전히 전통적인 베버식 기구라고 할 수 있으며, 내부적으로 정책 결정과 집행, 그리고 감독의 세 가지 기능을 모두 가지고 있다. 단지 몇몇 국들이 그 성격상 집행에 더 치우쳤을 뿐이다. 네 번째는 영국과 뉴질랜드의 집행국이 가지는 본질적인 특징이 선전의 예에서는 보이지 않는다는 점이다. 영국과 뉴질랜드의 집행국은 조직 구조상에서 등급 체계가 없으며 그 운용상에서 계약에 기초한 시장화의 운용 방식을 채택하였다. 결국 전체적으로 보면 선전의 2009년 대부처제 개혁은 하향식 대부처제 개혁의 지방판이라 할 수 있지만, 기본적으로 정책 결정권과 집행권, 감독권의 상호 제약 및 상호 협조의 양상을 보여주지는 못했다.

사실 비교적 권력 삼분을 잘 구현한 사례는 2004년 선전이 '행정 삼분'을 내세우며 진행했던 개혁이다. 그 개혁은 최초 많은 관심을 받았지만, 나중에는 흐지부지되고 말았다. 2009년 선전이 다시 중국공산당 17대가 제기한 "정책 결정권과 집행권, 감독권의 상호 제약 및 상호 협조"를 제기했을 때, 사람들은 선전시가 2004년의 속편을 내놓을 것이라 보았다. 그러나 그 둘은 같은 것이 아니었다. 최초의 설계는 확실히 영국의 방식이었다. '행정 삼분'의 배후에는 '작은 정부, 큰 사회'와 시장화의 운용 기제가 자리하고 있었다. 그 구체적인 방식은 다음과 같았다. ①정책 결정 부문은 대략적인 업종과 시스템에 준해 설치하고, 그 수량을 줄이는 대신, 관련 범위를 넓힌다. 정부의 법규 및 정책, 방법 등을 제정하고, 각기 정책 결정 부문의 관련 업무에 준하여 약간의 집행 부문을 설치한다. ②모든 정책 결정국은 두 종류의 자문 기구를 설립한다. 하나는 정책 결정국의 장을 위한 자문 기구로서 정부 내에 설치하고, 다른 하나는 정책 결정국장의 권력을 견제하는 자문 기구로서 정책 결정국의 결정을 권고 및 수정하거나, 심지어 부정할 수 있게 한다. 이 자문 기구는 비(非)정부 인사로 구성된다. ③정책 결정국 아래에는 서로 다른 집행국을 설치하며, 정책 결정국과 집행국 사이에는 실적 계약이 체결된다. 정책 결정 부문이 중요 정책을 제정하면, 집행국은 법규와 정책에 따라 일을 처리하고 계약 상의 임무와 목표를 책임지고 완수한다. ④감독 부문은 행정 감찰과 심계 기구를 포괄한다. 그 직책은 기율 감독과 정책 평가, 회계 심사, 실적 감독 등이며, 상대적으로 독립된 감찰 기구라 할 수 있다.(그림 3 참조)[65]

이러한 구조는 영국의 집행국과 비교했을 때 다음과 같은 차이를

---

65   江正平·郭高晶, 「深圳和香港"行政三分制"改革的比较和启示」, 『领导科学』 2011年, 第27期, p.9-11.

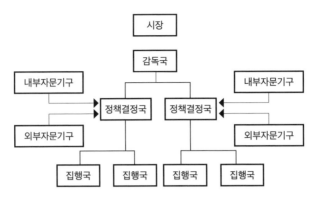

자료: 江正平·郭高晶, 「深圳和香港"行政三分制"改革的比较和启示」, 『领导科学』 2011年 第9 期.

〈그림 3〉 개혁 이후 선전의 조직 기구

갖는다. 우선 영국의 정책 결정과 집행의 분리는 부처 내부에서 진행된다. 반면 선전은 이 분리를 정부 차원으로 가져갔으며, 어떤 것은 정책 결정 업무만 담당한다. 즉 최초 구상에서 세 개 위원회는 그 아래 집행 업무만 담당하는 국이 설치된다. 다음으로 영국에서 정책과 행정의 구분은 구조적인 차원에서 보면 상하 등급 관계를 무너뜨리고, 양자 관계를 계약 관계로 바꾸어 서로 대등한 지위에 있도록 해준다. 그러나 선전의 위원회와 국은 여전히 상하 관계 속에 있으며, 베버의 기본 구조를 넘어서지 않는다. 게다가 영국 모델에서 정책 결정과 집행, 감독은 한 개 부처 내부에서 이뤄지는 기능적 구분으로서, 일반적으로 정책 결정과 감독 기능은 한 데 집중된다. 즉 정책결정자가 감독자이기도 하다. 그런데 선전 모델에서는 그 셋이 모두 서로 다른 부문으로 등장하며, 감독국이 정책 결정국보다 위에 있게 된다. 이러한 차이에도 불구하고, 선전의 권력 삼분 설계는 영국의 경우와 비슷하다. 그것은 계약에 근거해 정책 결정과 집행을 구분하고 연계하며, 집행자에 대해 실적 관리를 진행한다는 점이다. 이러한 방식은 구조적으로는 여전히 상하의 등급 관계를 보이지만, 전통적인 관료제의 상명하복 식의 복종 관계를 깨뜨리는 경향이 있다. 그런 점에서 선전의 권력 삼분은 구조의 변동이라기보다는 운용 기제의 변동이라 할 수 있다. 물론 그 변화가 영국처럼 철저한 것은 아니지만 말이다.

이와 달리 2009년의 선전 개혁은 구조적으로도 2004년의 설계를 채택하지 않았다. 그것은 기본적으로 상급의 대부처제 기구에 조응하는 조치에 불과했다. 더 중요한 것은 운용 기제에서도 2004년의 설계와 아무런 상관이 없다는 것이다. 그것은 기본적으로 부문을 확대한 것에 불과했다.

대부처제 개혁의 실질은 정부의 DNA를 바꾸는 것이다. 그것은 두 가지 차원에서 진행되어야 한다. 하나는 횡적으로 서로 비슷한 부문을 합쳐서 직능의 교차와 중복, 운용 불순의 문제를 해결해야 한다. 그리고 새롭게 건설된 부문 위에 세 가지 서로 다른 권력 속성에 근거하여 그 '상호 제약과 상호 협조'의 문제를 해결해야 한다. 다른 하나는 대부문을 건립한 이후 어떻게 그 내부를 운용할 것인지의 문제를 해결하여 조직의 효율을 끌어올리는 것이다. 전통적인 정부 운용은 관료제의 기초 위에 자리하고 있다. 앞에서 지적했던 것처럼, 관료제의 기본 구조는 종적으로는 등급 형식이고, 지휘명령과 집행의 구도로 되어 있다. 횡적으로는 직능 부문으로 구현되는 분업 협력 시스템이 특징적이다. 횡적인 분업은 전문성의 요구는 만족시킬 수 있지만, 동시에 분업에 따른 부문의 난립과 직능의 교차 및 중복, 그로 인한 협조의 어려움과 운용의 불편은 피하기 어렵다. 대부처제 구조로 해결하려는 것이 바로 이 횡적 차원에서의 통합 문제이다. 그러나 횡적 문제의 해결이 대부문 내부의 종적 문제로 이어질 수 있다. 대부처가 만들어지고 그 내부 부문이 증가하게 되면, 통제의 폭이 변하지 않는 경우, 등급이 늘어나게 된다. 만약 등급이 변하지 않는다면, 내부의 부문 수가 증가하게 되고, 이는 내부 협조의 어려움을 증가시키게 된다. 정책 결정과 집행, 감독의 일체화에서는 운용상의 어려움으로 이어지게 된다. 따라서 대부처제는 횡적 통합을 해결하는 동시에 부문 확대에 따라 나타나게 되는 내부 관리와 운용의 문제를 어떻게 해결할 것인지를 고려해야 한다. 예를 들어, 2009년 선전은 무역산업국과 과학기술정보국, 시 보세구관리국, 시 정보화영도소조판공실 등의 몇 개 기구를 통폐합시킨 적 있다. 그 과정에서 새롭게 만들어진 것이 과학기술·산업무역·정보화 위원회였다. "이 조치를 통해 이전에 존재하던 직능 교차 및 중복 현상이 많이 줄어든 것은 사실이다. 그러나 그 기구가 과도하게 커지고 소통이 원활하지 않으면서, 결국 2012년 2월 분할을 선택하게 되었다."[66] 결국 구조의 변화는 반드시 그에 따른 조직 운용 기제의 변화를 수반하게 된다. 영국 집행국의 설계는 정책 결정과 집행을 분리시키는 운용 기제를 통해 조직 내부의 운용 문제를 해결하려 한 것이다. 그 이면에는 결과를 중요시하는 기업 운용 이념이 자리하고

---

66 「广东团代表审议国务院机构改革和职能转变方案」, 『深圳晚报』, 2013年 3月 13日, 第1版.

있다. 요컨대, 집행국의 방식은 관료제의 구조와 운용 방식을 전복시켜서 정부의 DNA를 바꾸는 것이다. 그 DNA가 바로 정부의 뒤를 항상 쫓아다니고 있는 관료제이다.

중국의 대부처제 개혁은 아직 구조적인 측면에 머물러 있다. 조직 내부의 운용 기제 측면에서는 큰 변화가 없다. 운용 상의 정책 결정과 집행, 감독은 여전히 관료제의 집중과 통일을 그 특징으로 하고 있다. 이 세 가지를 구분하는 것, 즉 키를 잡는 것과 노를 젓는 것을 분리하고 세 가지가 상호 제약 및 상호 협조할 수 있도록 하는 것은 부처 내부의 운용 기제를 바꾸는 것이다. 그 변화를 비교적 철저하게 이뤄냈던 경우가 영국과 뉴질랜드의 집행국 모델이다. 위탁과 대리, 그리고 실적 관리의 방식으로 정부의 DNA를 바꾸는 것이다. 앞에서 지적했던 것처럼, 관료제에서는 조직 내부에 정책 결정과 집행의 상호 제약이 존재하지 않는다. 집행 기구로서의 하급은 상급에 반드시 복종해야 한다. 상호 제약은 위탁과 대리의 관계에서 비교적 잘 구현될 수 있다. 위탁자와 대리자는 계약 앞에서 상하 관계로 구분될 수 없고 평등한 관계를 유지할 수 있기 때문이다. 이러한 관계가 전제되었을 때, 비로소 '상호 제약과 상호 협조'를 말할 수 있게 된다.

이런 방식으로 시스템 개혁을 이루려면 두 가지 중요한 문제를 해결해야 한다. 첫째, 어떻게 기득권 문제에 대처할 것인가이다. 안정적이고 보장적인 시스템 속의 공무원을 위험 요소가 다분한 계약 관계 속의 일원으로 바꾸는 것은 개혁의 난이도가 비교적 높은 작업에 속한다. 여기서 개혁의 구체적인 기술적 문제를 논의할 생각은 없다. 다만 강조하고 싶은 것은 개혁이 탑레벨 디자인의 차원에서 진행될 때 반드시 그 저항을 고려해야 한다는 점이다. 그래야 개혁이 비교적 쉽게 추진될 수 있다. 둘째, 정책 결정과 집행, 감독을 삼분하는 운용 기제의 개혁을 추진할 때, 영국이나 뉴질랜드의 집행 기구에서 나타났던 파편화와 부처 이기주의 등의 문제를 예방해야 한다. 선례가 남긴 교훈을 충분히 살펴서 이 기제의 개혁을 잘 추진해야 한다.

공공서비스의 프로세스 개편

– '빈틈없는 정부(seamless government)'에서
'그리드 매니지먼트(grid management)'로[*]

요약: 부문과 등급, 직능의 경계를 넘어 공공 수요에 맞춰 정확하고 세밀하게 전방위적 맞춤형 공공서비스를 제공하는 것은 공공관리 이론 및 실천에서 지금껏 고민해왔던 문제였다. 이 글은 그러한 맥락에서 그리드 매니지먼트가 빈틈없는 정부를 넘어설 수 있을 것인지를 살펴보며, 공공서비스의 공정 개편에 대해 논의하고자 한다.

1. 빈틈없는 정부의 공정 재구성

부문과 등급, 그리고 직능의 경계를 넘어 공공 수요에 맞춰 정확하고 세밀하게 전방위적 맞춤형 공공서비스를 제공하는 것은 공공관리 이론 및 실천에서 지금껏 고민되었던 문제였다. 이 문제는 관료제 조직에서 비롯되었다. 관료제 조직의 운용은 종적 차원의 통제와 횡적 차원의 직능 분업을 가장 중요한 특징으로 하고 있다. 이러한 권력 집중과 전문적 운용 방식은 한편으로는 효율성을 제고하지만, 다른 한편으로는 과도한 등급 서열과 직능 중복, 부문 세분화 및 관리의 파편화를 초래한다. 그리고 결

[*]   이 글은 『公共行政评论』 2012, Vol.2에 수록되었다.

과적으로는 공공서비스의 질이 하락하게 된다. 부문과 등급, 그리고 직능의 구분이 확고하면 협조가 어려워지고 관리 운용에 지장이 발생한다. 러셀 린든이 예로 들었던 미국 코네티컷 주의 노동부가 관료제 조직 운용의 전형적인 사례라고 할 수 있다. 노동부 소속 공무원들은 세 개의 프로젝트에서 서로 관련되지 않도록 구성된 채 대단히 전문적인 업무를 보았다. 그 세 개의 영역은 실업 구제와 직업 교육, 취업 정보 제공이었다. 그들은 그들 앞에 놓인 문제가 다양한 직능을 넘나들고 있으며, 따라서 문제를 해결하기가 대단히 어렵다는 것을 알고 있었다. 나아가 각자 자신의 업무만 처리하는 환경으로 인해 일반 시민 및 실업자들은 엄청난 번거로움을 견뎌야 했다. 실업자들은 길게 줄을 서서 기다린 다음에야 실업급여를 청구할 수 있었고, 그 다음에는 또 다시 길게 줄을 서서 취업정보와 직업교육 정보를 얻을 수 있었다.[67] 관료제 정부에서 이러한 현상은 대단히 보편적이다. 만약 서비스의 질을 높이고 시민의 만족도를 높이고 싶다면, 이러한 운용 방식을 고치는 것이 절대적으로 필요하다.

따라서 공공관리 개혁의 요구가 세차게 일어나면, 관료제 조직 및 그 운용 방식의 개편이 언제나 새로운 공공관리 개혁의 중요 내용으로 등장하였다. 그리고 이 맥락에서 가장 유명한 것이 '빈틈없는 정부'로 알려진 업무 처리 공정의 재편 모델이다. 오웬 휴스는 다음과 같이 지적한 바 있다. "경직되고 등급화된 공공행정의 관료제 조직 형식이 이제 탄력적이고 시장에 기초한 공공관리의 형식으로 바뀌고 있다. 이는 형식적

---

67 拉塞尔林登, 汪大海等译, 『无缝隙政府』, 中国人民大学出版社, 2002年, p.188.

인 변화, 혹은 관리 태도의 변화일 뿐 아니라, 정부의 사회적 역할 및 정부와 시민 간의 관계를 바꾸는 변화이다."[68] '빈틈없는 정부'는 관리 태도 및 업무 처리 공정의 변화일 뿐 아니라, 정부의 사회적 역할 및 정부와 시민 간 관계의 변혁을 뜻한다. 이러한 '빈틈없는 정부'는 '결과 지향'과 '고객 지향'의 두 가지로 구현되고 있다.

빈틈없는 관리의 업무 처리 공정은 우선 과정 및 결과와 관련하여 종합적인 서비스 제공 방식으로 나타나고 있다. 빈틈없는 관리는 기존의 정부가 직능과 부문에 따라 진행하던 운용 방식을 바꿔버린다. 과정 및 결과와 관련하여, 그것은 우선 부문과 등급, 직능의 경계를 부수고, 부문 간 협조와 통합의 문제에 천착한다. 협조와 통합이 빈틈없는 정부의 운용에서 핵심적이다. 오툴에 따르면, 다음의 다섯 가지 상황에서 협력적인 구조가 필요하다. 첫째, 어렵고 복잡한 문제를 처리할 때, 협력적인 구조가 필요하다. 둘째, 정부의 직접적인 관여에서 비롯되는 경우이다. 정부가 더 많이 움직여 줄 것을 바라면서도 최소한의 정부 관여를 요구할 때, 특정 문제의 영역에서 성과를 내려면 협력 구조가 필요해진다. 협력이 있어야 비로소 가능해지기 때문이다. 셋째, 정치적 구동력이 네트워킹의 필요를 만들어낼 수 있다. 넷째, 협력 구조는 정보의 끊임없는 증가 때문에 필요할 수도 있다. 다섯째, 횡적 규정이나 교차 법령과 같은 명령 체계 때문에 관리 네트워크에 지나친 압력이 가해지는 경우이다.[69]

68   欧文休斯, 张成福等译, 『公共管理导论』, 中国人民大学出版社, 2004年, p.1.

69   罗伯特阿格拉诺夫·麦克麦圭尔, 李玲玲·鄞益奋译, 『协作性公共管理: 地方政府新战略』, 北

이러한 협력 구조는 전통적인 부문 간의 협조 문제를 해결하려 할 뿐 아니라 정보화에서 비롯된 새로운 협조 문제를 해결하려 한다. 즉 정부의 분권 속에서 어떻게 네트워크의 방식을 통해 더 효과적으로 협력할 수 있을지의 문제를 고민하고 있다.

전문성의 파편화 문제를 해결할 수 있는 또 다른 방식은 통합이다. 총체성의 거버넌스 이론에 따르면, 정책과 관제, 서비스, 감독의 통합은 주로 세 가지로 표현될 수 있다. ①서로 다른 등급과 동일 등급의 통합, 가령 중앙 기구와 지방 기구, 혹은 지방 기구 내부의 서로 다른 부문 간 통합. ②직능의 통합, 몇몇 기능을 중심으로 내부 협조를 진행하는 것, 가령 육해공 3군의 협력, 또한 소수와 다수 기능 사이에서 진행되는 협조, 가령 건강 보험과 사회보장의 경우. ③부문 간의 통합, 정부 부문 내부의 통합일 수도 있고, 정부 부문과 비정부 부문 사이에서 진행되는 통합일 수도 있음. 직능과 등급, 부문의 경계를 넘어서는 공정 개편에 대한 유명한 연구로 린든의 『빈틈없는 정부』가 있다. 이 책에서 린든은 그 공정의 변화를 명확히 이해할 수 있는 두 가지 사례를 소개하고 있다.

첫 번째 사례는 햄프튼시의 자기관리 단체와 관련된 통합이다. 햄프튼시는 기존의 정부 조직 구조를 새롭게 재편하였다. 이전에는 시의회-시 집행장-시 부 집행장-부문 책임자-팀 책임자의 다섯 개 등급으로 구성되어 있었는데, 새롭게 재편된 조직 구조에서는 시 의회-시 집행장-부문 책임자의 세 개 등급만 남게 되었다.(그림 1, 그림 2 참조)

京大学出版社, 2007年, pp.22-23.

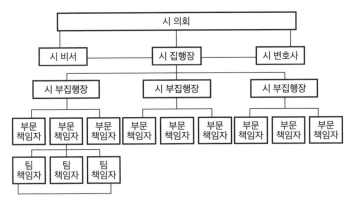

자료: 拉塞尔林登, 汪大海等译,『无缝隙政府』中国人民大学出版社, 2002年, p.160.

〈그림 1〉햄프튼시 기존의 정부 조직 구조

　　이러한 평면적 통합에서 가장 큰 변화는 시 집행장이 직접 각 부문의 책임자를 통솔한다는 점이다. 그리고 각 부문 책임자와 집행장 사이에 부 집행장의 등급이 불필요해진 이유는 각 부문이 네 개 모듈(곧 공공안전, 시민 서비스, 기본 구조, 자원 관리)로 재편되었기 때문이다. 이런 식으로 기존의 37개 부문은 4개의 업무 그룹으로 나뉘게 되었고, 한 개 부문의 책임자는 업무 팀의 책임자로서 돌아가며 그 직무를 담당하게 되었다. 여기서 우리는 직능의 통합을 볼 수 있다. 즉 비슷한 직능끼리 합쳐서 네 개의 모듈이 만들어졌다. 이를 통해 우선 평면화가 가능해진다.(기존의 37개 부문은 그 폭이 지나치게 컸기 때문에 시 집행장과 부문 책임자 사이에 부 집행장의 등급이 반드시 필요했다.) 그 다음 이전에 존재하던 부문 구조를 타파하였다. 게다가 약간의 직능으로 구성된 모듈은 일정 부분 과정의 특징을 갖게 된다. 왜냐하면 운용 방식에서 기존에는 각자의 기능에서 출

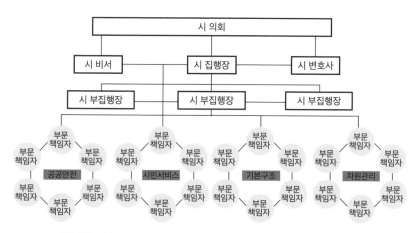

자료: 拉塞尔林登, 汪大海等译, 『无缝隙政府』 中国人民大学出版社, 2002年, p.161.

〈그림 2〉 햄프튼시의 자기 관리 조직을 중심으로 진행된 통합

발했지만, 이제는 목표(결과)를 위해 협력해야 하기 때문이다. 그 외에 부
집행장의 임무가 감독으로 바뀌어 경제 발전이나 생활의 질 등을 감독
하게 되었다. 운용의 결과를 감독하게 된 것이다. 그리고 이러한 직능 상
의 통합을 통해 종적 등급이 감소하였다. 이전의 4급이 3급으로 줄어들
면서 더 신속한 직선 운용이 가능해졌다.

두 번째 사례는 미국 임업국 제9구에서 진행되었던 정보화에 바탕
을 둔 관리 통합이다. 정보 관리를 통해 어떻게 전체 조직의 운용 효율을
높일 것인지는 현재 조직 관리에서 가장 중요한 내용으로 자리하고 있
다. 미국 임업국 제9구의 경우, 분산된 지역 구조 때문에 이전의 정보 관
리는 언제나 기능적인 해결 방식을 취하고 있었다. 서로 다른 전문성에
기초한 업무 인력들이 각자가 필요로 하는 정보 자료를 수집하는 것이
다. 그러나 이럴 경우 수집된 자료가 서로 중복될 수 있을 뿐 아니라 서

로 공유하는 것도 쉽지 않다. 업무 인력 및 부처마다 자신의 데이터베이스를 갖게 되고, 모든 데이터베이스는 하나같이 자기 자신과 해당 지역에 국한된 기능적 항목만을 갖게 된다. 당연히 업무 인력들은 동일한 데이터 자료를 중복 수집하고, 수집 자료 간의 상호 모순도 존재할 수 있다. 양질의 정책 결정을 내리거나 적시에 문제 해결책을 내놓기가 더 어려워지는 것이다. 임시방편은 오히려 더 많은 비용을 지불케 만든다. 사실 이 역시 직능 분할에서 비롯된 결과라고 할 수 있다. 정보 관리 역시 여전히 관료제 구조 위에 자리하고 있기 때문이다. 미국 임업국 제9구의 개혁 조치는 데이터를 공유할 수 있는 플랫폼을 구축하는 것이었다. 여러 개의 데이터베이스를 통합하고, 그 데이터가 산림 서비스 계획 및 프로젝트와 유기적으로 엮일 수 있도록 만들었다. 나아가 데이터 표준화 작업을 진행하여 모든 인원들이 사용할 수 있도록 조처하였다.

만약 이 두 사례가 모두 공정 개혁의 과정 지향과 결과 지향을 보여준다면, 아래 제시된 사례는 고객 지향을 보여준다. 이 사례는 "정부의 사회적 역할 및 정부와 시민 간 관계의 변혁"과 관련된다. 5대호 지역 의료센터에서 진행되었던 통합이 그것인데, 여기서 개혁은 관료 기구의 필요에 의해 진행된 것이 아니라 환자의 필요에 의해 진행된다. 린든의 책은 이를 안에서 밖으로 향하는 다섯 개의 원으로 표현하고 있다.(그림 3 참조)

〈그림 3〉에서 핵심은 제일 안쪽에 위치한 원이다. 그 밖의 네 개 원은 모두 첫 번째 원에서 확장되었다. 두 번째 원은 가족과 지인인데, 그들은 환자에게 무엇인가를 해줄 수 있는 사람들이다. 세 번째 원은 환자

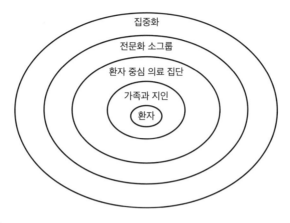

자료: 拉塞尔林登, 汪大海等译, 『无缝隙政府』 中国人民大学出版社, 2002年, p.177.

〈그림 3〉 관료 기구의 필요가 아니라 환자의 필요에 의한 통합의 예

를 중심으로 하는 의료 집단이다. 이 집단은 여러 직능을 포괄하고 있으며, 대다수 환자를 돌보면서 주요 서비스를 제공해준다. 네 번째 원은 전문성에 근거한 소그룹이다. 약 제조 등의 경우처럼, 의료 집단이 모든 문제를 감당하기는 힘들다. 뒤에서 받쳐주는 지원 그룹이 있어야 하고, 전문성에 근거한 소그룹이 그 역할을 담당할 수 있다. 다섯 번째 원은 집중화이다. 기술이나 자금 등의 이유로 5대호 지역에서 제공할 수 없는 서비스가 있을 경우, 다른 지방의 의료 자원이 필요할 수 있다. 이 외에도 5대호 지역 의료센터는 빈틈없는 방식의 입원 서비스를 제공하고 있다. 환자가 입원할 경우, 우선 다양한 기능을 갖추고 있는 보조 인력이 그 환자를 맞이하고, 각종 검사 및 엑스레이 등의 사진 촬영을 한 후, 그 보조 인력이 환자를 의료 집단에 소개해준다. 그 다음부터는 의료 집단에서

일을 맡아 처리한다. 입원 당일부터 대기 시간 없이 바로 병동에 들어갈 수 있는 것이다.

　이상의 세 가지 사례에서 '빈틈없는 정부'의 개편 양상을 확인할 수 있다. 가장 큰 특징은 고객 중심으로 진행된다는 것과 과정 및 결과 지향적이라는 점이다. 새로운 업무 처리 공정에서는 "빈틈없는 조직이 하나의 전체로서 서비스를 제공하지, 각 부문이 자신만의 방식으로 서비스를 제공하지는 않는다."[70] 러셀이 보기에, 이러한 개편은 생산자 중심에서 소비자 중심으로의 사회 변화와 일맥상통한다. 고객에게 양질의 서비스를 적시에 제공하려면, 기구 간의 전략적 동맹이 체결되어야 하고, 기구 내부의 '장벽'이 제거되어야 한다. 총체성 이론의 표현으로 정리하자면, 부문과 등급, 직능 사이에 전면적인 확장이 진행되어야 한다.

　그런데 부문과 등급, 직능 간의 전면적인 확장(다른 말로 표현하자면 "종적으로는 마지막까지, 횡적으로는 끝까지")이라는 측면에서 살펴보면, 위의 세 사례를 통해 살펴본 빈틈없는 운용에도 여전히 부족한 부분이 있다고 할 수 있다. 우선 햄프튼시의 경우 모듈을 중심으로 일부 직능을 새롭게 개편한 평면적 운용을 고안하였지만, 이 역시 여전히 관료제 조직 자체에 기초한 측면이 있다. 즉 일반 대중의 필요에서 출발한 것은 아니라는 것이다. 그것이 종적인 거리를 줄여서 소통과 교류를 용이하게 하였고 그 반응 속도를 높인 것은 사실이다. 그러나 횡적인 측면에서 일반 시민과 직접 접촉해 그들이 필요로 하는 맞춤형 서비스를 제공해주는 문

70　앞의 책, p.4.

제는 여전히 해결되지 않은 채 남아 있다. 그 구상이 여전히 관료 조직에 기초하고 있기 때문에, 어떻게 일반 시민의 필요에 더 빠르고 더 포괄적으로 반응할 것인지의 문제를 다루지는 못한 것이다. 이와 달리, 5대호 지역의 의료센터 건설은 그런 면에서 어느 정도 이 문제를 해결했다고 볼 수 있다. 만약 햄프튼시의 구상을 하향식, 그리고 호수 지역 의료센터의 통합을 상향식이라고 한다면(즉 고객을 중심으로 진행되었다고 한다면), 의료센터의 사례에서는 관료 중심의 오랜 하향식 전통이 전복되었다고 볼 수 있다. 그러나 이 경우에도 한계가 존재한다. 만약 그 대상 지역이 도시로 확대된다면, 어떻게 그 많은 시민들에게 그들이 필요로 하는 맞춤형 서비스를 제공할 수 있을 것인가? 다른 문제는 차치하더라도, 의료센터의 방식을 적용한다면 그 비용이 감당할 수 없을 정도로 커지게 된다. 결국 관료 조직의 존재를 전제한 상황에서(왜냐하면 일반적인 서비스는 거기에서 제공되기 때문) 5대호 지역 의료센터와 같은 방식을 적용할 필요가 있다. 상향식으로 필요 정보를 확보하고, 하향식으로 각각의 등급에서 문제를 해결하는 것(한 등급에서 해결할 수 있는 문제는 상급으로 넘기지 않고 자기 수준에서 해결하는 것)이다. 이것이 등급 간의 진정한 소통이라고 할 수 있으며, 여전히 해결이 필요한 문제라고 할 수 있다.

다음으로 햄프튼시의 모듈 구성은 직능의 공간적 배치만 바꾼 것에 불과하다. 37개 직능을 4개 모듈로 통합하면서 직능 사이의 장벽은 낮췄지만, 그럼에도 4개 모듈 사이의 장벽은 여전히 존재한다. '횡적으로 끝까지' 다다르는 문제가 여전히 해결되지 못하고 있다. 어떻게 그 벽을 허물 것인가? 5대호 지역 의료센터의 구상이 여기서도 해결책일 수 있다.

5대호 지역 의료센터의 의료 집단은 비록 별도의 지원 세력이 필요하긴 했지만 환자와 관련된 문제를 기본적으로 모두 해결하였다. 그러나 이 방식을 도시와 같은 곳에 적용하려면, 그 많은 시민들의 서로 다른 필요에 어떻게 신속하게 반응할 것인지의 문제가 여전히 남게 된다. 관료제 조직이나 부문으로 대표되는 직능별 구분이 전제된 상황에서는 의료집단의 경우처럼 환자의 필요에 맞춰 내과 및 외과, 기타 직능을 이어가기가 쉽지 않다. 정부 차원으로 말하자면, 일반 시민의 필요를 만족시키기 위해 다양한 직능을 어떻게 연계시킬 것인가의 문제이다.

이 맥락에서 두 번째로 살펴보았던 사례를 생각해볼 수 있다. 미국 임업국 제9구는 데이터를 공유할 수 있는 플랫폼을 구축하였다. 이는 '원스탑' 서비스와 유사한 면이 있다. 이 통합 공간에서 각종 서비스와 데이터를 찾을 수 있다. 그러나 이러한 개혁은 정보통신기술을 통해 직능 및 부문 간의 칸막이를 약화시킨 것에 불과하다. 그 실제 운용은 여전히 한계가 있다.

앞에서 살펴보았던 세 가지 빈틈없는 공정의 사례는 모두 한계를 가지고 있다. 그러나 그 각각은 공공서비스의 공정 개편이라는 측면에서 나름의 시사점을 가진다. 첫째, 정부조직처럼 여전히 관료제의 조직 구조가 남아 있는 상황에서 어떻게 등급을 줄여서 하향식 운용 절차를 축소시킬 것인가? 둘째, 조직 구조와 운용 공정을 어떻게 고객 중심으로 설계할 것인가? 셋째, 어떻게 정보기술을 더 많은 영역에 적용할 것인가? 이러한 고민들은 다음과 같은 더 심각한 문제로 이어진다. 더 넓은 범위의 정부 차원에서 이 세 가지를 모두 종합할 수 있는 방법은 없는가? 고객을 중심으로 하고, 정보기술을 활용하며, 정부 조직의 등급과 직능, 부문을 전면적으로 이어주면서, '종적으로 마지막까지'와 '횡적으로 끝까지'를 진정으로 구현할 수 있는 빈틈없는 운용의 가능성은 없는가? 이러한 문제의식 속에서 우리는 베이징(北京)의 둥청(东城)구와 저장(浙江) 저우산(舟山)의 그리드 매니지먼트 모델을 살펴볼 필요가 있다.

2. 그리드 매니지먼트: 중국의 경험

그리드 매니지먼트의 가장 초기 형태는 2004년 베이징 둥청구가 제기한 새로운 디지털 도시 관리 모델이었다. 이후 다른 지역, 예를 들어 상하이(上海)와 저우산(저우산의 경우는 농촌과 어촌을 포함) 등지로 확대되었다. 그리드 매니지먼트는 정보통신기술과 사회적 역량을 통해 정부 내 등급과 직능, 부문 사이에 전면적인 연결을 시도하는 것이다. 비록 중국적 색채가 농후한 것은 사실이지만, 그것은 '빈틈없는 정부' 모델 이후 정부 관리 공정에 나타난 가장 중요한 변화이자 돌파라고 할 수 있다. 그리드 매니지먼트는 관리 중심에서 관리와 서비스를 함께 강조하는 과정을 거쳤다. (혹은 베이징 모델에서 저우산 모델로 이어지는 발전 과정) 그리드를 통해 전면적인 관리와 전면적인 공공서비스의 제공을 추구하고, 이를 통해 서비스의 질을 높인다. 그리드 매니지먼트는 우선 격자형 지도(地图) 기술을 이용하여 지리적 관할 지역을 약간의 격자형 단위로 세분하고, 이를 관리 및 서비스 제공의 최소 단위로 설정한다.(그리드가 종적 선상의 마지막 단계) 예를 들어, 베이징의 둥청구는 우선 $10,000\,m^2$를 기본 단위로 삼아서 전체 관할 지역을 1,539개의 상호 연결 그리드로 나누었고, 여기에 350여 명의 도시 관리 감독원을 배치하였다. 이 감독원의 직능은 그 관할 그리드 내의 부속시설을 모니터링하는 것이었다. 여기서 도시 부속시설이란 시 정부 공유지, 도로교통, 도시 위생 시설, 공원 및 산림, 건물 및 토지 등을 모두 포함한다. 이러한 시설들은 모두 일련번호로 등록되는데, 예를 들어 둥청구의 모든 시설은 '시 관할 구 코드-대분류 코드-소분류 코드-시설 명칭-귀속부문-문제 위치-소재 그리드 번호'로 코딩되고, 이것은 지리적 공간 데이터베이스로 저장된다. "나아가 21개의 행정집행부문과 6개의 정부 직능 부문, 10개 가도(街道)의 청소대와 녹화대가 그 정보를 공유할 수 있다."[71] 이는 앞에서 살펴보았던 미국 임업국 제9구와 비슷하다. 정보통신기술을 이용해 정보를 공유하고, 이를 통해 직능의 경계를 무너뜨리고 있기 때문이다. 다만 미국 임업국의 경우와 달리, 둥청구의 그리드 매니지먼트는 더 넓은 지리적 공간과 더 많은 직능 사이에서 공유된다. 물론 그 지리적 공간에도 한계가 있다. 하나의 그리드가 그 한계이다. 이는 그리드 설계의 한 가지 장점이라고 할 수 있는데, 왜냐하면 더 넓은 공간(예를 들어 그리드로 분할되기 이전의 구의 경우)에서는 정보 플랫폼을 만들고 여러 직능을 한 데 묶기가 그리 쉽지 않기 때문이다.

그리드 매니지먼트 직원은 일반적으로 문제의 발견만을 담당한다.

---

[71] 杨宏山·齐建宗,『数字化城市管理模式』, 中国人民大学出版社, 2009年 참조.

자신이 발견한 문제를 풀 수 있는 해결 능력을 그들은 가지고 있지 않다. 따라서 그들에게는 지원 조직이 필수적이다. 이러한 부분은 호수 지역 의료센터의 의료진과 유사하다. 그 집단 역시 배후에 지원 조직을 갖추고 있었으며, 그 지원 조직은 모두 하나같이 전문성을 띠고 있었다. 하나의 서비스 조직이 많은 문제를 발견하는 것은 가능하지만, 그 조직이 즉각적으로 모든 문제를 해결하는 것은 쉽지 않다. 몇몇 문제들은 배후의 직능 부문이 해결할 필요가 있다. 그렇다면 어떻게 하여야 그 정보를 빨리 관련 부문에 전달할 수 있으며, 어떻게 하여야 관련 부문이 신속하게 반응할 수 있을까? 이 맥락에서 조직 구조를 개편해 직능 간 확장과 부문 및 등급 간 소통을 실현할 필요가 제기된다. 햄프튼시의 경우는 37개의 직능을 4개의 모듈로 통합하였다. 그러나 그것은 모듈 간의 소통은 전혀 해결하지 못했다. (가령 공공안전과 자원관리 사이에는 여전히 칸막이가 존재) 즉 하급에서 해당 문제에 상응하는 직능을 찾으려 하는 경우, 설사 4개 모듈 가운데 하나를 빠르게 찾았더라도, 만약 그와 관련된 사안이 한 개 모듈 내부의 직능으로 충분치 않다면, 모듈과 모듈 사이의 소통이 다시금 필요하게 된다. 따라서 햄픈튼시의 경우는 적어도 모든 직능과 부문을 이어줄 수 있는 플랫폼이 빠졌다고 할 수 있다. 이것이 바로 횡적으로 끝까지 도달하지 못했던 이유이다.

베이징 둥청구의 구상은 그리드 상에 도시관리감독평가센터와 도시관리지휘센터를 평행 구조로 건립하는 것이었다. 이렇게 하면 두 개의 등급만 존재하게 되어 '종적으로 마지막까지' 도달할 수 있게 된다. 그리드의 감독관리 인력이 도시 통신 시스템을 통해 그 두 개 센터에 상

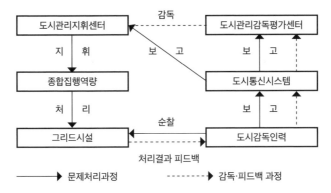

자료: 高恩新,「基于信息整合与人员下沉的城市管理创新研究」『中共浙江省委党校学报』2011年第6期.

〈그림 4〉 둥청의 그리드 매니지먼트의 조직 구조

황 보고를 하면, 지휘센터가 종합 집행 역량을 그리드의 시설 위치로 보내어 문제를 해결하게 된다. 이 과정에서 감독평가 센터는 그리드 감독 관리 인력의 보고와 지휘센터의 운용을 감독한다. 이러한 방식으로 어떤 그리드 상에 무슨 일이 발생하게 되면 두 개의 센터를 통해 관련 직능 부문에 전달된다.(그림 4 참조) 센터라고 하는 이 플랫폼에서는 모든 직능 부문이 해당되며, 직능과 부문 사이의 협조 역시 이 플랫폼을 통해 완성된다. 직능과 부문 사이의 전면적인 확장이 여기서 가능해진다.

그런데 이 또한 사안에 대한 관리로서, 정태적이고 기계적인 반응이 주를 이룬다. 그리드 매니지먼트가 정확하고 세밀한 관리, 고효율의 관리를 큰 폭으로 신장시킨 것은 사실이다. 그러나 이것이 대인(对人) 관리와 공공서비스의 제공에도 활용될 수 있는지, 가능하다면 어떻게 하여야 횡적으로나 종적으로 마지막까지 도달할 수 있는지가 중요한 문제가 된다. 이를 위해서는 우선 지금의 정부 관리 상황과 정부의 조직기구를 먼저 살펴볼 필요가 있다.

정부의 도시 관리 조직 기구는 이미 1990년대에 한 차례 변화를 겪은 바 있다. 상하이의 경우, 1990년대부터 '2급 정부, 3급 관리'의 도시 관리 모델이 갖춰지기 시작하였다. '2급 정부'는 관할 지역에서 구(区)급 정부의 역할을 강조한다. 즉 구체적인 관리 사무와 관리 권한, 재정적 자원 등이 모두 시급 정부에서 구급 정부로 이전된 것이다. '3급 관리'는 가도(街道) 급의 당정기관이 관할 지역 사무에서 중요한 역할을 담당하는 것이다. 가도판사처는 비록 법률상으로는 1급 정부의 지위를 갖지 못하지만, 그럼에도 이 변화에서는 가도급에 협조와 관리 역할을 더 명확히 부여하였다. 정리해보면, 이러한 변화의 특징은 관리 중심이 하향한다는 것이다. 그러나 부문 간 분할이 명확한 체제에서는 이러한 모델은 많은 문제를 유발하게 된다. 우선 등급 차원에서 보면, 3급 관리에서는 가도의 책임이 지나치게 커진다. 관리 사무가 가도급으로 내려가게 되면, 관할 지역의 사무 뿐 아니라 상급의 여러 직능 부문에서 내려온 임무도 대처해야하기 때문이다. 예를 들어, 가도의 종합 거버넌스 사무처는 다수의 상급 부문과 연계되어 있다. 구(区)급의 어느 부문이든지 언제든 가도의 판공실에 업무를 하달할 수 있다. 그런데 가도가 각각의 부문에 대한 충분한 통제 능력을 갖추고 있지 않다면, 부문 간 분할이 심화될 수밖에 없다. 가도 수중의 거버넌스 자원에는 한계가 있기 마련이고, 여기에 다양한 갈등과 분쟁, 각종 관리 사무가 더해지면, 가도는 상당량의 행정 업무를 감당할 수 없게 되어 주민위원회로 그 업무를 떠넘기게 된다. 이렇게 되면 군중의 자치 조직인 주민위원회가 행정 집행 기구로 그 성격이 변하게 된다. 반테러에서부터 계획 출산까지, 통전 임무에서 공공 안전까지, 다양한 사무가 주민위원회를 통해 이뤄지게 된다. 모든 사무가 사구(社區)로 내려가는 것이다.

이러한 상황 때문에 '2급 정부, 3급 관리' 이후 '4급 네트워크'라는 것이 출현하게 되었다. 그 출발점은 주민 사구를 사회 관리의 기초 단위로 삼는 것이다. 주민 거주 지역의 다양한 조직을 엮어서 사회 관리와 안정의 네트워크 체계를 세운다. 그러나 주민위원회는 어떤 측면에서 보더라도(관리 인원의 소질, 기구 설치, 업무 기제 등) 행정 기구의 다양한 업무를 감당하기가 어렵다. 도시의 사회 관리 중임을 맡기에는 역부족인 것이다. 당연히 이 모델의 특징 역시 하향식의 행정 통제라고 할 수 있으며, 행정적인 역량을 통해 도시 사회를 통합 및 조정하는 것이라 할 수 있다. 조직 건설의 차원에서 보면, 그것은 위에서 밑으로 향하는 구조이며, 상급 정부를 기준으로 설계된 것이다. 따라서 그리드 매니지먼트의 구상에서는 기존 구조를 어떻게 바꿀 것인지, 그리고 이를 통해 어떻게 횡적으로나 종적으로 모두 마지막까지 도달할 수 있게 할 것인지가 핵심이 된다. 어떻게 "도시 관리를 하나로 통일 시킬 것인가, 어떻게 피동적인 것을 능동적인 것으로 바꿀 것인가, 어떻게 각개 전투를 협동 작전으로 바꿀 것인가"[72]?

저우산의 구상은 베이징의 그리드 매니지먼트를 기초로 2008년에 시작하였다. 다만 그리드 매지니먼트에 클러스터식 서비스를 가미하였

---

72   陈平, 『网格化城市管理型模式』, 北京大学出版社, 2006年, p.77.

다. 저우산의 그리드 매니지먼트는 "그리드의 자리 매김, 클러스터식 연계, 다원화된 서비스, 정보화 관리, 전방위적 커버리지, 상시적 보장"[73]을 주요 골자로 하였다. 이 구상에서 저우산은 '대중 중심'의 이념을 준수하였다. 그리드 내에 서비스팀을 건설하였고, 이를 '그리드 매니지먼트, 클러스터식 서비스'라는 이름으로 운용하였다. 저우산은 전 도시를 2,428개의 그리드(농어촌의 경우 100-150가구를 하나의 그리드로 조성, 도시 사구는 적절히 확대)로 나누었다. 그리고 모든 그리드에는 6-8명으로 구성된 서비스팀을 설치하였다. "2008년 말에는 모든 그리드의 서비스 조직 인력이 13,565명으로 늘어났고, 그중 현(구) 간부가 772명, 향진(가도) 간부가 2,479명, 사구 간부가 2,011명, 일반 당원 및 의무인력, 파출소인력, 의무노동자, 교사, 농어촌 과학기술 인력, 본향 인재가 8,303명이었다."[74] '그리드 매니지먼트와 클러스터식 서비스'는 '위민(为民), 혜민(惠民), 편민(便民)'을 그 취지로 삼았고, '여론 수집, 민정 이해, 고충 해소'를 수단으로 삼았으며, '인심을 얻고, 인심을 따뜻케 하고, 인심을 안정케 하는 것'을 목표로 삼았다. 가능한 최대로 자원을 통합해, 전면적이고 시기적절하게 군중의 필요에 반응하고, 기층 군중의 여러 가지 실제 문제를 해결하며, 다방면에 걸친 군중의 일을 처리하고자 하였다. 각 그리드의 서

---

[73] 夏仁康, 「以人为本, 创新基层社会管理—舟山市 "网格化管理, 组团式服务" 调查」, 浙江省委党校2011年, 第二期领导干部进修二班第二组课题, www.zjdx.gov.cn/1304/30953.htm 참조.

[74] 孙建军等, 「从管制到服务—基于舟山 "网格化管理, 组团式服务" 实践的分析」, 『中共浙江省委党校学报』 2010年, 第1期.

비스팀 인력은 해당 그리드 내의 모든 군중(가구)와 일일이 연계되었고, 매년 최소한 네 차례이상 직접 방문하도록 되어 있었다. 시기적절하게 자기 '책임 지역' 내의 문제와 건의를 다양한 방식으로 수집 및 처리하였으며, 군중이 제기하는 문제와 어려움을 적극적으로 해결하고자 하였다. 그리드의 서비스팀은 "마을 및 가구를 모두 방문하고, 연락처를 모두 공개하며, 반영 루트를 모두 알리며, 서비스 관리를 전부 커버"하여, "한 평 땅이라도 관리하는 사람이 있게 하고 한 가지 업무에도 수행하는 사람이 있도록" 만들었다. 나아가 조직 체계에서 기층 관리 및 기층 서비스에서 나타나기 쉬운 '주체 부재'와 '관리 진공'의 문제를 해결하고자 하였다.[75]

그러나 서비스팀이 그리드 내의 모든 문제를 해결하는 것은 불가능했다. 그 조직 역시 지원 조직이 필요했다. 만약 그리드가 그리드 매니지먼트의 첫 번째 층위라면, 저우산은 하나의 그리드 위에 사구(주민위, 혹은 촌민위)급, 진 및 가도급, 구현급, 시급의 네 개 등급을 추가로 건설하여, 총 5개로 이뤄지는 관리 시스템을 구축하였다. 그 운용 원칙은 대체로 해당 급에서 해결할 수 있는 문제는 그 급에서 해결한다는 것이었다. 만약 해결할 수 없을 경우에는 상급에서 해결하도록 하였다. 가장 높은 상급, 곧 시급은 '그리드 매지니먼트, 클러스터식 서비스' 관련 영도소조를 건립하였고, 시 위원회 서기, 혹은 시장이 그 영도소조의 수장을 맡았다.

75　张兵, 『""网格化管理, 组团式服务": 新时期基层治理的舟山模式』, 党建读物出版社, 2011年 참조.

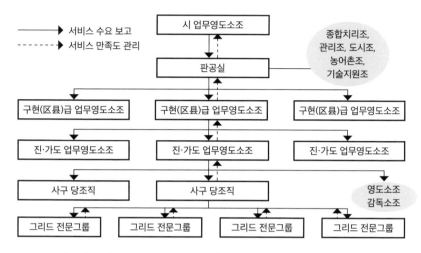

자료: 孙建军等, 「从管制到服务─基于舟山" 网格化管理,组团式服务" 实践的分析」
『中共浙江省委党校学报』2010年第1期을 바탕으로 저자 수정

〈그림 5〉 저우산 "그리드 매니지먼트, 클러스터식 서비스"의 조직구조

이 영도소조 아래 설치된 사무처가 다섯 가지 세부 전문 그룹을 통솔하도록 되었다. 그 다섯 가지는 첫째, 종합 질서 관리 그룹으로 이는 시 위원회 정법위 서기가 그 책임을 맡았다. 두 번째 서비스 조직 관리 그룹은 시 위원회 조직부가 그 책임을 맡았다. 세 번째 지역 업무 그룹은 시 민정국에서 그 책임을 맡았다. 네 번째 농어촌 업무 그룹은 시 농어업사무 담당자가 그 책임을 맡았다. 마지막 다섯 번째는 기술보장 그룹으로 시 정보 센터가 그 책임을 담당하였다.(그림 5참조)

이러한 등급 구조에서는 그리드를 통해 직접 서비스 대상까지 도달하게 되고, 이를 통해 그 접촉 지점이 가장 마지막까지 다다르게 된다. '종적으로 마지막까지'를 실현할 수 있게 되는 것이다. 나아가 조직 체

계에서 기층 관리 및 기층 서비스 상의 '주체 부재'와 '관리 진공' 문제를 해결할 수 있다. 이전 구조에서 그 마지막은 햄프튼시의 경우라면 관료 기구의 각 부문이었다. 그것은 하향식의 운용이었으며, 상향식의 운용은 찾아보기가 어려웠다. 여전히 그 구조가 관료 중심이라 평가한 것도 바로 이 때문이었다. 기존의 중국 도시 조직 구조라면, 그 마지막은 엄격한 의미에서는 가도이다. 다만 가도가 확대되면서 사구나 주민위원회까지 내려가게 되었을 뿐이다. 물론 여기서 서비스 대상과의 효과적인 연계가 이뤄졌다고 보기는 힘들다. 사구 및 주민위원회의 관할 공간이나 가도 상황에 여전히 한계가 있었기 때문이다. 결과적으로 이 역시 하향식, 관료 중심의 조직 구조라고 할 수 있다. 그런데 저우산의 그리드 매니지먼트는 상향식 설계이기도 하고, 동시에 하향식 설계이기도 하다. 가장 마지막에 위치한 그리드 팀이 그리드 내의 시민들에게 서비스를 제공하기도 하고, 만약 해결하기 힘든 문제의 경우에는 상급에 그 상황을 알리기 때문이다. 현실에서 그 둘은 쌍방향으로 작동하면서 기존 하향식 구조의 부족한 부분을 보완하게 된다.

이러한 구조에서는 직능과 부문 사이의 칸막이를 헐어서 '횡적으로 끝까지'를 실현할 수 있게 된다. 서비스팀은 호수 지역 의료센터의 의료진과 대단히 유사하다. 개인적인 필요와 문제가 여기로 집중되기 때문이다. 서비스팀이 만약 해결하지 못한다면, 상급을 통해 해결할 수 있다. 각 급에는 모두 이와 유사한 플랫폼을 갖추고 있어서, 다양한 문제와 필요가 빠르게 관련 부문에 전달될 수 있다. "각급 정부 및 부문이 전개하려 했던 다양한 관리 서비스 활동이 그리드 상의 관리 업무와 유기적으로 엮이면서 부서 간의 협력이 강화되고, 해당 사안 하나하나 간의 효과적인 연계가 가능해진다. 이를 통해 서로 다른 부문 간의 소통 및 협력 부족을 피할 수 있고, 칸막이 행정 및 중복 행정도 미연에 방지할 수 있다. 분산된 형태로 존재하는 다양한 사회관리 자원도 효과적으로 통합하여 충분히 활용할 수 있다. 나아가 사구 군중에 대한 관리 서비스를 세밀하게 데이터로 정리하면서, 그들의 의견에 빠르게 반응할 수 있는 효과적인 기제가 형성될 수 있다."[76] 기존에 분할되고 단방향이었던 정부 관리 서비스가 점과 면이 결합된 형태로 나아갈 수 있게 된다.

이러한 관리 및 서비스 방식이 성공을 거둘 수 있었던 것은 정보통신기술을 활용하였기 때문이다. 저우산은 '그리드 매니지먼트, 클러스터식 서비스'를 위해 종합적이고 집적적인, 그리고 공유적 성격의 정보 관리 시스템을 개발하였다. 이 시스템은 기초 데이터, 서비스 처리, 문자 연결, 업무 교류, 민정 일지, 시스템 관리의 6개 모듈로 구성되어 있는데, 여기에는 데이터 검색 통계, 정보 문의, 공작 교류, 인터넷 사무 등의 기능 등이 포함되어 있다. '기초 데이터'에는 그리드 내 가구와 주민의 기본 정보가 수록되어 있고, 이를 취합 정리하여 데이터베이스를 만들 수 있다. 또한 일상적인 정보 수집과 데이터 갱신에 주의하여, 정부 차원에서 주민의 실제 상황을 적극적으로 파악하고 전면적으로 이해할 수 있게 해주며, 관리 서비스의 정확성과 동태적 수준을 제고할 수 있게 해준다. '서비스 처리'는 그리드 내 주민에게 개방된 온라인 민원 처리 플랫

76　夏仁康, 앞의 글 참조.

폼이다. 물론 정부 내 관련 부문이 이 플랫폼을 통해 그리드 내 주민에게 서비스를 제공할 수도 있다. 문자 메시지나 전화, 방문 등의 방식으로 주민들의 민원이 정보 시스템에 입력되면, 이 시스템은 즉각 그 민원을 등록되어 관련 부처 책임자가 정해진 기일 내로 그 민원을 처리하도록 되어 있다. 간편 접수, 온라인 협약, 실시간 모니터링, 쌍방향 심사 등이 모두 가능하며, 각급 및 각 부문이 대민 서비스의 각 단계마다 기록을 남겨서 일반 시민들이 제기한 민원이 어떻게 진행되고 있는지 하나하나 확인할 수 있다. '문자 연결'은 그리드 내 주민이 그리드의 서비스팀과 관련 정부 부문에 연락을 취할 수 있는 플랫폼이다. 주민들은 언제든지 그리드의 서비스팀 인력과 소통하며 자신의 상황을 알려줄 수 있다. 관련 정부 부문 및 그리드의 서비스팀도 시의적절하게 관련 정보를 그리드 내의 주민에게 전달해줄 수 있다. '업무 교류'는 그리드의 인력과 기관 인력이 그리드 매니지먼트와 관련하여 업무 교류를 할 수 있는 플랫폼이다. 그리드 인력은 이 플랫폼을 통해 대민 서비스의 경험과 소감, 난점 및 의문, 의견 및 건의 등을 남길 수 있다. 이러한 정보 소통과 경험 공유, 상호 지원이 결과적으로 관리 서비스 수준을 높이게 된다. '민정 일지'는 그리드의 서비스팀 인력이 직접 방문한 상황 및 구체적인 업무 처리 내용, 특히 방문 중 발견한 각종 문제를 기록으로 남기는 공간이다. 또한 그리드의 서비스팀 인력이 스스로 문제를 해결하기가 어려울 경우 이 플랫폼을 통해 상급에 보고 절차를 밟을 수 있다. '시스템 관리'는 시스템의 정상적인 운용을 위한 관리자의 기능 모듈이다. 저우산은 이 시스템을 지난 3년 간 운용하면서 거의 30개에 달하는 부문 응용을 통합하였고, 누계 6만 건의 문제를 해결하였다. 99%의 업무 처리율을 기록하였으며, 20만 건의 사건도 기록되었다. 문자 메시지 플랫폼은 1년간 1,800여 만 건에 달하는 서비스 메시지를 발송하였다.[77]

　　베이징 둥청구가 나중에 그리드 매니지먼트를 업무 관리에서 대인(對人) 관리로 전환하였을 때, 저우산의 방식을 많이 참조하였다. 둥청구는 각 그리드에 일곱 종류의 인력을 배치하였는데, 그리드 관리 인원, 경찰, 사법 인원, 소방 인원 등이 그 예이다. 이는 저우산의 서비스 조직과 유사한 면이 있다. 그리고 각 그리드에는 7개 대분류, 32개 소분류, 170항목, 2,043개의 지표로 구성된 데이터베이스가 존재한다. 이 데이터들은 그리드 내의 '시설'만 관련되는 것이 아니라, 그리드 내의 '사건'과 '인원'도 관련된다. 이를 통해 '개인이 가구로', '가구가 주택으로', '주택이 그리드로', '그리드가 지역으로' 전개되는 세밀한 관리가 실현된다. 주민이 거주하는 건물의 '건물장(樓長)'에게 '10+X'로 구성된 주민 정보의 수집 책임이 주어진다. (10은 고정 정보로서, 해당 건물에 거주하는 가구의 호적 인원 수, 상주 인원 수, 유동 인구 등이며, 'X'는 주민 민원 및 위험 요소 등의 특수 정보를 가리킨다.) 가구에 일률적으로 설치되어 있는 디지털 셋탑박스를 통해 관련 정보를 전해 받거나 전해줄 수 있다. 정보들은 그리드 플랫폼을 거쳐 사구와 가도 및 구(區) 내의 관련 직능부문에 전달되고, 그리드 상의 전체 직능 분업 및 처리 절차에 근거해, 지휘센터가 임무를 내리고 관

77　「舟山市"网络化管理, 组团式服务"信息管理平台」(2014年 5月 7日), 巩义市社会公共管理专题网站, http://www.gonyishi.gov.cn/shgl/zjwg/xxjl/jyjl/webinfo/2014/05/1398842581170651.htm.

련 문제를 처리토록 한다. 2015년 둥청구는 '하늘의 구름(클라우드 컴퓨팅 센터), 땅 위의 격(사회 관리 그리드), 중간의 망(인터넷)'이라는 새로운 사회 관리 체계를 내세운 바 있다.[78]

전면적인 확장을 이룬 상황에서, 그 관리 시스템이 전체적으로 유효하게 작동하려면 어떤 운용 방식에 근거해야 할까? 이것은 새로운 공정 개편에서 반드시 고민해야 할 문제에 속한다. 운용 기제가 없다면, 그리드 매니지먼트는 시스템 특유의 기능과 역할을 수행하기 어려울 수 있다. 저우산의 경우라면, 그 시스템을 운용하는 데 여덟 가지의 운용 기제가 필요하다.

첫째, 책임 할당의 기제이다. 모든 관리 서비스 인력은 그리드 내에서 "관리를 책임지고, 서비스를 책임지며, 교육을 책임지고, 제고를 책임져야 한다." 그래야 기존에 업무 별로 나누어서 진행하던 할당 방식을 극복할 수 있다. 치안과 위생, 계획출산, 특별 방문, 교정 인원, 환경 관리 등의 업무를 전면적으로 통합할 수 있는 것이다. 동시에 현대 정보통신기술을 충분히 활용한다면, 책임 할당 제도의 기술 수준도 향상시킬 수 있다.

두 번째는 민의 전달 기제이다. 그리드의 서비스 인력은 "마을 및 가구를 모두 방문하고, 연락처를 모두 공개하며, 반영 루트를 모두 알리며, 서비스 관리를 전부 커버"하고자 한다. 여기에 민의 전달 기제와 갈등 처리 기제, 권익 보장 기제를 한 데 엮는다면, 민의 전달 기제를 한층

---

78   高恩新,「基于信息整合与人员下沉的城市管理创新研究」,『中共浙江省委党校学报』2011年, 第6期 참조.

더 보완할 수 있고, 민의 전달의 상시화와 보편화를 실현할 수 있다. 또한 저우산은 「'두 대표와 한 위원'이 '그리드 매니지먼트와 클러스터 서비스'에 융화되는 업무 의견」을 내놓은 적 있다. 여기서 저우산은 각급 당 대표와 인대 대표, 그리고 정협 위원이 그리드와 연계될 것으로 요구하였다. 그리드 관리 복무 요원들이 수집한 많은 의견이 그들 대표와 위원을 거쳐 각급 당 지부와 정부에 직접 전달될 수 있도록 한 것이다. 민의가 전달될 수 있는 통로가 한층 더 강화되었다고 할 수 있다.

세 번째는 민정 연구 기제이다. 사구에서는 매달 한번, 향진(가도)에서는 두 달에 한번, 현(구)에서는 분기마다 한번, 시에서는 반년에 한번, 그리드 매니지먼트 관련 민정 분석회가 개최된다. 민의 분석을 통해, 공통적이거나 함께 고민할 필요가 있는 문제가 연구된다. 시와 현(구)의 그리드 사무처는 매달 한 번 시민들의 의견을 분석한 자료를 제작해 발표하며, 중요 민정 정보에 대해서는 분석 및 정리를 통해 정책 결정 단계에 건의 및 의견을 제기한다.

네 번째는 민주적인 정책결정 기제이다. 연락처의 공개, 직접 방문, 단문 소통 플랫폼 등의 방식으로 민의를 파악하여 정책결정의 기초를 마련한다. 홈페이지 상에 '서비스 처리' 란을 개설하거나 시민 만족도 중심의 평가 방법을 제정하기도 하고, 중요 사안에 대한 정책결정 공시 제도 등을 실시하여 정책결정 권력의 합법적인 행사를 보장한다. 사구 의사실(议事室) 등의 민주적인 협상 기제를 마련하여 공공 사무 관리에 시민들이 자신의 역할을 발휘할 수 있도록 하고, 그들의 정보열람권과 참여권, 의사 표명권 및 감독권 등을 강화한다.

다섯 번째는 등급별 해결 기제이다. 다섯 개의 층위에는 모두 자기 범위 안에서 해당 문제를 처리해야 하는 기제가 마련되어 있다. 향진 급 이하에서 해결할 수 있는 문제는 자신들이 알아서 해결해야 한다. 그런 데 만약 그리드 관리 복무 요원들이 상급에 제기한 문제가 향진(가도) 층 위에서 해결될 수 없거나, 혹은 더 높은 층위에서 해결되어야 한다면, '서비스 업무 플랫폼'을 통해 해당 문제를 현(구)의 그리드 사무처로 제 기할 수 있고, 관련 직능 부문으로 그 문제가 전달되었을 경우에는 정해 진 기일 안에 답을 주거나 해결해주어야 한다.

여섯 번째는 정보 공유의 기제이다. 전문적인 정보 시스템에는 '기 술 보장 팀'이 꾸려져 있으며, 시의 모든 전자 정무 네트워크 자원을 통 합 관리해야 한다. 통일된 네트워크 플랫폼을 건설하는 동시에, 일상적 인 기술 지원도 제공해야 한다. 향진(가도)과 사구(촌)에는 모두 정보 스 테이션이 구축되어 있으며, 정보 관련 전문 인력이 확충되어 있다. 그들 은 정보 플랫폼의 관리 및 유지, 정보 입력과 피드백 업무를 담당하며, 정보 자원의 공유를 실현한다.

일곱 번째는 평가 격려 기제이다. 저우산은 그리드 매니지먼트에서 평가 제도를 마련하고 있다. 이 제도는 100점제를 사용하고 있는데, 이 는 플랫폼 감사, 불시 조사, 만족도 평가, 프로젝트 감독 등으로 구성되 어 있다. 평가의 내용은 조직 기구 상황, 연락 및 방문 상황, 민정 기록 상황, 서비스 처리 상황, 민정 연구 상황, 중점 항목의 진전 상황, 시민 인 정 상황 등을 포함한다. 또한 업무 혁신 상황을 추가 항목으로 두고 있으 며, 연도별 신고제를 채택해 시의 그리드 사무처가 그 혁신 상황 및 실제

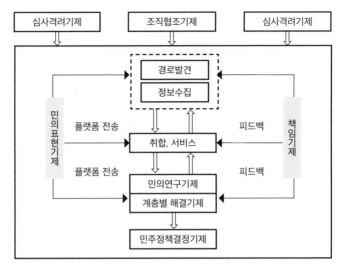

자료: 张兵, 『" 网格化管理, 组团式服务": 新时期基层治理的舟山模式』 党建读物出版社, 2011年, p.40.

〈그림 6〉 저우산의 "그리드 매니지먼트, 클러스터식 서비스"의 조직 협조 기제

효과를 가지고 해당 연도의 점수를 확정케 하고 있다.

여덟 번째는 조직 협조 기제이다. 수혜 범위가 이처럼 넓은 "그리드 매니지먼트와 클러스터식 서비스"는 강력한 조직 협조 기제가 필수적이다. 그렇지 않으면 원활한 시스템을 운용을 보장하기가 어렵다. 「그림 6」 은 저우산 그리드 매니지먼트의 운용 기제를 묘사한 것이다. 전체적으로 살펴보면, 저우산 세 개 층위에서 조직 협조 기제를 구축하였다. 하나는 시에서 그리드까지 이르는 5급의 대응 조직 체계이다. 다른 하나는 각 현(구)과 각 부문, 각 향진(가도)이 그리드 매니지먼트를 통솔하도록 요구한다. 각 부문별 관리 복무 업무를 그리드 매니지먼트의 체계 속에 유기적으로 통합시켜 부문 별 협조를 강화하고 공공관리 복무 자원을 통합

한다. 이를 통해 유한한 공공자원이 최대 효율을 보일 수 있도록 만들고 있다. 마지막 하나는 도시에 문제 해결의 협조 기제를 구축해 종합 관리 복무 체계를 형성하고, 시민들이 제기하는 다양한 문제를 적시에 해결하도록 하고 있다.[79]

3. 그리드 매니지먼트의 의의와 문제, 그리고 전망

그리드 매니지먼트(특히 저우산의 경우)는 기본적으로 '빈틈없는 정부'에서 촉발되었다. 이는 그 관리 이념이 일맥상통한다는 데에서 확인할 수 있다. 고객 및 결과 지향적이고, 기존의 관료 구조에 나타나는 부문별 칸막이와 직능 중복 및 부재를 극복하여 빈틈없는 운용 방식으로 시민들에게 양질의 서비스를 전달하고자 한다. 그런데 다른 한 편으로는 앞에서 살펴보았던 것처럼 그리드 매니지먼트는 중국의 구체적인 실천 속에서 '빈틈없는 정부'를 일정부분 넘어선 측면이 있다. 몇 가지로 나누어 이를 살펴볼 수 있는데, ①우선 그리드 매니지먼트는 등급과 직능, 부문 간의 전면적인 확장을 이루며, 진정한 의미에서의 빈틈없는 운용을 실현한다. ②또한 공정의 개편이 정부 기구를 넘어선다. 즉 사회조직 및 그 역량에 힘입어 정부 기구의 접촉면이 가장 기층의 서비스 대상에까지 이르도록 하고 있다. 이를 통해 시민의 요구에 근거한 맞춤형 서비스가 가능해진

---

79   이상의 여덟 가지에 대해서는 夏仁康, 앞의 글 참조.

다. ③그리드라는 구조 덕분에 정확하고 세밀한 관리가 가능해지고 전방위적인 서비스가 제공될 수 있는 플랫폼이 형성된다. 더 넓은 범위에서 빈틈없는 서비스가 가능한 것은 모두 이 구조 때문이라고 할 수 있다. ④베이징과 저우산은 그리드 운용에서 정보통신기술을 적극 활용해 효율적이고 튼튼한 버팀목을 마련하였다. 비교적 넓은 범위를 효과적으로 관리하고 전방적인 서비스를 제공하려면, 이러한 기술적인 부분이 필수 불가결하다.

그러나 그리드 매니지먼트에도 문제는 존재한다. 그리드 매니지먼트에서는 그리드 서비스팀을 구성해 정부 조직 기구가 '종적으로 마지막까지' 다다를 수 있게 하였다. 그렇다면 그 서비스팀원의 신분은 무엇인가? 누가 그 서비스팀에 들어갈 수 있는가? 그것은 지원자를 중심으로 구성되는가, 아니면 상급에서 꾸린 것인가? 그 조직의 사명은 무엇인가? 그것은 일종의 중간 역량인가, 아니면 주민위원회의 경우처럼 정부역량의 연장에 속하는가? 여기서 한 가지 확실한 것은 그 서비스팀이 상급에서 꾸려진다는 것이다. 저우산의 경우를 보면, 서비스팀은 당 소조에 포함되어 있다. 정부와 당 체계 안에 들어가 있다고 볼 수 있는 것이다. 그런데 이렇게 되면 기층의 자치 문제가 불거진다. 사실 관련 법규를 살펴보면, 주민위원회는 군중의 자치 조직이라고 되어 있다. 기층의 자기 거버너스는 민주적인 행정을 위한 필수적이고, 정부의 입장에서는 관리 비용을 줄일 수 있는 방편이 된다. 그런데 주민위원회는 결국 정부의 집행기구, 혹은 준 행정 기구로 변모하였고, 그 결과 나타난 것은 정부 선호 경향이다. 주민위원회의 업무 인력들은 모두 재정적으로 보조금을 받고 있다. 이로 인해 기층의 자치적 성격이 변하게 되고, 주민위원회의 권위가 낮아지게 된다. 어쩌면 이러한 배경 때문에 서비스팀이 만들어진 것일 수 있다. 그러나 만약 그 조직이 정부의 하급 조직으로 변해버린다면 (설사 주민위원회처럼 정부 편제가 되지 않더라도), 기층의 자치를 논하는 것은 어불성설이 된다. 또 다른 문제는 인센티브이다. 만약 서비스팀이 지원자를 중심으로 구성된다면, 위에서 언급한 문제는 크지 않을 수 있다. 지원자들은 일반적으로 자신의 역량을 발휘하고 싶어 하고, 그들이 목표로 하는 것은 일종의 자아실현이기 때문이다. 그런데 만약 그렇지 않다면, 여기에는 팀 구성원에 대한 보상 기제가 문제시된다. 보조금이 없을 때에도, 그들은 그들의 업무를 책임감 있고 적극적인 태도로 임할 수 있을까? 저우산은 서비스팀에 보조금을 지급하지 않았고, 이로 인해 팀원의 열정과 적극성이 하락하는 문제가 나타났다. 반대로 만약 물질적으로 서비스팀에 보조금을 지급한다면, 엄청난 규모의 재정지출이 필요하게 된다. 그 재정 지출을 어떻게 감당할 수 있겠는가?

또 다른 문제는 관료 조직 체계와 그리드 매니지먼트 체계 간의 문제이다. '그리드 매니지먼트, 클러스터식 서비스'는 관료 조직의 전통적 하향식 운용에 상향식 운용이 더해진 것이라 할 수 있다. 이러한 쌍방향 운용은 정부가 시민의 요구를 충족시키는 데 대단히 편리하며, 맞춤형 서비스를 전방위적으로 제공할 수 있다는 장점이 있다. 그러나 동시에 다음과 같은 문제가 나타날 수 있다. 첫째, 상향식 운용은 상설 기구가 아니라 비상설 기구를 통하게 된다. 아래에서 위로 전해진 문제는 다양한 직능 부문에 걸쳐 있는 경우가 많고, 따라서 하나의 플랫폼을 만들어

해당 문제를 부문 별로 나눈 다음, 가능한 빨리 관련 직능 부문에 전달해야 한다. 저우산의 그리드 매니지먼트 조직 구조에서 보았던 것처럼, 시영도소조 아래 설치된 사무처(하급도 마찬가지)가 이러한 플랫폼 역할을 한다. 만약 이러한 사무처가 없다면, 그 구조는 햄프튼시의 경우와 크게 달라지지 않는다. 이 플랫폼이 아래에서 위로 제기된 문제를 빠르게 관련 직능 부문에 통보해주어야 하고, 동시에 만약 그 문제가 여러 그룹에서 함께 논의될 필요가 있다면 그 플랫폼이 일종의 협력 작용을 맡아주어야 한다. 결과적으로 기구 설치의 차원에서 말하자면, 한 개 기구가 더 생기는 셈이고, 그에 상응하는 인력과 경비가 늘어나게 된다. 두 번째는 등급별 문제 해결의 원칙을 생각해볼 수 있다. 만약 어떤 문제가 아래 등급에서 충분히 해결될 수 있다면, 그보다 상급은 일이 없어지게 된다. 그 위급이 비상설기구라면 문제가 크지 않겠지만, 만약 상설기구라면 낭비가 이만저만이 아니다. 세 번째는 사무처의 인력이 대단히 전문적이어야 한다는 점이다. 아래에서 올라온 문제가 어느 직능 부문으로 전달되어야 할지, 혹은 어느 직능 부문과 관련되는지 빠르게 판단해야 한다. 그래야 문제를 신속하게 관련 부문에 넘겨서 해결할 수 있게 된다. 네 번째는 사무처가 반드시 권위를 갖춘 기구여야 한다는 점이다. 여러 부문 간의 협조를 구하려면 이는 필수적이다. 그런데 현행 조직 행정 급별을 살펴보면, 사무처의 급과 전문 처리 그룹은 동급으로 되어 있다. 사무처의 권위가 약해질 수밖에 없는 배경이다.

만약 저우산의 그리드 매니지먼트가 서비스 지향적(사실 관리 기능도 포함)이라고 한다면, 베이징의 그리드 매니지먼트는 관리 지향적(일정 부분 안정 유지에서 비롯)이라고 할 수 있다. 관리 지향적일 경우, 폭넓은 정보는 상황을 파악하고 신속하게 반응하기에 유리하게 작용한다. 그러나 베이징 둥청구의 경우처럼, 그 그리드가 모든 사람과 사물에 해당될 경우, '개인이 가구로', '가구가 주택으로', '주택이 그리드로', '그리드가 지역으로' 가는 세밀화 관리는 개인의 사생활을 침범할 여지가 있다. 주민들의 움직임 하나하나가 모두 엄격한 감시 아래 놓이게 되지 않을까? 사회 질서를 유지하는 동시에 주민 생활의 다양성과 자유를 보장할 수 있는 방식이 그리드 매니지먼트에서 반드시 고민되어야 한다. 그리드 및 정보통신기술의 운용은 반드시 공공관리의 핵심 이념을 최고로 추구해야 한다. 그것은 인간의 전면적이고 자유로운 발전이다.

저우산의 '그리드 매니지먼트와 클러스터식 서비스'는 향후 중국(주로 도시)의 많은 정부 관리와 공공서비스 제공에서 하나의 모델로 차용될 수 있다. 그러나 이것이 미래 더 발전적이 되려면, 다음의 세 가지 문제를 반드시 고려해야 한다.

첫째, 어떻게 그리드 매니지먼트를 기층 사회의 건설과 함께 가져갈 것인가의 문제이다. 특히 기층의 자치 수준을 제고 및 확대하여 정부 관리가 자기 관리로 바뀌어야 한다. 그리드 매드지먼트는 이를 중심으로 이뤄져야 한다. 햄프튼시의 정부 구조는 부문까지 도달한 이후에는 더 이상 그 아래로 내려가지 않았다. 그 이유 중 하나는 부문 아래 성숙한 기층 사회가 존재하고 민간 역할이 강력하기 때문이다. 중국처럼 정부가 마지막까지 다다라야 할 필요가 없다. 여러 가지 역사적 배경 때문에 중국의 자기 관리 역량은 그다지 강하지 않은 편이다. 비교적 강한 정부가 필요한 것도 어느 정도 이 때문이라고 할 수 있다. 그러나 반대로 말하자면, 정부의 관리 역량이 강하기 때문에 자기 관리의 성장이 지연된다고도 할 수 있다. 만약 시민의 자기 관리 역량에 주의하지 않은 채 지속적인 그 성장 조건을 만들어주지 않는다면, 나아가 강력한 정부 관리 방식을 고집한다면, 기층 사회는 영원히 성숙되지 못한 채로 남게 될 수 있다. 마르크스는 국가가 사회를 능가하는 것이 아니라 사회가 국가를 능가한다고 주장하였다. 그리드 매니지먼트는 시민 사회의 성숙을 조성할 수 있어야 한다.

두 번째 문제는 정부의 사회 관리 방식과 공공서비스 제공 방식의 다변화 문제이다. 사실 오늘날과 같은 시장화 추세에서는 정부가 시장 및 사회 역량에 힘입어 공공서비스를 제공하는 것이 충분히 가능하다. '빈틈없는 정부'처럼, 서방에서 진행되고 있는 정부 공정의 개편은 대부분 공공관리의 시장화와 기업화를 그 배경으로 하고 있다. 그 의도 중 하나는 시장 역량을 통해 정부의 경쟁력을 높이는 것이다. '빈틈없는 정부'도 어떤 의미에서는 경쟁력을 높이기 위한 산물이라고 할 수 있다. 정부가 제공하는 서비스가 이를 통해 다른 조직이 제공하는 것과 경쟁할 수 있게 된다. 따라서 우선 그러한 조직의 존재를 인정하고 격려할 필요가 있다. 그러한 조직이 없다면 양성해야 한다. 정부가 의식적으로 자신의 경쟁 대상을 설정하고, 이를 통해 정부의 효과적인 운용을 꾀해야 한다. 이는 미국에서 페덱스가 나타나면서 전통적으로 그 효율이 낮았던 우체국이 그 효율을 끌어올릴 수 있었던 것과 마찬가지이다. 그리고 정부는 다양한 사회조직을 충분히 활용해 사회에 서비스를 제공해야 한다. 단순히 그 힘을 빌리거나, 심지어 정부 자신의 힘을 강화하려 해서는 안 된다. 그리드 매니지먼트는 정부의 역량을 강화하는 데 그 목적이 있는 것이 아니라, 정부가 더 효과적인 방식으로 사회 및 시민에게 그들이 필요로 하는 서비스를 제공하는 데 그 목적이 있다. 나아가 경쟁적인 서비스 영역에서 정부의 운용이 경쟁력을 갖추게 하는 것도 그 목적 중 하나이다. 그런 점에서 그리드 매니지먼트는 공공서비스의 시장화와 함께 추진될 필요가 있다.

세 번째 문제는 그리드 매니지먼트, 특히 정보통신기술의 운용이 인문적 관심과 함께 갈 필요가 있다는 점이다. 저우산의 '그리드 매니지먼트, 클러스터식 서비스'는 베이징의 경우와 비교할 때 서비스 지향적이라는 특징을 갖는다. 반면 베이징의 그리드 매니지먼트는 질서 유지의 측면이 상대적으로 강하다. (다른 지방에서 추진 중인 그리드 방식 역시 이러한 맥락이 강하다.) 그리드 매니지먼트에서 활용되는 정보통신기술은 개인의 권리 보호를 가장 기본적인 출발점으로 삼아야 한다. 그리드 매니지먼트가 차가운 기술이성주의의 형태로 소외를 부추기는 관리가 되어서는 안 된다. 그것은 도리어 인문적 관심이 충만한 관리 형태로 자리잡아야 한다.

Public Service Process Re-engineering:
From "Seamless Government" to "Grid Management"

Abstract: How to break the border of departments, hierarchy levels and government functions, and to provide a kind of public demand-oriented, meticulous, personalized public service is a problem public administration theorists and practitioners have been trying to solve. Based on the case of Zhoushan city of Zhejiang province, this paper discusses the breakthrough of the grid management against seamless government and analyzes the public service process re-engineering in China.

제4장

국가-사회-시장 관계의
재구성

행정 심의제도 개혁 : 회고와 전망*

요약: 행정 심의제도 개혁과정에서 단순한 심의과정 철폐 및 축소부터, 심의기구 감축과 '간정방권(簡政放权)'의 동시추진에 이르기까지 다양한 변화가 나타났다. 이러한 변화의 배경에는 다양한 수준의 사회경제발전 단계와 다양한 사고방식이 자리하고 있다. 최근의 행정 심의제도개혁은 기존의 개혁노선을 유지하면서도 그 한계를 극복하였다. 향후 행정 심의 제도개혁은 더 나은 개혁을 위해 개혁의 원근, 내외, 상하, 다소, 공사(公私) 등 거시적 관계에 대한 아이디어가 요구되며, 특히 권력원천과 대중 참여 측면에서의 아이디어가 필요하다.

* 이 글은 『理论探讨』 2015, Vol.6, pp.5-9에 수록되었다.

1. 행정 심의제도 개혁의 역정

행정심의는 정부 기능의 하나로서, 이러한 기능을 행사하는 방식은 다양한 사회 및 경제에서 다양하게 드러난다. 계획경제 시대에는 오늘날과 같은 엄격한 의미에서의 행정심의가 존재하지 않았다. 일반적으로, 행정심의는 국가 행정기관이 법에 따라 행정민원인(行政相對方)의 신청을 처리하거나, 민원인이 종사하는 활동에 법률자격 혹은 법률상 권리를 부여하는 활동 정도로 볼 수 있는데, 따라서 행정심의 활동의 전제조건은 시장과 사회라고 할 수 있다. 즉, 이는 정부와 구별되는 사회적 경제주체가 존재해야 한다는 의미이다. 그런데 계획경제 체제 하에서 이러한 주체들은 점차 사라졌으며, 특히 1956년 중국이 '사회주의 개조'에 들어선 이후부터 시작하여, '문화대혁명' 시기에 이르러서는 노점상마저도 자본주의의 잔여 부분으로서 소멸당하게 되었다. 기업 및 기타 사회조직들은 사실상 모두 정부의 부속단위가 되었고, 진정한 의미로서의 행정민원인은 존재하지 않았으며, 남은 것은 영도자와 피영도자의 관계, 명령과 복종의 관계뿐이었다. 정부는 사회의 모든 자원을 장악하였고, 국가가 천하를 일통하는 상황을 만들게 되었다.

중국의 행정 심의제도개혁은 일반적으로 2001년에 시작된 것으로 알려져 있는데, 이 해에 개혁이 시작된 배경에는 매우 합당한 이유가 있다. 중국은 1992년 중국공산당 14차 당대회 후에 시장경제를 채택하였는데, 이는 경제체제의 일대 전기였으며 정부직능의 중대한 전환이기도 했다. 시장경제를 채택한지 약 10년 후, 계획체제로부터 전환된 정부 기능의 여러 모순들이 점차 노정되기 시작하였고, 행정심의 방면의 개혁 역시 더는 피할 수 없는 추세에 놓이게 되었다. 이 개혁은 우선 정부기능 전환과 관련된 것이었다. 우리는 2001년 행정 심의제도개혁의 시작을 알린 「국무원 비전(批转) 행정 심의제도개혁 공작 실시 의견에 관한 통지」에서 이러한 기술을 확인할 수 있다. "각급정부는 진일보한 정부기능 전환을 위해 행정심의를 축소한다. 미시경제에는 적게 관여하고 거시경제에는 많이 관여하며(少管微观,多管宏观), 사전 행정심의는 적게 규제하고 사후 감독과 조사는 많이 할 것이며, 확실하게 감독하고 수행하도록 한다." 21세기 초 중국이 WTO에 가입하고 서비스형 정부 건설이 야기한 정부기능 전환은 행정 심의제도 개혁을 더욱 가속했다. 여기에서 행정심의개혁의 총체적 요구사항은 다음과 같이 기술되고 있다. "정부-기업 분리와 정부-사업단위 분리의 원칙에 부합하지 않고, 시장개방과 공정경쟁에 부합하지 않으며, 실제 유효한 작용을 하기 어려운 행정심의들을 철폐하는 것이다. 또한 시장기제를 통해 대체가능한 행정심의는 시장기제에 맡긴다. 명확히 남겨두어야 할 행정심의에 대해서는, 건전한 감독규제기구를 만들어 심의과정을 엄밀히 하고 심의 단계를 축소시키며, 심의효율을 높이면, 행정심의 책임추궁제(责任追究制)가 엄격히 집행될 수 있을 것이다." 「통지」는 동시에 개혁이 준수해야 할 합법, 합리, 효율, 책임 및 감독의 원칙(행정 심의제도개혁의 5항 원칙-역자 주)을 제시하였다. 거시적으로 보았을 때, 이러한 총체적 요구사항의 이면에는 국가가 경제성장과 사회발전을 추동하기 위해 갓 들어선 시장과 기존의 사회 사이의 관계를 정리하기 위한 노력이 담겨 있다고 볼 수 있다.

그러나 이는 다소 추상적인 내용으로 실제 실천에서 여러 어려움을 야기했다. 이에 약 두 달 후 국무원 행정 심의제도개혁공작 영도소조는 「행정 심의제도개혁의 5항 원칙 관철에 관해 파악해야 할 몇 가지 문제」를 발표하여 이러한 곤란함을 보완하였다. 예를 들어, 이 문서는 '합법' 원칙에 관해 하위법이 상위법 규정 및 그 정신에 저촉되어선 안된다는 점을 명확히 했고, 일정 규모 이상 도시의 정부가 자의적으로 설정해 놓은 행정심의사항은 반드시 철회되도록 했다. '합리' 원칙에 대해서는, 행정심의를 정부가 이행하는 기능의 한 수단으로 보고 그 적용범위에 여러 방면의 산업 및 활동을 포함시켰는데, 구체적으로는 토지, 광물, 하천 등 자연자원의 개발과 은행, 보험, 증권 등 고도의 사회적 신용에 관련된 산업의 진입허가 및 경영활동의 법률규정, 그리고 시민건강과 생명, 재산의 안전에 직접 관련된 상품의 생산 및 경영활동 등 14개 방면이었다.

기본원칙이 확정된 후, 2002년 11월, 국무원은 제1차 조치로서 총 789항의 행정심의항목을 삭제하였고, 관련된 부문은 국가계획위원회(国家计委), 교육부, 국가민족사무위원회(国家民委), 국방과학공업위원회 등 47개 부문이었다.[1] 약 반년 후, 국무원은 2차 조치로서 406개의 행정심의항목을 삭제하였고, 관리방식이 변경된 행정심의항목은 82개였다.[2]

2003년 8월, 행정 심의제도개혁의 이정표적 사건으로 「중화인민공

1   「国务院关于取消第一批行政审批项目的决定」, 国发〔2002〕24号.
2   「国务院关于取消第二批行政审批项目和改变一批行政审批项目管理方式的决定」, 国发〔2003〕5号.

화국행정허가법」이 반포되었다. 이 법에서는 행정심의가 정식으로 법치의 영역에 포함됨을 명시하였고, 또한 행정허가 실시의 권한, 범위, 조건과 절차 및 원칙 등에 대해 규정을 만들어 행정심의가 법에 의거하여 운용되게끔 하였다. 이 법률의 반포에 따라, 국무원은 지방정부와 개혁부문들이 기존의 행정허가 규정을 정리하고, 행정허가법 규정에 부합하지 않는 사항에 대해 신속히 수정 및 폐지할 것을 요청했다. 또한 반드시 법률과 법규를 추가해야 한다면 철저히 법에 의거할 것을 주문했다. 이와 함께 국무원은 2004년 7월1일 전에 관련조치를 이행하고 사회에 그 결과를 공포할 것을 요구하였다.[3]

행정심의개혁이 지방정부를 대상으로 진행됨에 따라, 국무원은 성급 정부의 행정 심의제도개혁에 대해 이하의 요구를 제기했다. ① 현행 행정심의항목에 대해 진일보한 처리, ② 국무원이 취소하고 조정한 행정심의항목의 결정이 착실히 이행되도록 할 것, ③ 이미 폐지하거나 관리방식을 바꾼 행정심의사항의 후속감독관리를 강화, ④ 폐지하거나 관리방식을 바꾸려고 하는 행정심의사항의 설정근거를 명쾌하게 정리하고 법에 따라 적절하게 처리할 것, ⑤ 엄격히 규범에 맞춘 행정심의가 의법행정(依法行政)을 촉진, ⑥ 행정심의의 제도혁신을 추진, ⑦ 조직영도와 감독조사의 강화 등이다.[4]

3   「国务院关于贯彻实施「中华人民共和国行政许可法」的通知」, 国发〔2003〕23号.
4   「国务院办公厅转发国务院行政审批制度改革工作领导小组办公室关于进一步推进省级政府行政审批制度改革意见的通知」, 国办发〔2003〕84号.

국무원은 2002년 10월과 2003년 2월에 300개 항의 행정심의항목을 폐지 및 조정한 후, 2004년 5월에는 다시 495개의 행정심의항목을 폐지 및 조정하였다. 그 중 폐지한 행정심의항목은 모두 409개였고 관리방식을 변경한 항목은 행정심의에서 제외하였으며 업종조직 혹은 중개기구의 자율관리로 돌린 것은 39개, 관리책임을 하방(下放)한 것은 47개에 이르렀다.[5] 2007년, 국무원은 제4차 조치로서 186개 심의항목을 폐지 및 조정하였는데, 그 중 취소항목이 128개, 조정항목이 58개였다(관리책임을 하방한 것은 29개, 실시부문 변경은 8개, 유사업무를 합병한 것은 21개).

　　비록 행정 심의제도 개혁이 진행되긴 했지만, 개혁의 진전은 그리 크지 못했다. 이는 주로 심의사항이 여전히 지나치게 많다는 데에서 잘 드러나며, 이미 폐지하거나 조정한 심의항목이 완전히 안착하지 못했다는 점과 심의와 감독관리가 잘 호응하지 않았다는 점, 그리고 행정심의의 규제 및 감독기제에 허점이 많았다는 점, 실제로는 심의가 규범대로 되지 않았다는 점 등에 기인한다. 이러한 상황에 대해, 「국무원판공청이 감찰부등 부분에 행정 심의제도개혁연구에 관한 통지를 전달함」이라는 문서를 통해 다음의 4가지 방침을 추가적으로 전달했다. ① 행정심의사항을 지속 폐지 및 조정할 것, ② 이미 폐지, 조정 및 보류된 행정심의사항을 확실히 할 것, ③ 행정심의사항의 감독과 관리를 강화할 것, ④ 건전한 행정 심의제도를 구축할 것 등이다. 사실 이 조치들은 예전에도 이미 강조한 것들이었기에 재차 강조한다는 것은 개혁이 일정한 장애물에 부

5　「国务院关于第三批取消和调整行政审批项目的决定」, 国发〔2004〕16号.

딫혔음을 의미하는 것이었다. 이후 2010년에 되어, 국무원은 제5차 조치를 통해 184개 행정심의항목을 폐지하고 관리방식을 변경하였는데,그중 폐지가 113개, 관리책임 하방이 71개였다. 2012년 9월에는 제6차 조치를 꺼내어 314개 항목을 폐지 혹은 조정하였는데, 폐지는 171개이고 조정은 143개였다.[6]

이 10년 정도의 개혁을 살펴보면, 개혁에 다음의 세 가지 문제가 존재함을 알 수 있다. 첫째, 이 개혁은 위로부터의(自上而下) 개혁이며, '강제성을 띤 제도개혁'이라고 할 수 있다. 개혁의 동력은 상층에서 왔으며 상층이 사회관리의 거래비용을 낮추고자 하는 노력이 반영된 것이었다. 그러나 이러한 종류의 개혁방식은 일반적으로 다수의 동의를 얻지 못한 상황 하에서 강제추진된 것이기에 위와 아래 간 비대칭을 낳았다. 상급단위의 긴박한 개혁의지가 하급단위에 반드시 있지는 않으며, 하급단위는 개혁에서 얻는 수익이 현 체제보다 많은지를 고민하기 마련이다. 이는 매우 중요한 이익 문제였고, 지방의 느린 진전은 짐작 가능한 것이었다. 둘째, 이러한 상황을 야기한 또 하나의 원인은 권력의 바운더리(权力边界)가 불명확했다는 점이었다. 상층은 보통 행정심의개혁과 정부기능 전환을 연계하였지만, 그 배후에 있는 권력문제에는 손을 대지 않았고, 따라서 개혁방식은 주로 행정심의항목의 숫자를 줄이는 데에만 치중되어 있었다. 권력 바운더리가 불명확했던 점은 하급단위에서 행정심의항목을 폐지 및 축소하는 과정에서 불일치성이 야기되도록 하였고, 마땅히

---

6 「国务院关于第六批取消和调整行政审批项目的决定」, 国发〔2012〕52号.

폐지해야만 할 항목을 보류하는 이유가 되기도 하여, 문제를 복잡하게 만들었다. 셋째, 개혁의 전반적인 방식은 정부내부에서 심의과정 자체를 심의하는 것이었는데, 심의항목은 정부 자의적으로 결정되었으며, 외부의 참여나 감시는 결여되어 있었다. 이는 심의항목의 철폐나 감소가 자주 대수롭지 않은 항목 혹은 실제 가치가 높지 않은 항목에 대해서도 진행되게끔 하거나, 반드시 철폐해야 하는 항목이 그대로 보류되거나 또는 형태만 바꿔 잔존하도록 했다.

2. 뉴노멀 아래에서의 행정 심의제도 개혁

만일 행정 심의제도개혁의 더딘 진전이 그간의 중국 경제발전에서 정부가 주도적 지위를 점해 온 사실과 연관된다면(간단히 말해, 강력한 정부의 작용), 경제 뉴노멀은 정부가 그간의 역할을 전환하여 시장이 경제에서 주도적 작용을 하도록 요구할 것이다. 이는 정부가 원래 경제를 주관해 온 일단의 권력(특히 경제권력)들이 포기되어야만 함을 의미하며, 또한 심의는 줄고 시장과 사회가 활력을 얻어야 함을 의미한다. 그렇지 않으면 이러한 전환은 불가능하다. 바로 이러한 배경 아래에서, 새로운 정부의 행정 심의제도개혁에 몇 가지 특징이 출현하였다. 이 특징은 다음의 네 가지 방면으로 추려질 수 있다.

1) 행정 심의제도 개혁과 제도혁신 및 건설을 연계

이 특징은 구체적으로는 '간정방권(簡政放权, 행정기구를 간소화하고 권력을 하부기관에 이양하는 것)'과 '권력리스트제도(权力清単制度)'를 지칭한다. 기존 개혁의 특징은 단지 심의사항을 명문화하는 데에 집중되어 있었기에, 행정허가와 비행정허가 사항 및 행정서비스 등의 사항을 구분하는 것을 과도하게 강조하였고, 따라서 개혁은 허가사항을 추려내는 데에 중점을 두고 항목의 수량적 감소를 목표로 진행되었다. 물론 이러한 개혁이 정부직능의 전환과 연관된다고는 하지만, 이런 설명은 꽤나 모호한 것이었다. 행정심의 자체는 정부가 본래 반드시 갖춰야만 하는 직능의 하나이며 다른 데에 맡길 수는 없다. 따라서 문제의 본질은 정부가 이행하려는 행정심의방식의 전환에 있었다. 그런데 어떤 방식의 전환이어야 했는가? 이 문제에 대한 인식은 그간 그리 명확하지 않았고, 때문에 기존 개혁은 그저 항목의 수량 감소에만 치중하는 상황으로 치닫게 된 것이다. 이를 감안하면, 뉴노멀 시기의 개혁이 강조하는 '간정방권'과 '권력리스트제도'는 일종의 목표로도 이해될 수 있고, 또한 개혁의 경로로도 이해될 수 있다. 행정심의라는 측면에서 보자면, 간정방권이 포괄하는 3개 방면의 의의는 명백하다. 첫째, 간정방권은 비대한 조직과 중복된 기능의 문제를 수정할 수 있다. 둘째, 간정방권은 권력의 렌트추구 공간을 축소시킬 수 있으며(비록 완전히 없어지는 못할지라도), 정부의 청렴도를 제고시킬 수 있다. 셋째, 간정방권은 본래 시장과 사회에 속해있어야 했을 권력을 시장과 사회로 돌려 놓는 것이다. 이는 정부의 부담을 감경하는 데에도 도움이 되며, 시장과 사회의 활력을 높이는 데에도 도움이 된다. 간정방권은 상당한 정도에서 '권력리스트'와 연계된다. 방권은 권력 바운 더리의 문제를 지니고 있다. 과거의 개혁이 더뎠던 한 원인은 정부의 권력과 시장 및 사회의 권력 바운더리가 명확하지 못했던 데에 있고, 이러한 문제는 행정항목 감소과정에 어려움을 더했고, 개혁과정에서 반복적으로 노정되었다. 권력리스트는 정부권력과 시장 및 사회의 권력의 바운더리를 명확히 가르기 시작했고, 비록 세부내용이 좀 많긴 했지만, 그 기본원칙은 심의제도개혁에 기존에는 없던 지평을 제공해 주었다. 예를 들어, 기업 입장에서 네거티브리스트의 도입은 법에서 금지하는 사항이 아니면 제한이 없다는 의미였고, 또 정부권력의 한계를 명시해 놓았기에 정부권력은 더 이상 무한한 것이 아니고 제약을 받게 되었다.

여기에서 우리는 심의제도개혁과 간정방권 및 권력리스트제도를 연계하여 새로운 개혁의 몇 가지 특징을 엿볼 수 있다. 첫째, 강한 개혁 추진력이다. 새 정부는 2년도 안 되는 기간 중, 7차로 총 632개의 행정심의 항목을 폐지하거나 관리책임을 하방하였는데, 지난 십년간 총 6차에 걸쳐 2,497개 행정심의 항목을 폐지 및 조정했다는 사실과 비교하면 그 추진력의 크기를 느낄 수 있다. 둘째, 실질적 가치가 높다. 예컨대, 2013년 7월 공포한 53개 항목의 폐지 및 하방 중 반수 이상이 질적으로 높은 영역에 속하였다. '국무원 행정 심의제도개혁공작영도소조 판공실 뉴스' 대변인 리장저(李章澤)에 따르면, "금년 8월 국무원상무회의 심의를 통과한 금번 폐지와 하방 항목은 총 87개 항인데, 실질적인 가치가 높고 투자와 기업경영에 연관된 것이 70개로서 80% 이상에 달한다. 또한 바로 폐지한 항목이 68개 항으로 역시 80%에 근접하였다. 향후 개혁의 지속에 따라 실질적 가치는 점차 높아질 것이다."[7] 셋째, 유기적인 틀을 중시하였다. 간정방권과 행정심의 폐지의 이면에는 기업과 사회가 이 기능과 책임을 어떻게 내려받을지의 문제가 내재해 있다. 이는 정부 감독관리의 전환문제와도 관련되는데, 간단히 말해 종전의 사전 감독관리에서 사후감독관리로의 전환을 뜻하며, 개혁 과정 중 이 방면의 문제는 충분히 고려되어 왔다. 예컨대, 국무원은 「시장공평경쟁이 정상적 시장질서를 유지하도록 촉진하는 것에 관한 약간의 의견」이라는 문서를 통해 시장진입의 완화와 시장행위 감독관리의 강화 등 7개 방면에 대해 총 27개 구체적 조치를 제시하였다. 또 다른 예로, 국무원상무회의는 2014년 8월 총 87개 항목을 폐지하거나 관리책임을 하방하는 안을 통과하였는데, 모든 항목에는 사후 감독관리조치가 첨부되어 있다.

2) 행정 심의제도 개혁과 시장으로의 자원배분기능 이관을 연계

이번의 개혁은 뉴노멀로 접어든 이후 진행된 것으로, 정부 역할 변화와도 연계되어 있으며 시장주도적 경제로의 전환과도 연관된다. 그리고 이러한 변화를 반영하여 시장과 밀접한 관계를 지닌 다음의 3개 방면에 대해 대대적 개혁을 진행하였다. ①투자체제개혁이다. 그 방식으로는 심사비준제도의 축소, 신고제도의 확대(심사비준제도는 「정부심사비준의 투자항목목록」에 열거된 투자항목에 대해 실행하는 관리사항으로서, 목록 이외에는 신고제도의 적용을 받는다)가 있는데, 기업의 투자주체로서의 지위를 강화하기 위

7   郝帅, 「'行政审批制改革'含金量'逐步提高」, 『中国青年报』, 2014年 9月 11日.

함이다. 그 구체적인 방식은 먼저 심사비준 목록을 수정하고 심사비준 범위를 축소하고, 다음으로는「정부심사비준 투자항목 관리방식」의 실시나 서비스매뉴얼 마련과 같은 제도공급을 가속화하는 것이다. ②직업자격증서제도의 개혁이다. 직업자격은 우리나라에서 두 부류, 즉 직업자격허가과 직업수준평가로 나뉘는데, 전자는 행정허가로서의 성격을 지니고 있는 반면 후자는 그렇지 않다. 이는 사회에 제공하는 인재평가서비스이기도 하다. 우리나라는 1994년부터 직업자격증서제도를 시행해 왔다. 이 제도의 개혁은 등재된 직업자격의 숫자를 축소시키는 것이며, 이는 곧 등재되지 않은 직업의 취업 및 진입문턱을 낮추고, 행정심의를 줄이려는 목적을 지닌다. 2014년 6월과 8월, 국무원 상무회의는 두 차례에 걸쳐 국무원 부문에 등재된 58개 직업자격을 폐지하였고, 동시에 부속된 지방에서 자체적으로 570여 개의 직업자격 항목을 폐지하게끔 하였다. ③등록등기자본의 등기제도 개혁이다. 2013년 실시된 등기자본의 납입등기제(认缴登记制)는 자본등기조건을 완화하였고, 경영장소 등기조건을 간소화하고 '선조후증'(先照后证)[8] 개혁을 추진했으며, 전 과정에서의 전자등기를 시범운영하였다. 새 제도의 특징은 '관진엄관'(宽进严管)[9]이었는데, 이는 상당한 정도에서 전통적인 관리방식을 뒤엎는 일이었다.

---

8   역자 주-영업 허가증을 먼저 신청 및 수령한 후 허가증은 나중에 받는 방식
9   역자 주-시장행위자의 영업허가 및 등기서비스는 최대한 완화 및 간소화하되-관진-, 담당부서 간의 정보가 원활히 소통되고 전달되게 하여 정보공시와 금융제약을 강화하고 장기적 감시관리체제를 건립하는 것-엄관-을 의미.

3) 행정 심의제도 개혁과 정부의 역량강화 및 거버넌스능력 발전을 연계

이번 행정 심의제도 개혁은 결코 수량적 감소에만 치중되어 있지 않으며, 차제에 정부의 역량강화(自身建設)를 꾀하려는 것이기도 하다. 이는 주로 아래의 3개 방면에 걸쳐 있다.

첫째, 이념 차원에서, 행정심의사항의 대대적인 폐지, 감소, 조정은 다음과 같은 기본원칙을 명확히 드러내었다. "모름지기 공민과 법인 혹은 기타조직은 자주적으로 결정할 수 있고, 시장 경쟁기제는 적절히 조절될 수 있고, 산업조직 또는 중개기구들은 자율적으로 관리할 수 있으며, 정부는 물러서야 한다."[10] 이러한 원칙과 권력리스트제도의 배후에는 정부권력에 대한 새로운 인식이 자리하고 있는데, 이는 곧 정부권력에 일정한 바운더리를 부여하는 일이었으며, 이 바운더리를 넘어서는 어떤 행위도 용납될 수 없음을 의미했다.

둘째, 이번 개혁은 행정심의의 규범화를 강조하고 있는데, 예를 들면 신설된 심의항목들은 반드시 법적 근거에 의하게끔 했고, 엄격한 법적 절차에 의해 합법성, 필요성, 합리성 심사가 진행되었으며, 심의과정 중의 재량권을 최대한 축소시켰다. 간정방권 과정 중 국무원이 내놓은 실제 방침들(예컨대 직권의 법적 규정, 절차의 합법성, 공개와 투명 등)의 배후에는 법제의식과 법제관념이 내재되어 있다.

셋째, 개혁과 관련된 심의사항과 간정방권의 배후에는 사실상 서비스의식이 함유되어 있다. 행정심의는 본질적으로 기업경영과 사회의 활

---

10 「国务院关于第六批取消和调整行政审批项目的决定」, 国发〔2012〕52号.

력을 높임에 있어 더 나은 제도환경을 제공하는 것이다. 행정심의는 공민, 법인 혹은 기타조직에 대한 일종의 서비스이지 그 권력을 이용하여 정부의 권위를 내세우는 방편이 아니며, 그를 통한 렌트추구 경로는 더더욱 아니다. 행정심의의 개혁은 새로운 역사적 국면에서 정부행위에 변화가 있어야 함을 표명하고 있으며, 이는 이전 정부가 경제발전 중 점유해 온 주도적 지위를 변화시키는 것 외에도, 행정행위와 운영방식 상의 변화가 요구됨을 뜻한다. 예를 들어, 행정심의는 사전심의에서 사후 관리감독으로 변화되었는데, 이러한 변화는 곧 정부가 새로운 발전양식에 적응하기 위해 자신의 관리감독능력을 제고시켜야 함을 의미한다.

4) 연계되지 않은 행정 심의제도 개혁과 사회참여

만약 이상의 3개 측면이 새로운 시기의 행정심의개혁이 이전의 개혁과 구별되는 점이라고 한다면, 여전히 답습하고 있는 한 가지 면도 있다. 바로 행정심의개혁이 여전히 정부 내부에만 국한되어 진행되고 있고, 이로 인해 폐쇄적 특징을 지닌다는 점이다. 개혁의 모든 과정에서 인민대표대회나, 이익당사자 그룹, 시민단체 등 정부 외의 기타조직 혹은 단체의 개입을 쉽게 보기 힘들다(최소한 공개된 바로는). 오히려 모든 개혁과정은 정부에 의해 진행되는데, 예컨대 어떤 심의항목을 철폐 혹은 감소할 것인지, 얼마나 줄일 것인지 등의 결정과 논의 과정에는 사회의 참여가 빠져있다. 이러한 사고방식은 기존의 다른 제도개혁에서도 나타나 왔는데, 정부가 정부 스스로의 문제를 해결하는 (모순적인) 방식이라고 할 수 있다.

3. 미래의 개혁: 거시적 사고

거시적으로 볼 때, 미래의 개혁은 다음 5가지의 관계를 고려해야 한다.

1) 원근관계

원근관계는 곧 장기적 목표와 단기적 조치 간의 관계이다. 행정 심의제도개혁은 장기적 목표, 즉 장기 로드맵(远景)이 있어야 한다. 이 장기 로드맵은 비록 아주 정확히 묘사되기는 어렵지만 필히 있어야만 하는데, 그 이유는 장기 로드맵이 개혁의 과정을 안내하고 개혁에 방향을 제시하기 때문이다.

기존의 행정심의개혁이 심의항목 폐지와 감소에 치중해 왔지만 이는 과연 어느 수준까지 철폐하고 줄여야 완성되는 것인지 의문스럽지 않을 수 없다. 이번 정부는 원래의 심의사항을 3분의 1이상 줄이고자 하는데, 왜 3분의 1인가? 그리고 그 이유는 무엇인가? 3분의1까지 감소되면 이상적인 상태에 도달한 것인가? 그렇다면 그 이상적인 상태는 무엇이란 말인가? 비록 심의항목 축소에 정확한 구체적 목표치가 설정되기는 어렵더라도(어차피 설정이 불가능하겠지만), 안정적이라 할 수 있는 수준의 상태가 있기는 할 터인데, 그렇다면 그 상태는 도대체 무엇인가?

이에 대한 답을 구하는 일은 행정 심의제도개혁의 목표가 확립하고자 하는 바이며, 그 목표에 도달했을 때는 개혁이 대략 완결되었음을 의미한다. 물론 진행과정에서 작은 조정은 있을 수 있겠지만, 개혁은 끝없이 진행하는 것이 아니라 일정한 목표지점이 있기 마련이다. 따라서 이러한 목표 혹은 장기 로드맵을 수립하는 것은 필수적이다. 이는 하나의 방향을 제공해 줄 수 있으며, 또한 개혁에 대한 평가수단을 제공해 줄 수도 있다. 물론 장기 로드맵에 때로는 상황변화에 따라 일정한 변화가 있을 수는 있다. 하지만 큰 견지에서 보면 장기 로드맵은 비교적 안정적인 예측을 제공해 준다. 이를 가능케 하기 위해서는, 이론적 설명과 해석 및 지도가 필요하다. 계속해서 경험 차원에만 머물러 있을 수는 없다. 물을 건너갈 때 맞은편 기슭이 눈에 보이지 않는다면 우리는 건너가기 힘들거나 매우 많은 노력을 들여서야 비로소 건너갈 수 있을 것이다. 따라서 목표와 방향제시가 필요한 것이다.

2) 내외관계

내외관계는 정부와 사회 간의 관계를 뜻한다. 상술한 바와 같이, 행정 심의제도개혁의 한 가지 특징은 개혁이 정부내부로 국한되었다는 점으로, 폐지와 감소항목의 숫자와 종류 등은 정부만이 결정할 수 있었으며 사회참여는 극히 적었다. 많은 행정심의항목(특히 경제관리방면)이 기업 등 이해당사자와 연관되어 있음에도 불구하고, 이 이해당사자들은 이 정책결정과정에 참가할 기회가 적었는데, 이는 개혁조치 혹은 방식들이 현실에 부합하지 않거나 달성되지 않도록 하였다. 금번 행정심의개혁에도 이러한 문제가 여전히 노정되었다. 국가행정학원이 이번 개혁에 관련하여 진행한 조사에 따르면, "응답한 기업 중 75.8%가 간정방권의 다음 단계로 정부서비스의 업그레이드가 요구된다고 밝혔으며, 71.4%가 행정심의를 지속적으로 철폐하거나 축소해야 하며 개혁의 질적제고가 필요하다는 입장이었다. 또한 35.7%의 응답기업이 현재에도 버전이 변형된 행정심의규제가 여전히 존재하거나, 이전에 비해 변화가 눈에 띄지 않는다고 답했다. 70% 정도의 기업은 다음 단계의 간정방권 개혁이 규범화된 심의절차 도입, 심의효율의 제고가 필요하다고 밝혔으며, 19%의 기업은 현재 정부의 감독관리가 아직 충분히 힘이 있지 않으며 시장환경 역시 충분히 이상적이지는 않다고 인식하고 있다. 한편 인터뷰에 응한 기층간부들에 의하면, 간정방권 등 개혁에서 노정된 주요 문제 중 하나는 '간정'이 아직 달성되지 않았으며, 심의절차와 요건이 여전히 많고 심의시간이 너무 길다는 것이고, 다른 하나는 '방권'이 아직 철저하지 않고 현실에 충분히 녹아들지 않았다는 점으로, '넌 놓고 난 안 놓는(你放我不放)', '작은 건 놓지만 큰 건 놓지 않는(放小不放大)', '책임만 놓고 권한은 놓지 않는(放责不放权)', '권한은 놓지만 조직은 놓지 않는(权不放编)', 상층의 변화를 기층에서 받아들이지 못하는 등의 현상이 나타나고 있다."[11]

만일 기존의 행정심의개혁에서 가장 큰 교훈을 얻을 수 있다면, 그건 바로 어떻게 관련 당사자들을 개혁과정에 참여시킬 것인지에 대해서이다. 이는 단지 참여의 문제만이 아니며, 그 이면에는 일종의 권력원천에 대한 문제와 공평, 공정 및 공개의 문제가 관련되어 있다. 이번의 개혁 중 제시된 권력리스트 제도는 중요한 진보라고 할 수 있다. 그러나 여기에는 정부권력의 제한이 명기되어 있기는 하지만, 정부가 정부 스스로를 제한한다는 역설적인 문제가 있으며, 그 배후에 존재하는 심층적인

---

11   马建堂,「简政放权—来自社会的评价与基层的声音」,『行政管理改革』2015年, 第7期.

권력원천, 즉 정부의 행정심의권한은 어디서 오는 것인가의 문제에 대한 접근은 보이지 않고 있다. 정치학의 기본이론은 정부권력이 민중에서 비롯됨을 천명하고 있으며, 심의권한 역시 의심할 바없이 민중에서 비롯된다. 따라서 민중은 공공사무 관리에 참여할 권리가 있다. 심의과정 중에 민원인은 정부와 대등한 지위를 지니며, 동등한 권리를 지닌다. 그러므로 심의과정은 반드시 공개된 과정이어야 하며, 민원인 이익의 결정에 있어 민원인이 배척된다면 이는 불공평하며 불공정한 일이다.(예를 들어 기존 심의과정에 관련된 심의내용, 근거, 조건, 절차, 비용기준, 심의담당자 등은 비공개였다.) 오늘날 이미 정부 운용의 기본원칙은 공개되어 있다. 이에 행정심의의 공개는 결정된 사항이 일종의 공적합의에 기초하는 데 도움이 될 수 있을 것이며, 그 집행과정 및 결과의 감독에도 유익할 것이며, 이로써 행정심의의 개선으로 연결될 것이다.

3) 상하관계

상하관계는 '상층의 설계와 지방의 창조적 대응(首創)'를 지칭하며, 또한 탑다운과 바텀업 두 방식을 지칭하기도 한다. 기존의 행정심의개혁은 상층이 설계하고 추동하는 상명하달식 개혁이었다. 물론 상층부의 설계는 반드시 필요한 것이지만, 심의에 관련된 사항들이 많아지면 완전히 상층의 설계에만 의존하는 것은 어려워진다. 신제도주의 경제학 이론에 따르면 탑다운 방식은 강제적 제도변화의 일종으로서 만장일치의 원칙이 결여되어 있으며, 성원의 동의 여부와 무관하게 추진되는 제도변화이다. 이는 개혁과정에서 손해를 보는 성원이 이러한 개혁을 받아들이지 않게끔 하거나 반대하게 만들며, 혹은 집행과정에 있어 다양한 방식으로 저항하게끔 한다. 여기에서 우리는 탑다운식 개혁방식이 불충분함을 발견할 수 있다. 기존의 심의개혁이 더뎠던 중요한 이유 중 하나도 바로 지방에서 집행이 잘 되지 않았던 문제였는데, 여기엔 또 많은 요소들이 개입되어 있다. 예컨대 개혁이 지방의 이익에 손해를 끼쳤다는 점이 가장 일반적인 개혁지연에 대한 설명이지만, 여기엔 또 방대한 크기의 중국에 다양한 경제발전수준을 가진 다양한 지방들이 공존한다는 사실이 존재하며, 이는 행정심의항목들에 차별화된 접근방식이 필요함을 뜻한다. 이런 차원에서 보자면, 어떻게 지방들이 개혁의 적극성을 띠도록 할 것인지는 중요하게 고려할 문제이다. 이에 관해 일반적으로 제기되는 명제는 지방정부들이 통상 이익에 대한 고려로 인해 개혁에 소극적이거나 저항 및 지연할 수 있으므로, 중앙정부의 강력한 추동력이 요구된다는 것이다. 그러나 이 문제에 관해 중앙의 추동력에만 의존해서는 해결할 수 없을 것이다. 문제의 핵심은 개혁이 정부 내부로 국한된다는 사실이기 때문이다.

지방에서 개혁을 지연시키는 데에는 상하관계의 문제만 있는 것이 아니라, 상술했던 내외문제 역시 존재한다. 만일 지방정부를 감독하는 매우 강한 외부의 힘이 있다면, 예컨대 입법기구의 감독이라던지 사회 중에서도 이익당사자들의 감독기제 혹은 언론매체들의 감독 등이 있다면, 나아가 이 과정에 투명성이 보장된다면, 지방정부들이 사적 동기에 함몰되어 개혁을 지연시키기란 어려울 것이다. 이것이 지방에서 개혁이 지연되어 온 문제의 한 가지 측면이다. 또 다른 측면에서 얘기하자면, 지방의 창조적 대응(首創)을 거론할 수 있는데, 가장 실제적인 문제 및 압력에 직접적으로 노출되어 있는 주체가 지방이고, 문제를 해결할 동력을 지닌 주체 역시 지방이기 때문이다.

따라서, 행정심의개혁 및 이에 관련한 간정방권은 상하 간 상호작용을 이뤄내야 하고, 명령과 집행의 관계가 되어서는 안될 것이며, 상호소통과 협력의 관계 속에 지방의 적극성이 따라와야 한다. 간정방권에 관해, 국가행정학원의 조사는 다음과 같이 밝히고 있다. "간정방권의 최종적 타겟은 현급(縣級) 행정구역에 있으므로, 간정방권 중 현급정부의 작용을 고도 중시하여야 한다. 현급정부는 우리나라 행정관리체제의 가장 기층고리이며, 인민대중 및 시장주체와 직접적으로 연결되어 있으므로, 현급정부 차원의 직능변화와 행정 심의제도 개혁이야말로 이번 개혁의 성패를 가르는 중요한 사항이 된다. 또한, 현급정부의 행정능력을 향상시키는 것 역시 중요하다. '사람(人), 업무(事), 재정(財)'의 조화와 '권리(权), 책임(责), 이익(利)'의 통일이라는 원칙에 의거하면, 인권과 업무권과 재정권이 공히 중시되는 보장기제를 구축하고, 기층의 조직편제와 재정투입을 강화하면 방권이 기층에 안착할 수 있게 된다."[12]

4) 다소관계(多少关系)

중국의 현행 행정 심의제도는 주로 경제관리 영역, 특히 미시경제관리에 집중되어 있다. 개혁의 한 방식은 심의항목의 숫자를 줄이거나 폐지하

---

[12] 위의 논문.

는 것이다. 이 상황은 중국의 경제발전 단계와 관련이 있는데, 정부주도형 경제발전체제로서 경제발전 초기에 깊은 정부개입이 불가피했고, 이는 때로는 필요한 것이었다. 시장경제 발전에 따라, 정부의 행정심의 권력의 약화와 행정심의 항목의 축소가 수반되었고 이는 시장이 더욱 자원배분 작용을 담당하게 하려는 의도였다. 그러나, 21세기 초 서비스형 정부 출현의 필요성이 제기됨에 따라 정부 직능이 점차 사회관리와 공공서비스에 부합하는 방향으로 전환하였음에도 불구하고, 행정심의에 관한 변화는 상대적으로 적었고 심지어 개혁이 공백상태에 처한 영역도 존재하여, 정부기능 전환이 정체되었다. 이에 경제관리 위주의 행정심의 항목 감소와 동시에, 사회관리 및 공공서비스 방면의 행정심의가 강화될 필요가 제기되었고, 이는 최근의 공공관리가 경제관리기능은 약화시키고, 사회관리 및 공공서비스 기능을 강화하는 추세, 그리고및 서비스형 정부 건설의 요구에 부합하는 것이었다. 따라서 조직 간소화만이 요구되는 것이 아니라 일부 기능에 대해서는 조직기구를 추가할 필요도 생기게 되었다. 요컨대 행정심의사항의 감소와 함께, 정부기능의 전환 차원에서 사회관리 및 공공서비스 방면의 행정심의가 증가되었음을 염두에 두어야 한다.

5) 공사관계(公私关系)

심의항목의 폐지 및 축소, 그리고 간정방권 자체는 정부권력의 박탈을 의미하며, 또한 정부가 본래 자신에 속했던 권력을 내려놓고 권력을 시장과 사회로 돌려놓아야 함을 의미한다. 이러한 측면에서 보자면, 이 개혁은 정부의 렌트추구 기회가 사라짐으로써 정부의 이익에 큰 타격을 초래하는 일이기도 하다. 또한 렌트추구적 각도에서 보았을 때, 지방정부들은 행정심의를 통해 사적 이익을 추구하려고 시도하였는데, 예를 들면 심의항목 설정이 공익적 필요가 아니라 담당부문의 이익과 밀접했다거나, 심지어 담당자 개인의 사욕을 만족하기 위해 이용되기도 하였다. 따라서 행정심의개혁에 미온적이거나 나아가 저항적이기까지 했던 지방정부의 태도들은 앞 시기 지방개혁이 더뎌지게 만들었던 것이다. 그럼에도 불구하고, 정부가 유념해야 할 것은, 지방정부 및 관원들이 공익을 위해 존재한다는 사실이며, 이 사실만이 그들의 유일한 존재의 이유라는 점이다. 따라서 공공의 이익과 사적 이익에 대하여, 정부는 반드시 정확히 취사선택해야 한다. 이익이 복잡하게 얽혀 있는 난맥상은 정부가 자신의 역량만으로 해결하는 데 어려움을 겪게 하며, 이는 바로 외부의 힘이 정부의 개혁노력과 함께 전개되어야 한다는 이치를 가리키고 있다.

한편 정부에게는 개혁의 필요성에 대한 자각이 요구된다. 현재의 이 개방적 시대에 정부의 모든 행위와 업무는 과거의 어떤 시기보다도 더 투명하고 명확하게 사회에 공개되고 있으며, 이는 대중들의 만족하는 정부는 더 이상 성립되지 않음을 의미한다. 따라서 정부는 반드시 공익과 사익의 경중을 매기고(물론 공익과 사익은 반드시 제로섬 게임은 아니지만), 공익을 행위의 최고원칙으로 삼아야 한다. 이는 바로 정부의 목적에도 부합하는 일이며 동시에 전 사회발전의 요구에도 부합하는 길이다.

문화체제개혁과 신제도주의 경제학적 분석: 국유 문화예술단체의 기업체 전환을 사례로*

요약: 1980년대에 시작된 국유 문화예술단체의 개혁은 절차개혁부터 구조개혁까지의 과정을 거쳐왔다. 신제도주의 경제학의 관련 이론을 통해 분석해 보면, 국유 문예단체의 기업체제 전환은 탑다운 식 강제적 제도변화에 해당한다. 이러한 변화방식은 개혁비용을 감소시키지만, 동시에 여러 문제를 야기할 수도 있으며 여기에서 개혁에 대한 저항력이 생길 수 있다. 기업체제 전환의 성공은 정부와 개혁대상이 얻는 이익이 공히 늘어나야지만 가능할 것이다.

1. 기업체 전환(转企改制)의 배경: 절차개혁에서 구조개혁으로

문화개혁체제의 중요한 구성요소로서의 국유 문화예술단체(국유 문예단체, 国有文艺院团) 개혁 시점은 1980년대 초까지 거슬러 올라간다. 1980년 2월 문화부가 주관한 '전국 문화국장 회의'에 의하면, "예술공연단체의 체제와 관리제도 방면에 문제가 많으며, 이는 공연예술의 발전과 성장에 엄중한 영향을 미치고 있어, 합리적인 개혁이 요구된다." 이 회의는 "견

---

* 이 글은 『江苏行政学院学报』 2012, Vol.5, pp.93-99 에 수록되었다.

실하고도 단계적으로 문화사업체제와 경영관리제도를 개혁해야 한다."는 점을 명확히 하고 있다. 또 1983년 6월 제6차 전국인대 1차 회의의 「정부공작보고」는 "문화예술체제는 영도력 있고 단계적인 개혁이 필요하다."라고 쓰고 있다. 이 시기부터 시작하여 국유 문예단체의 개혁은 절차개혁부터 구조개혁에 이르는 과정을 거치게 된다.

개혁의 연원은 경제 개혁개방이 진행됨에 따라 계획경제체제에 종속된 문화체제의 폐단이 점차 드러난 데에 있다. 이러한 폐단은 다음과 같다. 우선 소유제 측면에서 보았을 때, '일대이공(一大二公)'[13]만이 추구되었고, 전체 문화사업이 국가의 직접경영으로 이루어져 일괄하여 관리되었으며(统包统揽), 사회와 개인의 문화사업 진입이 배제되었다. 다음으로 관리의 측면에서는, 행정관리체제에 부응하는 차원에서 행정기구 각 층에 전문 문예단체들이 건립되었는데, 이로 인해 조직기구가 비대해졌고 일자리에 비해 담당자는 많았으며, 문화 방면 조직기구가 행정화 및 기관화되며 결국 문화사업 발전의 규율이 크게 흐트러졌다. 분배적 측면에서 보면, 평균주의적인 '한솥밥(大锅饭, 역자 주- 능력과 무관하게 동일한 대우)' 문제와 '철밥통(铁饭碗)' 현상이 심화하였고, 일을 하든 하지 않든, 혹은 일을 많이 하든 적게 하든 간에 하등의 차이가 없게 되어 집단과 개인들의 적극성 발휘에 심대한 지장을 초래하였다.[14]

---

13   역자 주-1958년 대약진 운동 시기 제출된 "인민공사의 규모를 크게하고 인민공사 공유화 정도를 높이자"는 구호.

14   曹普, 「20世纪70年代末以来的中国文化体制改革」, 『当代中国史研究』 2007年, 第9期.

1980년대 국유 문예단체의 개혁은 주로 절차 방면에서 접근되었다. 그 주요한 두 가지 개혁방식 중 하나는 도급계약제였고 다른 하나는 쌍궤제(双轨制)였다. 그리고 이 방식들은 명백히 당시 전반적 국가개혁이라는 큰 배경의 영향 하에 있었다.

먼저 도급계약제의 배경은 70년대 말 전국 대개혁 중 농촌 지역에 실시된 '가정연계생산 하청계약제(家庭联产承包合同制)'에 연원을 두고 있는데, 80년대에 이러한 도급제는 도시로 확산되었다. 도급계약의 방식이 풀어야 했던 과제는 어떻게 참여자들의 적극성을 끌어낼 것인지의 문제와 '한솥밥' 및 '철밥통' 문제, 그리고 일을 하든 하지 않든, 많이 하든 적게 하든 같은 대우를 받는 문제를 어떻게 변화시킬 것이었고, 그 해결은 곧 국가의 부담이 경감됨을 의미하는 것이었다. 1985년 「예술공연단체이 개혁의견」(중판발 [1985]20호)가 하달된 후, 전국 각지에서는 도급계약식 경영책임제의 형식으로 예술공연단체의 체제개혁이 광범위하게 추진되었다. 도급계약제는 일괄관리 식의 구체제에 변화를 일으켰고, 활력 충만한 새 체제 건설에 유익한 경험을 제공하였다. 그러나 "예술공연단체 체제개혁의 걸음은 여전히 빠르다고 할 만한 수준은 아니었고, 많은 구태적 관계들은 정돈되지 않은 채로 있었다. 정책과의 조응은 아직 불충분했으며, 여러 반감이 존재했고, 제기된 목표의 달성은 여전히 멀기만 했다."[15]

15　「国务院批转文化部「关于加快和深化艺术表演团体体制改革意见」的通知」(1988年 9月 6日), 110网, http://www.110.com/ fagui/ law_970.html.

이러한 문제의식들은 바로 쌍궤제의 출현으로 이어졌다. 쌍궤제는 1988년 국무원이 문화부에 전달한 「예술공연단체 체제개혁의 가속과 심화에 관한 의견」 문서(이하 「의견」)에서 제출되었다. 「의견」은 다음과 같이 적고 있다. "예술공연단체는 응당 독립적 사회주의 예술생산의 경영실체가 되어야 하며, 다양한 소유형식과 경영방식을 발전시키는 것을 허용하여, 예술공연단체가 법에 의해 자주적으로 업무활동과 경영활동을 영위하고, 또한 내부의 경영기제 및 경쟁기제의 발전을 스스로 도모하고, 자기혁신과 자기발전 능력을 기르게끔 해야 한다."[16] 여기에서 보이듯 「의견」은 바로 문예공연단체의 조직운영기제에 '쌍궤제'가 점차 도입되어야 함을 요구하고 있다.

이른바 '쌍궤제' 중 하나의 궤도에는 국가 및 민족예술을 대표한다고 볼 수 있는 소수의 예술공연단체들, 혹은 실험적이거나 특수한 역사적 가치를 지니는 단체, 또는 소수민족지구에서 국가지원이 필요한 예술공연단체들이 해당되었는데, 이 단체들에 대해서는 전민소유제를 실시하고 정부의 문화주관부문이 관장하도록 했다. 쌍궤제의 또 하나의 궤도는 상술한 부류 외에 절대다수의 규모가 비교적 작거나 분산된 단체들, 혹은 연출의 유동성이 강한 단체들이 해당하며, 이 유형의 단체들에게는 다양한 소유제 형식을 적용하여 사회역량에 의해 운용될 수 있도록 하였는데, 그 운용방식으로는 자주경영, 독립채산형, 자기손익책임형 등이 있다.

16 위의 문서.

'쌍궤제' 정책이 시행된 이후 대량의 민간 직업극단이 생겨나고 활성화되어, 1990년에 이르러서는 복건성 장저우(漳州)시에서만 민간직업극단이 50여개에 달하게 된다.[17] 쌍궤제 개혁은 경제체제 개혁이라는 큰 배경 아래에서 진행된 것이었다. 경제체제 개혁은 바로 기존의 공유제기업 일색의 판도를 근본적으로 변화시켜 체제 외적 역량이 성장할 수 있게끔 하였는데, 여기에는 최종적으로 기존 공유제기업의 개혁을 강제하고 구체제의 여러 문제를 해결하려는 의도가 깔려있었다.

하지만 이 시기의 절차개혁은 구조적 문제의 해결까지는 이르지 못했는데, 이는 1980년대까지 계획경제체제가 유지되었다는 사실과 관련되어 있다. 1990년대 특히 21세기에 들어선 이후, 절차개혁은 구조개혁으로 점차 전환하게 되었고, 그 방식은 제도적 전환 및 극소수 사업단위를 제외한 대부분 단위의 기업형태로의 전환이었다. 90년대부터 현재까지의 국유 문예단체의 개혁 중 중요한 중앙문건 몇 가지가 있는데 바로 다음의 다섯 가지이다.

첫째, 중앙 14기 6중전회에서 제시된 '문화체제개혁 촉진에 관한 일단의 중요방침'이다. 이 문건들은 "문화체제 개혁은 문화사업 번영과 발전의 근본적 돌파구이며, 개혁의 목적은 문화사업의 활력을 증강하는 것으로, 문화종사자들의 적극성을 추동해 내 우수한 작품을 출품케 하고 우수한 인재를 배출하는 데 있다. 개혁은 문화발전의 내재적 규율을 따르고 시장기제가 적극적 작용을 발휘토록 해야 한다. (중략) 개혁은 상황

---

17   曹普, 「20世纪70年代末以来的中国文化体制改革」, 『当代中国史研究』 2007年, 第9期.

과 종류를 구별하여 진행되어야 하며, 국가, 단위, 개인 간의 관계가 잘 정립되고, 국가가 사회의 문화사업 창달을 장려하고 지원하는 방향으로 나아가야 한다."[18] 여기에서 제출된 '시장기제의 적극적 작용'은 국유 문예단체의 기업체 전환의 중요한 복선이라 할 수 있다.

둘째, 2000년 10월 당 중앙문건에서 처음으로 '문화산업'이란 개념이 사용되었는데, 이전에 문화가 단지 당과 국가 '사업'의 일부분이었다는 측면에서 보자면, 이는 사실상 문화의 시장속성적 일면을 인정한 것이라 할 수 있으며, 상술한 "시장기제의 적극적 작용을 발휘하도록"이라는 문구와도 부합하는 것이다.

셋째, 2003년 12월 31일 국무원이 발행한 「문화체제개혁 시행 중 문화산업 발전 지원 규정(시범운영)」과 「문화체제개혁 시행 중 경영적 문화산업 단위의 기업체 전환 규정(시범운영)」의 두 문건은, 문화체제개혁에 연관된 재정세입, 투·융자, 자산처분, 공상관리 등 10개 방면의 문제들에 대해 명확한 지도의견을 내놓았고, 구체적인 정책으로 문화체제개혁을 지원하고 추동하고자 하였다. 이는 상당한 수준에서 기업체 전환의 서막을 열어젖힌 것이며, 이에 2004년은 문화체제개혁 원년으로 인식되고 있다.

넷째, 2009년 중앙 선전부와 문화부가 발표한 「국유 문예연출원단 체제 개혁에 관한 약간 의견」이라는 문건에서 체계적으로 중국공산당

---

18 「中共中央关于加强社会主义精神文明建设若干重要问题的决议」, 『人民日报』, 1996年 10月 14日.

16기 당대회 이래 국유 문예단체의 개혁실천 경험을 정리하였고, 개혁의 '노선도'와 '시간표'를 명확히 하였다.

다섯째, 2011년 5월 중앙 선전부와 문화부가 공동으로 「국유 문예단체체제 개혁에 관한 통지」를 하달하였다.

구조개혁으로의 전환은 기존의 절차개혁이 문제를 해결해 주지 못했음을 의미하는 것이었다. 이러한 사실은 중앙 선전부와 문화부가 2011년 5월 합동 발표한 「국유 문예단체체제 개혁 가속에 관한 통지」(이하 「통지」로 지칭)에서 다음과 같이 드러나고 있다. "개혁과정은 여전히 비교적 정체되어 있고, 담당 인원의 노화, 적은 연출 숫자, 활력 부족 등의 상황은 근본적으로 변하지 않았으며, 시장에 적응하고 대중에 복무하는 체제는 형성되지 않았다." 이에 「통지」는 다음과 같이 요구하고 있다. "반드시 고도의 책임감과 긴박감으로 기회를 잡고 어려움을 극복하며, 추진동력과 속도를 올려, 국유 문예단체체제 개혁이 질적 도약을 이루도록 적극적으로 추동해야 할 것이다. 그리고 2012년 상반기 이전에 개혁임무를 완성할 수 있도록 한다."[19]

2011년 「통지」가 표명하고 있는 시간표는 확실히 개혁과정을 가속시켰다. 보도들에 의하면, 2012년 1월 하순까지 개혁임무를 부여받은 전국 문화계열의 2,102개 국유 문예단체는 이미 기업체전환을 완성하였거나 진행중에 있으며, 해산하거나 분할된 곳은 1,367개에 달한다. 또한 269개의 단체(院团)들이 이미 개혁노선을 확정하였으며, 텐진, 허베이,

---

19 「中共中央宣部, 文化部关于加快国有文艺院团体制改革的通知」, 文政法发〔2011〕22号.

샨시(山西), 랴오닝, 장쑤, 안후이, 후베이, 충칭, 구이저우, 샨시(陝西), 닝샤 등 11개 성과 시 지역에서 기본적으로 국유 문예단체의 기업체전환을 완료하였다.[20]

그러나 이러한 보도들은 개혁의 구체적인 사항에 대해서는 언급이 없다. 예컨대 이미 완료되거나 진행중인 체제전환, 해산 혹은 분할 중이라고 하는 단체 1,367개 중 각각 몇 곳이 완료되었고 또 진행중인지, 그리고 이 개혁들의 6월 말 이전 완료 가능 여부 등이 구체적으로 기재되어 있지 않다. 설령 1,367개 전부가 완료되었다고 치더라도 이는 단지 절반을 약간 넘을 뿐이며, 이는 그리 낙관적인 상황으로만은 볼 수 없어 개혁의 어려움을 드러내는 대목이기도 하다. 시간적인 측면에서 논하자면, 이 개혁은 이미 수십 년이 소요되었음에도 불구하고 진전은 느리며 결과는 그리 이상적이지 않다. 그런데 개혁시간표가 이미 확정되었다는 사실은 개혁이 더는 지연될 수 없는 일임을 의미한다. 그렇다면, 왜 이리도 오랜 기간 동안 국유 문예단체 개혁은 더디게 흘러왔으며 여기에는 어떤 부분이 추가로 수정되어야 하는가? 개혁의 성공을 위해서는 어떤 문제들을 해결해야 하는가? 이것이 바로 본고가 논하고자 하는 내용이다.

---

[20]   李舫, 「8个省份国有文艺院团完成转企改制」, 『人民日报』, 2012年5月4日.

2. 기업체 전환의 신제도경제학적 분석

국유 문예단체 기업체전환의 어려움은 우선 개혁동력과 관련이 있다. 어떤 개혁도 동력이 필요하지 않은 개혁은 없다. 개혁동력의 원천 측면에서, 개혁은 통상 탑다운 방식과 바텀업 방식 두 종류로 나뉜다. 국유 문예단체의 기업체 전환은 명백히 탑다운식 개혁이라 할 수 있고, 그 동력은 상층에서 온다. 신제도주의 경제학의 관점에 따르면, 이는 강제적 제도변화(imposed change) 라고 할 수 있다.

신제도주의 경제학 이론에 의하면 국가가 강제적 제도변화를 추진하는 한 가지 이유는 국가관리의 거래비용을 감소시키기 위함이다. 기업체 전환 개혁의 원인은 정부 측 어법으로 하면 "담당인원의 노화, 적은 연출 숫자, 활력 부족 등의 상황은 근본적으로 변하지 않았으며, 시장에 적응하고 대중에 복무하는 체제가 형성되지 않은" 데에 있다. 한마디로 말해, 기존의 국유 문예단체는 새로운 시대에 적합하지 않으며, 민중의 문화수요를 충족할 수 없다는 것이다. 한편 민간 측 어법을 사용하여 말하자면, 기업체 전환은 정부가 '짐을 벗어놓는' 것으로서, 이는 상당히 일리가 있다. 실은 정부 역시 말만 다르지 논법은 완전히 같은데, 즉 본래 민간에 있어야 할 사항을 민간에, 본래 시장에 있어야 할 사항을 시장으로 돌려놓자는 얘기이다.

정부 입장에서 볼 때, 본디 민간과 시장 영역의 일들을 정부에 귀속시켜 놓았던 것은, 정부가 국가를 관리하는 거래비용을 극히 높게 만들었다. 중화인민공화국 성립 이래로, 정부는 원래 시장적 속성이 강한 문예공연단체들을 국가 사업단위로 만들었고 그 정책은 일괄적이고 균질하게 적용되어, 시장 안에서 경쟁해야 할 공연단체들이 '육성되는' 결과를 낳았다. 계획경제 시대였기에 이러한 방식이 가능하긴 했지만(물론 그 대가는 컸으나), 시장경제로 바뀐 현재에는 이런 식의 방식은 전혀 통용될 수 없을 것이다. 나아가, 국유 문예단체의 업적과 퍼포먼스가 그리 만족할 만한 수준이 아님은 말할 나위 없는데도 불구하고(경쟁이 없는데 시장에서 환영받는 문화상품이 나올 수가 없으므로), 국가가 매년 이 문예단체들에게 정부의 사업단위로서 배정해 온 재정지출은 얼마나 많았는가?

개혁의 동력은 사실 이러한 거래비용의 부담을 경감시키는 것, 즉 정부 지출 감소로부터 온다. 동시에, 개혁은 이 사업단위들을 시장경쟁 속의 기업들로 환원시켜 사회에서 필요로 하는 문화상품을 제공토록 하는 것이다. 더 심층적으로 얘기하자면, 이 개혁의 이면에는 국가, 시장 그리고 사회의 3자관계라는 전통적 명제가 연관되어 있다.

공공재 이론에서 보자면, 문화상품(공익적 성격의 상품을 제외한)은 본질적으로 사유재이며, 아무리 양보해도 준공공재이지 완전한 공공재라고 볼 수는 없다. 왜냐하면 문화상품은 공공재의 두 가지 기본 속성, 즉 비경쟁성과 비배타성을 지니고 있기 때문이다. 사유재는 일반적으로 시장에서 제공되는 것이다. 예컨대, 문예단체가 제공하는 무용, 잡기, 희곡과 같은 문화상품은 보통 문화시장을 통해 팔려야 하는 것이고, 시장의 경쟁기제를 통해 적자생존의 원리가 적용된다. 이로써 문예단체들이 우수한 문화상품을 제공하여 소비자의 선호를 만족하게끔 하고 자신의 역량을 발전시킬 수 있게 되어, 일종의 선순환 체제가 구축될 수 있는 것이다. 한편 정부는 국가의 우수한 문화프로젝트를 보호 및 발전시키는 차원에서, 시장성은 갖기 힘들지만 중요한 국가문화전통(예컨대 곤극昆劇)을 지원하여 시장기제의 맹점을 보완할 수도 있다.

오랜 기간 우리의 오류 중 하나는 이러한 문화상품을 완전히 공공재라고 간주하여, 문예단체의 사업적 속성(즉 문예가 무산계급의 혁명사업에 복무해야 한다는 것)만을 강조해 왔을 뿐, 그 시장적 속성을 외면했다는 데에 있다. 즉 우리는 문화예술을 사업으로 보았지 산업으로 보지 않았던 셈이다. 사업은 정부와 관련된 것이지만 산업은 시장과 관련되어 있다. 시장이 문화영역에서 다원적 이익과 다원적 수요를 유발하게 된다면, 정부가 단일 이데올로기적 목적을 만족하기 위해 장악해 온 문예단체 같은 '사업단위'들은 종말에 이르게 될 것이다. 왜냐하면 시장의 다원적 요구는 정부에 기댄 방식으로는 절대 만족할 수 없기 때문이다. 이게 바로 기업체 전환 개혁의 심층적 원인이며, 80년대의 개혁이 절차개혁에만 머무른 이유도 바로 당시에는 진정한 의미의 문화시장이 발달하지 않았기 때문이기도 하다.

다른 시각에서 보자면, 국유 문예단체의 기업체 전환은 정부가 국가, 사회, 시장의 3자관계 중 자신의 역할을 새롭게 규정하는 조치이기도 하다. 이는 어떤 면에서는 정부가 빚을 갚는 조치라 할 수 있는데, 국유 문예단체의 출현은 당초 특수한 역사적 조건 아래에서 정부가 시장과 사회를 배척한 결과 중 하나였기 때문이다. 본래 시장과 사회에 속해야 마땅했던 것이 정부에 귀속되어 있었다는 사실은, 국가가 그 사유재를 불합리하게 정부가 관리하는 공공재로 삼았다는 의미가 된다. 그런데 국가, 시장 및 사회가 재차 분리되어야 한다고 했을 때, 국가는 거대한 거래비용의 부담을 지게 될 것인데, 개혁은 바로 이 지점에서부터 시작되게 된다. 그리고 이는 국유 문화단체의 개혁의 출발점이기도 하다.

　　강제적 제도변화는 사실상 유인적 제도변화(induced change)의 특징을 또한 지니고 있다. 제도경제학 이론에서 보면, 유인적 제도변화는 반드시 기존의 제도구성 하에서는 얻을 수 없는 이익창출 기회가 발생함으로써 시작된다. 바꿔말하면, 유인성 제도변화의 발생은 반드시 제도불균형으로 인한 이익창출 기회를 필요로 한다. 유인성 제도변화의 출현 여부는 주로 개별 혁신자들이 예상편익과 비용을 어떻게 비교하는지에 달려 있다. 노스가 말한 바와 같이, "만일 예상 순편익(잠재이윤)이 예상비용을 넘어선다면, 제도구성은 변화할 수 있을 것이다. 단지 이 조건만 만족하더라도, 우리는 사회에서 기존 제도와 재산권의 구조를 바꾸려는 시도를 목격할 수 있을 것이다."[21] 개혁주체 입장에서 다양한 제도구성은 각각 상이한 예상편익과 비용을 가지고 있다. 간단히 말해, 현행 제도에서는 이익을 얻기 힘들지만, 제도개혁이 이익창출을 가능하게 할 때, 변혁이 이루어지는 것이다. 이 논리를 국유 문화단체의 기업체 전환에 적용해 보면, 개혁주체가 원래의 제도에서 이미 더이상 이익을 얻기 힘들다면, 반드시 기존 체제의 개혁을 진행하게 될 것이다. 그리고 개혁주체가 직면할 거대한 거래비용 압력은 일단 제외하고 논하자면, 개혁은 개혁주체가 변화를 통해 편익을 얻을 수 있고 개혁비용이 그 편익보다는

21　　[美]科斯等, 『财产权利与制度变迁』, 刘守英, 陈剑波等译, 上海三联书店1991年版, p.274.

적다는 점을 인식하는 과정에서 발생하게 된다.

강제적 제도변화의 장점은 "최단 시간에 최대의 속도로 제도변화를 추진할 수 있고, 그 강제력과 잠재적 폭력성이라는 이점이 제도변화 비용을 낮출 수 있는 데 있다."[22] 그러나 강제적 제도변화 역시 한계를 지닌다. 비록 강제적 제도변화가 조직비용을 낮추는 것은 사실일지라도, 이는 만장일치의 원칙에 위배되며, 이는 개혁과정에서 손해를 입는 사람이 바뀐 제도에 따르지 않게 만들 수 있어 결과적으로 강제적 제도변화에 상당한 걸림돌로 작용할 수 있다. 그리고 국유 문예단체의 개혁이 느린 것은 바로 이러한 논리로 설명될 수 있다.

신제도주의 경제학 이론에 따르면, 초기제도의 디자인은 매우 중요하다. 왜냐하면 제도의 초기 디자인이 경로의존을 형성하기 때문이다. 경로의존이 형성되는 심층적 원인은 이익요인에 있다. 어떤 제도가 만들어지면, 곧 기존 체제에서 수익을 보던 압력집단은 설령 새 체제가 기존 체제보다 효율적이라고 하더라도 기존 체제를 유지하기 위해 노력하고 진일보한 개혁에는 반대할 것이다. 국유 문예단체 개혁이 더딘 것도 초기 제도디자인과 연관이 있다. 상술한 것처럼, 국유 문예단체들이 성립된 초기에는 사업단위로서 편제되었기에 국가는 그에 대해 일률적인 정책을 폈고, 이 단체들은 계획경제 시대에 이러한 편제상의 이익을 충분히 누리게 되었다. 시장경제 시대가 되어 비록 이들은 지위나 수입, 대우가 일정 정도 낮아지는 등 시장화의 충격을 받긴 했으나, 여전히 사업

---

22   卢现祥, 『西方新制度经济学』, 中国发展出版社 1996年版, p.274.

단위로서의 이점을 누릴 수 있었다. 예를 들면, 이들은 연출 횟수가 많지 않더라도 임금을 받는 '철밥통'이었고, 특히 은퇴한 이후에는 재직 시보다 더 좋은 대우를 받았다. 따라서, 개혁이 더딘 원인은 기존 제도에서 수혜를 입던 사람들 혹은 기존 제도의 이점을 포기하기 싫은 사람, 그리고 기업체 전환을 걱정하는 사람들이 경쟁력 부재로 인해 시장 혹은 자신의 단위 내에서 생존할 수 없을 것을 걱정하기 때문이었다. 이러한 고려들 속에서, 그들은 설령 새 제도가 더 효과적이라는 걸 알더라도 변화에 반대하였으며, 일반적으로 새 제도는 불확실성이 있게 마련이므로 그들은 개혁의 이익과 비용 중 어느 것이 클지도 판단하기 어려웠다.

초기 제도개혁의 경로선택에 있어서, 기존의 경로로 가는 것은 새 경로를 개척하는 것에 비해 쉽다. 이는 80년대 이래 국유 문예단체 개혁이 왜 계속 절차의 개혁에만 지나치게 천착하였는지, 그리고 왜 점진적이고 혼란을 최소화하는 방식으로 개혁성과를 내려 했는지를 알려주고 있다. 그러나 단지 외형적 절차에 초점을 맞추어 진행한 개혁이 가져온 결과는, 비록 갈등비용은 감소시켰으나(이는 저항에 대한 타협과 양보로 볼 수 있다), 오히려 실행비용을 증가시켰으며, 개혁이 수년간 지연되도록 만들었다.

강제적 제도변화의 효과성과 정책결정자들이 처해있던 환경 역시도 중요한 관계가 있다. 정책결정자들과 정책환경이 변화하면, 제도변화의 결과에도 변화가 일어날 것이다. 국유 문예단체 도급계약제와 쌍궤제 개혁의 성패는 전반적인 경제개혁의 성패와 연관된다. 기업체 전환 개혁의 배경에는 시장경제체제의 요구가 있는 것이며, 당연히 정책결정자가 시대와 더불어 변화·발전하려는 의도도 반영될 것이다. 개혁의 전환 혹은 정체는, 개혁 당사자의 비협조나 저항을 제외하면, 정책결정자의 이데올로기, 개혁에 대한 결심, 안정적 책략의 유무, 방법의 타당성 등에 영향받는다. 개혁과정에서 상하 간의 눈치게임이 개혁주체의 신심과 결심을 약화시킬 수도 있으며, 이는 개혁이 철저하게 진행되는 것을 방해한다.

노선도와 시간표의 확정은 개혁주체가 불퇴의 결심으로 임하고 있음을 시사하지만, 이는 또한 개혁주체의 우려를 방증하는 논거이기도 하다. 만일 개혁이 무기한으로 지연된다면, 개혁비용은 개혁의 편익을 크게 초과해 버릴 것이며, 이는 개혁주체들이 직면하고 싶지 않은 지점일 것이다.

3. 문제와 전망

개혁주체 입장에서 새로운 제도를 만드는 것은 개혁의 추진과 다르지 않으며, 개혁의 추진은 개혁에 대한 저항력을 극복해야만 한다. 쿠르트 레빈의 역장이론에 의하면, 추진의 동력이 저항력보다 크면 개혁은 앞으로 향해 나아갈 수 있고, 또한 동력이 저항력과 같을 때 개혁은 정체되며, 저항력이 동력보다 크다면 개혁은 후퇴하게 된다. 이 원리를 국유 문예단체의 기업체 전환에 적용하면, 개혁의 동력은 의심할 바 없이 상층으로부터 오는 것이지만, 그것만으로는 개혁이라는 임무를 완수할 수가 없다. 따라서 개혁주체들은 반드시 개혁의 잠재적 수익자 집단을 발견하고 또 확대시켜야 한다. 이로써 상하가 융합된 동력을 형성하여 추진동력이 저항력보다 큰 상황을 창출해 낼 수 있을 것이며, 이는 개혁의 진전으로 이어질 것이다.

이러한 논리의 연장선상에서, 개혁주체들은 이하의 몇 가지 문제들을 고려할 필요가 있다.

첫째, 기업체 전환 과정에서 이익에 손해를 보는 사람들에 대한 보상 문제이다. 여기에서 파레토 최적은 달성이 불가능하다. 소위 '파레토 최적'이란 어떤 성원에게도 손해가 없는 상황에서 모든 이가 이익을 얻게 되는 상황인데, 개혁은 본디 일정 정도에서 이익의 재분배 과정이므로, 일군의 성원들이 손해를 보는 일을 피할 수 없게 된다. 따라서, 파레토최적은 이론적으로만 가능하다고 하겠다. 그러나 우리는 '파레토개선'을 꾀하는 대책을 강구해 볼 수 있다. 여기에서 파레토개선이라 함은 손해를 보는 이들이 있을 수 밖에 없는 상황에서 보상을 통해 그 손해를 보충하여 사회의 효용을 증대하는 방식이다. 예를 들어, 개혁과정 중 고령 노동자와 젊은 노동자를 구별하여 대우할 수 있는데, 고령 노동자들은 기존 체제의 각종 문제와 부담들을 짊어져 왔기 때문이다. 이러한 체제의 결정권은 국가에 있으므로, 국가는 그들에게 도의적 책임을 지고 있는 셈이며, 따라서 파레토 개선에 따르는 보상은 이러한 도의적 책임을 내포할 필요가 있다.

다만 개혁주체들은 이러한 보상들이 개혁의 사회적 효용 증진으로 연결되도록 만들 필요가 있다. 즉, 보상의 결과는 결국 사회적 효용의 증진을 촉진하는 것이어야지, 그 반대가 되어선 안 된다. 이 원리를 국유 문예단체 기업체 전환에 적용하자면, 앞 장에서 논하였듯 기업체 전환 이후 문예단체들은 계속 증대되는 문화적 수요를 만족하기 위해 양적으로나 질적으로 우수한 문화상품을 사회에 제공할 수 있을 것이지만, 그러나 만일 개혁과정에서 파레토 개선을 위해 집행된 보상들이 사회적 효용을 증진하지 못하거나 심지어 저해하게 된다면, 이러한 보상들은 무용지물이 되는 셈이며, 이는 다른 말로 하면 개혁의 비용이 그 수익보다 커지는 상황이 된다고 할 수 있다. 일례로, 중국의 조직기구 개혁과정에서 모 현급 정부의 어떤 국에 부국장이 20여 명이 되는 현상이 발생한 적도 있다. 손해에 대한 보상을 고려하다 보니 보상이 원래 지닌 사회적 효용 증진의 원칙에 위배되었고, 개혁의 원 뜻 정부의 효율 제고에도 어긋나게 된 것이다. 아울러 우리는 20여 명의 부국장이 있는 부서의 업무 효율이 어떠했을지는 어렵지 않게 유추해 볼 수 있다.

둘째, 기업체 전환 과정 중 본디 지닌 조건이 각기 상이한 국유 문예단체들을 어떻게 처리할 것인가의 문제이다. 이는 특히 조건이 열악한 단체일수록 더 큰 문제가 된다. 어떤 주장에 의하면 다음과 같이 단체의 시장성숙도를 구분하여 전환을 추동할 수 있는데, 시장성숙도가 높은 국유 단체에 대해서는 '제도혁신, 전환기제, 시장지향, 실력향상'의 정책방침을 준용하여 기업체 전환을 통해 시장주체로 성장할 수 있도록 하고, 공익성과 시장성 사이에 위치한 단체에 대해서는 '지원증가, 전환기제, 활력증가, 서비스 개선'의 방침을 준용해 단체 내부의 개혁을 도모하게끔 하자는 것이다. 또 이 주장에 의하면 현재로선 시장성이 미비한 단체들에 대해서는 전환을 잠시 보류하고 시장성숙도가 높아질 때까지 기다

려야 한다.[23]

그러나 '전환을 잠시 보류하고 시장성숙도가 높아질 때'는 도대체 언제란 말인가? 이러한 단체의 시장성숙도에 따라 구분하여 기업체 전환을 추진하자는 생각 자체는 나쁘지 않지만, 자칫 개혁을 지연시킬 위험이 있으며 심지어 개혁을 좌초시킬 염려마저 있다. 체제의 개혁과 구조의 개혁만이 문제의 핵심에 도달할 수 있기 때문에, 중앙선전부와 문화부는 2011년 5월 공동으로 「국유 문예단체체제 개혁에 관한 통지」를 하달하여, 다음과 같이 주문한 것이다. "시장진입조건을 갖추지 못했거나 더이상 편제 내에 남는 것이 유보될 수 없는 국유 문예단체들은 말소신청을 할 수 있다. 동급 문화행정부문과 편제관리부문의 비준을 제출하고 법규에 따라 말소수속을 진행한다." 이처럼 독사에 물린 팔을 잘라내는(壯士斷腕) 식의 개혁은 오직 전진만 있고 후퇴는 없는 방식이라 할 수 있으며, 이는 개혁주체들의 강한 결심을 반영하는 것이자 질질 끌지 않는(不拖泥帶水) 방식이기도 하다. 이 조치는 방법적 측면에서 꽤 급진적인 특징을 지니기도 하는데, 그간 채택했던 점진적 개혁방식이 문제를 근본적으로 해결하지 못한 데 기인한다고 볼 수 있다. 급진적 개혁의 장점은 쾌도난마 식이고 실행비용을 줄일 수 있다는 점이다. 그러나 그 단점 또한 명백한데, 저항에 대한 마찰비용이 생길 수 있고 후유증이 비교적 많이 남을 수 있어서 여러 패키지적 조치를 통해 실행력을 담보해야

---

23 「国有文艺院团体制改革的路径选择」(2010年 9月 17日), 中国文明网, http:// archive. wenming.cn/ fangtan/20100917/

한다. 이 측면에서, 상술한 이익보상의 문제 외에도 아래의 세 번째 문제를 고려해야 하는 것이다.

셋째, 정부책임의 문제이다. 개혁과정 중에 정부의 책임이 포기되어서는 안 된다. 그리고 이 책임이란 바로 정부가 기존 문예단체들을 지원하고 감독하던 측면에 대한 것이다. 홍융핑(洪永平)에 의하면, 국유 문예단체 체제개혁의 주요한 어려움은 다음의 두 가지로 정리할 수 있다. 하나는 부채가 많고 펀더멘털이 취약하다는 것으로, 문예단체들은 보통 유형자산이 부족한 데다, 몇 년간 경비투입이 갑작스레 줄어 예산이 바닥을 드러냈으며, 심지어 적지 않은 단체들은 개혁 이후 자산총량이 상공단체 등록조차 만족하지 못할 수준이 되었다. 다른 하나는 부담은 크고 발전동력은 부족하다는 점이다. 많은 문예단체들에서 무대에 오를 만한 연기자는 필요 수준의 절반에 불과했고, 더욱이 적지 않은 단체들은 이미 제대로 된 연출자가 몇 없었으며, 인재풀과 문예창작의 숫자 역시 빈약한 상황이었다.[24] 기실, 중앙 선전부와 문화부가 2011년 5월 내린 「국유 문예단체체제 개혁에 관한 통지」는 이러한 상황을 고려한 것이었는데, 「통지」의 두 번째 파트는 정책, 자금, 인원안배 등 방면에서 정책의 추진력을 강화하고 개혁성과를 담보하려는 여러 규정들을 담고 있다. 그 주요한 내용은 아래와 같다.

우선 국유문예단체 기업체 전환의 정책적 지원을 강화하는 것이다. 「통지」는 각지 정부가 기업체 전환정책에 근거하고 실제를 반영하여 더

---

[24] 위의 문서.

욱 실행력 있고 우수한 지방정책을 내 올 것을 주문했다. 또한 국유 문예 단체들이 개혁을 통해 상술한 장기적 문제—부채가 많고 펀더멘털이 취약하며 부담은 크고 발전동력은 부족한—를 해결하고 발전동력과 활력을 증진시킬 것을 추동하고자 했다. 다음으로, 「통지」는 국유 문예단체들이 전환 이전 각급정부들에서 교부받던 정상 사업경비가 전환 후에도 일정기간 동안 지속되도록 주문했고, 국유 문예단체들이 전환 이전 지배하거나 사용하였던 국유자산(토지 포함)들은 전환 후 국가자본으로 전환될 수 있게 하였다. 상공단체로 등기등록 시 필요한 화폐 출자능력이 갖춰지지 않은 단체에 대해서는, 재정부문 혹은 국유문화자산관리기구가 보조해 줄 수 있도록 했다. 또한, 각종 소유제의 기업들이 지분소유, 지분매입, 인수합병, 구조조정 등의 방식을 통해 적극적으로 국유 문예단체 개혁에 참여할 수 있도록 장려하고 지원하였다. 그리고 유명 예술가들과 여타 공연종사자들이 개인 지분소유를 통해 기업체로 전환된 문예단체의 주식에 참여하도록 장려했다. 마지막으로, 다양한 층위와 업태의 연출장소 발전을 장려하였다. 즉, 극장을 대대적으로 개조 및 신설하고, 이를 할당, 임대, 위탁관리 등의 방법을 통해 기업체로 전환된 문예단체들이 사용할 수 있도록 한 것이다. 뿐만 아니라 '연출원선'(演出院线, 역자주- 2004년 신설된 국유 문화기업집단) 등의 형식을 통해 전환한 문예단체의 극장과 레퍼토리가 원활히 매칭되도록 하여 문예산업의 규모화 및 집중화의 제고를 꾀했다.[25]

25　「中共中央宣部, 文化部关于加快国有文艺院团体制改革的通知」, 文政法发〔2011〕22号.

한편 인원안배 정책의 규정은 아래의 내용을 담고 있다. 먼저 국유 문예단체들이 전환 후 기업으로서 사회보험에 참가하고 사회보장정책과 연결되게끔 하여, 은퇴자 대우가 열악했던 그간의 문제를 해결하려 하였다. 단 전환 전 이미 은퇴한 인원들의 퇴직금 기준에는 변동이 없고 관련규정을 조정하여 퇴직수당을 지불하였다. 또한 은퇴자들의 처우가 열악했던 문제에 관해, 「통지」는 수입분배 개혁, 기업연금제도 신설, 양로 보조금 등 방식을 통해 해결하고자 했다. 다음으로는, 비준을 통해 퇴출된 국유 문화단체들이 자산 및 재무의 청산과 인원 분류 작업을 거쳐, 국유자산을 보전하는 한편 직원들의 합법적 권익을 보장하고 사회안정을 추구하려 하였다. 이에 문예단체 종사자들의 직업선택에 대한 바람을 충분히 반영하여, 직업전환 경로를 확대하고 직업훈련 프로그램을 강화하여, 심사를 거쳐 문화센터 혹은 군중예술관 등 공익적 문화기구에 인원을 보강하거나, 도시 및 농촌의 문화강사 및 초중교 예술교육 등 문화보급사업에 배치하고자 했다. 또 합의를 통해 자의적으로 구직상태에 놓이게 된 인원들에게는 유관규정에 따라 금전적 보상을 지불하거나 사회보험체계에 연계시키도록 했으며, 임시직 인원들 역시 관련규정에 의해 처리토록 하였다.[26]

그러나 이러한 조치들이 채택되었음에도 불구하고, 여전히 일단의 문제가 존재했다. 먼저 각지에서 이를 엄격히 집행할 수 있는지의 문제가 있었는데, 특히 재정상황이 좋지 않은 지방이 더욱 그러했다. 제도개

---

26   위의 문서.

혁은 상층부에서 추진하는 것이지만 그 비용은 지방이 상당 수준 부담하게 되는데, 이로 인해 개혁이 상하 간의 눈치게임이 될 소지가 있었고 또 집행과정에서 상층부의 정책이 왜곡되고 변형되는 현상을 낳기도 했다. 따라서 많은 국유 문예단체들이 규정시간 내에 기업체 전환을 완료할 수 없거나 설령 완료했더라도 여러 후유증이 남을 가능성이 농후했다. 그리고 이 문제들의 적절히 해소하지 못하는 것은 개혁이 원래의 목적과는 다른 방향으로 향할 가능성을 의미하는 바이기도 했다.

나아가, 순조로운 기업체 전환을 위해 기업체 전환기에 보조 및 지원이 수반될 필요가 있는 것은 사실이나, 이는 시장의 주요동력이 정부 보조가 아니라 경쟁이라는 사실과 유리되는 것이다. 보조는 단지 임시적인 것이며, 기업체로 전환한 문예단체의 향후 발전은 주로 시장에서 기업으로서의 성과에 달려 있다. 따라서 정부 입장에서는 반드시 향후 시장화 개혁 과정에서 일단의 문예단체들이 시장 경쟁 속에 도산하거나 파산하는 상황을 염두에 두어야 하며, 그에 대비하여야 한다.

뿐만 아니라, 정부는 문화시장 창달에 있어 할 바가 있다. 정부에 복속된 사업단위로서의 기존 문예단체들이 시장으로 나와 독립된 기업이 된다고 하여 정부의 책임이 사라지는 것은 결코 아니다. 국유 문예단체들의 기업체 전환은 개혁의 본디 목적이 아니며, 그 목적은 이러한 개혁과정을 통해 문예단체들이 인민군중의 부단히 성장하는 정신문화 수요를 만족시킬 수 있도록 하여 문예계의 활력을 높이는 데 있는 것이다. 그러므로, 정부는 시장의 정상적 운용에 있어 전가하거나 회피할 수 없는 책임을 지고 있다고 할 수 있다. 예를 들면 정부는 다음의 사항들을 고려해야 한다. 바로 ①어떻게 공정경쟁 시장을 조성하고 각종 다양한 소유제 형태의 문예단체들을 차별없이 대우할 수 있을지, ②어떻게 문예단체 활동을 규범화시키고, 어떻게 그들의 경영활동에 대해 감독관리를 강화할지, ③그리고 정부와 이미 기업화된 문예단체들 간의 관계를 어떻게 올바로 설정할 것인지, ④어떻게 시장의 경직성을 수정할 것인지 등이다.

더글라스 노스는 제도 및 경제적 성과에 관해 논하며 다음과 같이 언급한 바 있다. 제도가 경제적 성과를 결정한다면, 그 제도변화가 경제의 장기적이고 유효한 발전으로 이어질 수 있을지의 여부는 바로 제도변화가 정치조직과 경제조직 사이의 이익보상을 공히 담보할 수 있는지, 그리고 이러한 내용에 부응하는 제도변화의 궤적을 그릴 수 있는지에 달려 있다. 본고의 결론을 대신하여, 노스의 관점을 중국 문예단체의 체제전환 개혁에 적용해 보자. 이 개혁이 성공하려면 개혁이 정부조직과 문예단체조직 사이의 보상을 상호증진하는 결과를 가져와야 할 것이며, 이는 바로 원-원이라고 할 수 있다. 문예단체는 시장 내 퍼포먼스가 되었든 아니면 단체 내부 운영 차원의 성과이든 간에 과거 사업단위 시절의 방식은 전면적으로 떨쳐버려야 할 것이다. 한편 정부는 이 일련의 거버넌스의 거래비용을 감소 조치의 최초 동기가 정부 자신의 이익 혹은 공공이익에서 나온 것이었으므로, 개혁의 결과가 반드시 전 사회가 더 풍부한 문화상품을 누릴 수 있는 방향으로 향해야만 할 것이다. 정부는 국가, 사회, 시장 3자관계를 명확히 규정하는 것은 물론, 나아가 3자가 자신의 바운더리를 정확히 지킬 수 있도록 하고, 동시에 정부 자신의 책임은 착실히 이행하여야 한다. 여기에 정부와 문예단체 양의 이익보상이 상호증진될 수 있을지 여부가 달려 있으며, 문예단체 체제전환이 성공할 수 있는 관건이기도 하다.

Economic Analysis of New Institutions in Reform of Cultural System: Case Study of Enterprise Transformation of State-owned Art Performance Organizations

Abstract: State-owned art performance organizations have initiated their process reform and later structural reform since the 1980s. Analysis on the basis of relevant theories of new institutional economics shows that the entrepreneurial transformation of these organizations represents a coercive institutional change in a top-down manner. This transformation can lower the costs of reform, yet it will cause other problems, as well as resistance against reform. The success of such transformation depends on the mutual increase of compensation between the government and the organizations subject to reform.

정부-사회 분리의 논리 및 난점*

요약: 정부-사회 분리는 정부-기업 분리 및 행정-사업 분리(政事分开)와 유사하며, 우리나라 정치사회 체제개혁의 중요한 구성요소이다. 그러나 수년간 진행된 정부-사회 분리 개혁은 미진했다. 통치와 거버넌스라는 두 차원에서 이 현상에 대해 고찰해 보면, 정부-사회 분리의 성패가 바로 거버넌스 논리와 통치 논리 사이의 줄다리기에 의해 결정됨을 알 수 있다. 즉, 거버넌스의 논리는 정부와 사회의 분리를 요구하지만 통치의 논리는 정부의 사회에 대한 통제를 주장하며, 통치의 논리는 정부-사회 분리의 유의미한 진전을 어렵게 만든다. 이 문제의 해결방안은 리더십과 행정권을 분리하는 데 있으며, 개혁의 아이디어를 혁신하여, 통치가 거버넌스로 전환되고 또 국가 거버넌스의 현대화로 나아가게 해야 한다.

1. 사회의 전환: 정부-사회 분리 논리의 출발점

중국공산당 18차 당대회 이래, '정부-사회 분리'는 당 최고위층 문건에서 항상 언급되고는 있지만, 학술문헌이나 언론매체들에서 깊은 토론으

* 　이 글은 『江苏行政学院学报』 2016, Vol.3, pp.96-102에 수록되었다.

로 이어지고 있지는 못하다.[27] 정부-사회 분리는 '정부와 사회조직의 분리'를 가리키며, 일반적으로 기술되기로는 "모든 공민, 법인, 기타 조직들이 자주적으로 결정할 수 있고, 시장경쟁 기제가 효과적으로 조절되며, 행정조직 혹은 중개기구들은 자율적 관리가 가능해지는 대신, 정부는 물러나는 것이다."[28] 이는 곧 사회의 일은 사회가, 시장의 일은 시장이, 정부의 일은 정부가 하는 것이라 할 수 있다.

정부-사회 분리는 정부와 사회가 불가분이라는 명제에 대한 문제제기이다. 정부와 사회가 불가분이라는 명제는 계획경제의 산물이며 동시에 국가가 천하를 일통하는 국가운영방식의 대표적인 특징이다. 개혁개방과 시장경제체제의 등장은 기존의 국가의 천하일통적인 방식에 크게 균열을 가하였으며, 사회와 시장이 출현하고 또 성장하기 시작하며, 국가의 '천하일통'은 '천하삼분(天下三分)'으로 변모하였다. 이 과정 가운데, 정부는 천하삼분 형성에 있어 가장 핵심적인 추진동력이었다(이 점은 서양과는 다른데, 서양은 사회와 시장의 형성과 이행이 자연스럽게 진행되었다).

이론적으로 보면 국가는 어떤 상황에서도 가장 좋은 자원배분 방식은 될 수 없다. 중국의 개혁은 시장경제의 건설을 통해 사회, 국가, 시장의 분화과정을 가속시켰는데, 이 분화과정은 주로 탑다운식 개혁을 통해 전개되었고, 물론 이 탑다운식 개혁이 기층의 요구에 부응한다고 하더라도, 개혁의 주요한 추진동력은 고위층으로부터 나온다고 할 수 있다. 신

---

27   唐钧, 「社会治理与政社分开」, 『党政研究』 2015年, 第1期, p.100.

28   「国务院关于第六批取消和调整行政审批项目的决定」, 国发〔2012〕52号.

제도주의 경제학의 차원에서 보자면, 이러한 탑다운식 개혁의 중요한 원인 중 하나는 국가가 사회관리의 거래비용을 줄이고자 하는 것이었다. 국가가 관리와 자원배분을 총괄하게 되면 그 비용이 너무 크고(이는 경제비용만이 아니라 사회비용까지 포함하는 얘기이다), 지불해야 하는 대가가 너무 크고 얻는 이익은 과소하다. 이에 시장경제체제의 확립은 다원적 이익이 형성되게 하여 다원적 이익이 대표하는 각급 조직들을 형성케 하고, 이는 다시 시장과 사회가 각자의 영역에서 자원배분을 담당케 함으로써, 결과적으로 자원배분의 효용을 극대화할 수 있게 되는 것이다. 간단히 말해, 정부-사회 분리의 목적은 바로 「중공중앙의 개혁전면심화 중 약간의 중대문제에 관한 결정」에서 "사회조직의 활력을 살리기 위해 사회조직들이 사회거버넌스에 참여하게 한다."에 있다. 명백하게도, 정부-사회 분리는 사회 거버넌스적 요구에서 나온다. 만일 정부-기업 분리가 어떻게 경제자원을 배분할지의 문제를 해결하는 것이라고 한다면, 정부-사회 분리는 바로 어떻게 사회자원을 배분할지의 문제를 해결하는 것이며, 이는 또한 어떻게 온전히 정부역량에만 기대지 않고 사회를 통해서도 효과적으로 사회 거버넌스를 이룩할 것인지의 문제이기도 하다.

정부-사회 분리는 1980년대에 시작되었지만 당시로서는 일정한 제약 하에 있었다. 1980년대 말 반포된 「사회단체등기관리조례」 규정은 사회조직들이 동급 민정부문의 등기관리와 주관단위의 관리를 동시에 받아야 한다고 명시하였다. 이는 곧 (특정 주관단위의) 부속단위가 아닌 사회조직은 성립될 수 없다는 의미나 마찬가지여서, 이 조항은 수많은 사회조직들을 실질적으로 배척하는 결과를 낳았다. 반면 이미 설립된 조직들은 정부부문과 긴밀한 관계를 꾸리게끔 하여 아래와 같은 폐단을 낳게 되었다. ①사회조직들이 독립성과 자주성이라는 사회조직으로서의 미덕을 결여하게 되었고, 이로 말미암아 행정기구들의 자금, 정책 등 지원에 의존하게 되었다. ②행정화 경향이 두드러졌다. 사회조직은 상당한 수준에서 정부의 하급기구라 할 만했다. 사회조직은 행정지시를 집행하였고, 조직구성원들은 공무원등급(行政級別)을 부여받고 또 등급에 따라 교만을 떨기도 했다. ③독립적 재정자원이 결핍되어 있었다. 이로 인해 사회조직은 정상 운영되기 힘들었다. ④형식적으로만 분리된 상태가 주로 정부와 사회조직 간의 교란을 야기했고, 이는 다시 업무효율의 저하로 이어졌다. 여기에서 사회조직의 장점이 발휘될 여지는 없었다.

시장경제 발전과 공공서비스 수요의 증가에 따라, 정부기능은 21세기 초에 사회거버넌스 및 공공서비스 쪽으로 변화하게 된다. 그리고 사회조직이 사회 거버넌스 및 공공서비스에서 어떻게 제 기능을 발휘하도록 할 것인지가 다시금 의제로 떠올랐고, 이로 인해 정부의 목표와 운영방식은 변화의 전기를 맞게 된다. 정부의 목표 측면에서, 정부는 경제의 신속한 발전을 추동하는 것에서 공중에게 공공서비스를 제공하는 방향으로 더 이동하게 되었고, 이는 정부 운영방식의 변화를 낳아, 시장 및 사회적 기제(예컨대 공공서비스 구매기제)를 활용하여 서비스를 제공하게 되었다. 정부는 이미 자기능력과 자원에만 근거해서는 대중들의 공공서비스 수요를 충족시킬 수 없게 되었고, 이에 사회조직의 작용은 더 부각되었다.

이러한 배경 속에서 정부-사회 분리는 진일보할 수 있었다. 그 대표적 예로 몇 군데의 성급 단위에서 실행한 사회조직 등기 요건을 낮추는 조치를 들 수 있는데, 이 조치에 따라 사회조직들은 직접 민정부문에 신청하는 것만으로 설립할 수 있었고, 특정 주관단위에 부속될 필요가 없게 되었다. 2012년 시행된 「광동성 진일보발전 및 사회조직 규범적 관리 방안」(이하 「방안」)에 따르면, 업종별 협회, 군중생활, 공익 자선류, 사회서비스류, 상인 향우회, 도시 및 농촌 기층사회조직, 외국 관련 사회조직, 허브형 사회조직 등 사회조직(특별규정 및 영역은 제외)의 업무 주관단위를 업무 지도단위로 변경하였는데, 이로써 사회조직들은 직접 민정부문에서 설립신청을 할 수 있게 되었고, 업무주관단위의 사전심사(前置審批)후 다시 등기관리기관에 가서 등기하는 (비효율적) 절차는 불필요하게 되었다. 이와 함께 「방안」은 업종별 협회가 경쟁기제를 도입한다고 규정하고 있다. 「방안」은 또한 상인향우회(류地商会)의 등기범위를 지(地)급 시에서 현(县)급 시로 확대하였고, 등기관리 권한을 성(省)에서 지(地)급 이상의 행정부문으로 내렸다(下放). 그 밖에도 「방안」은 비공모펀드의 등기관리 권한을 성(省)에서 지(地)급 이상의 행정부문으로 내리기로 하였고, 사회인사들이 공익자선류 및 사회서비스류 사회조직을 결성하는 것을 장려하였다. 이러한 광동성의 선도적 변화 이후, 다른 몇몇 성 및 시들도 이를 따르기 시작했다. 예를 들어 북경은 2013년 4월부터 업종별 협회 및 상인회류, 공익자선류, 도시 및 농촌 지역 서비스류, 과학기술류의 4가지 조직들을 정부부문에서 분리하여, 민정부문에서 직접 등기등록을 신청할 수 있게끔 하였고, 정부부문에 부속되지 않게 되었으며, 모든 공직자들은 해당 협회들에서 겸직이 금지되었다. 그러나, 비록 몇 군데의 성과

시(省市)에서 개혁이 진행되긴 했지만, 이러한 방식은 전국적 범위로 확대되지는 않았다.

정부-사회 분리의 출발점은 '각자가 제 나름대로 움직이는 것'(各行其是)에 있으며, 따라서 분리가 최우선으로 요구된다. 이러한 분리는 기본적으로 인원, 장소, 이익, 자산, 직능 등의 분리를 포괄한다. 충칭시를 예로 들면, 정부-사회 분리는 다음의 사항들을 포함한다. ①인원의 분리: 당정기관의 현·처 급 이상(县处级) 영도간부는 사회조직의 영도직위를 겸임할 수 없다. ②사무장소의 분리: 사회조직의 상설 사무기구와 당정기관업무 부서가 같은 곳에서 합쳐서 업무하는 것(合署办公)을 금지한다. ③이익의 분리: 당정기관은 사회와 재무, 이익에서 철저히 분리되어야 한다. ④자산의 분리: 당정기관과 사회자산의 분리를 추진하고, 당정기관과 사회조직의 자산이 정확한 원칙에 따라 경계가 규정된다. ⑤업무직능의 분리: 당정기관과 사회조직 간 관계를 한층 더 정돈하여, 행정관리기능과 사회조직서비스기능을 명확히 규정한다.[29]

이러한 발전상으로부터 우리는 정부-사회 분리의 발전이 더디다는 것을 발견할 수 있다. 단지 (정부에) 부속된 상태를 부속에서 탈피시키는데에만도(여기에서 부속의 탈피는 진정한 독립성과 자주성을 의미하는 것이 아님에도) 십여 년의 시간이 소요되었으며, 정부에서 분리된 조직은 업종별 협회 및 상회류, 공익자선류, 도시-농촌 지역서비스류, 과학기술류의 4개

---

29 重庆市政府,「党政机关与社会团体政社分离改革工作的实施方案」(2007年 4月 21日), 重庆市政府网, http://jmz.cq.gov.cn/main/mzj/zwgk/tzgg/7f1be5ada057455aa299d572c5491f1f/default.shtml.

유형에 불과했다. 2004년 서비스형 정부 건설로 인해 정부-사회 분리는 새 단계로 진입하게 되었지만, 그럼에도 불구하고 관련 조치들은 공공서비스의 위탁관리로 국한되었다. 예를 들면 공공서비스가 사회조직에 위탁되긴 했지만, 그 대상은 자금, 장소 등 물질적 조건의 제한을 받았다. 그 밖에, 이 변화들은 불균형한 일면이 커서, 지방별로 변화속도가 천차만별이었으며 개혁의 전반적인 진척은 기대에 못 미쳤다.

2. 정부-사회 분리의 난점: 작용기제와 원인분석

상술하듯, 정부-사회 분리 개혁의 진전은 미진했던 측면이 있으며, 정부-사회 분리 개혁의 목표는 멀게만 느껴진다. 다음의 상황들은 이러한 미진한 개혁을 방증하고 있다.

　①다원적 관리와 서비스 체계가 아직 제대로 구축되지 않았다. 물론 등기된 조직들이 이미 42.5만 개에 달하긴 하지만, 총 경제규모, 고용능력, 사회적 영향 등에서 보았을 때 여전히 부족하다. 민간조직의 총지출은 GDP 대비 0.73%에 불과하고, 선진국들의 7% 수치에는 크게 못 미치며, 심지어 세계평균인 4.6%에도 모자라는 수준이어서, 다원적 구조로 볼 수 없다.

　②많은 조직들이 관제조직이며, 설령 직접적이지는 않더라도 당위원회 및 정부와 대단히 밀접한 관계를 형성하고 있다. 일반적으로 사회조직의 주체는 비정부기구이고 비영리적 민간조직이어야 하며, '독립성'

과 '비영리성'을 잃어서는 안 된다. 그렇지 않으면 정부나 기업과 혼동되게 될 것이며, 정부-사회 분리는 요원해질 것이다.

③1988년 「사회단체등기관리조례」가 시행된 이래 20년 동안, 대략 20% 정도의 사회조직들만이 규정에 따라 민정부문에 등기등록을 하였고, 80%의 사회조직은 '법정신분이 없는' 상태이다. 많은 사회조직들이 기존 조건이 요구하는 정식 등기조건을 만족시키기 못했기 때문에, 이처럼 반 공개 혹은 반 지하 상태로 활동해 온 것이다. 결국 이러한 문제는 사회조직들의 규범 및 정상적 발전에 영향을 미쳤고, 정부-사회 분리 과정에도 악영향을 미치게 되었다.[30]

요약하자면, 사회조직들은 여전히 제대로 성장하지 못하고 자신의 정체성을 갖추거나 행위의 독립성 및 자주성을 갖추지 못하고 있어, 진정한 '천하삼분'의 한 축이 되지 못하고 있다. 정부-사회 분리 개혁은 어려움에 빠졌고, 이러한 어려움들은 중국공산당 18차 당대회 보고에서 여전히 "정부-기업 분리, 정부-국유자산 분리, 행정-사업 분리, 정부-사회 분리"를 재차 강조한 데에서도 미루어 알 수 있다. 이 목표들은 이미 근 30년에 걸쳐 제시되어 왔지만 여전히 언급되고 있으며, 이는 정부-사회 분리의 문제가 여전히 해결되지 못했음을 시사한다. 정부-사회 분리 개혁이 걸림돌에 부딪혔다면, 그 걸림돌은 어디에서 온 것이기에 개혁의 목표가 이리도 멀어지게 된 것인가?

학계는 이러한 어려움의 원인에 대해 몇 가지 해석을 내 놓았다. 그

---

30   马庆钰, 程玥, 「关于政社分开的探讨」, 『社团管理研究』 2010年, 第4期.

중 전형적인 방식으로 사회조직과 정부의 두 각도에서 해석하는 방식이 있다. 먼저 사회조직에 초점을 맞추는 캉샤오광(康曉光)의 권력전이론에 의하면, 1998년 이전 중국사회조직 발전은 갓 걸음마를 뗀 수준이어서 권력을 전이받을 능력을 갖추고 있지 못했다.[31] 다시 말해 사회조직이 미성숙하여 정부가 양도해 주는 권력을 받을 수가 없었던 셈이다. 다음으로는 정부에 초점을 맞추는 해석도 있다. 왕밍(王名) 등이 주장한 '조롱박모델'(水瓢模型)에 의하면, 정부통제가 엄할 경우(힘을 가할 때) 사회조직(조롱박)이 '물' 속으로 눌려 있지만, 정부통제가 완화되면(힘을 빼면) 사회조직(조롱박)은 물위로 떠오르게 된다.[32] 이 모델은 곧 정부의 주도성을 가리키고 있으며, 분리 자체의 문제부터 분리의 정도 등이 모두 정부가 어떻게 고려하는지에 달려 있을 뿐 사회조직들의 의도에 의한 것이 아니라는 점을 시사하고 있다.

　　이 두 가지 분석방식은 각기 일리가 있지만 동시에 해결되어야 하는 문제를 지니고 있다. 전자의 경우, 성숙과 미성숙의 문제가 가리키는 것은 사회조직의 독립성과 자주성, 즉 자치의 문제인데, 이러한 관점에서 보았을 때 사회조직이 오늘날 총체적으로 미성숙한 원인은 무엇이었는가? 후자의 경우, 정부-사회 분리를 정부의 주도적 행위로 간주하고 있다. 그렇다면 정부는 왜 사회조직 성장을 제한하려고 하였고, 사회조

31　康曉光, 『权力的转移—转型中国权力格局变迁研究』, 浙江人民出版社 1999年版을 참조.

32　王名等, 『中国社团改革—从政府选择到社会选择』, 社会科学文献出版社 2001年版, pp.89-91.

직이 진정한 독립과 자주를 이루고 정부와 함께 사회 거버넌스의 파트너로 발전할 수 없게 만들었는가? 나아가, 왜 정부는 사회영역이 정부를 대체하는 작용에 부정적이었는가? 그리고 이러한 문제들의 근본적 원인은 무엇인가?

만일 정부-사회 분리의 촉진 및 사회조직 성장의 이면의 논리가 거버넌스라고 한다면, 정부-사회 분리 개혁이 더딘 이유는 또 무엇인가? 사실 정부-사회 분리의 이면에는 거버넌스의 논리 외에도 통치의 논리가 존재하고 있다. 이 두 논리는 불가분의 성격이 있다. 정부-사회 분리의 발전은 두 논리의 줄다리기에 의해 결정된다. 거버넌스의 논리가 자원의 최적배분에 바탕을 두고 정부와 사회조직의 협력적 거버넌스를 고려하는 데 반해, 통치의 논리는 정권 유지의 고려를 바탕으로 하며 사회조직의 발전은 정권의 생존에 도전이나 위협이 되어서는 안 된다. 따라서 통치의 논리는 정부-사회 분리 과정에서 사회조직을 효과적으로 통제하고자 하여, 사회조직이 정권의 조수가 되게끔 하고 이의제기를 하는 행위자가 될 수 없도록 만들려고 한다. 이러한 통제와 관리의 방식은 바로 정부-사회 분리 개혁이 30년간 큰 진전이 없도록 만든 심층적인 원인이다.

이와 정부-사회 분리가 시작되자, 정부는 조치를 취하여 정권안정을 위한 마지노선을 구축했다. 이는 곧 신생 사회조직들이 관련 민정부문의 등기관리와 주관단위의 관리라는 이중적 관리시스템에 놓이도록 하였고, 또한 각계 사회조직 내에 당조직이 들어설 수 밖에 없도록 만들었다. 관련하여, 18차 당대회 보고는 '사회조직 당조직 건설 공작의 심도'의 강화를 제시하고 있는데, 이는 결국 통치의 논리가 거버넌스의 논리에 계속 수반되어 있다는 사실을 가리키며, 여기에는 통제의 방식이 관통하고 있다.

통치는 통제와 복종에 기반하며, 사회적 안정을 지향한다. 통치는 단지 조직과 인간행동의 통일만을 요구하는 것이 아니라 사상의 통일까지 요구한다. 모든 조직과 사람을 정권에 복종하게 하고 종속케 하는 것은 자원의 전면적 장악이라는 측면에서 정권의 안정을 가져오는 것은 사실이다. 하지만 다른 측면에서는 사회 활력을 저하시키고 사회의 관리비용을 증가시켜 지속을 어렵게 만든다. 이는 바로 많은 사회조직들의 정상운영이 불가하고 유명무실해지는 근원이 되었다.

반면, 거버넌스는 신뢰와 다원에 기반하며, 협동을 지향한다. 거버넌스는 자원을 최대한도로 이용하려 하며, 관리비용의 효용 및 사회 각계의 협력문제를 고려한다. 사회는 단지 정부로만 구성되지 않으며 사회 거버넌스는 정부만이 감당할 일이 아니다. 신뢰와 다원에 기초한 협력은 사회적 활력의 증가를 가져올 뿐 아니라 정권 안정에 기여한다, 그리고 이러한 안정성이야말로 진정으로 견실한 기초가 되어 장기 지속가능한 안정을 이루게 된다.

상이한 두 논리 속에 사회조직의 지위 역시 두 가지로 갈리게 되었다. 통치의 논리는 국가가 사회보다 상위에 있고, 정부는 사회의 여타 조직들보다 상위에 있으며, 정부와 여타 조직들은 종속관계에 있다고 간주한다. 반면, 거버넌스의 논리에 의하면 정부와 여타 사회조직들은 모두 법률로 관장되는 평등한 조직일 뿐이다. 정부가 공공권위조직으로서 사회관리에 있어 핵심적 리더십임은 논의의 여지가 없으나, 하나의 법인으로서의 정부는 역시 법인으로서의 여타 사회조직과 신분의 고하를 나눌 수 없다. 거버넌스의 논리에서 정부와 사회조직은 모두 독립적인 조직이며 종속관계는 존재하지 않는다. 양자가 사회 거버넌스의 주체로서 서로 협동, 협력하고 서로의 장단점을 보완하는 것이야말로 양자관계의 기초이고, 이러한 유형의 관계라고 해서 권위적 조직으로서의 정부 지위 및 기능에 영향을 주는 것은 아니다.

상이한 두 논리는 거버넌스 방식의 차이를 낳기도 한다. 통치의 논리는 정부가 모든 자원을 장악하고 배분하는 모습으로 나타나며, 정부는 그 활동의 중심에 있다. 또 정부는 공공서비스의 생산과 제공을 독점하는데, 이러한 방식은 자기중심적으로 진행되며 서비스의 대상들은 고려치 않는다. 정부는 명령 등 강제적 방식을 통해 지휘하며 모든 운영은 정부를 중심으로 진행된다. 하지만 거버넌스의 논리는 정부가 시민 개인, 사회조직, 기업 등 기타 주체들과의 협력을 통해 공공서비스를 공급하며,[33] 정부가 주도적 작용을 하기는 하지만 유일한 주체는 결코 아니며 거버넌스의 주체는 다원화되기 시작한다. 사회조직은 각종 경로를 통해 정부 정책에 참여하고 또 사회적 사무에 독립적으로 작용할 수 있다. 예를 들면 환경보호, 자선, 공공서비스 등이 있다.

뿐만 아니라, 상이한 두 논리는 운영방식과 절차에서도 차이가 난다. 통치의 논리는 일종의 명령형식인 탑다운식 관료모델의 특징을 지니

33　尚虎平, 郭文琪, 「国家治理式公共服务生产与提供图景」, 『党政研究』 2014年, 第2期, p.95.

는데, 과정이 중심이 되며, 하급단위가 명령에 복종하도록 하여 목표를 완수한다. 반면 거버넌스의 논리는 평행적이고도 네트워크적인 운영방식으로 나타나는데, 결과가 중심이 되며, 관련사안들은 각 주체들의 협상과 협력을 통해 처리된다.

정부-사회 분리 개혁은 이 두 논리 간 줄다리기의 확고한 영향 하에 있다. 두 논리는 일정 정도에서 패러독스를 구성하기도 하는데, 4사분면의 도면 위에 이 논리 간의 관계를 표현해 볼 수 있다. 바로 '강한 통치와 약한 거버넌스'/'약한 통치와 강한 거버넌스'/'강한 통치와 강한 거버넌스'/'약한 통치와 약한 거버넌스'이다. 이 4종류의 관계 중 정부-사회 분리 개혁의 관계에 적용해 보면, '강한 통치와 약한 거버넌스'일 경우 개혁은 정체될 것이고 심지어 후퇴할 것이다. 한편 '약한 통치와 강한 거버넌스'의 상황에서 개혁은 진전을 거둘 수 있다. 양자 모두가 강한 '강한 통치와 강한 거버넌스'는 거의 존재하기 힘든데, 이는 양자가 융합될 수 없기 때문이다. 마지막으로 '약한 통치와 약한 거버넌스'는 사회실패의 모델로서 국가, 사회, 시장이 모두 반신불수의 지경에 놓여 있는 상태이다.

정부-사회 분리 개혁은 기존의 '강한 통치와 약한 거버넌스'로부터 '약한 통치와 강한 거버넌스'로 이행하는 과정이다. '강한 통치와 약한 거버넌스'는 '큰 정부, 작은 사회' 모델과도 유사하다. 권력이 정부에 집중되면 사회와 시장은 활력을 잃게 되고, 이러한 모델은 극단적인 국가일통식의 방식이며 심지어 이 방식으로는 시장과 사회가 존재하지 않을 수도 있다. '약한 통치와 강한 거버넌스'는 '작은 정부, 큰 사회' 모델과 상통하는데, 정부와 사회조직들은 평등한 지위를 구성한다. 정부는 비록 여전히 권위자로서의 역할이 있고 주도적 작용을 하지만, 서비스 공급자이자 협력자로서의 역할을 더욱 크게 발휘하게 된다.

이러한 정치-사회 분리의 개혁과정 중 통치와 거버넌스의 힘이 균형을 이루는 구간이 있을 수도 있다. 하지만 이러한 균형은 과도기적 현상으로, 양자가 교체되는 과정에서 출현한 일시적 평형일 뿐이며 결국 '강한 통치와 약한 거버넌스' 혹은 '약한 통치와 강한 거버넌스'로 향하게 된다. 그리고 현재 중국의 정치-사회 분리개혁이 바로 이러한 상태에 놓여 있지만 완전히 균형적이라고는 할 수 없다. 그러나 개혁은 과거의 '강한 통치와 약한 거버넌스'로부터 통치의 상대적 약화 및 거버넌스의 상대적 강화 국면으로 가고 있다. 현재 전반적인 모습은 '정부가 강하고, 사회조직은 약한' 상태이기에 개혁은 아직 본 궤도에 오르지 못한 것이다. 개혁은 갑자기 앞으로 가기도 하지만 또한 불시에 후퇴할 수도 있으며, 교착상태를 드러내기도 하는데 이때 개혁의 전진은 매우 어려워진다.

현재 국가 전체적 차원에서의 정부-사회 분리의 진전은 만족스럽지 못하고, 지방 차원의 개혁은 빠른 곳도 있고 느린 곳도 있으며, 분리의 수준이 높은 곳과 낮은 곳이 공존하고 있다. 그렇다면 어떤 변수가 정부-사회 분리에 영향을 미치고 있는가? 아래 몇 가지 변수들로 정리할 수 있다.

첫째, 정부와 집정당 변수이다. 정부는 통상 거버넌스의 논리와 기술적 합리성으로 편향되기 마련이다. 정부행위는 거버넌스 효과의 고려에서 비롯되고, 거버넌스 효과는 경제의 업그레이드, 공공서비스의 효과적 제공, 사회적 안정에서 드러난다. 공공서비스 수요가 날로 증가하는데 반해 정부는 경쟁의 결여로 인해 업무효율이 저하되고 있는 상황 속에서, 사회조직이 제대로 기능하게 만드는 일은 정부 업적의 달성에 유리하다고 할 수 있다. 하지만 집정당(때로는 정부까지 포함하여)은 통치의 논리에 더욱 쏠려 있어, 집정의 공고화와 가치에 대한 고려를 중시한다. 따라서 어떤 사건이나 의제가 자신의 통제 하에 놓이기를 바란다.

이처럼 정부와 집정당 간의 상이한 입장은 정책에 일정한 영향을 미칠 수 있다. 예를 들어, 중국공산당 상하이시 위원회와 상하이시 인민정부가 배포한 「진일보한 혁신적 사회 거버넌스와 기층건설 강화에 관한 의견」은 정부–사회 분리를 가속할 것을 주문하며, 사회조직들이 권한과 책임을 명확히 하고, 법에 따른 자치 및 역량 발휘 등을 주문하였다. 이 문건은 진입 문턱을 낮추기 위해서는 사회조직에 더 어울리는 종류의 서비스와 업무들이 사회조직에 위탁될 필요가 있다는 점을 지적하고 있으며, 사회조직이 적극적으로 질서있게 기층 거버넌스에 참여하고 지역 간 정부구매서비스를 연계하는 것을 장려하고 있다.[34] 이러한 요구들은 바로 정부가 거버넌스를 바라보는 시각을 대변하고 있으며, 그 초점은 더 좋은 거버넌스가 무엇인지에 맞추어져 있다. 그런데 이 문건은 또한 사회조직들의 당 조직 강화를 담고 있으며, 당 조직의 조직 및 업무관장 범위를 확대하자는 것이 골자이다. 이 지점은 바로 당의 시각이 반영된 것으로, 그 핵심은 당의 리더십과 통제를 강화하는 데 있다. 당연하게

---

34   「关于进一步创新社会治理加强基层建设的意见」, 沪委发(2014)14号.

도, 중국의 당정 일체 체제에서 정부는 당의 리더십을 지키려고 노력할 필요가 있고, 당은 정부의 업적을 주목하고 독려할 필요가 있다. 그럼에도 불구하고, 양자가 구체적 거버넌스 이념에 있어서 상이한 가치를 지닌다는 점은, 정부-사회 분리에 상이한 영향을 미치게 되리라는 것을 암시한다.

둘째, 사회조직 변수이다. 일반적으로, 사회조직이 적극적으로 사회 혹은 당과 정부가 만족할 만한 업적을 내고 정부관리의 허점을 메워 사회관리 비용을 절감하고, 또 이를 통해 사회조직 스스로가 정부에 대해 일정한 압력을 행사하게 된다면, 정부-사회 분리는 한층 촉진되고 정부는 더 많은 일을 사회조직에 이양하게 될 것이다. 뒤집어 말하면, 사회조직이 소극적으로 임하거나 업적이 저조하다면, 당과 정부 혹은 사회가 만족할 수 없을 것이며, 심지어 정권에 대한 도전으로 여겨져, 정부-사회 분리 개혁은 정체 혹은 후퇴하게 될 수 있다.

셋째, 조직 유형의 변수이다. 사회조직은 여러 유형이 있는데, 업종별 협회, 군중생활, 공익자선류, 사회서비스류 등 유형은 개혁이 비교적 빠르고 이들 유형에 대한 정부의 통제완화도 과감히 이루어졌다. 그 이유는 바로 보통 이 조직들이 정권에 도전하지 않는 유형에 해당하기 때문이다. 그러나 정치성을 띠거나 이데올로기가 강한 사회조직들은 통상 많은 제약 아래 있다. 민간 씽크탱크 집단을 예로 들면, 민간 씽크탱크는 1990년대에 큰 발전을 이루었지만, 2005년 상반기에 국가공상국이 '등기기업명칭'에 규범화 방침을 채택함에 따라, 많은 민간 씽크탱크들이 말소되었다. 전세계적으로 보면 씽크탱크는 그 대부분이 민간 조직이며,

미국의 경우 가장 유능한 씽크탱크가 바로 민간조직이기도 하다. 이와 비교하면, 중국의 10대 씽크탱크에는 민간조직이 단 하나도 없으며, 민간 씽크탱크들의 지위 또한 낮다. 이러한 문제는 다음의 문구에서 선명히 드러난다. "중국의 진정한 민간 씽크탱크는 관(官方)에서 인가해주고 있지를 않으며, 관에서 민간 씽크탱크에 공식적으로 자문을 구했다는 소리는 들어본 바가 없다……"[35]

넷째, 혁신의지와 혁신능력이다. 정부의 혁신의지와 능력 역시 하나의 변수이다. 현재 정부와 사회가 어떻게 분리될 수 있는지에 대해 어떤 포맷 따위는 존재하지 않고 있는데, 실천적 모색을 요하는 대목이다. 이 지점에 대해 정부-사회 분리의 주요 당사자인 정부의 혁신의지 및 능력은 매우 중요하다고 할 수 있는데, 이는 지방정부 별로 상이한 수준이다. 우리는 개혁의 선두주자로 상하이, 북경, 광주 등 경제가 발달한 몇몇 대도시 정부를 든 바 있다. 이는 대도시 정부가 더 많은 실질적 압력에 놓여 있는 데다, 공공서비스 구매제도와 같은 행정개혁의 조건이 보다 무르익었기 때문이기도 하다. 한편으로는 대도시 사회조직의 성숙도가 높아서 정부기능과 프로젝트의 수탁능력이 뛰어나서이기도 할 것이다. 또 대도시의 국제화 정도 및 정부의 개방성이 높은 이유도 생각해 볼 수 있다.

비록 상술한 변수들이 정부-사회 분리 과정에 모두 일정한 영향을 지니고는 있으나, 통치의 논리가 강조하는 마지노선, 즉 정권안정이라는

35　仲大军, 「中国民间智库的困境」(2012年 6月 5日), 本色网, http://www.bensewang.com/shishi/76857.html.

제약요인이야말로 정부-사회 분리가 현재 만족스럽지 않게 흘러가고 있는 근본적 원인이라고 할 수 있다. 하지만 사회조직이 반드시 정부에 위협이나 도전이 되어야만 하는 것은 아니며, 도리어 정권안정이라는 요인은 새로운 역사조건 하에서 사회안정의 중요한 지지력을 형성할 수 있다. 이는 중국공산당 18차 당대회에서 "정부-사회 분리를 한층 더 심화하자"고 제안한 원인과도 상통하는 지점이다. 그렇다면, 미래의 개혁은 어떤 방면에서 심화되어야 정부-사회 분리의 문제들을 원활히 해결할 수 있으며, 또 사회조직들을 성숙케 하고 사회 거버넌스에서 제대로 작용하도록 만들 수 있는가?

3. 미래의 개혁

정부-사회 분리 개혁에서 정부는 주도적 지위를 점하고 있다. 따라서 정부 입장에서 보자면, 미래의 개혁은 아래의 몇 가지 문제를 고려할 필요가 있다.

첫째, 리더십(领导权)과 행정권(治理权)의 분리를 추진하는 것이다. 정부의 사회조직 정책방침에 드러난 '키우되, 너무 커지지는 않게끔'이라는 모순적인 심리는 권력을 오해하여 생긴 것이다. 이러한 오해는 권력이 곧 통치권이고, 통치권은 곧 타인과 공유할 수 없는 권력이자 분할할 수도 없는 권력이라고 인식하고 있다. 하지만 통치권은 사실 두 부분으로 구성되어 있는데, 하나는 리더십이고 다른 하나는 행정권이다. 마르크스주의 국가이론에 따르면, 국가권력은 두 부류의 직능을 행사하게 되는데, 바로 '정치적 통치의 직능'과 '사회관리의 직능'이다. 사회관리 직능의 집행은 정치적 통치에 영향을 받으며, 정치적 통치의 유지는 사회관리의 직능을 기초로 한다. 여기에서 리더십이 대응하는 방면은 '정치적 통치의 직능'이고, 행정권이 대응하는 방면은 '사회관리의 직능'이다.

전통적인 행정방식은 양자를 일체화하였다. 즉, 정부는 정치적 통치를 담당하면서도 사회관리 기능을 수행하여, 명령의 하달하는 것뿐만 아니라 그 실제적 집행까지 담당했던 것이다. 예컨대, 공공서비스 제공에서, 정부는 공공서비스의 생산자이자 제공자이기도 했다. 이러한 방식은 생산자를 중심으로 하고 있었고, 소비자들은 생산자 주변에서 맴도는 존재에 불과했다.

1980년대의 신공공관리개혁은 이러한 전통적 방식을 타파하기 시작하였는데, 이 방식의 비용이 너무 높고 민중들이 정부 공공서비스의 품질에 전혀 만족하지 못했기 때문이었다. 따라서, 당시의 개혁은 생산자이자 제공자로서의 정부의 정체성을 분리해 내는 것을 의미했다. 구체적으로, 정부는 생산자로 남고, 서비스제공자는 바로 사회의 여타 조직들이 담당케 하는 것이다. 이로써 정부직능의 아웃소싱이 자연히 생겨나게 되었으며, 새로운 관리방식이 등장하게 되는데 바로 정부와 사회조직의 관계가 위탁인과 대리인의 관계로 전화하게 된 것이다. 이는 양자가 사회관리 영역에서 대등한 지위에 서게끔 만들었고, 계약에 근거해 '각자가 자신의 일을 처리하면 되는(各行其是)' 구조가 성립되었다. 정부는 위탁인으로서 사회조직들의 활동에 감독과 통제의 기능을 수행하고자 했지만, 이러한 통제는 활동 자체를 직접 통제하는 방식이기보다는 쌍방 계약에 명시된 목표를 달성하는 방향이었다. 또한, 이러한 위-수탁 관계로 인해 기존에 정부가 정치영역에서 지니고 있던 공공적 권위가 상실된 것은 아니었으며, 단지 리더십과 행정권이 분리된 것일 뿐이었다.

리더십과 행정권의 분리는 배의 키잡이와 노잡이를 나누는 것에 비유할 만하다. 정부실패의 원인으로는 통상 두 가지가 지목되는데, 그 한 가지는 정부기구의 낮은 효율로서, 낮은 효율은 경쟁압력에서 자유로운 관료기구가 공공서비스 공급을 독점하는 데에 기인한다. 다른 한 가지는 비용을 낮추는 인센티브 기제(激励机制)가 없다는 점이다. 정부 활동은 대부분 비용에 구애받지 않기 때문에, 정부부문의 공공서비스 공급이 사회적 부의 최적배분 소요를 초과하는 결과를 낳고 사회자원의 낭비를 초래했다.[36] 여기에서 우리는 최소 공공서비스의 공급에 있어서만큼은 정부가 키잡이와 노잡이를 동시에 담당하는 것이 그리 좋은 선택이 아니라는 사실을 알 수 있다.

통치의 논리에서 보자면, 리더십과 행정권은 나누어질 수 없는 것이다. 설령 정부와 사회가 분리되더라도 낮은 수준에서 분리되어야 하는 것이며, 사회가 정부권력을 어느정도 할양받는 것 역시도 그 구체적 과정은 정부에 의해 결정되는 일이다. 하지만 이러한 사고방식에는 오류가 있다. 정부-사회 분리는 정부가 원래 자신에 속하지 않았던 권력을 사회

---

36 忻林, 「布坎南的政府失败理论及其对我国政府改革的启示」, 『政治学研究』 2000年, 第3期, pp.88-89.

로 돌려놓는 과정이며, 이는 주도적 지위 혹은 리더십을 상실하는 과정이 아니다. 오랫동안 권력은 과도하게 정부에 집중되어 있었기에, 사회에 응당 속해야 할 행정권이 정부에 귀속되어 있었고, 이로 인해 사회조직은 미성숙했던 것이다. 이러한 오류 속에서, 리더십과 행정권은 분리되지 않았고, 사회조직과 정부는 대등한 지위에 놓일 수 없었으며, 양자 간에는 위탁인과 대리인 관계가 형성되고 새로운 거버넌스 체계가 자리 잡힐 수도 없었다. 따라서 우리는 당의 리더십 변화라는 관점에서, 그리고 공공관리가 통치에서 거버넌스로 이행되어야 한다는 관점에서 리더십과 행정권의 분리를 바라볼 필요가 있는 것이다. 이러한 분리는 정부-사회 분리의 이론기초가 된다.

둘째, 현대적 사회조직체제를 갖추는 것이다. 중국공산당 18차 당대회 보고는 '사회건설' 차원에서 "정부-사회 분리, 권한과 책임의 규정, 법에 의한 자치 등 현대적 사회조직체제로의 이행을 가속"해야 한다고 언급하였다. 여기에서 현대적 조직체제의 전형은 막스 베버가 제시한 관료조직체제를 가리킨다. 물론 사회조직체제가 반드시 관료조직체제의 모든 속성을 갖춰야 하는 것은 아니지만, 적어도 아래의 몇 가지 속성은 갖추고 있어야 한다. ①독립성. 분리는 독립을 의미하며, 독립만이 정부와 사회조직 양자관계를 대등하게 만들어 줄 수 있고, 양자 간의 종속관계를 해소해 줄 수 있다. 나아가, 정부와 사회조직은 독립적인 기반 하에서 비로소 위탁인과 대리인의 관계를 구축할 수 있게 된다. 분리는 단지 형식상으로만 이행되는 것이 아니며(충칭의 개혁에서 나타난 인원의 분리, 활동의 분리, 자산의 분리, 업무장소의 분리 및 기관인사의 분리 등의 분리형식이 비근한 사례이다), 체제상의 분리가 더욱 중요하다. 즉 리더십과 행정권을 실질적으로 분리하고 키잡이와 노잡이를 분리해야 하는 것이다. ②자주성. 자주성은 가장 먼저 재무적 자주에서 드러난다. 독립적 자금원(여기에서 정부자금도 그 중 하나이다)은 자주적으로 재무를 처리할 수 있게 해준다. 또 다른 자주성은 활동의 자주인데, 독립자주적이고도 간섭받지 않는 활동을 가리킨다. ③법치성. 사회조직과 정부 간 관계와 사회조직 내부의 관계(예컨대, 권력책임의 명확한 규정화, 균등한 권리와 의무, 역할과 행위의 일치 등) 및 운영방식(예컨대, 협력방식, 시장방식, 내부절차 등)들은 규정 및 제도를 통해 확립되어야 하며, 규정과 제도의 구속을 받는다.

현대적 조직체제의 확립은 정부와 사회조직 양자의 공통 노력이 요구되는 일이다. 정부는 이러한 조직체제의 건설을 위해 적합한 외부환경을 조성해 주어야 하며, 이는 제도, 자금 등 자원의 공급문제와 직결되어 있다. 사회조직들은 정부에의 의존이 아니라 자신의 노력을 통해 현대적 조직체제를 갖추기 위한 자원들을 확보해야 할 것이다. 이로써 사회조직이 스스로의 격을 높일 수 있게 되는 것이다.

셋째, 개혁은 새로운 사고방식을 요구한다. 정부-사회 분리 개혁은 오랫동안 큰 진전이 없었던 것은 개혁이 '정부 중심'으로 이루어진 것과 연관이 있다. 정부-사회 분리를 어떻게 나누고, 얼마나 나누고, 언제 나눌 것인지의 문제들은 정부가 결정하고 있다. 그런데 정부는 통치의 논리와 거버넌스의 논리에 공히 영향받기 마련이기에, 이러한 방식의 개혁은 이미 일종의 매너리즘 혹은 경로의존에 빠지게 되었다. 예를 들어, 이번 정부는 행정비준 개혁에 있어 기존개혁과는 차별적인 추진력을 보이고는 있지만, 과거의 정부의 독단적 방식을 벗어나지는 못했다. 물론 개혁은 '권력리스트' 제도를 제시하고는 있으나, 권력리스트 역시 정부가 정한 것이기도 하다. 이는 개혁에 관한 어떤 사유를 반영하고 있다. 즉, 탑다운(自上而下) 일색의 개혁방식이다. 하지만 양자관계 혹은 다자관계에 있어서 이러한 일방주의적 결정은 반드시 문제를 잘 해결하는 것은 아니다. 일방주의는 때때로 상대의 요구나 바람을 반영하지 않기에, 공공선택이론의 통찰을 빌리자면 정부의 독단적 선택은 자기이익을 보다 더 반영하는 것에(역자 주- 사회성원의 이익이 아닌) 그칠 수도 있다. 그러나 현대사회체계에서 사회주체들이 공공서비스에 참여토록 유도하는 일은 주체들의 구조적 합리성(結構理性)의 체현이며, 사회조직을 육성하고 발전시키는 일, 사회조직이 정부기능을 이양받도록 하는 일들은 구조적 합리성의 핵심적 함의를 담고 있다. 따라서, 개혁은 사고방식의 전환을 요구하며, 더 큰 사회시스템을 염두에 두고 접근되어야 하는 것이다. 정부-사회 분리는 더 높은 층위의 개입을 필요로 하지만, 이는 법률적 형식으로 정부와 사회조직 간 관계 및 사회조직의 작용과 그 활동방식을 규정하는 것이지, 정부가 독단적으로 결정할 일은 아니다. 정부의 독단적 결정으로 인해, 사회조직은 피동적 위치에 있게 되고, 영원히 사회조직이 성장할 수 없는 상황을 야기할 것이다. 뿐만 아니라 사회조직들은 독립적이고 자주적이며 자치적인 조직으로 거듭날 수 없게 될 것이다.

Logic and Plight for Separating Government from Social Organizations

Abstract: Similar to the separation between government and enterprises and between government and public organizations, the separation between government and social organizations is an important part of reform in political and social system in China, however, achievement in this area has been little. Studies on this issue from the two perspectives of ruling and governance indicate that separating government from social organizations depends on the antagonism between the ruling logic and governance logic. The governance logic requires the separation, yet the ruling logic insists on control. The ruling logic has created a plight for the separation between government and social organizations. Solution to this plight lies in the separation between leadership and governance rights, innovation of reform ideas, turning from ruling to governance, and shifting towards modernization of national governance.

정부–사회 분리의 기초: 리더십과 행정권의 분리*

요약: 정부–사회 분리 개혁은 정부에 내재된 거버넌스의 논리와 통치의 논리 간 모순으로 인해 진전이 더디다. 이 모순은 권력에 대한 오해에서 비롯되었다. 정부–사회 분리의 본질은 권력의 분리에 있으며, 이는 곧 리더십(領導权)과 행정권(治理权)의 분리를 뜻한다. 이러한 권력의 분리는 마르크스주의의 국가이론의 연장선 상에 서 있으며, 동시에 정부–사회 분리 개혁의 실제를 담당한다. 이는 동시에 정부–사회 분리의 핵심문제의 해결, 즉 사회조직 및 단체가 진정으로 독립적이고 자치적인 조직으로 거듭날 수 있게끔 만드는 데 유의미한 작용을 한다. 나아가, 개혁 그 자체로서 정부와 사회조직 간의 경계를 명확히 나눌 수 있게 되고, 개혁에 내재한 거버넌스의 논리와 통치의 논리 간의 모순을 해결에도 도움이 된다. 리더십과 행정권의 분리가 정부의 모든 행정권을 내려놓는 것을 의미하는 것은 아니며, 정부는 행정집행 영역에서 자신의 책임을 다하는 동시에 사회조직을 관리감독하는 기능 역시 수행해야 한다.

*　　이 글은 『中共福建省委党校学报』 2017, Vol.6, pp.4-10에 수록되었다.

1. 정부-사회 분리의 본질: 권력분리

정부-사회 분리는 정부와 사회조직의 분리이며, 이는 곧 "모든 공민, 법인, 기타 조직들이 자주적으로 결정할 수 있고, 시장경쟁 기제가 효과적으로 조절되며, 행정조직 혹은 중개기구들은 자율적 관리가 가능해지는 대신, 정부는 물러나는 것이다."[37] 간단히 말해, 시장의 일은 시장이, 사회의 일은 사회가, 정부의 일은 정부가 하는 것이라 할 수 있다. 정부-사회 분리는 우리나라의 사회주의 시장경제체제와 연계된다.

사회주의 시장경제체제의 건립은 거대한 변화를 가져왔다. 우선, 계획경제 시대에 국가가 천하를 총괄하던 권력집중적 방식에서 탈피하게 되었다. 이러한 방식의 특징은 정부가 국가 차원에서 사회의 모든 자원을 독점할 뿐 아니라 행정이라는 경로를 통해 이 자원들을 할당하고 분배했다는 데 있다. 이로써 자원 배분이 불균형하고도 비경제적으로 진행되었다.

뿐만 아니라, 시장경제체제의 건설은 이익 분화를 가져 왔고, 이렇게 분화된 이익은 상응하는 조직형태를 통해 표출되게 되었다. 시장경제체제 건설 후 각계각층의 사회조직들이 우후죽순 생겨난 것이 그 명확한 근거이다. 이렇게 시장경제체제의 건설은 점차 국가, 사회 그리고 시장의 '삼분천하'의 형세를 낳게 되었다. 중국에서 이러한 삼분천하의 형성은 서양국가들의 시장경제체제가 자연스럽게 발전되어 온 것과는 달

---

37 「国务院关于第六批取消和调整行政审批项目的决定」, 国发〔2012〕52号.

리 정부가 추동하고 건설해 온 결과였다. 그 배후에는 국가가 사회 거버넌스의 거래비용을 줄이고자 했던 의도가 깔려 있는데, 원래 국가가 모든 자원을 배분하던 방식으로부터, 경제자원은 시장에서, 사회자원은 사회에서 배분하는 방식으로 이행하려는 것이었고, 만일 시장과 사회가 자원배분이 불가능한 경우 정부가 나서서 자원배분의 최적화를 달성하려는 구상이었다. 그리고 국가, 시장, 사회의 삼분천하가 형성되며 정부-기업 관계와 정부-사회관계를 어떻게 규정하고 처리할지의 문제가 대두되었다.

시장경제체제 역시도 정부가 구성하는 것이라고 했을 때, 이러한 전제 아래에서 정부-사회관계 역시 구성되어야 하는 특징을 지닌다고 할 수 있다. 그 근거들은 아래와 같다. 첫째, 정부는 양자관계에서 주도적 작용을 하며, 정부와 사회 쌍방은 지위상으로 동등하지 않다. 사회조직은 장기적으로 줄곧 정부의 부속기구로 여겨져 왔는데, 그간 사회조직은 조직으로서 갖춰야 할 독립성과 자주성을 갖추지 못했기 때문이다. 이는 사회조직의 자원(인력, 물적기초, 재력, 정보 등)이 주로 정부에 종속되어 있었다는 데에서 잘 드러난다. 둘째, 정부의 주도자적 지위는 정부가 정부-사회분리 개혁에 있어서 관건임을 드러내 준다. 정부-사회 분리 개혁의 주체로서, 정부와 사회를 어떻게 나눌 것이며, 나눈다면 언제 어느 정도까지 나눌 것인지를 결정하는 것은 바로 정부이다. 정부는 통상 정부-사회 분리를 정부직능의 이전으로 보고 있으며, 따라서 그 결정권은 정부에게 있다. 셋째, 개혁에는 국가가 사회관리에 따르는 거래비용을 줄이려는 목적도 있지만, 동시에 정부가 자기이익에 대한 고려를 탈피하기 위한 목적도 있다. 이는 정부 내부에서 '거버넌스'의 논리와 '통치'의 논리가 모순상황에 놓여 있다는 데에서 잘 드러난다. 즉, 거버넌스의 논리는 자원이 최대한도로 이용되고 공공재와 공공서비스가 더 효과적으로 제공되는 것을 지향하여, 사회조직 역량을 통해 사회적 문제들을 해결하고 정부관리의 효과를 높이고자 한다. 따라서 사회조직에 대한 기본방침은 '손을 떼는 것'에 있다. 반면, 통치의 논리는 정권의 안정을 목표로 하여 사회조직에 대해 '통제'(여기에서 통제란 감독관리 차원의 의미가 아니라, 사회조직이 반대파가 되어 정부에 위협이 되는 것을 막는 차원에서의 의미이다)의 기본방침을 지닌다. 이 두 가지 논리는 정부-사회 분리 개혁의 본성이며, 개혁의 진전은 종종 이 두 논리의 각축에 의해 결정된다.[38]

이 두 논리의 내재적 모순은 개혁이 지연되는 결과를 낳았다. 이를 두고 마칭위(马庆钰)는 "정부-사회 분리 개혁의 목표 달성은 여전히 요원하다."라고 술회한 바 있는데, 그 이유는 아래와 같다.

①다원적 관리와 서비스 체계가 아직 제대로 구축되지 않았다. 물론 등기된 조직들이 이미 42.5만 개에 달하긴 하지만, 총 경제규모, 고용능력, 사회적 영향 등에서 보았을 때 여전히 부족하다. 민간조직의 총지출은 GDP 대비 0.73%에 불과하고, 선진국들의 7% 수치에는 크게 못 미치며, 심지어 세계평균인 4.6%에도 모자라는 수준이어서, 다원적 구조로 볼 수 없다.

②많은 조직들이 관제조직이며, 설령 직접적이지는 않더라도 당위

38　竺乾威, 「政社分开的逻辑及其困境」, 『江苏行政学院学报』 2016年, 第3期.

원회 및 정부와 대단히 밀접한 관계를 형성하고 있다. 일반적으로 사회조직의 주체는 비정부기구이고 비영리적 민간조직이어야 하며, '독립성'과 '비영리성'을 잃어서는 안 된다. 그렇지 않으면 정부나 기업과 혼동되게 될 것이며, 정부-사회 분리는 요원해질 것이다.

③1988년 「사회단체등기관리조례」가 시행된 이래 20년 동안, 대략 20% 정도의 사회조직들만이 규정에 따라 민정부문에 등기등록을 하였고, 80%의 사회조직은 '법정신분이 없는' 상태이다. 많은 사회조직들이 기존 조건이 요구하는 정식 등기조건을 만족시키기 못했기 때문에, 이처럼 반 공개 혹은 반 지하 상태로 활동해 온 것이다. 결국 이러한 문제는 사회조직들의 규범 및 정상적 발전에 영향을 미쳤고, 정부-사회 분리 과정에도 악영향을 미치게 되었다.[39]

정부-사회 분리 개혁의 더딘 속도는 개혁이 여러 해 진행된 이후에도 여전하였는데, 중국공산당 18차 3중전회에서 "정부-사회 분리를 가속하고, 사회조직의 명확한 권한과 책임, 의법자치, 유효한 작용 등을 추진한다. 사회조직이 제공할 만한 공공서비스나 해결할 만한 사안들은 사회조직들이 맡도록 한다."[40]는 문구가 등장했다는 사실은, 역설적으로 이 문제들이 실질적으로 해결이 안 되고 있음을 방증하는 대목이다.

이러한 어려움의 발생은 거버넌스의 논리와 통치의 논리 간 모순에

39　马庆钰, 程玥,「关于政社分开的探讨」,『社团管理研究』2010年, 第4期.

40　「中共中央全面深化改革若干重大问题的决定」(2013年11月12日通过, 2013年11月15日刊载), 中国政府网, http://www.gov.cn/jrzg/2013-11/15/content_2528179.htm.

기인한다.(비록 양자가 완전히 분리되어 있지는 않더라도, 거버넌스의 논리는 정권 안정이라는 근본적 한계 내에 있으며, 통치의 논리 역시 정권안정에 부합하는 개혁을 꾀한다) 즉, 정부는 사회조직과 단체들에 대해 손을 떼려고 하면서, 동시에 통제하려고도 한다. 이러한 모순은 사회조직이 정부의존을 벗어나지 못하게 만들었고, 진정한 독립적, 자치적 조직으로 거듭날 수 없게 만들었다. 이는 정부-사회 분리 개혁이 지닌 근본적 조건이다.

두 논리의 모순은 기실 정부권력에 대한 인식과 연관이 있다. 정부-사회 분리의 배후에는 권력문제가 관련되어 있다. 그리고 권력의 핵심 문제는 자원의 장악과 분배 및 자원분배를 놓고 벌어지는 각종 행위들에 있다. 전통적인 행정모델에서는, 자원분배의 권력은 정부 수중에 있으며, 정부가 모든 것을 장악하고 독점한다. 사회와 경제의 발전 및 강화는 정부에게 있어서는 분권의 과정이고, 원래 정부에 속하지 않았던 시장 및 사회의 권력을 시장과 사회로 돌려놓는 작업이며, 시장과 사회가 경제와 사회 관리에서 각자의 작용을 발휘하게끔 함으로써, 정부의 사회 관리 부담이 감소하게 된다.

그런데 오랜 시간 진행된 중국의 정부-사회 분리 개혁은 이 분권과 정을 정부직능의 변화로만 이해하고 있으며, 자원 및 권력의 전이과정으로 보고 있지는 않다. 그 배후에는 바로 정부직능은 이양될 수 있더라도 정부 수중의 국가권력은 분할되거나 공유될 수 없다는 이념이 깔려 있다. 이러한 이념이 낳은 결과 중 하나는 정부-사회 분리의 기초인 리더십과 행정권의 분리가 자원 및 권력의 이양까지는 이어지지 못하고 실질적 진전이 없게 만든 것이다. 전통관념에서 볼 때 권력은 영도적 지위와 결부되어 있다. 권력의 분리는 영도적 지위의 쇠퇴를 의미하며, 권력의 상실은 곧 영도적 지위의 상실이다. 관련하여, 왕밍(王名)은 정부-사회 분리 개혁에 관해 다음과 같이 논한 바 있다. "정부-사회 분리를 실현하려면, 두가지 핵심고리가 중시되어야 한다. 첫째, 정부가 단순히 직능과 책임만을 이양하고, 공공권력과 공공자원은 이양하지 않는 상황을 피하여, 사회조직이 무력하게 이러한 직능과 책임을 떠맡아 서비스 품질이 저하되는 등 여러 모순들과 문제를 발생하지 않도록 하는 것이다. 둘째, 적극적으로 사회조직을 발전시키기 위해서는, 사회조직이 직능과 책임에 상응하는 능력을 갖춘다는 전제 아래, 점차 공공권력과 공공자원을 그들에게 양도해야 한다."[41] 권력과 자원을 이양하지 않거나 불충분하게 이양하는 것은, 통치의 논리를 더욱 고려한 것으로, 사회조직과 단체들이 자원을 획득하는 것을 정부에 대한 잠재적인 도전이 될 수 있다고 여기기 때문이다. 물론, 또 다른 종류의 고려방식도 있는데, 권력이 상당한 수준에서 이익을 의미하며, 권력의 이양을 이익의 전이 혹은 상실로 간주하는 고려방식이다. 이러한 관점은 지방행정 심의개혁이 종종 더뎌졌던 사례에서도 드러난다.

요컨대, 설령 사회조직으로의 분권이 진행되더라도 여기에는 한도가 있으며, 정부의 리더십이 변하지 않음을 보증해야만 하게 되었다. 하지만 문제는 어떻게 정부 리더십이 변하지 않는 상황에서 사회조직이 독립자주적인 조직으로 성장할 수 있느냐이다. 국가권력은 분할하거나

---

41   王名, 「治理创新重在政社分开」, 『人民论坛』 2014年, 第4期.

공유될 수 없고 정부가 점유해야만 함은 주지의 사실이다. 그렇다면 권력은 전이될 수 있는 것인가? 따라서 여기에 관련한 권력의 새로운 인식이 연관된다. 이는 곧 정부가 장악한 국가권력이 리더십과 행정권의 두 부분으로 구성되며, 분권과 권력전이는 정부의 리더십이 아니라 행정권(권력을 포함한 여러 자원들)을 사회조직에 양도하는 것이라는 인식이다.

2. 리더십과 행정권 분리의 이론기초 및 실천기초

리더십과 행정권의 분리를 이해하는 데 있어, 이론적으로 마르크스주의 국가권력이론을 참고할 필요가 있다. 마르크스주의의 국가이론에 의하면 국가권력은 두 가지 직능을 행사하는데, '정치적 통치 직능'과 '사회 관리의 직능'이다. 정부기구는 국가가 체현되는 형식이며, 정부기구 없이 국가는 존재할 수 없다. 정부기구의 기능에서 보자면, 정부기구는 '질서의 수호자'이다. 자본주의 사회에서 '질서의 수호자'는 "자산계급사회의 물질 및 정신의 생산이 무산계급 야만인들에게 침범당하지 않도록" 기능한다.[42] 이는 국가의 정치적 통치 직능의 작용이라 할 수 있다. 이에 대해 엥겔스는 다음과 같이 지적하였는데, "계급모순이 무의미한 투쟁으로 연결되어 사회를 소멸케 하지 않기 위하여, 표면상으로 사회를 능가하는 역량이 존재할 필요가 있다. 이 역량은 충돌을 완화하고 또 '질서'의 범

---

[42] 『马克思恩格斯选集』第1卷, 人民出版社 1995年版, p.452.

위 내에 있도록 한다. 이는 사회에서 발생하였지만 사회의 상위에 존재하고 또한 점점 사회와 차별되는 역량이며, 바로 국가이다."[43] 매우 명백하게도, 정부가 정치적으로 통치하는 목적은 사회질서를 통치계급의 필요범위 내에서 유지하는 것이고, 이는 국가가 지닌 계급성의 일면을 반영하고 있다.

그런데 마르크스주의 국가이론에 의하면, 국가는 사회관리 기능의 일면 또한 지니고 있다. 정치적 통치 직능이 통치자의 이익과 관련한다면, 사회관리 직능은 전 사회의 이익과 관련된다. 이 두 직능의 관계는 엥겔스가 페르시아와 인도에서 정부가 하천관개를 관리했던 사례를 통해 아래와 같이 지적한 데서 잘 드러난다. "정치적 통치는 모두 사회적 직능을 집행하는 것을 기초로 하고, 또한 사회적 직능을 집행할 때 비로소 지속될 수 있다."[44] "모든 정치권력은 경제적, 사회적 직능을 기초로 하고 있다."[45]

상술한 바와 같이 마르크스와 엥겔스는 국가의 두 직능을 제시하였다. 그렇다면 두 직능은 실천적으로는 어떻게 구현되는가? 마르크스 엥겔스는 폭력을 장악한 기관이 국가의 정치직능을 수호하는 과정에서의 작용을 언급한 바 있다. 사회관리의 직능은 또 어떻게 구현되어야 하는가? 엥겔스에 의하면, "단지 국가만이 존재하며, 모든 국가는 자신의 중

---

43 『马克思恩格斯选集』第4卷, 人民出版社 1995年版, p.170.
44 『马克思恩格斯选集』第3卷, 人民出版社 1995年版, p.523.
45 위의 책, p.526.

앙이 있을 것이다."[46] '중앙'은 비록 전국적 관할권을 지니지만, 전국의 모든 사무에 관여할 수는 없다. 만일 국가의 전체사무("보편적 의의를 갖춘 일")에 관련되지 않은 일이라면, "공공관리는 완전히 손을 떼어도 무방하며, 일체의 공민 혹은 단체와 관련된 일들은 관여하지 않아도 된다."[47] 이 대목에서 논하는 '일들'이란 보편적인 의의를 갖추지 않은 일들인데, 엥겔스는 심지어 "공공업무는 중앙정권의 관할범위에 들어갈 수 없다."고 까지 쓰고 있다.[48] 이러한 기술들은 마르크스와 엥겔스의 분권사상을 드러내 준다. 비록 엥겔스가 직접적으로 공공사무 관리를 어떤 주체가 맡아야 하는지를 기술하지는 않았지만, 논리상 보자면 의심할 바 없이 지방정부 혹은 사회조직을 가리킨다고 할 수 있다. 서양 국가들의 발전을 보면 우리는 민중생활에 밀접한 공공관리의 직능이 거의 모두 지방정부에 주어져 있음을 알 수 있다. 그 외에도, 공공사무는 또한 대부분이 사회자치를 통해 해결되고 있다. 예를 들면 자선조직은 빈곤해결의 기능이 있다.

그러나 사회주의의 실천에 있어, 계획경제체제의 확립은 일종의 '시장과 사회는 없고, 국가가 일통천하하는' 관리방식을 형성하였다. 말코비치는 영향력 있는 논문 「스탈린주의와 마르크스주의」에서 스탈린주의의 특징에 관해 다음과 같이 기술한다. "국가의 새로운 최우선적 직능은 생산에 있어 엄격한 행정계획을 짜는 것이고, 일체의 정치적 생활을

46　『马克思恩格斯全集』第41卷, 人民出版社 1982年版, p.396.
47　위의 책.
48　위의 책.

완전히 통제하는 것이다."[49] 그리고 국가권력은 또한 당으로 집중되어야 한다. 이와 관련하여 레닌은 "우리 공화국의 어떤 국가기관도 당중앙의 지시 없이 중요한 정치문제 혹은 조직문제를 해결해서는 안 된다."고 밝힌 바 있다.[50] 이러한 관점들은 후일 당정일체 및 국가가 사회 상위에 있는 관리방식을 형성하게 된다.

덩샤오핑은 개혁개방 초기에 이러한 권력의 고도집중 체제를 비판하였다. 그는 당시 정치적 생활에서 광범위하게 존재하는 관료주의 현상을 비판하며 밝히기를, "우리는 오랫동안 사회주의제도와 계획관리제도가 반드시 경제, 정치, 문화, 사회에 고도의 중앙집권적 관리체제를 실행해야 한다고 인식하였다. 우리의 각급 영도기관은 관여하지 말아야 하거나, 관리가 잘 되지 않거나, 관여해선 안되는 일들에 모두 관여하여 왔다. 이러한 일들에는 한가지 규칙만 있으면 된다. 아래로 내려놓는 것이다. 기업, 사업, 사회단위에게 내려놓고 그들이 진정으로 민주집중제에 따라 자체적으로 처리하게 한다면, 본디 잘 할 수 있는 일들이다. 하지만 이를 당정영도기관이나 중앙부문으로 가져온다면 처리가 매우 어렵다. 누구도 이처럼 복잡하고 생소한 일들을 처리할 신통한 재간은 없다."[51] 이 대목은 권력분산 문제와 연결되며, 기업, 사회조직 및 단체의 성장문제, 그리고 관련한 권력의 향유아도 연결된다. 그리고 시장경제체제의 건설은

---

49   [南斯拉夫]米哈依洛·马尔科维奇, [美]罗伯特·塔克等著, 李宗禹主编, 『国外学者论斯大林模式』, 中央编译出版社 1995年版, p.2.

50   『列宁选集』第4卷, 人民出版社 1995年版, p.203.

51   『邓小平文选』第2卷, 人民出版社 1994年版, p.327-328.

이러한 고도화된 권력집중식 개혁을 추진하게 되었다.

정치-사회 분리의 개혁에서, 하나의 현실적 문제는 바로 권력문제를 어떻게 볼 것인가이다. 정치적 직능의 전이가 만일 자원과 권력의 전이를 수반하지 않는다면, 정치적 직능의 전이는 제대로 수행되지 못할 것이다. 이러한 상황 속에서, 사회조직들은 기껏해야 하나의 형식에 불과했고, 진정한 작용을 발휘할 수 없었다. 자원과 권력의 전이는 실질적인 것이다. 비록 개혁 초기 우리는 비록 마르크스주의의 국가권력은 정치적 통치 직능과 사회관리적 직능과 연관되어 있음에도 불구하고, 권력 자체에 대해서는 사실상 이 두 직능을 갖춘 국가권력은 하나이며 두 직능의 행사 역시 분리될 수 없다고 인식하였다. 이는 실천 과정에서 정부 직능의 전이가 제대로 이루어질 수 없게 만들었으며, 왜 수년간 정부-사회 분리 개혁이 유효한 진전을 보일 수 없었는지를 보여준다. 명백하게도, 만일 거버넌스와 통치를 한 군데에 집중한다면, 그 결과는 오직 대량의 사회조직과 단체들이 '권력책임이 명확한 규정되고 법에 의해 자치하는 현대적 사회조직'으로 거듭나지 못하고, 정부-사회 관계의 기반을 형성하지 못하게 되는 것뿐이다.

국가권력은 리더십과 행정권으로 구분된다. 리더십은 정치적 통치 직능에 대응하고, 행정권은 사회관리 직능에 대응한다. 마르크스 엥겔스가 논하였듯이, 사회관리 직능의 집행은 정치적 통치에 달려 있고, 정치적 통치의 유지는 사회직능의 집행을 기초로 한다. 이렇듯, 행정권의 집행은 리더십에 달려 있다. 하지만 리더십의 유지는 어떻게 행정권을 집행할 것인지의 문제를 기초로 한다. 만일 리더십을 정부가 확실히 장악하여 정치적 통치와 사회질서를 보증할 수 있다면(정부는 사회질서 유지를 위한 합법적 폭력기구를 소유한 유일한 권위조직이므로), 행정권은 사회조직과 단체에게 이양되어 그들로 하여금 집행하도록 할 수 있다(당연히 정부도 고유의 행정권을 지닌다). 이러한 구분은 기업발전사의 소유권과 경영권 분리 과정과도 유사하다. 경영권은 관리에 특화된 사람에게 부여되어야 자본의 이익증가에 도움이 되고, 자산 소유자의 이익에도 부합하는 것이다. 이 양자의 분리는 현대기업 거버넌스 구조의 기초를 닦았다. 마찬가지로, 리더십과 행정권 역시 정부에 모두 집중되는 것이 아니라, 행정권을 더 적절한 주체에게 부여하는 것이 정부가 자신의 사명을 완수하는 데 더 유리한 것이다(당연히 소유권과 리더십은 다른 것이며, 정부의 리더십은 근본적으로는 인민에게서 나온다). 이러한 권력 분리는 정부와 사회조직이 공공서비스 및 공공재를 공급하는 데 있어서 진정으로 위탁-대리 관계를 형성하게 할 수 있다. 이 관계의 장점은 대리인으로서의 사회조직이 더욱 전문적이고 적합한 능력을 갖추고 있다는 점 외에도, 사회조직들의 거버넌스 행위 과정에서 발생가능한 충돌이나 모순을 정부가 처리해야 할 때, 그 충돌과 모순이 정부 리더십에 대한 도전으로 간주되지 않아도 된다는 점이다.

리더십과 행정권의 분리는 나름의 실천기초를 가지고 있다. 이 실천기초는 공공관리의 형태가 변하고 그로 인해 정부직능이 변화한 데에 있다. 공공관리 형태에 중요한 변화가 일어났는데, 1990년대 이래 관리가 거버넌스로 변화하게 된 것이다. 거버넌스는 일반적으로 "거버넌스 방식은 공적 부문과 사적 부문 간 경계가 모호한 데에 기인한다. 거버넌스의 본질은 거버넌스 기제이며, 이 기제들은 정부 권력이나 강제에 기대지 않고 다원적 행위자의 상호작용에 영향받는다."[52] 뤄쯔(羅滋)에 의하면, 공공관리적 거버넌스는 효과적이고 개방적이며 책임적인, 관리감독을 받는 공공서비스체계이다. 따라서 거버넌스와 관리의 최대 차이는 관리주체의 변화에 있다, 즉 기존의 정부 단독 관리방식에서 정부와 사회조직이 공동으로 다스리는 것이다. 21세기 초 중국정부의 서비스형 정부 건설은 곧 정부 직능이 사회관리와 공공서비스의 방향으로 보다 더 이동했음을 뜻한다. 또 이러한 배경 속에서 중국공산당 18차 당대회는 처음으로 '국가 거버넌스의 현대화' 추진을 천명하였다. 국가 거버넌스의 현대화는 우선 국가 거버넌스 구조의 문제와 연관된다. 이 구조는 전통적인 베버식 구조가 아니며, 일종의 정부-사회조직의 협력적 거버넌스 구조를 뜻한다.

우리나라에서 거버넌스의 출현은 공공서비스 제공과 연계되어 있다. 전통적인 공공서비스는 정부가 혼자 제공하는 것으로, 이는 정부가 공공서비스 제공을 독점하고 있다고 일컬어지기도 한다. 정부는 생산자이고 민중은 소비자이며, 소비자는 생산자 주변을 맴돌았다. 하지만 오늘날 민중들의 공공서비스 수요가 제고되고 있고 정부가 제공하는 자원은 유한한 상황에서, 정부는 오직 자신의 역량에 의존하여서는 공공서비스의 양과 질 모두에서 민중의 요구를 만족시킬 수 없다. 기존의 정부 단

---

52   Gerry Stoker. "Governance as Theory: Five Propositions." *International Social Science Journal*, 1998, Vol.50(155), pp.17-28.

일 제공방식은 이미 한계를 노정하였고, 생산자와 소비자 간 관계는 역전되었다. 정부가 민중의 수요를 최대한 만족시키기 위해 민중을 둘러싸고 맴도는 형국이 되었다. 따라서, 사회조직의 역량을 이용하여 그들을 공공서비스 제공에 참여시켜 정부의 부족을 보충하게 만드는 것이 합당한 선택이 되었다. 이러한 변화에 따라 21세기로 접어든 이후 사회조직의 공공서비스 구매제도, 공적부문과 사적부문 간 협력, 공공서비스 외주제 등 새로운 공공서비스 제공방식이 시작되고 유행하게 되었다.

다음으로는 정부직능의 변화, 즉 키잡이와 노잡이 기능의 분리이다. 직능의 행사는 권력과 자원을 필요로 한다. 리더십과 행정권의 분리는 정부에게는 키잡이와 노잡이 역할을 분리하는 것과 유사하다. 키잡이는 방향을 인도하므로 리더십과 유사하다. 노잡이는 행정권과 유사한데, 행정권은 모든 것을 다 장악할 필요는 없다. 노를 어떻게 저을 것인가는 노잡이가 결정할 수 있지만, 노잡이는 결정할 수 있는 권력이 필요하다. 노잡이가 노를 젓는 주요한 원인 하나는 노잡이가 노질에 뛰어나기 때문이다. 사바스에 따르면, "정부라는 단어의 어원은 희랍어에서 왔는데, 그 의미는 배의 키를 잡는 것이다. 즉 정부의 직책은 키를 잡는 것이지 노를 젓는 것은 아니다. 서비스를 직접 제공하는 것은 노를 젓는 일인데 정부는 여기에 그리 특출나지 않다."[53] 이는 등소평이 "당정기관의 누구도 이처럼 복잡하고 생소한 일들을 처리할 신통한 재간은 없다."(즉, 사회조직에

---

53   [美]戴维·奥斯本, 特德·盖布勒, 『改革政府』, 上海市政协编译组, 东方编译所编译, 上海译文出版社 1996年版, p.1.

이양하여 처리해야 하는 일)라고 언급한 것과 매우 닮아 있다. 한편 뷰캐넌은 정부실패의 원인을 다음과 같이 보았다. ① 정부기구의 저효율이며, 저효율은 관료기구의 공공서비스 공급 독점에 기인한다. 정부기구는 경쟁상대가 없으므로 경쟁압력에 노출되지 않는다. (2) 비용을 낮추는 인센티브 기제(激励机制)가 없다는 점이다. 정부 활동은 대부분 비용에 구애받지 않기 때문에, 정부부문의 공공서비스 공급이 사회적 부의 최적배분 소요를 초과하는 결과를 낳고 사회자원의 낭비를 초래했다.[54] 여기에서 우리는 최소 공공서비스의 공급에 있어서만큼은 많은 주체들이 필요하며, 이 주체들의 관계에 있어 정부가 리더십과 행정권을 집중하여 소유하는 것은 그리 좋은 선택은 아니라고 할 수 있다. 이는 마치 정부가 키잡이와 노잡이를 동시에 담당하는 것이 좋은 선택이 아니라는 것과 동일한 이치이다.

3. 리더십과 행정권 분리: 이념 및 과정의 개혁

리더십과 행정권의 분리는 우선 일종의 이념이라고 할 수 있다. 이 이념이 해결하고자 하는 문제는 권력(지도권과 행정권)이 반드시 정부 수중에 있어야 한다는 기존의 인식이다. 그리고 이 이념은 국가권력 및 그 권력이 관계된 정치적 통치와 사회관리 직능에 대한 새로운 인식이기도 하

---

[54]　忻林,「布坎南的政府失败理论及其对我国政府改革的启示」,『政治学研究』2000年, 第3期.

다. 이 이념이 표명하는 바는, 사회관리 직능의 권력이 곧 행정권이고, 이는 서로 다른 관리주체가 행사할 수도 있다는 것이다. 따라서 새로운 공공관리형태, 특히 공공서비스의 제공은 정부와 사회조직의 협력적 거버넌스를 필요로 한다.

리더십과 행정권의 분리는 사회조직들이 사회를 관리하는 권력을 소유하게 만들고 이로 인해 사회활력이 증진되고 전 사회의 거버넌스가 촉진된다. 이는 정부-사회 분리 해결이 진력하려는 지점이기도 하다. 사실상, 우리는 이미 이 방면에서의 개혁노력을 목도한 바 있다. 2015년 반포된 「업종별 협회 및 상회와 행정기관의 분리에 대한 전체방안」(이하 「전체방안」으로 약칭)과 근 몇 년간의 행정심의개혁이 바로 그 사례이다. 「전체방안」은 사회조직과 정부가 기구, 직능, 자산재무, 인원관리와 당조직 건설, 대외업무 등에서 분리되도록 하여, 정부 의존적이던 사회조직의 재무가 독립하는 방향으로 변화하게끔 했고, 이로써 사회조직이 하나의 진정한 조직으로 거듭날 수 있도록 했다. 근 몇 년간의 행정심의개혁 중 출현한 '간정방권'(簡政放權)과 권력리스트 제도(权力淸單) 역시 이러한 노력과 같은 곳을 향해 있다. 권력리스트는 명확한 방식으로 정부와 사회조직의 권력경계를 나누었다. 비록 그 출발점이 정부의 권력범위를 제한하는 것이기는 하지만, 권력리스트제도가 내포한 의의는 명확한 것으로, 권력리스트에 포함되지 않는 사무와 권력들은 정부에 속하지 않게 된 것이다. 그리고 정부에 속하지 않은 사무와 권력은 사회조직에 귀속되게 되었다.

리더십과 행정권의 분리는 정부가 행정권을 모조리 놓는다는 의미는 아니다. 행정권은 대량의 사회공공사무 관리와 연관된다. 행정권을 누가 장악하느냐를 판단하는 가장 기본적인 기준은 바로 "모든 공민과 법인 혹은 기타조직은 자주적으로 결정할 수 있고, 시장경쟁기제는 효과적으로 조절하며, 업종별 조직 혹은 중개기구는 프로젝트를 자율관리한다. 정부는 뒤로 물러난다."는 문구와 같다. 이 문구에 내재된 또 다른 층위의 사고는 바로 시장, 사회가 해낼 수 없는 일에 대해, 정부가 필히 그 책임을 져야 한다는 것이다. 공공서비스를 재화의 속성을 바탕으로 논하자면, 정부가 공공재를 공급하고(이 점은 행정심의개혁에서 정부가 여전히 다량의 행정심의항목을 보유하고 있다는 사실에서도 드러난다. 이는 정부만이 이러한 직무를 수행할 수 있기 때문이다), 준 공공재와 사유재는 사회조직 혹은 개인이 제공하게 된다. 각자는 자신의 영역에서 자신의 권력을 행사하면 된다. 여기에서 방지해야 할 하나의 경향은, 본래 정부가 담당해야 하는 행정권을 포기하게 되는 일이다. 이는 서양의 공공관리개혁 과정에서 과도한 공공서비스 외주가 정부권력의 '공동화(空心化)'를 낳았던 사례와 일맥상통한다. 이 외에도, 행정권이 사회조직에 의해 행사되더라도 정부는 여전히 이 조직들에 대한 관리감독 책임을 담당해야 한다. 정부는 이 조직들이 행정권 발휘에 있어 소요되는 환경조건을 제공해야 하며, 그들이 행정권 행사 중 관련 법규를 준수하도록 만들어야 한다. 또한 행정권의 부당한 사용도 정부가 제약해야만 한다.

리더십과 행정권의 분리는 단지 이념이기만 한 것은 아니며, 하나의 과정이기도 하다. 과정의 관점에서 보자면, 이 분리는 경로의존 문제 하나를 해결해야만 한다. 경로의존은 관성과도 유사하여, 일단 어떤 경로에 진입하게 되면(좋든 나쁘든 간에) 그 경로에 의존하게 된다. 제도변화 이론은 정확한 제도변화경로를 선택하는 것과 변화의 경로를 이미 정한 목표에 도달하도록 부단히 조정하는 것이 중요하다고 본다. 왜냐하면 제도는 끊임없이 발전하고 최적화된 궤적에 따라 변화할 수 있기 때문이다. 이로써 제도변화는 감금상태(lock-in)에서 벗어날 수 있게 된다. 마찬가지로 리더십과 행정권의 분리 역시 정부-사회 분리개혁의 일부분으로서 어떤 개혁경로를 선택하는 것이 중요하다.

어떤 제도를 채택하거나 사회행위를 실시하는 일은 특정한 경로에 드는 것이기도 하다. 여기에서 역사는 매우 중요하다. 노스의 견해에 의하면, 사람들이 과거에 행한 선택이 그들의 현재에 가능한 선택을 결정한다.[55] 오랫동안, 정부-사회 분리 개혁은 줄곧 정부직능의 변화에 초점을 맞추었지만, 직능의 변화만으로는 사회조직의 진정한 독립과 자주가 발현될 수 없음을 간과했다. 이러한 오류로 인해 정부-사회 분리 개혁은 2015년 「전체방안」에서 정부와 사회조직의 자원의 분리를 추진하기 이전까지 더디게 진행되었다. 이 문제의 배후에 있는 사고방식의 근원은 상술한 권력이 집중되어야 한다는 인식이었는데, 이로 인해 과정상의 저항 및 배후의 이익문제들이 노정되게 되었다. 이러한 이익은 두 방면에서 드러난다. 하나는 조직적 천성이다. 어떤 조직도(정부를 포함하여) 모두 자연스럽게 확장적 성향을 지니며, 부강한 상태(人强马壮), 즉 더 큰 규모

---

55 [美]道格拉斯·诺思, 『经济史中的结构与变迁』, 陈郁, 罗华平等译, 上海三联书店1991年版, pp.1-2.

와 더 많은 자원, 그리고 더 많은 권력을 지향한다. 따라서, 부강함에 반대되는 행위 혹은 개혁은 통상 내부적인 저항에 부딪히게 되어, 개혁이 늦어지는 원인이 된다. 다른 한 방면은 조직과 그 성원들의 이익이다. 제도변화이론에 따르면, 체제가 형성된 이후에 현존체제에서 이익을 얻는 압력집단이 형성된다. 그들은 현 제도가 공고하게 유지되기를 바라고 진일보한 변혁은 막으려 하는데, 설령 새로운 제독 기존보다 더 효과적일지라도 그러하다. 만일 어떤 원인에 의해 진일보한 개혁이 성립되었다손 치더라도, 그들은 변혁이 자신들의 이익 확대 및 공고화에 유리하도록 노력할 것이다. 정부 입장에서 보면, 이익의 손실(자원 감소, 권력 감소)은 관련한 개혁 추진의 가장 큰 저해요소이며, 개혁과정의 가장 어려운 난제이다. 그러나, 개혁과정의 경로선택이 만일 이러한 핵심 난제들을 건드리지 못했을 때, 개혁과정은 필연적으로 지연되고 성과가 나기는 어려울 것이다.

정부-사회 분리 개혁에 관해 행정심의개혁을 사례로 얘기해 보자. 행정심의개혁은 정부-사회 분리개혁과 같이, 오랫동안 개혁이 더뎠는데, 그 원인은 개혁의 경로선택이 행정심의사항의 수량 감소 혹은 철폐에만 천착했기 때문이었다. 이 편향이 낳은 결과로서, 모든 감소되고 철폐된 행정심의사항의 숫자의 목표가 달성되기 힘들었으며(지방에서의 변형된 저항들은 물론이거니와), 감소 혹은 철폐된 행정심의사항의 실질적 가치 또한 높지 않았다. 그 배후에는 행정심의개혁의 핵심문제를 회피했다는 원인이 있고, 이는 이익과 권력의 문제이다. 우리는 이미 최근 수년간 행정심의개혁이 원래의 개혁노선을 수정하여, 권력을 핵심으로 개혁요소를 포함하게 되었음을 목도하였다. 그리고 행정심의 개혁 과정에서 간 정방권과 권력리스트 제도가 제안되어, 권력이라는 핵심문제를 둘러싸고 행정심의개혁을 추진할 수 있게 되었다. 이 개혁의 결과는 행정심의 항목의 심의 혹은 철폐에서든, 감소되고 철폐된 항목의 실질적 가치에서든 간에 모두 이전의 개혁을 크게 뛰어넘는 것이었다.

따라서, 정부-사회 분리 개혁과정을 진일보하게 확정하는 경로선 택이 요구된다고 할 수 있다. 이를 위해서는 권력분리를 통해 사회조직의 독립과 자주를 꾀하고, 이로써 진정한 자치가 들어서는 것을 개혁의 핵심으로 놓아야 할 것이다. 나아가, 정치-사회 분리 개혁이 변화궤적의 부단한 수정과 최적화를 통해 보다 진화할 수 있게 해야 할 것이다.

정부-사회 분리 :
자원예속으로부터 공생적 자원의존으로*

요약: 정부-사회 분리 개혁을 위해서 우선 해결해야 하는 것은 사회조직의 독립성과 자주성 문제이다. 정부-사회 분리 개혁은 '자원예속-자원분리-자원의존'의 과정을 거쳐 이루어졌다. 이 과정에서 사회조직의 자주성이 높아졌고, 정부의 관리 부담과 지대추구 기회가 줄어들었지만, 사회조직의 생존과 발전의 어려움이 커졌고, 정부의 이익도 일부 훼손되었다. 사회조직과 정부 간에는 자원의존 관계가 존재하지만, 비대칭적 관계를 형성했다. 쌍방이 어떻게 사회 거버넌스 속에서 긍정적 상호작용을 하고, 일종의 공생적 자원의존을 형성할 것인가는 정부-사회 분리 후의 정부와 사회조직 쌍방 모두가 고려할 문제이다.

1. 현대 조직의 기초

정부-사회 분리는 정부와 사회조직의 분리를 말한다. 이러한 분리는 사회조직(본문에서의 사회조직은 업종별 협회와 상회를 의미)이 하나의 조직으로 존재했다는 것을 전제로 한다. 이것을 빼고는, 정부-사회 분리도, 정부-

---

* 　이 글은 『中共福建省委党校学报』 2017, Vol.6, pp.4-10에 수록되었다.

사회 분리를 기초로 한 정부-사회 협력도 얘기할 수 없다. 그러므로 사회
조직을 진정한 조직으로 만드는 것이야말로 정부-사회 분리 개혁의 첫
번째 목표이다. 중국공산당 18대 보고에서 '사회건설'을 언급하면서, "신
속하게 정부-사회를 분리하고, 권한과 책임을 명확히 하고, 의법자치의
현대적 사회조직체제를 형성한다."는 문제를 제기한 이유가 바로 여기에
있다.

그런데 현대 사회조직체제는 어떤 조직체제인가? 그것은 어떤 특징
을 갖고 있는가? 현대 조직체제는 (그에 대한 비판이 적지 않음에도 불구하고)
막스 베버가 제기한 관료조직체제를 모델로 삼고 있다. 베버는 분업, 권
력체계, 법제도, 비인격 등 여러 측면으로부터 이성적 현대 조직을 설명
했다. 사회가 변화하고 여러 조직형태가 출현함에 따라, 베버가 묘사했
던 현대 조직의 특징들이 약화되기도 하고, 강화되기도 하고, 보완되기
도 하였다. 그런 의미에서 사회조직체제는 오늘날 반드시 관료조직체제
적 성격을 갖고 있는 것은 아니다. 그러나 현대 사회조직은 다음의 몇 가
지 특징을 반드시 갖추고 있어야 한다.

1) 독립성

레스터 설러먼(Lester M. Salamon)은 제3부문 성장의 가장 중요한 요인은
국가와의 관계라고 본다. 정부로부터 충분한 법과 재정적 지원을 받으
면서도 상당한 정도의 독립성과 자주성을 유지하는 것이다.[56] 독립성은

---

56   [美]莱斯特萨拉蒙, 「非营利部门的崛起」, 谭静译, 『马克思主义与现实』, 2002年, 第3期,

조직이 자신의 활동에 필요한 인력, 물력, 재력, 정보자원을 갖고 있다는 것을 의미한다. 비록 이런 자원은 의존할 수는 있지만, 예속된 것은 아니다. '예속(依附)'과 '의존(依賴)'은 비슷한 것 같지만 다르다. '예속'은 조직이 독립적이지 않다는 것을 의미하고, '의존'은 조직은 독립적으로 존재하지만, 조직 활동은 외부 조직의 자원을 빌릴 필요가 있다는 의미이다. 그것은 일종의 조직간 상호관계를 의미한다. 정부-사회 분리는 사회조직의 독립을 의미하며, 독립을 해야만 정부와 사회조직 쌍방의 관계가 평등해질 수 있고, 양자 간의 의존과 예속 관계(이러한 예속은 실질적으로 자원의 예속이며, 인력, 물력, 재력, 정보에 대한 예속이다)가 존재하지 않게 되고, 독립이 보장되어야만, 정부와 사회조직의 위탁과 대리관계가 제대로 수립될 수 있다.

2) 자주성

자주성은 사회조직이 자율적으로 조직의 각종 자원을 사용할 수 있음을 의미한다. 자주성의 지표로는 먼저 재무적 자율을 들 수 있는데, 스스로 독립된 자금원을 갖고 있을 뿐만 아니라(정부 자금도 그 중 하나) 조직이 자율적으로 재무를 처리할 수 있어야 한다. 다음으로, 활동의 자주이다. 즉 독립적이며 자율적으로 활동할 수 있어야 한다. 마지막으로 인사의 자주이다. 효과적으로 자신의 인력자원을 동원할 수 있어야 한다.

pp.57-63.

3) 경계성

경계성은 조직이 그 자체로 독특하고, 다른 조직이 대신할 수 없는 기능과 활동 범위를 갖고있는 것을 말한다. 어떤 기능과 활동은 다른 조직들과 교차 또는 중첩될 수 있지만, 전체적으로 그 독특한 기능과 활동을 식별가능하고 구분할 수 있어야 한다. 정부와 사회조직과 기업조직이 어떤 기능과 활동에 있어 약간의 교차가 발생할 수는 있지만, 그들 간의 경계가 명확해야 한다. 다른 기능과 활동 범위를 식별할 수 있어야 한다. 국무원은 3자의 기능을 다음과 같이 정의하였다. "공민, 법인 또는 기타 조직은 자율적으로 결정할 수 있으며, 시장경쟁메커니즘이 효과적으로 조절될 수 있으며, 업종별 조직이나 중개기구가 자율적으로 관리할 수 있는 사항에 대해서는 정부는 관여하지 말아야 한다."[57] 이것은 사회, 시장, 정부 모두 그에 해당하는 안정적인 경계가 있다는 것이며, 경계성은 조직의 대체불가능성을 의미하는 것이다.

4) 법제성

법제성이란 사회조직 내부의 관계형식(명확한 권력과 책임, 대등한 권리와 의무, 역할과 행위의 일치성 등)과 운영방식(협력방식, 시장방식, 내부절차 등)이 규정에 의해 확립되고 규정의 구속을 받는 것이다. 조직 활동은 그것이 갖고 있는 내부자원과 외부자원 그리고 그런 자원의 운용에 의해 결정된다. 자원은 조직의 존재와 활동의 토대를 구성한다. 체스터 버나드, 제프

---

[57] 「国务院关于第六批取消和调整行政审批项目的决定」, 国发〔2012〕52号.

리 페퍼, 제럴드 샐런칙은 내외부적으로 그것을 잘 설명하였다.

체스터 버나드는 조직을 조직과 그 구성원의 교환 시스템이라고 보았다. 조직 내에서의 노력과 공헌은 조직이 제공하는 동기에 대한 자극에 의해 결정된다. 버나드는 자기보존과 자기만족과 같은 이기적 동기가 조직 구성원의 행위를 지배하는 힘이므로, 그러한 동기들을 바꿀 수 없다면, 이런 동기를 만족시킬 수 있어야 조직이 존재할 수 있다고 보았다. 따라서 조직이 제공하는 유인이나 자극과, 그것으로 인한 개인의 공헌 사이에는 일종의 균형이 형성된다. 그러한 균형이 일단 무너지면, 조직은 운영되기 어렵다. 버나드는 유인을 특수 유인과 일반 유인으로 나누고, 특수 유인에는 물질적 유인, 개인의 비물질적 기회, 좋은 물적 조건, 이상적 측면에서의 은혜를 포함시켰고, 일반 유인에는 사회 결합에서의 흡인력, 자기 습관에 적합한 방법과 태도, 참여 확대의 기회, 사상과 감정의 교류라는 조건을 포함시켰다.[58] 조직의 자극과 개인의 보상 간의 균형은 조직 운영[59]의 기본 조건이다. 그러나 조직은 환경의 일부이고, 다른 조직, 특히 관련 조직과 일종의 상호교류적 관계를 갖고 있다.

페퍼와 샐런칙은 이러한 상호교류의 과정을 자원의존의 과정이라고 생각한다. 자급자족하면서, 그가 필요로 하는 모든 자원을 갖고있는 조직이란 있을 수는 없다. 자원을 얻기 위해, 조직은 그가 처한 환경과 상호작용하고 상호교환을 해야 한다. 이런 환경에서 필요한 자원을 얻

---

58   [美]切斯特巴纳德, 『经理人员的职能』, 孙耀君等译, 中国社会科学出版社, 1997, p.112.

59   여기서의 조직 운영은 조직 내부의 운영을 의미한다.

음으로써 자신의 생존과 발전을 유지할 수 있다. 페퍼와 샐런킥은 다음과 말하였다. "조직은 상호연계 및 다양한 조직으로 구성된 네트워크 속에 뿌리를 두고 있다. 필요한 각종 자원에는 재정자원, 물질자원 그리고 정보자원이 있다. 모두 환경 속에서 얻어지는 것이므로, 조직은 이러한 자원의 외부제공자에 의존하지 않을 수 없다."[60] 비록 두 이론 중 하나는 조직 내부의 운영에 착안점을 두고, 또 다른 하나는 조직 외부의 관계에 착안점을 두었지만, 양자의 공통점은 조직생존과 발전에 있어서 자원의 중요성을 강조하고 있다는 점에 있다.

정부-사회 분리 개혁을 위해서 우선 해결해야 하는 것은 사회조직의 자원예속문제이다. 사회조직(개혁개방 이후 출현한 업종별 협회와 상회 등)이 자원에 대해 정부에 예속된 데에는 역사적 원인이 있다. 역사적으로 개혁개방 이전에는 계획경제를 기초로 국가의 통일적 관리모델 속에서 정부가 국가의 권력기구로서 사회의 모든 자원을 장악하였다. 개혁개방과 시장경제가 추진됨에 따라, 이러한 관리모델이 사라졌고, 개혁으로 인해 정부가 어떤 경우에도 자원배치의 최적의 수단은 더 이상 아니라는 기본적 공감대가 형성되었다. 이로써 천하통일적 모델은 천하삼분으로 대체되었고, 시장과 사회(그 주요형식은 사회조직과 단체)가 생겨나기 시작했다. 경제적 자원이 시장에 의해 배분되었고, 사회자원은 사회에 의해 배분되었으며, 양자가 배분하지 못하는 자원은 정부가 배분하게 되었다. 그러나 기존 모델의 관성으로 인해 후에 각종 조직(기업조직과 각종 사

---

60   [美]杰弗里菲佛, 杰勒尔德萨兰基克, 『组织的外部控制』, 闫蕊译, 东方出版社, 2006, p.4.

회조직단체)이 출현했음에도 불구하고, 정부가 여전히 가장 주도적 지위를 차지하였다. 둘째, 사회조직과 단체의 개혁개방 이후의 출현은 정부의 산물이다. 그것은 서구처럼 사회에서 자연적으로 출현한 산물이 아니다. 이것은 정부가 최소한 일정 단계에서 양자 관계의 주도자라는 것을 의미하며, 정부가 사회조직과 단체의 발전에 영향을 끼쳤음을 의미한다. 정부가 구성한 산물인 정부-사회 관계는 처음부터 정부가 강하고, 사회조직과 단체가 약한 기본적 구도를 형성하였다. 그것은 다음과 같다: 일련의 사회조직과 단체는 자원(인력, 물력, 재력 모두에 있어서)에 있어서 정부에 예속되어 있으므로, 종종 정부의 예속물, 제2의 정부라고 불린다. 이러한 예속 상황이 오랫동안 지속되었고, 중앙 차원에서 2015년 공식적으로 「기업협회 및 상회와 행정기관의 디커플링을 위한 총체적 방안」을 내놓았다. 일정 단계에서 양측 모두 이러한 예속관계에 익숙해졌고, 양측 모두 그런 상황을 받아들이게 되었다는 것을 의미한다.[61]

정부차원에서, 정부-사회 분리는 시장경제에 의해 초래된 불가피한 결과이다. 시장경제가 초래한 이익분화와 그 분화가 만든 사회적 갈등과 모순은 정부관리의 부담을 가중시키기 마련이다. 따라서 사회조직과 단체를 성장시키고, '사회 활력의 증진'을 통해 정부가 사회를 관리하는 비용을 줄이고, 사회사업을 사회조직과 단체에 맡기게 된다. 그러나 정부는 이러한 조직에 대해 어느 정도 통제를 하고자 하고, 이러한 사회

---

61 상하이, 충칭과 같은 일부 지역에서 이미 기구 분리, 장소 분리, 활동 분리, 인원 분리, 재무 분리 등의 개혁을 시작하였다. 상하이의 경우, 기업협회와 당정기관의 인원, 기구, 재무, 재무, 자산의 '4가지 분리'가 2009년 전면적으로 구동되었다.

조직과 단체가 정부가 원하는 일을 하도록 하고자 한다. 그리고 그런 식의 통제를 할 수 있는 가장 좋은 방법은 자원을 통한 통제이다. 첫째, 사회조직과 단체조직의 자원에 대해 통제하는 것이다. 예를 들면, 사회조직과 단체는 우선 상급 주관 단위의 허가를 받은 후 민정부문의 비준을 받아야 성립할 수 있다. 이렇게 하여 대량의 사회조직과 단체를 배제할 수 있다. 그리하여 상당한 사회조직이 합법적 신분을 얻을 수 없어 지하조직이 된다. 오늘날에는 일부 사회조직은 민정국에 가서 바로 설립신청을 할 수 있는데, 업종별 협회 및 상회, 과학기술, 공익자선, 도농커뮤니티 서비스 등에 해당되는 경우이고, 그 나머지는 해당사항이 아니다. 다음으로, 사회조직과 단체 활동 자원에 대해 통제하는 것이다. 인력, 물력, 재력 자원에 대한 통제가 포함된다. 예를 들면, 정부의 관리를 사회조직과 단체의 장으로 배치하고, 그들 사회조직과 단체에 대해 재정 지원을 하거나, 장소와 사무실 등을 제공해주는 것이다.

사회조직과 단체의 입장에서 보면, 정부자원에 대한 예속으로 무엇보다도 정부의 강력한 행정력을 빌려 일을 처리할 수 있으므로(당연히 행정력을 통한 임대도 포함됨) 자신의 권위를 키울 수 있다. 따라서 행정화는 어느 정도에 있어서 사회조직과 단체가 지향하는 바이다. 권력문화가 산재한 사회에서, 정부의 힘이 막강하고, 일부 사회조직과 단체가 정부의 후광을 빌려 천자를 협박해 제후들에게 명령하는 격이다. 그 다음으로, 행정등급을 얻게 되어 행정등급에 상응하는 대우를 받게 된다. 그밖에, 정부 인력, 재력, 물력의 지원을 받게 되고, 사회조직과 단체는 자력으로는 먹고 살 수 없으며, 경쟁에서 뒤떨어질 수 있다는 위기감을 상실하게 된다. 이러한 정부자원에 대한 예속은 중앙이 왜 자원분리를 요구하게 되었으며, 적지 않은 사회조직과 단체가 여전히 구체제를 그리워하면서 개혁에 저항하고 있는지를 보여준다.

2. 자원예속으로부터 자원의존으로

국가적 측면에서 보면, 「업종별 협회 및 상회와 행정기관 디커플링의 통합 방안」(이하 디커플링 방안)」은 정부자원에 대한 사회조직과 단체의 예속으로부터 의존으로의 전환점이라고 할 수 있다. 「디커플링 방안」에 의하면, 업종별 협회 및 상회와 행정기관은 다음의 몇 가지 측면에서 분리된다. ①기구의 분리이다. 행정기관(하위 단위를 포함)과 협회 및 상회의 주최, 주관, 연락, 등록 관계를 취소한다. 협회 및 상회는 법에 따라 직접 등기하고 독립적으로 운영된다. 행정기관, 사업 단위, 협회 및 상회는 함께 업무를 볼 수 있고, 점진적으로 기구, 인원, 자산을 분리하고, 행정기관, 사업 단위가 더 이상 업종별 협회 및 상회의 기능을 맡지 않게 된다. ②기능의 분리이다. 행정기관과 업종별 협회 및 상회의 기능을 구별해야 한다. 협회 및 상회의 현재 행정기능을 없애고, 상공회의소가 맡고 있던 기능의 이전을 서두르고, 명세 목록을 작성하고, 절차에 따라 상공회의소에 이관하고, 감독 규정을 제정하고, 감독책임을 이행한다. ③자산의 재무상 분리이다. 협회 및 상회는 민간 비영리조직의 회계를 집행하고, 단독으로 장부를 만들고, 독립적으로 결산하고, 독립적인 재무관리를 실시한다. 2018년부터 전국적 협회 및 상회의 재정에 대한 직접적 지원을 하지 않고, 지방 협회 및 상회에게는 각 지역 자체의 재정 교부금 과도기를 정해준다. 과도기는 2017년 연말을 넘길 수 없다. 협회 및 상회는 원칙적으로 사무실의 독립을 실현한다. ④인원 관리의 분리이다. 협회 및 상회는 인사 자주권을 가질 수 있고, 법에 따라 인사규범을 정할 수 있으며, 규정에 따라 인력을 채용할 수 있게 된다. 행정기관은 재직과 퇴직(이직) 및 휴직 공무원을 협회 및 상회에 파견, 추천, 배치할 수 없다. 협회 및 상회는 노동계약제도를 전면적으로 실시하고, 협회 및 상회와 행정기관을 디커플링한 후, 사용하는 사업 편성도 정산한다. ⑤당건, 외사 등 사항을 분리한다. 협회 및 상회의 당건설, 외사, 인력자원 서비스 등의 사항을 원 주최, 주관, 연락, 등록 단위와 디커플링한다.[62]

5가지 측면에서 디커플링은 표면적으로 사회조직의 자원예속상황을 바꾸는 것이지만, 실제로는 이러한 자원분리를 통해 사회조직을 성장시키기 위한 것이다. 이러한 자원분리는 겉으로는 젖을 떼는 것과 같지만, 사회조직에게 있어서 그 미래의 운명을 자기 수중에 쥐도록 하는 것으로, 일부는 더 잘 성장하겠지만, 일부는 사라질 수도 있다. 정부 차원에서, 자원 분리 이후, 양자의 자원관계가 예속관계로부터 의존관계로 전환되었다. 정부와 사회조직은 종래의 관료 등급관계로부터 일종의 유사 위탁대리관계로 전환되었고, 기존의 사회조직에게 명령을 내리던 상

---

62 「行业协会商会与行政机关脱钩总体方案」(2015년 7월 9일), 新华网, http://news.xinhuanet.com/politics/201507/09c128000445.htm#pinglum.

하관계로부터 서로 협의하고 협력하는 평등한 관계로 전환되었으며, 자원에 있어서도 상대에게 이전처럼 맘대로 할 수 없게 되었다.

그렇다면 정부는 왜 이런 개혁을 추진하는가? 근본적으로 말하자면, 위로부터 아래로의 개혁은 정부의 사회 관리의 비용을 줄이기 위한 것이다. 또한 원래 양자 간의 상당히 정착되었던 자원예속상황에서, 사회조직이 미흡했다는 점과 정부가 당초 구상했던 사회 관리 비용의 절감을 실현하지 못했기 때문이다. 자원의 예속과 결핍이 사회조직의 두가지 경향을 초래했다. 행정화와 상업화이다. 사실상, 더 많은 사회단체와 조직의 생존법은 조직의 각종 활동의 부정축재이며, 가장 흔한 수단은 표창과 조직의 각종 명목의 잡다한 회의들이다. 어떤 사람은 "표창경제", "회의경제"라고 비웃기도 한다. 어떤 협회 및 상회는 관방의 배경이 뚜렷하여, 축재를 더 미친 듯이 하고, 더 심각해서, "시장의 모자를 쓰고, 정부의 채찍을 들고, 기업의 가마를 타고, 기업의 표를 받는다."라는 말을 듣기도 한다.[63] 이 같은 문제점들은 「디커플링 방안」이 제기한 것과 같다. "일부 협회 및 상회는 정부와 분리되지 못하고, 감독과 대상이 일체화되고, 관리 구조가 미흡하고, 감독과 관리가 전도되어 있으며, 혁신 발전이 부족하고, 역할을 충분히 발휘하지 못하는 등의 문제가 있다." 그러나 이러한 문제는 당연히 정부 측에 원인이 있다. 민정부문 간 조직 관리부 부부장 리용(李勇)은 다음과 같이 지적하였다. "10여 년 전, 일부 정

---

63   王静超, 「行业协会成敛财工具政社分开是生存之道」(2013년 1월 31일), 搜狐网, http://roll. sohu.com/20130131/n365201661.shtml.

부부문이 기능을 이전하기 위해 사회조직을 발기하였다. 오늘날 우리가 역사의 눈으로 본다면, 의심할 바 없이, 이것은 일종의 진보이다. 사회주의 시장경제체제의 수립과 완성에 따라, 정부-사회 관계도 한층 더 분리되어야 한다. 그러나 아쉬운 점은 아직도 일부 정부부문이 사회조직 내부의 업무를 지나치게 간섭한다는 점이고, 사회조직이 법에 따라 등기하는 독립적 법인조직이라는 것을 간과하고 있다는 점이다. 일부 정부체제 내에서 파생된 사회조직은 제도나 행위를 막론하고 행정화 색채를 띠고 있고, 민주성이 낮고, 자발성이 부족하며, 자치성도 약하고, 법인주체도 불명확하고, 권한과 책임도 분명하지 않으며, 내부 통제력도 부재하고, 공신력도 부족하다. 이것은 모두 오늘날 국제사회의 비영리조직은 법에 따라 자치를 한다는 본질과는 너무나 거리가 멀다. 이는 정부 기능의 전환에 영향을 주면서도, 사회조직 자체의 발전을 저해하고 있다."[64]

이런 문제의 실질은 사회조직의 자원에 대한 예속에 있다.[65] 이리하여 사회조직이 성장하지 못했고, 제대로 자율적으로 움직이지 못하도록 하여, 원래 사회조직을 통해 정부의 관리비용을 감소시키려고 했던 구상이 허사가 되었다. 물론 여기서 정부 자체의 이기적 고려도 배제할 수 없다. 따라서 자원의 예속으로부터 자원의 분리(디커플링)와 분리로부터 이루어지는 자원의존으로의 전환은 정부-사회 분리를 해결할 수 있는 재설계라고 할 수 있다.

---

64   李勇, 「政社分开是现代社会组织体制构建的核心」, 『中国社会组织』, 2014年, 第16期, p.13.
65   물론 이는 정부가 원했던 것인데, 그것이 사회조직에 대한 정부의 통제에 유리했기 때문이다.

자원의존의 측면에서 보면, 이러한 분리는 다음과 같은 문제를 낳을 수 있다. 첫째, 사회조직의 자율성이 높아지고, 사회조직의 자율성이 높아진다는 것은 어느 정도 정부의 권위가 추락하고 통제가 어려워진다는 것을 의미한다. 사회조직이 일단 디커플링을 하게 되면 자율적으로 인력, 물력, 재력을 장악하고 운용할 수 있게 되고, 정부와의 관계도 일종의 위탁대리와 같은 관계로 바뀐다. 사회조직이 진정으로 하나의 법인조직이 되면, 정부에게 있어서는 사회조직과의 기존의 행정관계가 사라지게 된다. 양자 모두 법적으로 동등한 지위를 갖는 법인조직이기 때문에, 정부는 사회조직과의 관계를 처리할 때 반드시 관련 법률과 규정에 의거해야 한다. 다른 한편으로, 이것은 또한 사회조직에 대한 정부관리를 더욱 어렵게 만든다. 원래 정부가 말하면 다 되던 일도, 협상, 토의, 참여로 해결해야 하고, 이전과 달리, 정부가 절대적 권위를 갖지 못하게 된다.

둘째, 사회조직의 성장과 그 능력의 향상에 따라, 정부도 점점 더 많은 사회 업무를 사회조직이 관리하도록 할 수 있다. 이것은 정부의 관리 부담과 지대 추구 기회를 줄이게 되어, 정부의 이익이 어느 정도 줄어들 수 있다. 과거 정부는 원래 사회가 관리하는 업무를 자기 손에 틀어쥐고 있었는데, 그 이유의 하나는 사회조직이 미성숙했기 때문에 정부가 전이한 기능과 업무를 수행할 수 없었기 때문이기도 했지만, 실제로는 정부에게 이익이 되기 때문이었다. 행정심의개혁을 예로 들면, 이 개혁은 줄곧 실시가 연기되었는데, 축소나 철회된 행정심의 항목의 수도 많지 않지 않았고, 축소나 철회된 항목도 부실했다. 이것은 사실상 정부가 자기 이익을 보호하기 위한 것이었다.

셋째, 사회조직의 분화가 발생하였다. 사회조직이 정부에서 분리되면 조직 자체의 품격을 가질 수 있다는 장점이 있지만, 한편으로 그 생존과 발전의 어려움이 증가할 수도 있다. 사실상, 자원의 분리는 사회조직을 정부-사회 분리로 나아가게 한다. 자원예속으로부터 공생적 자원의 존에 의해 시장경쟁에서 생존하고 발전해야 하며, 적응하지 못하면 도태되게 된다. 자원 분리 이후 사회조직의 생존 리스크가 그만큼 높아진다는 것을 의미한다. 정부의 지원이 없다면, 모든 것을 스스로 해결해야 하는데, 능력이 부족하고, 자원이 부족한 조직은 이 과정에서 점차 사라지겠지만, 어떤 사회조직은 이 과정에서 점차 성장하여, 사회업무를 관리하는 진정한 역량이 될 것이다.

넷째, 정부와 사회조직의 자원의 상호 의존도가 높아질 수 있다. 기존 모델에서는, 양자의 자원의 상호의존을 얘기할 수 없었고, 정부자원에 대한 사회조직의 예속만이 있을 뿐이었다. 자원분리 이후 사회조직의 성장과정에서 자체 자원을 축적할 수 있는데, 어떤 자원은 정부가 필요로 하는 것이다. 사회문제를 해결할 때, 사회조직은 정부보다 더 큰 이점을 갖고 있는데, 21세기 서비스형 정부가 들어서면서 그것이 더욱 두드러지고 있기 때문이다. 공공서비스와 공공재에 대한 수요가 늘어남에 따라, 사회조직에 대한 정부의 의존이 늘어났다. 정부가 스스로의 힘만으로는 사회가 필요로 하는 서비스와 상품을 제공할 수 없기 때문이다. 반면, 사회조직도 정부로부터 필요한 자원을 끌어와야 한다. 사실, 어떤 사회문제의 해결에는, 무엇보다도 공공재의 생산과 공공서비스의 제공에 있어서, 정부로부터의 자원은 어떤 사회조직에 대해서는 필수적이다. 예를 들면 정부 사업, 정부의 재정보조, 정책적 지원 등이 그렇다.

다섯째, 사회조직과 정부 사이에 자원의존이 존재하지만, 이러한 의존은 평형적이거나 균형적이지 않고 비대칭적이다. 정부의 자원에 대한 사회조직의 의존이 사회조직에 대한 정부의 의존보다 훨씬 크다. 이러한 자원의 비대칭은 자원의존의 정도에 있어서, 구체적으로 자원의 중요성, 자원의 통제권, 자원 통제의 집중도에 있어서 나타난다.[66] 자원의 중요성으로 말하자면, 정부는 사회조직이 갖고 있지 않은 행정자원을 갖고 있다. 이것은 일부 문제의 해결과 처리에 있어서, 정부가 더 큰 권위성을 갖도록 한다. 예를 들면, 사회조직에 대해 정부는 일종의 감독하고 관리하는 기능을 갖는다. 이러한 권위적 행정기능은 사회조직이 갖고 있지 못한 것이다. 그밖에, 정부는 사회조직의 자원을 통제할 수 있는 권력을 갖고 있다. 예를 들면, 정부는 재정지출을 통해 사회조직을 지원할 수 있고, 행정심사와 비준을 통해 사회조직의 활동에 제한을 가할 수도 있다.

3. 공생적 자원의존과 조직의 상호작용: 실행계획

사회조직과 정부의 '자원예속–자원분리–자원의존' 과정은 정부–사회의 점진적 분리과정이다. 자원 분리 이후의 양자의 의존관계가 비대칭적이기는 하지만, 자원에 대해 상호 의존하게 된 것은 분명하다. 자원의존이

---

66   [美]杰弗里·菲佛, 杰勒尔德·萨兰基克,『组织的外部控制』, 闫蕊译, 东方出版社, 2006, p.51.

론에 의하면, 조직 간의 자원의존관계에는 두 가지가 있다. 첫째는 공생적 의존관계이고, 조직 상호 간의 필요적이며, 보충적 관계이다. 이것은 너 좋고 나 좋은, 운명공동체이다. 또 다른 관계는 경쟁적 의존관계이다. 그것이 의미하는 것은 조직 간에 공동의 자원을 두고 경쟁하는 것은 제로섬적이며, 네 것이 아니라 내 것이라는 것으로, 네가 좋으면 나한테는 손해인 상대적 의존관계이다. 이러한 두 가지 관계는 절대적인 것은 아니다. 그런 관계는 변할 수 있고, 전체적으로 공생적 의존도 경쟁적 의존이 있을 수 있다는 점을 배제할 수는 없고, 그 반대도 마찬가지이다.

사회조직과 정부는 사회 거버넌스에서의 운명공동체이다. 양자 간에 공생적이지만 비제로섬적인 관계이면서 경쟁적 자원의존 관계를 형성하여 쌍방 모두 목적을 달성할 수 있는가는 각자 채택한 실행계획에 달려있다. 무엇보다도 정부의 실행계획에 달려있다. 앞에서 이야기한 것처럼, 일정 기간 동안, 사회조직과 정부는 일종의 비대칭적 자원의존관계를 형성하였고, 정부가 주도적 위치를 차지하였기 때문이다.

실행계획은 우선 환경[67]과 자신과 환경의 상호적 관계에서의 작용에 대한 인식으로부터 나온다. 환경은 객관적 존재로서, 조직의 활동을 제약하고, 조직에게 기회를 제공한다. 어떠한 조직도 환경 속에서 자유로우려면, 우선 반드시 환경에 적응해야 하지만, 이러한 적응이 완전히 수동적으로 이루어지는 것은 아니다. 적극적 정신을 바탕으로 환경을 창조할 수도 있고, 환경을 자신의 발전과 성장에 유리하게 만들 수 있다.

67 　조직의 측면에서 보면, 이러한 환경에는 정부, 기업, 사회조직단체가 포함된다.

예를 들면, 자원의존이론에서 말하는 것처럼, 조직과 환경의 관계를 다룰 때 3가지 행위가 있다. 즉 환경의 압력에 대해 아무 것도 하지 않는 것, 환경에 적응하는 것, 환경을 바꾸는 것이다. 실행계획에서 보면, 아무 것도 하지 않는 것은 채택할 수는 없고, 환경에 적응하거나 환경을 바꿔야 할 것이다.

정부의 입장에서 보면, 우선 새로운 공공관리환경에 대해 새로운 인식을 해야 한다. 새로운 환경이란 공공서비스 제공방식의 변화와 거버넌스의 흥기를 의미한다. 요점은 기존의 정부가 공공서비스와 공공재를 제공하던 방식이 이미 시대에 뒤쳐졌으므로, 그것을 정부와 사회조직이 함께 제공하는 방식으로 대체하는 것이다. 경제적으로 그것이 가장 합리적이고, 상대적으로 가장 효과적이기 때문이다. 정부 혼자만의 힘으로는 사회 공중이 만족할만한 공공서비스와 공공재를 제공하기는 힘들다. 사실 이러한 발전도 민주행정이 줄곧 강조해온 가치를 반영한 것이다. 즉 대중이 공공관리에 참여하도록 하는 것이다. 이러한 변화는 정부가 사회조직의 오늘날 사회 거버넌스에서의 중요성과 대체불가능성을 인식할 것을 요구한다. 그 경중을 나눌 수 없는 것은 아니다. 사회조직은 정부에게는 없거나 결여되어 있는 자원을 갖고 있고, 사회를 관리하는 정부의 파트너이다. 이러한 인식에 따라, 정부는 반드시 사회조직 성장의 조건과 자원을 제공해야 한다.

그 다음으로, 자원분리는 사회조직에 대한 지원을 끊고 시장으로 향하게 하는 사회조직의 적응과정이다. 이 과정에서, 정부는 자원에 있어서 사회조직에 대해 필요한 지원을 하여, 사회조직이 성장할 수 있도록 해야 한다. 이 과정에서 두 가지 경향적 문제가 일어나는 것을 방지해야 한다. 첫째는 사회조직이 새로운 환경에 적응하지 못하여, 다시 자원예속 상황으로 돌아가기를 원할 수 있다. 이에 대한 방안은 도태될 것은 도태되도록 하고, 옛 조직은 사라지고, 새로운 조직이 만들어지고, 시장의 힘을 믿도록 하는 것이다. 사회조직이 시장에 진입하게 되면, 경쟁과 도태의 과정을 피할 수 없다. 이것이야말로 시장의 법칙이다. 두 번째, 정부가 이러한 분리(디커플링) 과정에서 머뭇거리면서, 조직과 자원에 있어서 사회조직과 명확하게 분리되는 것을 원하지 않을 수 있다. 그것은 분리되고 나면 통제와 관리가 어렵다는 생각 때문이기도 하지만, 또한 자신의 이익이 손상된다는 생각 때문이다. 정부의 머뭇거림은 정부-사회 분리 개혁이 1990년대 시작된 이후 지금까지 국가가 디커플링 완성 기한을 설정한 이유를 설명해준다. 그리고 정부-사회 분리는 정부의 신분과 기능의 중대한 변화를 의미한다. 정부는 본래 상위 조직으로부터 사회조직과 평등한 법인 신분을 갖게 된다. 이러한 신분의 변화는 공공서비스에 있어서 사회조직과의 협력에 유리하고, 공중에 대해 질 높은 공공서비스를 제공하는 데 유리하다. 더불어 정부는 공공관리에서의 권위적 신분도 갖는다. 따라서 정부가 사회조직과 그 활동에 대해 감독과 관리기능을 갖게 되며, 사회조직과 단체가 법률과 규정에 의해 활동을 전개하게 된다.

사회조직의 입장에서 보면, 우선 조직 내부에 필요한 인력, 물력, 재력 자원을 얻어야 하고, 기본적인 자원에 있어서 다른 조직의 의존을 최대한 벗어남으로써, 스스로 독립적이고 자율적으로 활동을 할 수 있게 된다. 이밖에, 이러한 조직의 내부자원에 대해 최적의 배치를 하게 된다. 조직구조의 구성, 조직운영과정의 안배, 조직 구성원의 격려, 조직 활동의 평가, 인력, 물력, 재력의 효과적 사용 등 일련의 내부 관리과정이 이에 포함된다. 버나드에 따르면, 조직 내에서 유인을 제공하고 조직 구성원이 이에 상응하는 임무를 수행하는 것 사이에 균형을 유지해야 한다. 이러한 균형은 조직의 자원배치를 최적화할 수 있고, 조직의 경쟁력을 키우고, 다른 조직과의 교류에 있어서 자체의 능력을 향상시킬 수 있다.

둘째, 외부환경으로부터 무엇보다도 정부로부터 조직에 필요한 자원을 적극적으로 얻어야 한다. 사회조직의 신분은 일반적으로 기업조직과 다르다고 한다. 사회조직의 업무는 영리를 목적으로 하는 활동이 아니다. 그 활동은 대부분 공익과 관련된 것이다. 따라서 정부와 관련된 것이 훨씬 많다. 정부는 공공서비스에 있어서, 외부 수주, 공사협력, 공공서비스의 구매 등의 형식으로 보통 각종 사회조직과 접촉한다. 여기서, 사회조직과 정부는 일종의 위탁대리 관계를 맺는다. 이러한 관계는 양자가 업무상의 관계를 갖도록 하고, 이것은 계약을 이행하고, 계약을 준수하는 관계를 말한다. 따라서 사회조직은 반드시 법을 준수하고, 불법적인 방식으로 정부의 자원을 획득하지 않고, 부당한 방식으로 자원을 운용하지 않아야 한다.

셋째, 정부자원을 획득하는 과정에서, 사회조직은 반드시 기존의 정부에 밥을 구걸하던 시대가 이미 지나갔다는 것을 제대로 인식해야 한다. 정부자원은, 외부수주 같은 것도, 시장체제에서는 경쟁을 통해 획득할 수 있다. 사회조직과 정부 사이에 보통 자원경쟁이 존재한다면, 정부

자원의 쟁취과정에서 사회조직 간에 이러한 경쟁관계가 형성될 수 있다. 그러나 이러한 경쟁이 반드시 제로섬 결과로 나타나지는 않는다. 사회조직은 경쟁의 규칙을 따르고, 또한 다른 조직과의 협력 속에서 필요한 자원을 얻도록 해야 하며, 이를 통해 조직은 한층 더 발전하게 된다.

Separating Government Administration from Social Management: From Resource Attachment to Symbiotic Resource Dependence

Abstract: In the separation of government administration from social management, independence and autonomy of social organizations need to be firstly solved. The reform of separation has undergone the process of "resource attachment, resource separation and resource dependence." This process has improved autonomy of social organizations, reduced the management burden and rent-seeking opportunities of the government, but also made it difficult for social organizations to survive and develop, and some of the governments interests have been damaged. There is a resource dependency between social organizations and the government, but this dependence is asymmetric. It is a question that both the government and social organizations need to take into consideration how to make both sides interact effectively in social governance and form a symbiotic resource dependence.

정부 기능의 3차 전환 : 권한 중심 개혁으로의 회귀*

요약: 개혁개방 이래, 중국 정부의 3차례 기능 전환은 정부가 권한 중심으로부터 정부 운영 절차와 방식을 중심으로, 그리고 다시 권한 중심으로의 개혁과정을 거쳐 이루어졌다. 이러한 회귀는 정부의 기능 개혁이 처음부터 다시 한번 핵심문제를 다루고 있음을 의미하고, 몇 년이 지난 후의 새로운 행정 간소화와 권한의 이양 및 권력의 명세화는 권한 중심으로의 회귀로의 개혁이 내딛은 중요한 첫걸음이다. 그러나 권한을 둘러싼 정부의 기능 개혁은 정부에 국한되어서는 안 될 뿐만 아니라 사회의 공동 참여가 필요하고, 다른 방면에서 특히 정치체제개혁의 조응과 지지가 필요하다.

1. 정부 기능의 실질 및 정부 기능전환의 배경

정부 기능은 보통 정부가 무엇을 하는지를 의미하며, 다음의 3가지 문제를 포함하고 있다. 정부기능에 속하는 첫 번째 문제는 정부 기능의 포지셔닝(定位), 즉 정부가 어떤 일을 해야 하는지, 어떤 일을 할 수 없는지, 정부가 어떤 일을 하지 못하도록 해야 하는지를 말한다. 예를 들면, 정부

---

*   이 글은 『江苏行政学院学报』, 2017, Vol.6, pp.91-98에 수록되었다.

는 헌법이 부여한 시민의 권리를 박탈할 수 없다. 정부 기능의 포지셔닝은 보통 헌법과 법률로 정해진다. 헌법에 의하면, 중앙정부의 기능은 "국민경제계획과 국가예산을 책임지고, 과학, 교육, 경제, 문화, 위생 등의 업무를 관리한다." 현급 이상의 정부는 "경제계획과 예산을 집행하고, 행정구역내 경제문화건설, 민정, 공안 등의 업무를 관리한다.", 그리고 "공공재산을 보호하고, 사회질서를 유지하고, 공민의 권리를 보장하며, 소수민족의 평등한 권리를 보장한다." 향진의 경우에는, "행정구역 내의 경제와 사회발전계획, 예산을 집행하고, 행정구역내의 경제, 교육, 과학, 문화, 위생, 체육사업과 재정, 민정, 공안, 사법행정, 계획생육 등 행정업무를 집행한다." 그리고 "사회주의의 전민소유의 재산과 노동군중의 집체소유 재산을 보호하고, 시민 사인이 소유한 합법적 재산을 보호하며, 사회질서를 유지하고, 시민의 인신권리, 민주권리, 그 밖의 권리들을 보장한다."

정부가 해야 하는 일을 요약한다면, 정부 기능은 사회공공서비스의 관리이고, 구체적으로 관리와 통제 기능, 서비스 기능, 유지 기능, 그리고 부조 기능을 말한다. 정부 기능의 포지셔닝의 핵심문제는 정부권력의 경계문제이다. 즉 정부가 이러한 기능을 수행하는 권한에는 경계가 있고, 정부는 단지 이 권한 내에서 그 기능을 수행할 수 있다. 예를 들면, 정부는 사회공중과 관련된 공공업무를 관리할 수 있지만, 사인의 업무에는 간여할 수 없다.

정부 기능에 포함되는 두 번째 문제는 정부 기능의 무게 중심(重心)이다. 정부는 많은 기능을 갖고 있지만, 어떤 것은 더 중요한 기능으로 여겨진다. 정부 기능의 포지셔닝은 '통치형-관리형-서비스형'의 변화과정을 거쳤다. 그 기능의 중점은 논리와 역사적 통일을 보여주고, 그에 따라 변화하였다.[68] 이러한 변화는 보통 두 가지 요인과 관계가 있다. 하나는 정부의 가치 편향과 관련 있다. 정부에 따라 그 가치편향도 다르다. 예를 들면, 과학교육을 중시하는 국가의 정부는 보다 많은 재력을 과학교육 영역에 투입하지만, 사회보장을 중시하는 정부는 보다 많은 재력을 복지 영역에 투입한다. 두 번째, 공공관리상황에서의 변화와 관계있다. 예를 들면, 개혁개방 20여년 후, 경제건설에 대한 정부의 관심이 민생복지로 옮겨갔다. 정부의 기능의 무게중심도 그에 따라 공공서비스와 사회관리로 옮겨졌고, 서비스형 정부건설이 제기되었다.

정부 기능에 포함되는 세 번째 문제는 업무수행 방식이다. 기능의 포지셔닝에 정부가 무엇을 하는 지가 포함된다면, 정부 기능의 수행 방식에 어떻게 할지의 문제가 포함된다. 그와 함께 어떤 기능을 수행하는지에 따라 수행 방식이 달라진다. 예를 들면, 정부가 경제를 관리하는 방식에는 직접 관리와 간접 관리, 미시적 관리와 거시적 관리가 있다. 정부 기능의 수행 방식은 정부 지도자의 의식과 관계가 있고, 공공관리 생태와 관련이 있으며, 기술 변화 및 진보와 관계가 있다. 예를 들면, 신공공관리개혁에서 나타난 수많은 새로운 공공서비스 방식과 수단은 정부 관리자가 숭상하는 새로운 공공관리가치(경쟁, 결과주의, 실적주의 등)가 반영

---

68 楚迺斐, 「政府职能的进化: 逻辑与历史统一的维度」, 『河南师范大学学报』(哲学社会科学版), 2015年, 第1期.

되고, 비용과 효과를 강조하는 기업관리 방법이 공공관리의 새로운 관리 생태에 영향을 주며, 정보기술의 발전과도 관계가 있다.

정부 기능의 세 가지 문제는 하나로 합쳐있지만, 첫 번째 문제가 가장 중요하다. 그것은 정부 업무의 합법성에 대한 것이기 때문이다. 합법성이 존재하지 않는다면, 업무의 중점과 방식도 더이상 중요하지 않다. 또한 이 점 때문에, 정부 기능의 포지셔닝은 종종 헌법과 관련 법률을 통해 정해지지만, 정부가 결정한다고 되는 것은 아니다.

정부 기능은 정부의 일부이지만, 정부는 국가와 함께 하는 것이다. 그것은 국가의지의 집행기구이다. 마르크스주의 국가이론에 따르면, 정부기구는 국가의 체현이다. 정부기구 없이 국가는 존재하지 않는다. 엥겔스에 의하면, 국가는 "갈등하는 계급이 투쟁 속에서 자신과 사회가 소멸되지 않도록 하기 위해, 표면적으로 사회의 힘을 억누를 필요가 있다. 이러한 힘은 갈등을 완화해야 하며, '질서'를 유지하는 범위 내에서 갈등해야 한다. 이것은 사회 속에서 생겨나지만 사회 위에 존재하고 나날이 사회로부터 소외되는 힘이다. 그것이 바로 국가이다."[69] 이것은 국가가 일종의 사회의 각종 이익을 초월한 힘이라는 것을 의미한다. 그 기본적 기능은 사회의 각종 이익의 충돌을 통치자가 기대하는 질서 내에서 이루어지도록 하면서, 사회에 공공서비스를 제공하는 것이다. 이것은 정부의 두 가지 가장 기본적인 기능-관리 통제 및 서비스-이다. 국가의 기원을 '폭력잠재설(暴力潛能説)'이라고 보든, '사회계약론'이라고 보든, 국

---

69   『马克思恩格斯选集』第4卷, 人民出版社, 1995, p.170.

가의 탄생은 사회관계를 조절하기 위한 것이다. 국가라는 제도의 목적은 사회 관리의 비용을 줄이기 위한 것으로 이해될 수 있다.

현대에 국가가 사회를 관리하는 제도는 두 가지이다. 하나는 그 경제체제와 관계가 있고, 다른 하나는 사회의 발전사와 관계가 있다.

첫 번째 제도는 서구 국가가 시장경제체제 위에서 형성한 제한정부 형식의 관리구조이다. 그 특징은 권력의 분립이다. 즉 삼권분립, 권력 상호 간의 견제와 균형이다. 이러한 분권적 구조는 정부가 업무를 수행할 때 엄격한 제약을 받도록 하고, 정부, 사회, 시장 사이의 경계가 비교적 명확하다. 이 삼자 간의 비교적 명확한 경계는 서구국가의 발전사와 관계가 있다. 12, 13세기 지중해 연안에서 시작된 상업혁명과 그로 인해 형성된 도시국가의 자치는 국가가 권위적 기구이기는하지만, 정부가 절대적 힘이 되기 힘들도록 만들었다. 이러한 정부, 사회, 시장의 관계가 유지되어 왔다. 그러나 이러한 제도 하에서, 정부 기능의 확장과 정부 기능의 축소가 교차적으로 이루어지면서, 소극 정부에서 적극 정부로, 그리고 다시 소극 정부로 변화했다. 이러한 변화는 우선 사회와의 관계와 관계가 있다. 예를 들면, 미국이 건국할 당시 연방정부는 오직 3개뿐이었는데, 후에 16개가 되었다. 이것은 정부 관리 업무의 확대를 의미한다. 서구 국가들이 복지사회로 진입한 이후, 정부의 관리기능이 유례없이 확장되었지만, 1980년대 이후 공공관리운동으로 또한 정부 기능이 큰 폭으로 축소되었다.

또한, 이러한 변화는 사상가의 사상의 영향을 받기도 한다. 아담 스미스는 시장에서 보이지 않는 손이 작용해야 한다고 주장했고, 그리하여 소극적 정부와 야경정부가 유행하기도 했다. 케인즈 이론이 1920, 1930년대 경제위기를 해결하면서, 정부가 사회와 경제에 적극적으로 간섭하게 되었다. 하이에크의 사상은 1980년대 개혁에 영향을 주어 정부가 아담 스미스의 자유주의로의 길로 회귀하도록 했다. 정부 기능이 확장되든 축소되든, 서구 국가의 정부, 시장, 사회 3자의 경계는 장기적으로 보면 명확해졌다. 1980년대에 들어서면서, 재미있는 현상은 이러한 관계가 상반된 운동을 출현시켰다는 것이다. 다중심 거버넌스의 출현으로, 정부기능의 외주, PPP 등이 시작되었다. 이 3자의 경계가 모호해지기 시작했으며, 정부에 권력 공동화 현상까지 나타나기 시작했다. 따라서 막스 베버의 관료제이론을 다시 강조하게 되었다.

두 번째 제도는 20세기 이후 나타난 사회주의 국가의 사회관리 제도이다. 이것은 계획경제체제하에서의 당정일치의 전능형 정부 형식을 통한 관리제도이다. 그 특징은 권력의 집중으로, 국가가 사회의 위에 군림한다. 계획경제체제는 시장을 소멸시켰고, 그에 따라 시장경제로 인한 사회적 이익의 분화와 그로 인해 초래된 사회적 모순과 계급갈등을 소멸시켰다. 국가가 모든 사회자원을 장악하여 사회도 사라졌고, 따라서 정부가 절대적 힘이 되었으며, 모든 것을 관장하는 관리를 하게 되었다. 서구 국가의 의미에서 보면, 이런 국가, 사회, 시장 3자의 분리는 이러한 체제에서 존재하지 않는다.

1980년대 개혁개방이 시작된 이래 중국은 이러한 상황을 타파하기 시작했다. 중대한 변화의 하나는 국가의 천하일통으로부터, 국가, 사회, 시장의 분화로 나아갔다는 점이다. 서구 국가의 3자 분리는 자연적으로 형성된 과정이고, 정부의 작용은 전체적으로 제한적이다. 중국에서, 3자의 분리는 구축된 것이고, 그것을 구축한 것이 바로 정부이다. 정부는 이 구축 과정에서 이중적 사명을 띠었는데, 즉 시장을 키우고 성장시키면서도, 충분한 권력을 집중하여 현대화를 이끌고 추진하고, 사회에 대해 관리와 통제를 하면서 공공서비스를 제공하는 것이다. 여기서 나타난 역설은 시장과 사회의 성장을 촉진함으로 인해 정부 자신의 권력의 상대적 실추를 초래하여, (계획경제시대와 같이 모든 것을 포괄하고, 못하는 것이 없었던 시대로 돌아간 것은 아니지만) 권력의 집중이 어느 정도 사회와 시장의 성장을 억압하였다는 점이다. 이러한 권력의 분산과 집중, 그리고 양자 간의 내재적 모순은 정부의 역할에 대해 새로운 도전이 되었다. 이러한 도전이 후에 기구 개혁에 포함된 정부 기능의 전환의 배경이 되었다.

2. 정부기능의 3차 전환

개혁개방 이래, 중국은 이미 7차의 기구개혁(1982년, 1988년, 1993년, 1998년, 2003년, 2008년, 2013년)을 진행하였다. 1988년 제2차 기구개혁으로부터 '정부 기능의 전환'과 정부 기능의 전환을 기구개혁의 관건으로 삼은 이래, 정부 기능 개혁으로 3차례 전환이 이루어졌다. 개혁 선후의 순서로 보면, 첫 번째 전환은 기능의 수행 방식과 기능의 포지셔닝의 전환이고, 두 번째는 기능의 무게 중심의 전환이고, 세 번째 역시 기능의 포지셔닝의 전환이다.

첫 번째 정부의 기능 전환은 기구의 간소화, 인력의 간소화로, 정부 기능이 경제체제개혁의 요구에 부응하도록 하는 것에 초점이 맞추어져 있었다. 1982년 제1차 기구개혁의 중요한 특징은 기구의 간소화와 인력의 간소화로, 정부의 조직 규모와 인원 규모를 축소하는 것이었다. 그러나 기구와 인원은 제2차 기구개혁에서 반등과 재팽창으로 나타났다. 이것은 간소화된 정부기구가 후에 변화된 경제체제에 적응하지 못했다는 것을 의미한다. 따라서 "거시적 관리와 직접통제를 줄인다는 원칙에 따라, 업무를 전환시키고, 직무 범위를 명확히 하고, 기구를 설치할 필요가 있었다. 없애야 하는 것은 없애고, 강화해야 하는 것은 강화하고, 늘릴 것은 늘려서, 단순히 기구 철수와 인력 감축만을 하지 않고, 개혁 이후 기구가 경제체제 개혁과 사회주의 상품경제를 발전이라는 목표에 부합할 수 있도록 한 것이다. 따라서 개혁의 중점은 경제체제개혁과 매우 밀접한 경제관리 부문이었으며, 특히 그중에서도 전문 관리부문과 종합 부문 내의 전문기구들이었다."[70]

여기서 우리는 정부 기능의 전환이 두 가지 측면을 포함하고 있다는 것을 알 수 있다. 첫째는 정부의 집행기능의 행위 방식의 전환이다. 새로운 행위 방식은 거시적 관리와 직접통제의 감소를 강조하고, 종전의 미시적 관리와 직접 관리로부터 거시적 관리와 간접적 관리로 전환되었다. 이것은 개혁이 이미 정부기능이 새롭게 변화된 경제체제의 필요에

---

70 『1988年政府工作报告』(1988年 3月 25日), 百度文库, https: //wenku.baidu.com/view/6f80a0e19b89680203d82525.html?from=search.

어떻게 순응할 수 있는가를 포함하기 시작했으며, 단순한 기구와 인원수의 증감에만 국한되지 않는다는 것을 의미한다.

두 번째 기구개혁은 당시 더 넓은 범위의 정치체제개혁의 일부로 진행되었다. 정치체제개혁에 포함된 또 다른 두 가지는 당정분리와 권한 이양이다. 이 두 가지 개혁은 정부 기능과 권한에 대한 것이다. 당정분리는 정부 기능과 권한의 경계문제를 포함한다. 권력의 이양은 정부와 외부 사회조직의 권력 경계 문제에 대한 것이다. 이런 의미에서 보면, 정부 기능의 첫 번째 전환은 기구 개혁 자체의 내용에서 분명하게 드러나지는 않지만, 정부 기능의 포지셔닝 문제에 대한 것이다.

두 번째 정부 기능의 전환은 경제발전에 대한 중시로부터 공공서비스에 대한 중시로의 변화이다. 그것은 제5차 기구개혁 이후 제기된 서비스형 정부 건설이다. 정부 기능의 이러한 변화의 촉매제는 2003년 발생한 사스이다. 사스는 당시 중국정부가 위생 공공서비스 영역에서 매우 곤궁한 상태라는 것을 드러냈고, 정부가 과거 GDP에 매달린 목적이 무엇인가를 반성하는 계기를 마련해 주었다. 경제가 발전함에 따라, 공공서비스에 대한 공중의 증가하는 요구와 공공재 및 자원의 유한성은 사회의 기본적 모순이 되어가고 있었다. 그러므로 2003년 이후 정부의 4가지 기능이 제기되었다. 경제조절, 시장의 관리와 감독, 사회 관리, 그리고 공공서비스이다. 새로운 기능에 있어서 개혁은 3가지 측면의 내용을 포함하였다. 즉 대부처제(大部制) 개혁, 행정심의 개혁, 인민민주의 확대, 그리고 사회공정을 촉진하는 개혁이다.

대부처제 개혁은 기존의 관리체제의 불합리성에 대한 것이다. 이러한 불합리는 부문 간의 중첩, 기능의 전도(錯位)와 교차로 나타난다. 그것은 부문 간 갈등, 운영의 경색, 업무처리 효율의 저하를 초래하고, 자원의 낭비와 자원의 최대한의 활용을 저해하며, 제때에 효과적으로 공공서비스를 제공하고 사회관리가 이루어질 수 없도록 한다. 대부처제 개혁은 중국공산당 17대에서 제기된 "권한과 책임의 일치, 합리적인 분업, 과학적 정책 결정, 원활한 집행, 효과적 감독"과 같은 중요한 조치들을 수립하기 위한 것이다. 그러나 실질적으로 더 효율적인 관리체제를 통해 공공서비스의 질을 높이고자 한 것이고, 그 핵심은 "정부 기능이 반드시 공공재와 공공서비스를 제공하는 것을 자신의 임무로 삼아야 하므로, 정부권력이 규범화되고, 공공서비스로 회귀할 수 있도록 한다"는 것에 있다.[71]

행정 심의제도는 "2001년부터 정부와 기업의 분리와 정부와 업무의 분리 원칙에 부합하지 않고, 시장의 개방과 공평한 경쟁을 저해하고, 실제로 효과적 작용을 발휘하기 어려운 행정심의는 결연히 없애고, 시장메커니즘이 행정심의를 대체하여, 시장메커니즘에 따라 운영되도록 하는 것이다. 보류된 행정심의에 대해, 건전한 감독메커니즘을 수립하고, 심사절차를 엄밀히 하고, 간소화하며, 효율성을 높이고, 행정심의의 책임추궁제를 엄격히 실행한다"[72]는 것을 총체적으로 요구하였다. 21세기

---

71   邓隶文, 「大部制改革的核心是转变政府职能」(2008年 1月 16日), 人民网, http://politics.people.com.cn/GB/1026/6780372.html.

72   「国务院批转关于行政审批制度改革工作实施意见」, 国发〔2001〕33号.

초 중국이 WTO에 가입하고 얼마 되지 않아 시작된 서비스형 정부의 건설으로 행정심의 개혁을 추진하였다. 이 개혁의 핵심은 정부, 사회, 시장의 관계를 처리하는 것이지만, 개혁 초기의 중점은 그것이 아니라, 정부 운영방식의 변화에 있었다. 구체적 방법은 행정심의의 대상을 없애거나 줄이는 것이었다. 즉 "행정심의를 줄이고, 미시적으로는 조금 통제하고, 거시적으로는 많이 통제하며, 사전 행정심의는 적게 하고, 사후의 감독과 감찰을 많이 하며, 감독을 정착시키고 강화한다."[73]

2003년 「정부업무보고」에서 다음과 같이 언급한 것과 같다. "정부가 관여해야 하는 일은 반드시 제대로 관여하고, 관여하지 말아야 하는 일은 결코 관여하지 않는다. 협조해서 좋은 정책결정, 집행, 감독하는 기능을 수행해야 한다." 기능 전환의 중요한 조치의 하나로써, 행정심의 개혁은 초기에 대부분 서비스형 정부 건설의 한 조항의 내용으로 추진된 것이었다. 예를 들면 시장주체의 진입장벽을 낮추거나, 심사절차를 간소화하거나, 시장주체에 대한 불필요한 관리와 통제를 없애서, 개혁을 통해 시장주체를 위해 더 나은 서비스를 제공하고, 더 나은 사회 서비스를 제공하기 위한 것이었다.

또 인민민주의 확대와 사회공정의 촉진에 대한 개혁이 있다. 정부 기능이 경제건설 즉 생산으로부터 분배로 전환하고, 공공서비스로 전환하여, 공민의 권리와 공평, 공정 문제가 돌출되었다. 2008년 「정부업무보고」는 이 점에 확실히 주의하고, 인민민주의 확대와 사회공정의 촉진

---

[73]　위의 문서.

을 제기하였다. 이런 측면에서의 개혁은 지방에 있어서 발전 정도가 다르지만, 기구개혁에서 유사한 대부처제 개혁이나 행정심의 개혁과 같은 큰 조치들이 결여되어 있었다.

3차 정부의 기능 전환은 자원 배치를 정부주도에서 시장주도로 전환하는 것이었다. 2차 기능 전환이 정부의 중점을 경제에서 공공서비스로 옮기는 것이었지만, 개혁 이래 형성된 정부주도 경제발전모델에는 커다란 변화가 없었다. 이것은 개혁 초기의 경로선택과 관련이 있었다. 경제발전에 있어서, 중국이 선택한 것은 정부주도로 경제발전을 하는 동아시아모델이었고, 정부의 역할을 통해 경제를 성장시키는 것이었다. 이러한 모델은 중국 경제의 신속한 성장에 대해 중요한 역할을 했지만, 부정적 영향도 초래하였다.

그것은 주로 다음과 같다. ① 정부의 경제기능의 강화로 정부의 다른 기능의 약화가 초래되었다. ② 양적 성장을 추구하여 질적 성장을 간과했다. ③ 경제에 대한 심각한 관여로 지대 추구 공간이 확대되었다. ④ 권력의 무절제한 사용으로 정부의 공신력이 하락하였다.[74] 중국의 경제발전이 뉴노멀에 접어든 후, 이러한 모델은 더 많은 도전을 받게 되었다.

새로운 발전은 자원배분에 대해 시장이 결정적 역할을 하도록 요구하므로, 제7차 기구개혁에 포함된 정부의 기능 전환은 주로 이것을 중심으로 이루어졌다. 주요 조치는 '방관복(放管服)'을 표지로 하는 행정심의 제도의 개혁이다. 기존의 행정심의 제도와 달리, 새로운 행정심의 개

74　竺乾威, 「经济新常态下政府行为的调整」, 『中国行政管理』, 2015年, 第3期.

혁의 핵심은 행정 간소화와 권한의 이양, 그리고 권한 명세화를 수립하는 것이다. 이에는 정부 기능의 핵심적 권한 문제가 포함된다. 따라서 이번 행정심의 개혁은 정부의 기능 행사 방식의 전환일 뿐만 아니라, 나아가 정부 기능의 포지셔닝의 문제이기도 하다. 행정 간소화와 권한의 이양 그리고 권한 명세화의 수립은 실제로 정부, 시장, 사회의 권한의 경계를 확립하고, 정부 권한의 범위를 확정하고, 법에 근거하지 않은 권한을 행사하지 못하도록 하는 것이다. 이것은 정부 기능 전환 개혁에서 실질적 의미를 갖는 전환이다.

3. 정부 기능의 전환의 궤적

정부 기능의 3차 전환에 포함되는 기능의 포지셔닝, 기능의 중심 그리고 행사 방식이 분명하지 않고, 정부 기능 전환의 개혁과정 전반에 세 가지 모두 포함되어 있다. 단지 각 전환마다 중점이 다를 뿐이다. 그러므로 왜 이렇게 개혁이 이루어졌는지, 전환의 궤적의 배후에서 어떤 요인이 작용한 것인지를 분석하여 향후 정부 기능 개혁이 어떻게 진행되어야 하는지를 탐구할 필요가 있다.

　　정부 기능의 세 차례 전환 과정을 보면, 정부 기능 전환을 핵심 내용으로 하는 기구개혁은 정치체제개혁으로부터 행정체제개혁으로의 과정이었다. 이것은 정부 기능 전환에 있어서 기능의 포지셔닝(그보다는 권한의 문제임)으로부터 기능의 중심과 기능의 행사방식(그보다는 절차와 기술의 문제임)으로의 궤적에 대해 중요한 영향을 미쳤다.

우선 정부 기능 전환의 두 번째 기구개혁은 사실상 정치체제개혁의 일부로 진행된 것이고, 정치개혁의 또 다른 두 가지 부분은 분리와 권한의 이양이다. 이 개혁은 덩샤오핑의 개혁 논리를 반영한 것임에 틀림없다. "개혁의 내용은 무엇보다도 당정분리이고, 영도의 문제를 어떻게 제대로 처리하는가의 문제이다. 이것이 관건이므로, 최우선에 두어야 한다. 두 번째, 내용은 권한을 이양하여 중앙과 지방 관계를 해결하면서, 동시에 지방 각급도 권한을 이양하는 문제이다. 세 번째 문제는 기구의 간소화이다. 이것은 권한 이양과 관계있다."[75] 당정분리는 당의 업무와 정부의 업무를 분리하고, 당과 정부의 권한의 경계를 확립하는 것이다. "당과 국가 정권기관의 성격이 다르고, 업무가 다르고, 조직 형식과 업무 방식이 다르다. 당의 영도제도를 개혁하고, 당 조직과 국가정권의 업무를 구분하고, 당 조직과 인민대표대회, 정부, 사법기관, 대중단체, 기업단위, 그리고 그 밖의 각종 사회조직 간의 관계를 바로잡고, 각자 맡은 바를 수행하고, 점차 제도화하도록 해야 한다."[76]

각자 맡은 업무를 수행하기 위한 전제는 당과 국가 정권기관(정부 포함) 간의 업무의 경계와 권한의 경계를 세우는 것이고, 그렇지 않다면 그 업무를 수행할 수 없다. 권한 이양의 총 원칙은 다음의 상황에 맞아야 하

---

75 『邓小平文选』第3卷, 人民出版社, 1993, p.177.

76 『中国共产党十三大报告』(1987년 10월 25일), 360doc个人图书馆, http://www.360doc.com.content/16/0414/12/4322249_550529002.shtml.

고, 모두 다음의 결정과 집행에 따라야 한다. "중앙과 지방의 관계에서, 전국의 정령 통일을 전제로, 점차 중앙과 지방의 직책을 구분하고, 지방의 일은 지방이 담당한다. 중앙의 책임은 전반적 방침을 세우고 감독을 진행하는 것이다. 정부와 기업체와 사업체의 관계에서, 자주경영, 자주관리의 원칙에 따라 경영관리를 기업체 및 사업체 단위에 이양하고, 점차 각 단위의 일은 각 단위가 스스로 관리하도록 하고, 정부의 책임은 법규정과 정책에 따라 기업에 서비스하고 감독을 하는 것이다. 당과 정부와 군중조직의 관계에서, 군중단체와 기층 군중적 자치조직의 작용을 충분히 발휘하도록 해야 하고, 점차 군중의 일은 군중 스스로 법에 따라 처리하도록 한다."[77] 여기에서의 권한의 이양에는 이미 정부 내부가 포함될 뿐만 아니라, 이양 이후의 국가, 사회, 시장 3자관계의 기본 준칙은 물론, 정부 기능 전환의 실질성의 의미와 가치를 내포하고 있다.

그러나 당정분리와 권한이양이 지속되어 기구개혁으로 전환되지 못했기 때문에, 원래 3자가 서로 조건이 되고, 서로 보충하는 정치체제개혁도 행정체제개혁으로 전환하였다. 정부 조직 개편의 성공 여부는 권한 중심 개혁으로의 3차 기능 전환에 달려 있다는 게 이론계와 실천계의 견해이지만 정부 기능의 전환은 기관 개혁의 일부로 기능 중심과 기능 행사 방식의 개혁 쪽으로 더 많이 기울었다.

이렇게 된 이유가 몇 가지 있다. 우선 정치개혁의 난이도와 개혁수단의 결함이 그것을 어렵게 만들었다. 당정의 분리를 강조하면서도 당이

[77]   위의 문서.

중대한 문제에 대해 결단을 내리고, 여러 분야에서 정치적 리더십을 발휘해야 한다고 강조하면서도, '중대한 문제'와 '정치적 리더십'이 무엇인지 명확히 하지 않아 실제 업무에서 어려움을 겪었다. 또한 오랜 기간의 당정 일체형 모델에 대한 관성, 기존 체제가 안고 있던 이권 문제, 조직 행동과 사상의식 등이 개혁 추진에 영향을 미쳤다.

둘째, 정부 업무 자체의 효율성 강조와 성과의 추구는 운영 절차와 기술, 방식에 대한 관심을 갖도록 했다. 그리하여 정부로 하여금 자신의 기능을 발휘할 수 있는 더 나은 방법을 찾도록 하였다. 이후 유행하게 된 정부 업무의 외주, 공공서비스의 구매, PPP, 원가 채산성, 성과 평가 등이 그것이다. 관리의 기술화의 예는 그리드화 관리의 추진이다. 정보기술을 활용해 층층이 통제하고, 그리드 방식의 관리를 통해 사회 관리와 공공서비스를 정교화 했다. 유사한 방식으로 절차 등을 개선한 행정 심사제도 개혁으로 정부의 사전 승인으로부터 사후 감독을 강조하는 새로운 절차로의 전환 등 여러 가지 측면도 그에 해당된다. 공기업 소유권과 경영권의 분리를 통한 공기업 관리 개선, 사회조직과 연대하거나 사회조직의 힘을 빌려 공공서비스를 제공하기도 했다. 그런 방식, 프로세스, 기술 분야의 개혁의 난이도와 원가는 상대적으로 낮다.

권한 중심의 개혁은 정치적 관계, 정부와 외부의 관계, 그리고 보다 중요한 이권의 문제를 다룬다. 예컨대 중대한 정부 기능의 변경은 관련 정치기관의 개입이 필요하며, 이는 개혁의 업무비용과 시간비용을 높인다. 외부와의 관계도 정부가 완전히 통제할 수 있는 것이 아니다. 예를 들면, 정부-기업 관계, 정부-사회 관계에서 이런 문제를 일방적으로 해결하려다 보니 정부-기업 관계, 정부-사회관계 개혁이 더뎌진 것이다. 개혁이 미치는 이익은 정부 자신의 이익과 맞닿아 있어 개혁의 어려움이 가중되고 있다. 행정심의 개혁이 상당 기간 지지부진할 수밖에 없었던 이유 중 하나는 정부의 권한을 빼앗는 것 뒤에는 정부의 이익이 관련되어 있기 때문이었다. 이에 비해 방식, 기술, 프로세스 분야의 개혁은 편익이 적고, 이익으로 인한 갈등과 충돌은 상대적으로 적으며, 이 모든 개혁들이 기본적으로 정부의 통제 가능한 범위 내에서 낮은 비용으로 이뤄지면서 어느 정도 난항을 겪게 되었다.

마지막으로, 새로운 공공관리 방식의 영향이다. 새 공공관리 개혁은 주로 정부의 운영 절차와 방식을 개선하고 기업화와 시장화를 통해 정부가 제공하는 공공서비스의 질을 높이는 것이다. 새로운 공공관리 개혁의 사상과 방법(예를 들어 정부 업무의 외주)은 정부가 새로운 방법의 절차 등을 채택해 실적을 올리는 방식에 상당한 영향을 미쳤다. 정부 기능의 전환은 이후 기능의 포지셔닝과 관련된 권한 문제를 거의 다루지 않아 정부와 사회, 시장의 관계 문제를 제대로 해결하지 못했다.

이런 문제점들은 크게 다음과 같다. ① 정부의 경제 관리 방식의 전환(최초의 경제 직접 관리에서 간접 관리로, 미시 관리에서 거시 관리로, 정부 주도에서 시장 주도로)은 필요한 외부 통제 조건이 부족하고 정부와 시장의 관계를 정리하지 않아 기복이 있으며, 정부의 경제에 대한 관여가 일상적으로 발생하며, 경제가 새로운 상황에 진입한 경우에도 마찬가지이다. ② 정부-사회 관계에서 정부의 지나친 강세는 사회 조직이 독립적인 품격을 지닌 자치적인 조직으로 기능하지 못하게 함으로써 제 구실을 할 수 없도록 한다. ③정부의 자기 잇속 챙기기는 개혁을 더디게 한다. 행정심의 개혁의 경우 폐지 및 축소된 행정심의 항목의 수가 많지 않고, 실질적 가치가 낮다. 지방 차원의 지연과 변칙적 저항이 그것이다. 그것은 7차 기구 개편에서나 달라졌다. ④치적(政绩)의 추구는 민중의 권력에 대한 무시와 침해를 초래하여, 민중의 민원과 이익과 관계된 군중성 사건을 초래한다.

이러한 문제는 개혁에 저해가 된다는 것이 분명하고, 개혁이 권력의 이런 근본적인 문제를 건드리지 않고서는 많은 문제들이 제대로 해결될 수 없다. 여러 해 동안 진행된 기구개혁으로 상대적으로 쉽게 풀릴 수 있는 문제들이 해결된 뒤에도, 개혁에는 뼈를 깎는 노력이 필요하다. 핵심 권한과 관련된 중요한 문제들이 해결돼야 한다는 얘기다. 이 문제가 부각되면서 7차 기구개혁에 따른 정부 기능의 전환은 권한 중심으로의 회귀로 이어졌고, 그 주된 상징이 바로 '방관복(放管服)' 개혁, 간소화, 권한의 명세화였다. 이는 기능 전환에서 첫 번째로 거론되는 정부 기능의 정체성 문제를 개혁 차원에서 접근한 것으로 풀이된다.

4. 미래의 개혁: 권한을 중심으로 하는 개혁으로의 회귀

중국공산당 17차 이중전회에서 통과한 「행정관리체제개혁의 의견에 대해」(이하 「의견」)에 의하면, 행정관리체제개혁 심화의 총 목표는 2020년부터 비교적 완성된 중국특색사회주의 행정관리체제의 수립이다. 행정관리체제의 중요한 구성 부분이 정부의 기능이다. 따라서 「의견」은 정부의 기능에 대한 개혁을 통해 정부 기능이 좋은 발전환경을 창조하고, 우수한 공공서비스를 제공하고, 사회 공평 정의의 근본적 변화를 유지하도록 하며, 행정관리체제의 한 축이 정부 기능인만큼 개혁을 통해 더 나은 환경을 만들고 양질의 공공서비스를 제공하며 사회를 공평하고 정의로운 방향으로 정부 기능이 근본적으로 바뀌어야 한다고 지적했다. 2008년 「정부 업무보고」에서도 "과학적 업무, 최적화된 구조, 효율적 청렴, 인민이 만족하는 서비스형 정부"를 만들겠다고 밝혔다. 비교적 잘 관리된 행정관리 체제는 상대적으로 안정적인 정부 기능, 나아가 발전된 정부 기능을 함축하고 있음을 보여준 대목이다. 기능 전환은 계획 시기의 정부 역할에 대한 것으로, 이후 거의 30년에 걸쳐 5년마다 되풀이되는 기구 개혁에서 정부의 기능 전환을 언급했다. 2013년 7차 조직 개편에서도 정부 기능의 전환이 거론됐으니 사명을 다하지 못했다는 것을 의미하는 것이다. 그렇다면 어떤 상태에 도달해야 정부의 기능이 제대로 기능했다고 할 수 있을까.

정부의 기능 전환이 해결해야 하는 근본문제는 사회, 국가, 시장의 경계를 확립하는 일이다. 정부에게 있어서, 국무원이 2001년 「행정 심의 제도 개혁의 5가지 원칙이 다루어야 하는 몇 가지 문제」라는 문건에서 3자의 관계에 대해 다음과 같이 설명하였다. "시장을 통해 해결하는 것은 시장으로 하여금 해결하도록 하고, 시장을 통해 해결하기 어렵지만, 중개조직이나 업종별로 자율적으로 해결할 수 있는 것은 중개조직이나 업종별로 자율적으로 해결하도록 하고, 중개조직이나 업종별로 자율적으로 해결할 수 없는 것에는 정부의 관리가 필요하다. 그래도 심사비준 이외의 감독관리와 조치를 통해 해결할 수 있는 것인가를 먼저 고려해야 한다. 그런 수단과 조치를 통해서도 해결할 수 없는 경우에만 행정심의를 통해 해결할 수 있다." 간단히 말하자면, 시장의 일은 시장이 처리하고, 사회의 일은 사회가, 정부의 일은 정부가 처리하며, 사회나 시장이 처리할 수 없는 일은 정부가 처리하고, 어떤 경우에는 정부, 시장, 사회가 함께 처리한다. 3자가 각자의 일을 하고, 정부는 중간에서 감독관리, 협조, 협력을 통해 사회 각 방면의 활력이 활성화되도록 하여 사회의 발전과 진보를 추동한다. 이것이 바로 정부 기능 전환 개혁의 예상 목표이다. 이러한 목표의 실질은 국가의 사회 관리의 비용을 낮추는 것이다. 계획경제시기의 과도하게 높은 국가의 사회 관리 비용은 정부기능전환 개혁의 가장 근본적인 이유이며, 이후의 개혁에서도 이러한 이유는 개혁이 추구해야 하는 원리임에 틀림없다.

물론, 실제로 이런 목표를 어떻게 성취하는가는 쉬운 문제가 아니다. 정부는 3자관계에서 초월적이지도, 전도되지도, 빠지지도 않고, 정부가 응당 맡아야 하는 역할을 제대로 해낼 수 있을까? 정부가 초월적이지도, 전도되지도, 빠지지도 않았다는 것은 어떻게 판단할까? 기능 중심과 기능 이행 방식에 착안한 정부의 기능 전환으로는 사실상 이런 문제를 해결할 수 없다. 경계가 불명확한 상황에서, 정부가 초월적이지도, 전도되지도, 빠져있지도 않은 상황은 바꾸기 어렵다. 따라서 향후 정부의 기능 개혁은 권한을 둘러싸고 진행되면서도, 구조를 둘러싸고 진행되어야 한다. 전자는 정부 권한에 대한 포지셔닝을 의미하고, 후자는 정부 권한에 대한 감시를 말한다. 그렇지만 후자가 더 중요하다는 의미다.

앞에서 얘기한 것처럼, 기능 전환에 포함되는 기능 중심과 기능 행사방식은 상황의 변화에 따라 변해야 한다. 이러한 변화는 그 나름의 합리성을 갖는다. 그러나 그것이 정부 기능 전환의 주요한 측면은 아니다. 주요 측면은 기능의 포지셔닝에 있고, 정부는 비교적 안정적인 권한의 경계를 갖고 있다. 그러나 앞에서 지적한 것처럼, 이 경계는 중국의 건국 과정에서 확립되었으나, 정부의 이중적 사명과 그로 인해 초래된 역설이 개혁의 어려움을 증가시켰다. 다행인 것은, 제7차 기구개혁은 결국 행정 간소화와 권한의 이양 및 권한의 명세화라는 형식으로 정부 권한의 경계에 있어서 중요한 한 걸음을 내디뎠다는 점이다. 이것은 정부의 기능 전환 개혁이 다시금 핵심적 측면을 포괄하게 되었다는 것을 의미하고, 정부 기능 전환의 심층적 문제를 해결하기 위해 노력하고 있음을 의미한다.

그러나 행정 간소화와 권한의 이양, 권한의 명세화에는 한계가 있다. 첫째, 행정 간소화와 권한의 이양, 권한의 명세화는 모두 정부로부터 이루어진다는 점이다. 어떻게 정부가 행정 간소화, 권한의 이양, 권한의 명세화를 행할 때 자기이익을 고려하지 않도록 할 수 있을까? 두 번째, 권한의 명세화로는 정부가 해야만 하는 일을 다 다룰 수 없고, 권한의 명세화제도의 핵심은 행정 직권을 명확히 함으로써 행정 간소화, 권한의 이양을 추동하여, 법에 따른 행정을 추진하려는 것에 있다.[78] 그러나 상황의 변화에 따라, 정부의 일부 기능과 권한도 그에 따라 변할 수 있지

---

78 尹少成, 「权力清单制度的行政法解构」, 『行政论坛』, 2016年, 第1期.

만, 권한의 명세화가 발 빠르게 따라가기는 어렵다는 점이다. 셋째, 정부는 자유로운 행정재량권을 갖고 있고, 합법적으로 정부 기능을 행사하는 과정에서, 사실상 정부가 재량적으로 처리할 수 있는 공간이 존재하므로, 권한 명세화는 이러한 세부 사정을 다 반영할 수 없다는 점이다. 넷째, 행정 간소화, 권한의 이양, 권한의 명세화에서 규정한 권한을 정부가 어떻게 하면 엄격하게 지키도록 할 수 있을까? 누가 감독할 것인가? 어떻게 감독할 것인가?

따라서 향후 권한을 둘러싸고 진행하는 정부의 기능 전환은 두 가지 문제를 해결하는 데 주력해야 한다. 첫째, 정부 권한의 경계를 확립하고 입법에 따라 이 경계를 확립하는 데 어떻게 하면 사회세력의 참여가 이루어지도록 할 것인가? 제7차 기구개혁은 비록 권한 개혁에서 중요한 한 걸음을 내딛었지만, 그 방식은 여전히 정부가 일방적으로 결정하는 전통적 방식일 따름이다. 행정 간소화, 권한의 이양, 정부 권한의 경계에 대한 권한의 명세화는 정부 혼자 결정해서는 안 된다. 그것을 위해서는 사회와 공중의 참여가 필요하고, 사회의 인정을 받아야 하고, 마지막으로 입법의 방식으로 확정되어야 한다. 법의 차원으로 승격되지 않는다면, 정부의 행위에 대해 강한 구속력을 갖지 못하고, 개혁의 성과가 정착되기 어렵다. 경계가 완전히 정부 주도로 그어지는 상황에서 언제라도 변화가 생길 수 있고, 권한 명세도 언제라도 변할 수 있다. 또한 정보가 공개되지 않는 상황에서, 사회가 사정을 알 수 있을 리가 없다.

두 번째는 정부 권한의 행사를 어떻게 감독하여, 정부가 합법적이면서 규정에 맞게 그 기능을 행사하도록 할 것인가이다. 여기에서, 감독

조직의 형식은 비교적 중요한 문제이다. 중국 헌법에 의하면, 인대는 입법기관으로서 정부의 권한 행사에 대해 감독 역할을 하지만, 이것만으로는 충분하지 않다. 사실상, 정부 행위에 대해 가장 민감하게 반응하고, 가장 빨리 반응하는 것은 사회단체나 사회의 각종 이익단체들이다. 정부의 행위는 보통 공공정책의 형식으로 나타나기 때문에, 정책의 영향을 받는 사회단체나 이익단체는 반응에 있어서 "제1집단"이 된다. 그들의 반응은 정책 자체의 문제 제기이기도 하지만, 정부 자체의 합법성, 정당성 문제에 대한 것이기도 한다. 이러한 제1집단이 조직화된 방식으로 관련 정부정책의 제정과 집행에 참여하도록 할 것인가, 그리고 질서 있는 정부행위에 대한 반응 등은 정부의 권한 행사의 감독에서 반드시 고려되어야 한다.

권한에 있어서의 개혁은 정치적 측면을 포함한다. 향후 정부의 기능 전환은 기술적 측면보다는 정치적 측면에 더 주의를 기울여야 한다. 정부 권한의 경계를 확정하고 정부 권한에 대해 감독을 하는 것은 인민의 권리에 관한 문제이다. 제6차와 제7차 기구개혁은 정치체제 개혁 심화를 제기하였다. 이것은 문제의 난점을 파악했다는 것을 보여주는 것이다. 2008년 「정부업무보고」에서 다음과 같은 것을 지적하였다. "인민민주를 확대하고, 민주제도를 갖추고, 민주형식을 풍부히 하고, 민주적 통로를 확대하고, 법에 따라 민주적 선거, 민주적 정책결정, 민주적 관리, 민주적 감독을 실행하고, 인민의 알 권리, 참여권, 표현권, 감독권을 보장한다." 2013년 「정부업무보고」에서는 다음과 같이 지적하였다. "인민의 주체적 지위를 견지하고, 보다 광범위하고, 보다 충분하고, 보다 건전한 인민민주를 발전시키고, 인민이 법에 따라 광범위한 권리와 자유를 누릴 수 있도록 보장하고, 인간의 전면적 발전을 촉진하도록 하며, 사회 공평 정의를 보호하고, 민주감독, 법률감독, 여론감독을 견지하고, 권력 운행의 제약과 감독체계를 마련하며, 인민이 권력을 감독하고, 권력이 밝은 곳에서 운영되도록 한다." 이러한 개혁은 정부기구개혁 자체만으로는 그 사명을 완성할 수 없고, 정치체제개혁의 협조와 지지가 함께해야 한다.

Three Transformations of Government Functions: The Return of Power-centered Reform

Abstract: Since the reform and opening up, the three transformations of government functions in China have gone through the reform process of moving from centering on the governments power, through from centering on the government operation process, to the centering on power. This return shows that the reform of government functions is once again involving the core issue. A new round of decentralization of government functions and the establishment of a power list after many years make one important step in the return to power center. However, the reform of government functions around power should not be limited to the government itself, but demand the participation of the entire society. It needs the cooperation and support from other aspects, especially the reform of the political system.

공공행정 현대화의 도전

수치화 관리 및 인본주의로의 회귀*

요약: 수치화 관리(数目字管理, mathematically management)란 일종의 합리적 관리 방식이다. 그러나 그것은 오늘날 오히려 인간성에 대한 억압과 이성의 비합리성를 초래한다. 공공관리 분야에서 비합리성은 주로 기술이 정치를 압도하고, 목적과 수단이 분리되고 인성이 억압되며 인간 관계가 약화되는 양상으로 나타난다. 따라서 관리가 인본주의로 회귀하는 것은 관리의 본령이자 대세이다.

1. 수치화 관리 및 그 당대적 기원

'수치화 관리'는 황런위(黃仁宇)의 중국 역사 연구, 특히 명나라 역사에 대한 연구로 인해 매우 유명해졌다. 황런위가 보기에 "중국의 지난

---

* 　이 글은 『中国行政管理』, 2011, Vol.3, pp.29-34에 수록되었다.

100여 년 간의 불안정함은 도덕이 불량하고 인심이 예전 같지 않은 것에서 비롯된 것이 아니며, 군인의 전횡과 정객들의 훼방 및 인민들의 유리에서 비롯된 것도 아니다. 오히려 수치적 관리가 결핍된 것에서 비롯되었다."[1] 예를 들어, 황런위는 명나라 멸망의 근본 원인은 수치화 관리 부족 및 세수(税收)가 합리화되지 않은 데 있으며, 명대 시기에 처음부터 끝까지 정확하고 자세한 '국가예산(国家预算)'이 없었기 때문이라고 보았다. 정확한 국가예산이 없었기 때문에 국가가 실제로 얼마의 세수가 필요한 것인지, 특히 백성들에게서 얼마의 세금을 거둬들여야 하는지를 알 수 없었다. "보다 더 중요한 것은 이렇게 되면 명 조정이 정확한 세금을 토대로 자신이 얼마나 많은 돈을 발행해야 하는지도 알 수가 없다. 즉, 적게 발행해서는 안될뿐만 아니라 남발해서도 안된다. 이렇게 해야 화폐의 안정을 보장할 수 있고, 자주적인 화폐제도와 통화제도를 세울 수 있기 때문이다. 재정적 측면에서 보면, 이러한 국가가 자신의 재정-세수-화폐 체계를 갖추고 있다고 할 수 있고, 진정한 의미의 재정국가가 될 수 있다."[2] 예를 들어 명나라가 와해된 중요한 원인 중 하나는 백은(白银)의 대규모 수입에 있는데, 수치적 관리의 부재로 인해 얼마의 백은을 수입해야 하는 지를 가늠할 수 없었던 것이다. 황런위가 명나라 역사 연구에 있어서 최종적으로 밝히지 않은 가장 큰 역사적 비밀은, 만약 백은의 대규모 도입이 없었다면 명나라는 본래 정확한 국가예산 수립, 자주 독

---

1   高涧主编,『黄仁宇作品集』, 长江文艺出版社, 2003年版, p.813.

2   韩毓海,『五百年来谁著史』, 九州出版社, 2010年版, p.135.

립적인 지폐발행제도를 수립했을 것이라는, 역으로 말하자면, 만약 명나라의 지폐가 최종적으로 안정되었다면, 대규모로 백은을 수입해서 화폐 문제를 해결할 필요가 전혀 없었을 것이라는 점이다. 더 나아가, 명나라가 만약 대규모로 백은을 수입하지 않았다면, 500년의 세계사를 완전히 다시 쓸 수 있었을 것이다.[3] 따라서 수치화 관리의 유무가 결국 한 왕조의 운명을 결정했다고 하겠다.

그러나 명나라는 농업사회로서 수치적 관리의 조건을 갖추고 있지 못했다. 황런위가 보기에 이러한 관리는 단지 자본주의 사회에서만 발생할 수 있었다. 자본주의 시장경제만이 수치적 관리가 필요한 분업적 협력과 상업적 교류를 갖출 수 있기 때문이다. 예를 들어, 황런위는 1689년 이전의 영국을 '수치적으로 관리할 수 없는 국가'로 보았다. 1689년 이후에 영국 내륙과 해안, 농촌과 상공업 중심과의 거리가 짧아졌고, 자금 이동이 일어나고 실물경제가 금융경제로 바뀌면서, 거래가 더욱 증가하고 분업이 예전보다 번창해 국가 전체의 수치적 관리가 가능해졌다."[4]

다양한 해석이 있기는 하지만, 일반적으로 수치화 관리는 합리적이고 정확하며 계산이 가능한 관리방식 중 하나이다. 이러한 관리는 모든 효과적이고 효율적인 관리의 전제라고 할 수 있다. 일반적으로 이런 관리는 단지 인류가 산업사회에 진입했을 때 비로소 나타나기 시작했는데, 왜냐하면 산업문명이 합리, 계산, 정확성과 효율을 숭상하기 때문이다.

3 韩毓海, 『五百年来谁著史』, 九州出版社, 2010年版, p.109.

4 高涧主编, 『黄仁宇作品集』, 长江文艺出版社, 2003年版, p.146.

이러한 관리상의 합리성과 정확성의 집중은 먼저 '테일러(Taylor)주의'식 과학적 관리에서 나타났다. 다른 말로 표현하자면, 테일러주의식 과학적 관리는 이러한 합리성과 정확한 관리를 극대화시켰으며,[5] 이후 경제적 합리성에 기초한 관리주의 전통이 형성되었다. 이러한 관리의 가장 적합한 조직 형태가 바로 관료제 조직이었다.

이러한 수치화 또는 합리적인 관리를 추진하는 것은 효율에 대한 추구라고 할 수 있으며, 그러한 효율성은 과학에 대한 이해와 연결되어 있다. 즉, 인류가 다른 영역의 활동에 임하는 것처럼 과학적인 방법으로 대처 관리하는 것이다. 에머슨(Harrington Emerson)의 유명한 '12가지 효율성 원칙'은 상당한 정도로 이와 같은 관리의 특징을 보여준다.

①명확한 목표 설정: 조직은 자신의 목표가 무엇인지, 무엇을 대표하는지, 그리고 사회와의 관계가 무엇인지를 반드시 알아야 한다.

②상식: 조직이 사용하는 방법과 미래에 대한 전망은 반드시 실제에 부합해야 한다.

③적절한 건의: 조직은 마땅히 합리적인 건의를 구해야 하며, 만약 구성원들에게 필요한 지식이 부족하다면 외부 전문가에게 도움을 청해야 한다.

④규율: 주로 하향식의 규율이 아니라 내재된 규율과 자기 규제로, 노동자들은 제정된 제도를 기꺼이 따라야 한다.

---

[5] 테일러주의의 '시간-동작' 연구는 수치화 관리의 모범이라고 할 수 있다. 예를 들어, 노동자의 모든 단계의 작업이 필요한 시간을 초 단위로 계산한 다음, 불필요하고 속도가 느리고 쓸모 없는 단계를 제거함으로써 시간을 절약하고 능률을 높인다.

⑤ 분배의 공평한 처리: 노동자들은 반드시 항상 공평한 대우를 받아야 하며, 효율적인 운동에 참가하도록 격려해야 한다.

⑥ 믿을 만하고, 신속하고, 완전한 기록: 시간의 계산은 효율성 실현 여부를 판단하는 데 매우 중요하다.

⑦ 작업 배정: 작업 절차의 안배는 반드시 전체 생산 과정이 순조롭게 돌아가도록 보장해야 한다.

⑧ 기준과 일정표: 기준과 일정표의 수립은 효율성 달성의 기초이다.

⑨ 표준화 조건: 근무 장소의 환경은 과학적인 원칙에 따라 표준화 되어야 하며, 새로운 지식의 출현에 따라 끊임없이 개선되어야 한다.

⑩ 표준화 작업: 마찬가지로 작업은 과학적인 원칙을 따라야 하며, 특히 계획과 작업 방법을 지켜야 한다.

⑪ 서면 작업 지시: 감독관과 노동자에게 내리는 모든 지시는 서면으로 기록되어야 하며, 그 세부 사항은 표준 자체뿐만 아니라 표준을 따르는 방법도 포함한다.

⑫ 효율성의 장려: 만약 노동자가 효율성을 실현했다면 마땅히 적당한 보상을 받아야 한다.[6]

위첼(Morgen Witzel)은 이에 대해 "이 12가지 원칙은 어떻게 관리하느냐의 규정적 비법이 아니라 관리 임무를 어떻게 대하는지에 대한 일

---

6 [英]摩根·威策尔, 『管理的历史』, 孔京京等译, 中信出版社, 2002年版, p.69.

종의 철학인 것 같다"고 평가한 바 있다.[7] 그것은 확실히 일종의 철학이며, 경제적 합리성에 기반한 과학적 관리이자 수치화 관리에 대한 신앙이다.

기업에서 시작된 이러한 합리적 관리는 매우 빠르게 공공부문에 파급되었는데, 당대에는 그 기원을 새로운 공공관리와 중국의 'GDP 지상주의'에서 찾아 볼 수 있다. 새로운 공공관리가 야기한 정부 재창조는 전통적인 관료적 정부를 기업화된 정부로 만든 것이다. 즉, 공공제도와 공공조직을 근본적으로 변화시켜 조직의 효능과 효율성, 적응성 및 혁신 능력을 획기적으로 향상시키고, 조직의 목표와 격려, 책임 기제, 권력 구조 및 조직 문화 등의 변혁을 통해 이 같은 전환 과정을 완성하는 것이다. 정부 재창조는 바로 관리체제를 기업화 체제로 대체하는 것, 즉 혁신적 관성과 품질의 지속적 개선이 이뤄지는 공공조직과 공공제도를 창조하는 것으로, 외력에 의존할 필요 없이 내재적 개선 동력을 가진 공공부문을 창조하는 것이다.[8] 이러한 새로운 관리체제는 공공관리의 기업 방식과 시장경쟁 방식을 강조한다. 예를 들어, 성과평가, 원가절감, 공공서비스의 다원화 제공, 통제권 하방, 경쟁입찰, 고객지상, 정부 부문의 기능 민영화, 결과에 따른 관리, 전면적인 품질관리, 원가 효율성 고려 등이 있다. 기업화된 관리는 쉽게 말하자면 효율을 추구하는 수치화 관리

---

7   [英]摩根·威策尔, 『管理的历史』, 孔京京等译, 中信出版社, 2002年版, p.69.

8   [美]戴维·奥斯本, 特德·盖布勒, 『改革政府: 企业精神怎样改造公营部门』, 周敦仁译, 上海译文出版社, 1996年版, p.15.

를 말한다. 예를 들어 앞에서 말한 실적평가와 결과에 따른 관리 등 계산 가능한 결과를 조직이 추구하는 최고 목표로 삼고 이러한 목표 아래 모든 활동을 집중하는 것이다.

이러한 경제적 합리성에 기초한 수치화 관리는 현대 중국에서 한때 유행하던 'GDP 지표 중심'의 발전모델과 상통한다. 이 발전모델도 수치적 방식의 공공관리를 극단적으로 추진하여 관리와 사회생활의 내용을 굉장히 고도로 숫자화했다. 공공관리에 있어서 해마다 확정되는 GDP지표가 거의 정부활동의 최고 목표가 되었고 정부의 모든 다른 활동도 이와 같은 목표에 속하였다. GDP지표에는 투자유치 지표와, 관료를 평가한 성과지표, 관료등용 지표 등이 나타났는데, 이러한 수치화 방식의 관리 방식은 사회 다른 분야의 관리로 확대되었다. 예를 들어, 학교 관리에 있어 대학직무심사에서 몇 편의 논문을 발표해야 하고, 몇 개의 국가급(國家級)과 성부급(省部級) 프로젝트를 받았는지, 대학원을 졸업할 때 몇 편의 논문을 발표하고, 공동 저작 논문은 저자가 몇 번째에 있는지를 고려하게 되었다. 이와 같이 정확한 수치를 특징으로 하는 관리방식은 일종의 기업화된 관리라고 할 수 있다. 이러한 관리는 사회생활에 심각한 영향을 주었고, 심지어 우리 사회생활 곳곳에 수치가 가득하고 풍요로운 사회생활마저도 고도로 수치화되었다. 관리의 측면에서 볼 때 이것은 어느 정도 효과적인 관리방식이다.

이러한 관리방식은 오늘날 '사회의 맥도날드화(McDonaldization)'를 초래했다. 맥도날드의 관리는 수치화 관리를 극단으로 몰아갔다. 맥도날드는 "모든 제품의 정확한 제작 시간과 모든 설비의 온도 설정을 규정했다. 그것은 모든 음식에 표준을 설정하였는데 각 햄버거 패티에 7그램의 양파와 1파운드의 치즈를 32조각으로 썰어야 하고 감자튀김은 2.5cm 두께로 썰어야 한다고 규정했다. 이는 음식 보관통에 10분 이상 넣어 둔 고기와 감자를 어떻게 처리할지 등을 포함해 식품 업계에서 유일무이하게 품질관리 기준을 설정했다."[9] 조지 리처(George Ritzer)는 '역사상 가장 인기 있는 사회학 저서 중 하나'로 꼽히는 『사회의 맥도날드화(The McDonaldization of Society)』라는 책에서 맥도날드화(본인이 '사회의 맥도날드화'라고 일컬은 것은 베버가 말한 '합리화' 과정의 현대적 표현)의 네 가지 특징을 지적했다. 첫째, 고효율성이다. 끊임없이 향상되는 효율은 적시 생산, 신속한 서비스, 생산라인 작업과 꽉 짜인 일정표로 나타난다. 둘째, 계산가능성이다. 계산가능성은 공정과 최종 결과에서 모두 수치화된 기준을 세우고, 공정에서 속도를 강조하며, 결과에서는 생산과 공급의 제품 수량을 강조한다. 셋째, 예측가능성이다. 예측가능성은 규율, 체계화, 절차화 등을 강조하며 언제 어디서나 물건이 일치하도록 유지하는 것이다. 넷째, 통제가능성이다. 통제는 주로 인공(人工)기술의 대체를 통해 이루어진다. 통제의 마지막 단계는 직원들이 완전히 비인공기술로 대체되는 것이며, 비인공기술은 기계와 도구뿐만 아니라 재료, 기능, 지식, 관례, 규칙, 공정과 기술도 포함한다. 이런 맥도날드식의 정교하고 수학적 관리 방식은 합리성과 효율을 가져오는 동시에 문제점도 가져왔다. 공공관리의 맥도날드화 혹은 수치화 또한 마찬가지였다.

9 [美]乔治·里泽,『麦当劳梦魇: 社会的麦当劳化』, 容冰译, 中信出版社, 2006年版, p.41.

2. 수치화 관리의 역설(Paradox)

수치화된 관리가 가져온 문제는 한마디로 '합리성의 비합리성'이다.[10] 이러한 '합리의 비합리성'은 공공관리 분야에서 다음과 같은 몇 가지 양상으로 나타난다.

1) 기술이 정치를 압도하는 양상

"합리적 시스템의 불확실성, 예측 불가능성과 저효율은 대부분 인간에게서 비롯된다."[11] 어떻게 인간에 대한 통제를 실현해 이러한 불확실성, 예측 불가능성 및 저효율을 줄일 수 있느냐가 바로 기업관리나 공공관리에서 중요한 문제가 된다. 그 해결 방법으로서 역사적으로 점점 더 많은 첨단기술의 채택과 관료제 조직을 통한 통제가 시도되어 왔다. 테일러주의식의 과학적 관리와 포드주의(Fordism), 그리고 맥도날드식 관리가 그 전형적인 사례이다. 이런 기술 통제를 강화하는 방식의 최후 단계는 바로 기계가 인간에 대한 통제를 실현하는 것이다. "갈수록 효과적인 기술을 개발하고 채용함으로써 조직이 점차적으로 인간에 대한 통제를 실현하고 있다. 인간이 통제되면 그들의 행위가 일련의 기계적인 행위로 환원될 수 있다. 그리고 인간의 행위가 기계와 같으면 그들은 로봇과 같이 진짜 기계에 의해 대체될 수 있다. 기계가 인간을 대체하는 것은 인간에

10　위의 책, p.41.
11　위의 책, p.139.

대한 통제의 최종 단계를 실현하는 것이다. 그래서 인간들은 더 이상 불확실성과 예측 불가능성을 초래할 수 없다. 왜냐하면 그들은 더 이상 관련 과정에 참여(적어도 직접적으로)하지 않기 때문이다. …… 시간이 흐르면서 인간에 대한 인간의 통제는 인간에 대한 기술의 통제로 바뀌었다. …… 아마도 맥도날드화의 최종적인 비합리성은 인간들이 시스템에 대한 통제를 상실할 수도 있다는 데 있을 것이다. 이런 시스템이 언젠가는 그들을 반대로 통제할 지도 모른다."[12]

관료조직도 통제를 위한 일종의 대규모 비인공기술로 볼 수 있다. 관료조직의 합리적인 측면은 바로 그것의 규칙 및 제도에 나타난다. 관료제는 인간의 기술, 능력, 지식 등 인위적인 요소들을 비인위적 요소인 규정, 관례와 공식으로 바꾸었다. 이는 오늘날 우리가 모든 경제발전과 공무원의 업적을 구체적인 평가가 가능한 수치화 기준으로 바꾸고, 그 다음에는 이러한 기준에서 파생하는 셀 수 없이 많은 규정, 관례, 지침, 직무, 지휘선, 위계 명령에 따라 행동하는 것과 같다. "가장 완벽한 관료주의는 무엇을 해야 하는지에 관심이 없고, 사람들이 단지 규정에 따라 맡은 일을 완성한 다음 시스템의 다음 단계로 전달하면 된다."[13] 만약 테일러주의식의 과학적 관리가 정신노동과 육체노동을 분리시켰다면, 관료제는 인간의 적극적인 면과 수동적인 면을 분리시켰을 것이다. 사람들은 기존의 규칙이나 절차 하에서 바로 작업이 가능해서 그들은 규칙 등

---

12   위의 책, p.119.
13   위의 책, p.118.

에 대해 이의를 제기하지 않고 기술적인 작업 과정에만 관심을 갖고 있다. 공공관리 분야에서 기술에 대한 관심은 상당 정도 정부가 기술적인 문제를 해결하는 데 더욱 관심을 갖도록 하여 수치화 기준을 완성하는 과정에서 구체적인 작업 문제를 해결하는 데 주목하고 있다. 로버트 덴하트(Robert B. Denhardt)가 보기에 이것은 민주적 시민권리에 대해 중요한 영향을 미칠 수 있는데, 기술적인 문제를 해결하는 데에는 대중의 토론이 필요 없고, 대중의 참여는 오히려 이러한 문제 해결을 방해할 수도 있기 때문이다. 이러한 공공이익의 쇠퇴는 시민의 전면적인 비정치화를 초래한다. 시민의 역할은 사회의 방향을 선택하는 데에 도움이 되는 것이 아니라 가끔씩 행정원들이 제시하는 선택항목 중에서만 선택하는 것이 되며, 행정원들의 역할은 사회와 경제시스템의 원활한 운영을 저해하는 문제를 효과적으로 처리하는 것이 된다.[14]

2) 목적과 수단의 분리

합리적 관리모델의 특징 중 하나는 사람들이 수단에 관심을 갖고 목적을 소홀히 하도록 하는 것이다. 공공관리의 목적은 그것의 궁극적 가치에서 구현되며, 이러한 가치는 바로 인간의 전면적 발전이다. 공공관리의 중요한 임무 중 하나는 바로 인간의 전면적인 발전에 필요한 사회적 조건을 제공하는 것이다. 이 사회적 조건은 공정한 사회질서를 포함하여 사람들로 하여금 평등한 권리를 향유할 수 있도록 한다. 공정한 경쟁환경

---

14   [美]罗伯特·登哈特, 『公共组织理论』, 扶松茂等译, 中国人民大学出版社, 2003年版, p.188.

은 사람의 적극성을 최대한 불러일으킬 수 있으며 사회의 진보를 위해 공헌할 수 있게끔 한다. 민주적이고 자유로운 사회제도는 국민들이 효과적으로 공공업무의 관리에 참여하고 자아실현을 할 수 있도록 만든다.

이러한 궁극적 목표의 실현은 도구의 도움을 필요로 한다. 합리적 관리의 특징 중 하나는 도구적 합리성에 대한 추구가 가치적 합리성에 대한 추구를 초월하는 것으로, 이는 관리에 있어서 일종의 관리주의적 경향을 형성하게 하였다. 크리스토퍼 폴리트(Christopher Pollitt)는 일찍이 관리주의의 다섯 가지 핵심적 특징을 제시하였다. 첫째, 사회진보는 오늘날 경제적 의미에서 생산력의 부단한 성장에 의존한다. 둘째, 이러한 생산력의 성장주의는 첨단기술의 광범위한 운용에서 비롯된다. 셋째, 이러한 첨단기술의 응용은 노동력이 생산력의 이상적인 수준과 일치하도록 훈련을 받은 상황에서만 얻을 수 있다. 넷째, 관리는 분산되고 독자적인 조직 기능으로 계획, 집행과 생산력의 성장을 평가하는 데에 관건이 된다. 다섯째, 이러한 핵심적인 역할을 발휘하기 위해서는 관리자에게 반드시 합리적인 '의사결정 공간'(예를 들어 관리의 권리)를 주어야 한다.[15] 이러한 방식의 관리에서 기술, 생산력과 도구적 합리성에 대해 숭상하는 원인 중 하나는 기술, 특히 첨단기술이 관리에 있어서 큰 역할을 발휘하기 때문이다. "정보의 운용에 있어서 수치화 관리가 사회 전체를 현대화시키는 커다란 힘을 가진 이유는 정보수집, 정리, 가공, 전달, 저장의 효

---

15   Christopher Pollitt, *Management and the Public Service*, Cambridge: Basil Blackwell, 1990, pp.23.

율을 크게 향상시키고, 정보의 비교 가능성을 증가시킴으로써 의사결정 과정에서 '가감승제(加減乘除)'를 가능하게 하고, 사람 간의 의사 소통, 조정과 협력의 원가를 낮추어 분업의 발전을 촉진하고, 이를 통해 사회경제 운영과 내부 관리의 효율을 크게 향상시켰기 때문이다. 현대 정보기술의 발전은 수치화 관리의 범위를 최대로 확대하여 관리의 모든 구석구석까지 확대시켜 거의 모든 사람을 숫자의 '노예'로 만들었다."[16]

그밖에 다른 이유는 공공관리의 궁극적인 목표와 도구적 합리성 간에 가치 충돌이 존재하기 때문이다. 데이비드 로젠블룸(David H. Rosenbloom)과 로버트 크라프추크(Robert S. Kravchuk)는 민주정치와 관료화된 공공행정이 그 가치와 구조면에서 충돌하고 있다고 지적했다. (〈표 1〉 참조).

〈표 1〉 민주정치와 관료화된 공공행정의 차이

민주적 요구	공공 행정의 방향
평등	계층제
자유	명령
직무전환	연공서열제
다원성	일치성
시민 참여	전문가 참여
개방성	비밀성
사회단체	비인격화
선거에 기초한 합법성	전문가에 기초한 합법성

출처: [美]戴维·罗森布鲁姆, 罗伯特·克拉夫丘克, 『公共行政学:管理, 政治和法律的途径』张成福等译, 中国人民大学出版社, 2002年版, p.483.

16   何自云, 「数目字管理的局限」『中国金融』, 2010年, 第15期.

이러한 충돌은 양자를 동시에 관리하기 어렵게 만든다. 공공행정의 방향은 충돌 발생 시 기술과 생산력에 편중된다. 그러므로 공공관리에서 장기적으로 나타나는 것은 관리주의적 추세이며, 이러한 관리주의 방향의 한 가지 중요한 특징은 바로 '3E'(즉 경제, 효율, 수익)에 대한 추구로, 정치적 가치에 대해서는 등한시하는 것이다. 즉, 관리는 목표를 어떻게 달성하는 가에 관한 수단과 방법에 중점을 두고 목표 자체를 소홀히 한다. 새로운 공공관리가 지탄을 받는 원인 중 하나는 바로 도구적 합리성에 대해 강조(예를 들어 결과, 원가효익, 실적평가, 경쟁 등) 하면서도 정치적 가치에 대해서는 소홀히 하고, 목표를 달성하는 수단과 방법에만 주목하고 있기 때문이다. GDP중심의 발전모델도 도구적 합리성을 중시하는 방법이다. 예를 들어 효율을 추구하기 위해 공정성 등을 무시한다. 로버트 덴하트는 새로운 공공관리 방식에 관련하여, 수단과 목표의 불일치가 가져올 부정적인 결과를 다음과 같이 지적했다. "만약에 합리적 모델이 우리의 주의력이 목적을 달성하기 위한 수단에 집중하도록 한다면, 그것은 우리로 하여금 목적 자체를 무시하게 만들 것이다. 만약에 우리가 오직 효율성에만 집중하면 우리에게 매우 중요한 정책결정에 대해 충분히 점검하고 효과적으로 참여하지 못할 것이다. 따라서 우리의 민주적 책임도 이행할 수 없다. 그리고 이러한 방식으로 행동하는 것은 우리 자신의 사회적 가치에 대한 의사표현을 촉진하기가 매우 어렵다. 반면에 우리는 이미 정한 목표를 어떻게 최소한의 비용으로 달성할 것인지만을 고려할 것이다. 비록 이렇게 하는 것이 훨씬 효과는 있겠지만, 우리는 아마도 우리가 추구하고 있는 목표가 우리의 사회적 가치, 즉 우리의 가치와 현저한 차이가 있다는 것을 이내 알게 될 것이다."[17]

3) 인간성의 억압과 인간관계의 약화

합리적 관리모델은 경제와 효율을 최대한 추구하지만, 동시에 인간성에 대한 억압이 발생하고 인간관계의 약화를 초래한다. 막스 베버(Max Weber)는 합리적 관리의 조직적 매개체로서 관료제를 논할 때 이러한 문제를 지적했다. 베버는 관료제도를 사람들이 빠져드는 하나의 족쇄에 비유했다. 왜냐하면 "인간은 단지 영원히 돌아가는 기계의 톱니바퀴일 뿐이고, 기계는 기본적으로 고정된 진로를 규정해주기 때문이다.[18] 인간은 보통 이 기계를 가동시킬 수도 없고, 멈출 수도 없다. 이로 인해 획일성을 초래했고, 다양성에 대한 커다란 위협과 인간성에 대한 억압으로 이어졌다. 포드가 발명한 자동차 생산라인(컨베이어벨트)로 말하자면, 산업시대의 자랑거리로서 시간과 에너지, 자금을 절약하고 효율을 극대화했지만 동시에 비인간적인 작업환경도 만들어냈다. "다양한 기능을 가진 사람들이 한정된 몇 가지의 지극히 간단한 동작을 반복하도록 요구받고 있다. 예전에는 일을 하면서 개인의 능력을 보여주었던 것과 달리 사람들은 이러한 인간의 특성을 자제하고 로봇처럼 행동하도록 강요받고 있다."[19] 이렇게 효율을 높이는 방식은 풍부하고 다양한 인간의 행동을 획

17　[美]罗伯特·登哈特,『公共组织理论』, 扶松茂等译, 中国人民大学出版社, 2003年版, p.174.

18　[德]马克斯·韦伯,『官僚制』, 理查德·斯蒂尔曼编,『公共行政学: 概念与案例』, 竺乾威等译, 中国人民大学出版社, 2004年版, p.89.

19　[美]乔治·里泽,『麦当劳梦魇: 社会的麦当劳化』, 容冰译, 中信出版社, 2006年版, p.34.

일적인 기계 동작으로 변화시키고, 이러한 획일성 아래에서는 사람들이 각자의 특색있는 개성을 드러낼 수 없다.

합리적 관료제도 마찬가지로 그 위계적 권위를 보여줌으로써 통일적 관리라는 이점을 가져옴과 동시에 인간의 소외도 가져왔다. 그래서 사람들이 중앙에 복종하기 위해 하기 싫은 말을 하고, 하기 싫은 일을 하도록 해서 인간성에 커다란 상처를 입힌다. 마찬가지로 관료제의 엄격한 규정과 제도는 질서정연한 운영을 보장함으로써 사람들이 규율을 준수하고 순서대로 잘 진행하도록 하지만, 아울러 상상력과 창의력의 상실을 가져온다. 또한 이러한 환경에서 "인간관계는 주요 목표를 실현하는 직접적인 원동력이 아니라 조직이 정한 목표를 달성하는 도구적 수단으로만 여겨지는 것이다."[20] 또한 덴하트가 지적한 바와 같이, "복잡한 조직에서의 통제기제는 조직 속의 인간관계를 대수롭지 않게 만들고 개인은 생산과정의 객체가 될 수 있다. 조직목표를 효과적으로 추구하는 과정에서 모든 사람은 다른 사람에 의해 조종되는 도구로 변했다. 더욱 중요한 것은 모든 사람이 개인의 창의력과 성장에 필요한 자기반성과 자기이해 능력을 상실했다는 점이다. 그리고 다른 분야와 비교해 볼 때, 이러한 문제는 공공조직에서 훨씬 현저하게 나타난다. 공공조직 구성원들의 생명과 자유, 즐거움의 추구, 모든 국민의 자기성장 과정에 대한 도움, 국민에 대한 교육의 제공 등에 관한 약속은 사물이 아닌 인간을 통해서만 이

---

20   Dahl Robertand Charles Lindblom, *Politics Economics, and Welfare*, Chicago: University of ChicagoPress, 1976, p. 252.

루어질 수 있다."[21]

3. '디지털 생존'에서 인본으로의 회귀

과학과 기술의 진보는 인간의 물질화와 함께 더욱 발전했다. 산업사회 초기부터 테일러주의가 '시간-동작'으로 명명한 효율적 운동 및 컨베이어벨트로 유명한 포드주의, 그리고 오늘날의 맥도날드화와 디지털 생존에 이르기까지 모두 이러한 점을 보여주었다. "오늘날 우리의 삶은 숫자와 떨어질 수 있는가? 시민의 신분은 신분증 일련번호이고, 학생의 좋고 나쁨은 학급과 학년, 학교의 순위에, 수험생의 가치는 그들이 받은 총점에 있다. 한 지역, 한 도시의 우열은 무수한 숫자로 상징된다. GDP 총액이 얼마인지, 1인당 소득, 자동차, 전화, 휴대전화 등등 숫자가 우리의 전부가 되고 숫자가 유일한 척도가 되었다."[22] 만약 산업사회 초기에 사람들이 도구와 기계에 의해 물질화 되었다면 오늘날의 인간은 숫자화 되었다. 도구에서 숫자까지 도구적 합리성의 큰 발전을 보여주었을 지도 모르지만, 그 배후에 보이는 인간에 대한 억압은 여전히 존재한다. 그래서 공공관리가 직면한 도전은 관리를 어떻게 인본으로 되돌릴 것인가이다.

---

21 [美]罗伯特·登哈特, 『公共组织理论』, 扶松茂等译, 中国人民大学出版社, 2003年版, p.161.

22 许纪霖, 「数目字管理下的数字化生存」(2004年6月30日), 学术中国网, http://www.xschina.org/show.php? id=1112.

가령 자본주의 1단계의 소외가 "부의 축적이 세상과 인간의 세속적 기질을 희생해야지만 가능하다는 데에서 드러나듯이"[23] 오늘의 공공관리는 합리성을 추구하는 과정에서 반드시 사람의 다양성, 자주성, 사회의 다양성을 희생해야만 가능할까? 사회의 맥도날드화 또는 수치화 관리가 파죽지세(千軍之勢)로 밀려올 때 개인에게 공간을 남겨 줄 수 있을까?

인간 이성의 소외 과정은 사실상 이미 오래 전부터 시작된 일이다. 한나 아렌트(Hannah Arendt)가 『인간의 조건(The Human Condition)』에서 지적했듯이 "인간의 활동은 여러가지 일을 창조하고, 더 나아가 vita activa(즉 노동, 작업과 행위)가 있는 세계를 구성한다. 그러나 인간이 만든 일은 오히려 거꾸로 인간이라는 창조자를 단단히 구속하고 있다."[24] 생산력과 창의력은 근대 초기의 최고 이상, 심지어 우상이 되었으나 반대로 또 인간발전의 질곡이 되었다. 아렌트가 보기에, 근대 접어든 vita activa의 세계에서 두 번째 역전(첫 번째는 사색에서 제작으로의 역전)은 본래 행위자나 동물화된 인간보다는 일(즉, 제조와 제작)과 관련된 기술자를 인간 가능성의 최고의 경지에 올려 놓아야 한다. 그 이유는 기술자의 세계적 도구화, 도구 및 인조물 생산자의 생산성에 대한 믿음, 수단 목적의 모든 이해 가능한 내용에 대한 믿음, 어떤 문제도 해결할 수 있고 모든 사람의 동기는 최종적으로 공리원칙에 귀결된다는 확신, 모든 것이 인공물 제조로 인식될 수 없다는, 특히 도구를 제조하는 도구들에 대한 멸시

---

23   [德]汉娜·阿伦特, 『人的条件』, 竺乾威等译, 上海人民出版社, 1999年版, p.258.

24   위의 책, p.2.

등이 있다.[25] 그러나, 마지막 결과는 노동을 vita activa 등급 서열의 최고 위치로 올려 동물화 노동자가 최종 승리를 거둔다. 그 이유는 "기술자에게 있어서 '무엇'으로부터 '어떻게'로, 일 자체에서 그것의 제작과정에 중점을 두는 현대적 변화는 절대로 일종의 순수한 행운을 의미하지 않고, 그것이 고정적이고 영원한 기준과 평가(근대 이전에 인간행위의 지침과 판단의 기준이었던 것)로서의 제조자와 제작자로서의 인간을 박탈했다"[26]는데 있다. 노동이 승리하는 근본은 노동이 곧 인간의 생명 그 자체이고, 세계가 아닌 생명이 인간의 지고한 선이라는 데 있으며, 기술자는 바로 "생명이 최고의 아름다움"이라는 명제 앞에서 패배한다.

이는 고대 그리스인들이 신화에서 왜 쾌락과 규칙을 대표하는 태양의 신 아폴로가 아닌 고통 및 비극과 연결된 술의 신 디오니소스(Dionysos)를 선택했는지를 떠올리게 한다. 술에 취한 상태에서 디오니소스는 인간의 본성과 생명의 원시 상태를 보여주기 때문이다. "모든 냉혹한 이성과 가혹한 존재는 디오니소스의 만취에 씻겨져 사라졌고, 모든 필연적이고 논리적이며 도덕적이고 윤리적인 것들은 디오니소스의 광기로 대체되어, 개체의 생명은 고도의 기쁨과 자유로 넘쳐 인간의 생명은 철저하게 해방되었다."[27] 근대사회가 세상이 아닌 생명이 인간의 최고 선이라는 것을 인정했을 때, 세상 관리에 있어 상당 시간 성행한 것은

25   위의 책, p.298.

26   [德]汉娜·阿伦特, 『人的条件』, 竺乾威等译, 上海人民出版社, 1999年版, p.300.

27   唐玉宏, 「希腊文化中的酒神精神与悲剧精神」, 『河南社会科学』, 2005年, 第6期.

사람이 아닌 물질에 대한 것이며, 가치 이성에 대한 선호보다는 도구 이성에 대한 것이다.

1980년대에 관리가 인본주의로 되돌아가려는 중요한 시도가 있었다. 피터스(Thomas J. Peters) 등은 유명한 『In Search of Excellence, Lessons freom America's Best-Run Companies, 追求卓越』라는 책에서 이러한 관점을 제시했다. 그들은 기존의 관리이론이 규정, 수학모형과 일반원칙 등의 연구에만 열중하고, 실제로 물건만 보고 사람을 보지 않았으며, 심지어 사람과 적대관계를 만든 관리였다고 생각했다. 그래서 '원점으로 돌아가는'[28], 즉 인간 중심으로 돌아가 살아있는 인간 중심의 감정적 색깔을 가진 새로운 관리모델을 발굴하는 '관리혁명'을 진행하자는 것이었다. 그들은 미국에서 가장 성공한 기업의 경영관리 경험을 분석한 후 다음과 같은 관리원칙을 제시했다. ① 행동 존중, 환경 변화에 유연한 적응 ② 고객 밀착, 서비스 지상, 품질 지상 ③ 자주적 혁신, 관행타파 및 내부경쟁 ④ 사람을 통한 생산 촉진, 공통 신념으로 직원 격려, 인간적 요소 발휘를 통한 생산성 향상, 사람을 믿고 개개인의 인격을 존중하고 개개인의 공헌을 인정하며, 직원에게 자신의 운명을 파악하고 자신의 재능을 표현하고 발전시키도록 함. ⑤ 가치구동, 가치관이 구현하는 정신력이 물질적 자원, 구조 형식과 관리기능을 능가함. ⑥ 본업에서 벗어나지 않고 전문적 우위 발휘. ⑦ 인원과 기구 간소화, 권력 하방. ⑧ 관대함과 엄격함을 동시에 갖추고, 최대한 분권을 실행하고 직원들의 자주성과

28　[美]汤姆·彼得斯, 罗伯特·沃特曼, 『追求卓越』, 胡玮珊译, 中信出版社, 2009年版, p.70.

혁신정신을 발휘하도록 함과 동시에 관대한 분위기 조성. 이런 원칙들의 핵심은 사람 중심(以人为本)의 관리에 있다.

그러나 아이러니한 점은 1980년대 기업관리를 규범으로 했던 서구 국가의 새로운 공공관리 개혁운동이 결국에 뚜렷한 관리주의와 도구적 합리성의 경향을 보였고 효율성과 결과, 원가효익에 대해서 수치화 방식의 관리를 추구했다는 것이다. 그런 의미에서 새로운 공공서비스는 그에 대해 비판을 일으켰으며, 이러한 비판은 공공관리 분야에서 인본 관리로의 전환을 주장하는 것으로 볼 수 있다.

자넷 덴하트(Janet V.Denhardt)는 『신공공서비스론(New public service: serving, not steering)』에서 새로운 모델의 몇 가지 특징을 지적했다. 즉, 서비스는 고객이 아니라 국민에게 하는 것이며, 공공의 이익을 추구하고, 국민의 권리를 기업가의 정신보다 더 중시하며, 전략적으로 사고해야 하고, 행동에는 조타수가 아닌 민주성, 책임, 서비스가 있어야 한다. 생산성만을 중시하는 것이 아니라 사람을 더 중시해야 한다. 덴하트의 관점은 흔히 헌정주의를 대표하는 관점으로 여겨지는데, 사실 그 관점도 일종의 인본관리의 관점으로 이해될 수 있다. 덴하트는 만약에 한 조직에서 개별 구성원의 가치와 이익에 대해 충분한 관심을 갖지 않으면 장기적인 관점에서 볼 때 이런 인간행위를 통제하려는 합리적인 방법은 실패할 가능성이 높다고 지적했다. 일부 전통적인 공공행정과 새로운 공공관리에서 중요성이 감소된 인간행동 요소 중에서 예를 들자면 인간의 존엄성, 신뢰, 소속감, 타인에 대한 관심, 서비스 및 공통의 이상과 공공이익에 기초한 시민의식은 새로운 공공서비스에서 핵심적인 위치에 있다. 새로운 공공서비스에서, 예를 들어 공정, 공평, 대응성, 존중, 권한 부여와 승낙 등의 이상(理想)은 효율성을 정부의 유일한 기준으로 삼는 가치관을 넘어선다.

고도의 포용성을 가진 참여적 관리방법은 생산의욕을 높이는 도구적 수단일 뿐만 아니라 공공서비스의 핵심가치를 촉진하는 수단이기도 한다.[29] 다만 덴하트의 관점은 여전히 이념 차원에 있고 구체적인 실천수단이 부족하였다. 중국은 21세기 초에 '사람을 근본으로 하는(以人为本)' 공공관리 이념을 제시한 후에 이를 관철하고 실천하기 위한 구체적인 조치를 취했는데, 이것이 바로 서비스형 정부 수립이다. 이는 공공관리의 방향에 어느 정도 변화가 발생했음을 보여준다. 그리고 이런 변화는 바로 인본으로의 회귀, 사람과 사람의 가치를 관리의 중심에 두는 것이다.

사람을 근본으로 하는 공공관리는 우선 인간의 권리를 존중할 것을 요구한다. 정부 존재의 가장 중요한 이유는 시민(조직 내 구성원 포함)의 자연적 권리, 예를 들어 생명, 자유, 행복 추구 등을 침해받지 않도록 하는 것이다. 헌법의 출발점은 민중의 권리에 대한 보호와 정부 권력에 대한 제한에 기초한 것이며, 이러한 제한은 공공권력이 인간의 권리를 침해할 수 있다는 사실에서 비롯된다. 현실에서 관리가 '공공'을 명분으로 개인의 권리를 침해하는 일이 종종 발생한다. 이러한 측면은 정부행위의 편

---

29   [美]珍妮特·登哈特, 罗伯特·登哈特, 『新公共服务: 服务, 而不是掌舵』, 丁煌等译, 中国人民大学出版社, 2006年版, p.159.

향성(예를 들어 효율적인 목표나 자신의 목표에 대한 지나친 추구)을 반영한다. 다른 측면에서는 제도의 결함(예를 들어 정부의 강세와 사법의 부재)도 반영될 수 있다. 이런 상황에서는 개인의 권리를 지키지 못한다.

그 밖에 오늘날 대중 권리의 매우 중요한 측면 중 하나는 사회 공공사무관리에 참여하는 것이고, 이것은 민주적 행정이 가지고 있는 특징 중 하나이다. 로이 아담스(Roy Adams)가 지적한 "효율성만으로는 부족하다"는 말처럼 조직 내에 사람들이 체면 있고 존엄있는 생활방식을 갖기 위해서는 참여가 필요하다.[30] 로버트 골렘비우스키(Robert T. Golembiewski)는 "조직 민주의 근거는 모든 조직원들이 의사결정에 참여하는 것, 조직의 성과에 대한 일상적인 피드백, 전체 조직에서 경영진의 정보공유, 개인의 권리에 대한 보장"이라고 지적했다. 즉, "한 조직이 이런 기준에 가까울수록 그 조직은 더욱 민주적으로 된다."[31]

사람을 근본으로 하는 공공관리는 또한 사람을 배려할 것을 요구한다. 정부가 존재하는 또 다른 이유는 민중을 위해 공공서비스를 제공해 사람들(물론 조직 구성원의 수요도 포함)을 만족시키는 데 있다. 공공서비스를 제공하는 데는 당연히 효율을 추구해야 한다. "그러나 만약에 우리가 공공서비스의 내재적 가치와 사회적 의미를 반영하는 방향으로 공공서비스를 논할 수 없게 된다면, 우리는 이 분야의 영혼을 잃을 수도 있다."

---

30   Roy Adams, "Efficiency is Not Enough", *Labour Studies Journal*, 1992, 17(1).

31   [美]珍妮特·登哈特, 罗伯特·登哈特, 『新公共服务: 服务, 而不是掌舵』, 丁煌等译, 中国人民大学出版社, 2006年版, p.161.

여기에서 영혼이란 바로 시민권, 공공이익, 의의, 윤리도덕, 지역사회 및 민주주의를 뜻한다.[32] 과거의 공공서비스 제공과 크게 다른 점은, 예전에는 대중들이 서비스 제공자인 정부 중심으로 맴돌았다면, 오늘날 공공서비스의 제공은 반드시 대중을 중심으로 정부가 맴돌아야 하며, 끊임없이 대중의 요구를 만족시켜야한다. 게다가 시민의 요구가 높아짐에 따라 정부는 반드시 그들에게 질이 좋은 서비스를 제공해야 한다. 대중의 요구를 만족시켜려면 대중의 요구에 대한 응답이 필수적이며, 오늘날 이러한 대응성은 정부가 반드시 갖춰야 하는 한 가지 특징이 되었다. 또한 조직의 내부 관리에 있어, 사람들의 수요에 대한 배려가 조직의 목표추진 중 조직 구성원 개인의 목표 실현과 어떻게 연계되는지를 고려해야 하며, "조직의 일은 아무리 작아도 큰일이고, 개인의 일은 아무리 크더라도 작은 일"이라는 전통적인 생각은 더 이상 가져서는 안 된다. 조직은 개인으로 구성되어 있으며, 개인의 욕구를 존중하지 않으면 그 조직은 자신의 목표를 완성할 수 없다.

사람을 근본으로 하는 공공관리는 사람들의 이익을 계속해서 증진시킬 것을 요구한다. 인본적 관리는 인간의 이익이 때로는 인간행위를 구성하는 출발점이 된다는 것을 부인하지 않으며, 공공관리의 최종 목표는 사회 모든 사람들의 이익과 복지를 실현하는 것이다. 따라서 공공이익의 추구는 지극히 높은 원칙을 구성하게 되었으며, 이는 정부에 대해 다음과 같은 요구를 제기하도록 한다. 먼저, 오늘날에 공공이익의 범위

---

32 위의 책, p.169.

를 정하는 자는 정부뿐만이 아니라 사회시민이 포함되어야 한다. 다음으로 정부는 '공공이익'의 명의로 개인의 합법적이고 합리적인 이익을 빼앗아서는 안된다. 앞에서 말했듯이 개인권리에 대한 보호는 정부의 중요한 기능이다. 개인의 권리가 침해받지 않는 것은 공공관리의 최저선이다. 게다가 정부는 자신의 이익이나 부처의 이익을 공공이익 위에 놓아서는 안된다.

인본관리로의 회귀는 도덕적 역량뿐만 아니라 제도적 힘도 빌려야 한다. 제도적으로 우리의 관리가 진정으로 '사람을 근본'으로 할 수 있도록 보장하는 것은 매우 중요하다. 이러한 제도의 디자인은 가치 이성과 도구 이성의 모순을 균형있게 만들 수 있어야 하고, 공무원이 공공서비스를 통해 시민의 요구를 만족시키는 과정에서 그들의 열정을 보여주도록 보장할 수 있어야 한다.

Mathematically Manageable and Return of Human-Centered Management

Abstract: "Mathematically manageable" actually is a kind of management with reason, but unfortunately it often goes extreme and leads to the suppression of humanity and non-rationalization of the reason. To return to the human-centered management is not only the essence of the management, but a trend as well.

정치환경 변화 중
관료의 시민정체성에 대한 인식 회귀*

요약: 관료는 일반적으로 직업적 정체성과 시민(公民)으로서의 정체성을 한몸에 갖고 있다. 우리가 과거에 관료정체성과 관련하여 그의 직업적 정체성을 중시하고 관료에 대한 도덕적 제약을 강조했던 것은 중국의 전통적인 "좋은 사람이 관리가 된다"는 의식과 무관하지 않고, 관민(官民) 쌍방이 관료정체성에 대해 지닌 인식과도 관련이 있다. 관료에 대한 감독을 강화할 때, 우리는 두 가지 측면에서 관료의 정체성을 인식해야한다. 관료의 시민적 정체성은 그의 이성적 경제인으로서의 일면을 나타내고, 관료의 직업적 정체성은 그의 사회적 면모를 보여준다. 이 두 가지 정체성에 대한 전면적인 인식과 이해는 관료에 대한 감독과 관리에 도움이 되고 관민 관계의 개선에도 도움이 된다.

1. 관료의 두 가지 정체성

사회에는 관(官)과 민(民)이 있는데, 이것은 관리의 의미에서 관은 관리자이고, 민은 피관리자를 의미한다. 현대 정치학의 의미에서 볼 때 민은

---

*   이 글은 『探索与争鸣』, 2015, Vol.6, pp.68-71에 수록되었다.

궁극의 관리자이고 관은 단지 민의 하인일 뿐이다. 사회적 분업의 의미에서 말하자면 사회는 사회 공공업무를 관리하는 일부 사람들이 필요한데 이런 사람들은 일반적인 의미로 관이 된다. 또한 직업적 의미에서 관은 일종의 직업으로 마치 민도 여러 가지 직업이 있는 것과 같이 어떤 사람은 노동자가 되고, 어떤 사람은 농민이 되고, 어떤 사람은 교사가 되는 것 등등의 것과 같다. 관과 민이 직업적 정체성에 있어서 어떤 차이가 있든 실제로 그들은 똑같은 정체성, 즉 모두 시민이다. 이런 의미에서 관과 민은 모두 두 가지 정체성이 있으며, 하나는 직업정체성이고, 다른 하나는 시민정체성이다.

그러나, 과거 우리의 관료정체성에 대한 인식은 주로 직업적 정체성에 머물렀다. 직업정체성은 관료에게 '공'적인 면과 모범적인 면모를 보여 달라고 요구하였다. 이런 직업적 요구는 종종 사람들의 관료에 대한 일종의 기대가 된다. 그래서 관료들의 행동도 사회적 주목을 받고 그 행위는 항상 감시를 받는다. 8항 규정(八項規定), '반4풍(反四风)' 및 반부패(反腐败) 조치가 실행된 이후 관료의 일거수 일투족은 더욱 세간의 시야에 들어왔고, 인터넷의 발달에 따라 사람들의 관료에 대한 감독도 한층 강화되고 있다. 우리는 불시에 관리들의 식사, 착용한 시계, 생활태도에 대한 폭로 등등 관료들에 대한 제보를 보게되었고, 결국 공금으로 먹고 마시고 처벌을 받고, 시계를 횡령하고 부정 부패 혐의로 잡혀가고, 생활태도가 불량하여 명성이 땅에 떨어지게 되었다. 그러다 보니 두 가지 측면에서 새로운 현상이 관찰되기 시작했다. 하나는 대중들이 관료에 대한 감시 열정이 높아지면서 어떤 경우에는 극단적인 상황에 이르러, 관료가 밥만 먹으면 공금으로 먹고 마신다고 생각한다. 심지어 옷을 입었는데 일단 옷 값이 너무 비싸서 공무원 소득과 맞지 않는다고 느껴지면 인터넷에 바로 노출된다. 얼마 전엔 '공무원 월급 인상'에 대한 제언이 또 인터넷에서 비난을 불러 일으켰다. 또 다른 측면은 관료가 움츠러들면서 공명정대하게 할 수 있었던 공금 소비도 지하화됐다. 심지어 사적인 식사까지도 취소했는데 이는 자칫 말썽이 생길까 봐, 혹은 폭로가 돼서 괜히 문제를 일으킬까봐 그러는 것이었다. 관료의 사생활이 침해를 받았지만 공인은 사생활이 없다고 알고 있기 때문에 참고 견디지만 또 답답하고 괴로움을 느낀다. 월급이 많이 오르지 않아서 불만이 있어도 말하지 못하는 것은 '공무원'이라는 숭고한 명성을 더럽힐까 봐, 사방에서 공격을 받을까 봐 등등의 두려움 때문이다. 이런 현상은 관민의 두 진영이 분명해져 일단 대결이 시작되면 제로섬으로 끝날 수 밖에 없다. 요컨대 사회에 상냥하고 우호적인 분위기가 부족하고 조화롭지 않다고 느끼게 한다. 도대체 무엇이 문제일까?

문제는 우리가 관료정체성에 대한 인식에서 비롯된다. 우리는 관리의 직업적 정체성의 면모는 주목했지만 관료의 시민정체성의 면모를 소홀히 했다. 한편, 중국의 문화에서 관은 그것이 갖고 있는 특수성이 있어서 흔히 높은 도덕적 의미를 부여받는다. "좋은 사람이 관리가 된다"는 것은 공자 때부터 전통이었기 때문에 사람들의 관료에 대한 요구가 다른 보통 사람에 대한 요구보다 높았다. 우리의 이데올로기에서 그들은 특수한 사람들로 일반 대중과 다르며, 일반 대중보다 우위에 있다. 비록 관직은 일종의 직업이라 하더라도 다른 직업보다 더 높다고 여겨졌다.

중국 전통사회에서는 "1관 2리 3승 4도 5의 6농 7공 8상 9유 10개(一官二吏三僧四道五医六农七工八商九儒十丐)"라는 말이 있으며, "배우고 남은 힘이 있으면 벼슬을 한다(学而优则仕)"는 말도 있다. 관은 정점에 있고, 관이 가장 높으며, 사람들이 추구하는 최고의 경지다. 범진이 향시에 합격한 이야기를 다룬 '범진중거(范进中举)'는 거의 모든 사람들이 아는 이야기이다. 비록 오늘날에도 우리는 이런 관고민저(官高民低)(이것은 당연히 우리 사회의 현대화 정도와 관련이 있고 우리의 관리전형제도와 관련이 있다) 현상에서 완전히 벗어나기 어렵다. 이 때문에 관료는 일부 사람들의 눈에는 완벽한 사람으로 보이고 관리들이 잘못을 저지르는 것을 용납하지 못한다. 그래서 걸핏하면 관리에게 높은 도덕적 잣대를 들이댄다. 다른 한편, 정부의 체제와 학설도 관료의 도덕적 책임감을 조장하여 그들 스스로가 자신이 민과는 다르다고 느끼게 하고 민(적어도 도덕적으로)보다 낫다고 느끼게 하였다. "특수한 재료로 만들었다"는 말도 관료와 대중을 가르는 말이다. 한편, 관민 쌍방의 공통적인 결함 중 하나는 관의 직업정체성에 관심을 쏟고 그의 시민정체성을 소홀히 했다는 점이다.

2. 상이한 인성가설에 기초한 관료정체성 인식에 대한 중국-서양의 차이

시민정체성으로 말하자면, 우리는 관료에 대한 요구가 다를 수 있다. 현대의 직업정체성과 시민정체성은 한 사람의 사회인과 자연인의 두 가지 역할에 어느 정도 대응시킬 수 있다. 우리는 사회인으로서 관료정체성을 가진 사람에 대한 요구가 보통 사람보다 높을 것이다. 왜냐하면 관료는 사회에 영향을 미치는 공공부문에 근무하기 때문에 그의 언행은 공공성을 띠고 있고, 그래서 관료는 반드시 사회의 모범이 되어야 한다. 가령 같은 스캔들이 있더라도, 관료가라면 사람들은 붙잡고 놓아주지 않지만, 다른 사람들에게는 가볍게 넘어갈 수도 있고, 그것을 심각한 도덕적 사건이 아니라 재미있는 기삿거리 정도로 여길 수도 있다. 그 이유는 공공 인물인 관료의 행동은 전도성이 강하고 사회에 대한 일종의 선도성을 가지고 있기 때문이다. 관료가 청렴하면 사회가 청렴하고, 관료가 숭고하면 사회가 숭고하고, 관료가 사치하면 사회가 사치하고, 관료가 부패하면 사회가 부패한다. 이것이 바로 대중들이 관리의 잘못(범죄는 말할 필요도 없이)을 붙잡고 늘어지는 이유이다. 그들이 관리에게 기대(비록 어떨 때는 기대가 너무 크지만)를 걸고 있기 때문이다.

하지만, 다른 한편으로 관료 또한 자연인으로서 시민정체성을 갖고 있다. 그런 점에서 관료는 다른 사람과 마찬가지로 그에게도 자신의 욕구가 있다. 매슬로우(Maslow)의 '욕구 단계 이론(hierarchy of needs theory)'이 관료에게 적용되지 않는 것이 아니다. 즉, 관료도 생리적 욕구, 안전 욕구, 사교 욕구, 존경의 욕구와 자아실현의 욕구가 있으며 이러한 욕구를 만족시켜야 한다. 관료도 다른 사람과 마찬가지로 개인 프라이버시 보호, 언론의 자유, 행동의 자유 등 박탈당할 수 없는 시민의 권리를 누린다. 그 밖에 관료들도 남들처럼 생활필수품이 필요하고 집에서 생활해야 하며, 그들도 물질적이든 정신적이든 자신의 이익이 있다. 관료들도 다른 사람과 마찬가지로 돈이 좀 더 많기(당연히 정당한 돈)를 바라고 잘 살고 싶어한다. 그들도 승진을 하거나 존경을 받는 등 자신의 이익을 추구해야 한다.

이러한 정체성에 대한 특유의 인식으로 인해 중국 문화와 서양 문화의 차이가 드러난다. 서양 문화는 관료에 대해 그가 먼저 합리적 경제인이며, 그가 달성하고자 하는 것은 자기이익의 최대화라고 가정한다. 공공선택이론에 따르면 기업가가 달성하고자 하는 것은 화폐의 최대화이고, 정치가는 득표의 최대화이다. 관료에 대한 가정은 관료는 나쁜 사람이고 나쁜 일을 하면 공공의 이익을 해칠 수 있다는 것이다. 따라서 그 해결 방법은 법과 제도로 법률과 규정을 만들어 관료의 행위를 제약하고, 관료에게 나쁜 일을 하지 못하게 하는 것이다. 관료가 공권력을 장악하고 있기 때문에, 일단 악행을 저지르면 사회에 커다란 위해를 끼칠 수 있기 때문이다.

아마도 이처럼 서로 다른 전제가 중국과 서양 사회의 두 가지 다른 경향을 불러 일으켰을 것이다. 관료가 좋은 사람이어야 한다는 전제는 중국 역사상 매우 발달한 도덕윤리 문화를 탄생시켰다. '오일삼성오신(吾日三省吾身)'과 '수신제가치국평천하(修身齐家治国平天下)'를 강조하며, 관료의 자성과 도덕적 모범에 기대를 걸고 도덕적으로 뛰어난 것이 근심 없이 살아갈 수 있는 기초라는 것이다. 첸무(钱穆)는 심지어 중화문명이 끊임없이 보존되는 중요한 원인 중 하나를 덕제(德制), 즉 관료가 덕으로 모범을 보여 결국 안정적인 힘의 상태로 되돌릴 수 있다고 생각했다.

그러나 서양에서는 강력한 법제 문화가 발전했다. 주로 관료의 자각과 자율에 기대를 걸지 않고, 법률과 규정을 통해 관료의 행위를 제약

했다. 즉, "권력은 부패를 낳고, 절대 권력은 절대 부패를 낳는다." 이에 대처하는 방법은 권력을 제한하고, 권력이 선한 일을 하도록 하고, 나쁜 일을 하지 않도록 하는 것이다. 그 밖에 서양의 관료에 대한 '합리적 경제인'이라는 가정도 매우 현실적인 관리통제의 방법을 만들었다. 스티븐 베일리(Stephen Bailey)는 폴 애플비(Paul H. Appleby)의 도덕사상을 논하면서 일반적으로 도덕적인 고상함만을 요구하는 것은 부족하다고 지적했다. 현실의 이익을 인식해야만 공무원들이 가장 강력한 행위 동력(개인적이든 대중적이든)을 찾을 수 있다. 흔히 특정한 공공이익에 동력으로서의 몇 가지 특수한 이익이 포함되어야만 궤도 진입이 가능하고, 의사일정에 포함된다. 행정관료의 예술적으로 중요한 부분 중 하나는 사적인 것과 개인의 이익을 공공의 이익에 포함시키는 것이다. 도덕적 품성으로 볼 때 (합법적)개인과 사적이익을 공과 사가 병행하는 사업에 포함시키기를 원하지 않는 사람들은 행정적인 직무를 맡기에 적합하지 않다.[33]

　　이런 말들은 중국인들로 하여금 대경실색하게 할지도 모르지만, 냉정하게 생각해 보면 일리가 없지 않다. 관료는 속세의 음식을 먹지 않는 신선이 아니라, 그도 칠정육욕(七情六欲)을 가진 사람이다. 그가 일을 하는 원동력은 숭고한 사명감에서 비롯되었을 뿐만 아니라 개인 이익의 욕구를 만족시키는 데서도 비롯되었다. 우리는 그들에 대한 요구가 충돌할 때 개인의 이익을 조직의 이익에 종속시키는 것이지, 그들의 개인

33　[美]理查德·斯蒂尔曼,『公共行政学: 观点和案例』, 李方, 杜小敬等译, 中国社会科学出版社, 1998年版, p.424.

적인 필요를 부인하거나 배제하는 것이 아니다. 우리의 문화는 흔히 관료의 '합리적 경제인'이라는 일면을 소홀히 하고, 관료의 '관료정체성'에 대해 지나치게 주시하고 강조하여 그의 '시민정체성'을 소홀히 했다. 정상적인 사람으로서 그리 고상하게 들리지 않는 쌀, 기름, 소금, 간장, 식초, 차와 같은 개인의 이익 추구를 등한시 했다. 관료에 너무 높은 기준을 적용했다가, 일단 그들이 실제 그렇게 높지 않다는 것을 알게 되면 우리는 이를 용인하기 어려울 것이다. 이는 관료의 일면만을 본 것이지, 그의 양면이 나타내는 것을 본 것이 아니기 때문이다.

간단히 말해 서양의 방법은 관료(일단 관료는 개인이고, 그는 동시에 사람이 가진 장점과 단점을 동시에 갖고 있다는 점)를 시민정체성의 시각에서 더 많이 인식하고, 엄격한 법제와 감독체계를 구축하고 현실적인 격려 요소를 부여했다. 일반적으로 그들은 관료의 행위를 세 가지로 나눈다. 하나는 형법 위반 행위이고, 다른 하나는 부도덕한 행위이며, 세 번째는 부적절한 행위로, 세 가지 행위에 대해 각각 다른 방식으로 다룬다. 형법 위반 행위는 당연히 잡힐 수 있으며, 부도덕하고 부적절한 행위는 관직(예를 들어 우리는 서방 국가 관리들이 공금을 부적절하게 사용하여 관리의 직위를 잃었다는 사실을 들었다)을 잃게 될 수 있다. 그러나 클린턴(Clinton) 재임 중의 스캔들 사건은 그가 미국 대통령 직위를 계속 맡는데 영향을 미치지 않았다. 루즈벨트(Roosevelt) 대통령도 스캔들이 있었지만 미국인들이 한결같이 그를 위대한 대통령으로 존경하는 데는 영향을 미치지 못했다. 공금을 부적절하게 쓰면 관직을 잃게 되고, 스캔들에 연루된 대통령은 여전히 대통령이 된다. 중요한 차이점 중 하나는 전자(前者)가 공과 사에 관련된 문제라는 것이다. 공공의 이익을 침해하는 것은 제도가 허용하지 않기 때문에 관리 직위를 잃는 것은 정상적인 일이다. 그러나 후자(後者)는 사적인 일일 뿐, 이것은 도덕적 차원에서 일반적 사회윤리에 어긋나는 문제로 사회에서 비난할 수는 있지만 제재를 가하는 것은 확정적일 수 없다. 도덕적 결함이 있는 사람이 행정적 재능이 있는 사람일 수도 있으니 아쉬워할 필요가 없다. 클린턴이 미국 대통령 선거에 출마했을 때 이미 그의 염문에 관한 소문이 돌았지만 미국인들은 그를 대통령 자리에 앉혔다(물론 클린턴도 나중에 그에 대한 유권자의 신뢰에 빛나는 업적으로 보답했다). 여기서 우리는 시민정체성의 시각에서 바라보는 인식이 가진 관용을 엿볼 수 있다.

그것과 비교하면, 우리는 오랫동안(정부든 민간이든) 도덕을 강조한 문화를 바탕으로 '관료정체성'의 시각에서 관료를 더 많이 인식하였고, 사상교육을 더욱 강조하고 관료의 자각과 자율, 자성에 기대를 걸고 법률과 감독체계의 구축과 보완을 소홀히 하였다(이번 반부패 투쟁에서 조사를 받은 부패한 고급관리들이 많다는 사실은 우리의 법률제도와 감독체계가 완전하지 않음을 충분히 보여준다). 게다가 관리의 행정 행위에서 개인의 이익을 완전히 배제하거나 또는 적어도 정부조직에서 개인의 이익을 논하는 것이 불명예스러운 일이라고 느껴 개인 이익 추구를 포기하게 하였다. 이로 인해 우리는 지나치게 높은 기준을 관료에게 요구하고, 관료의 도덕적 결함이나 잘못에 대해서는 불관용의 태도를 취하여 도덕적 순결성을 지키려 할 수도 있다. 예를 들어, 민간에서 잘못을 저지른 관료의 재기용을 이해하지 못하고 반대하는 태도를 취한다(물론 여기에는 아직도 대중들이 관료 임용에 참여하지 못하기 때문인 이유도 있다). 그 다음으로 도덕적 정당성 때문에 공과 사가 양립할 수 없고, 관료는 자신의 이익이 있을 수 없으며, 적어도 대중 앞에서 정당한 개인 이익을 공개적으로 이야기해서는 안되고, 개인의 이익을 말하는 것을 수치로 여기기 때문에 관료들의 정당한 이익이나 혜택, 또는 복지에서 영향을 받으면 쟁취할 엄두를 내지 못하며, 심지어 겉으로는 고상하게 표현하고 이런 이익과 혜택을 무시하는 것으로 비춰져야 한다. 그러나 사석에서는 불만을 토로하고 행동에 있어서 소극적 태업과 직무유기의 방식으로 거부를 하면서 행정을 하찮게 여기거나 게으름이 뒤따른다.

3. 관료의 두 가지 정체성에 대한 전면적 인식

물론 두 가지 정체성은 관료 자신에게 집중된 것이다. 서양에서는 관료가 합리적 경제인이라는 가정이 비교적 성행하지만 이런 가정에 대한 비판도 흔히 볼 수 있다. 예를 들어 자넷 덴하트와 로버트 덴하트는 "어떤 의미에서 우리의 정부 내에서 적절한 역할이 약화되는 이유는 사악한 목적이나 엘리트의 음모에 있는 것이 아니라 통치(治理)와 관리에 대한 연구가 우리를 단지 자기 이익을 도모하는 것으로 가정했기 때문"[34]

---

34 [美]珍妮特·登哈特, 罗伯特·登哈特, 『新公共服务: 服务, 而不是掌舵』, 丁煌等译, 中国人民大学出版社, 2006年版, p.170.

이라고 지적했다. 왜냐하면 이런 가정을 관료의 직업적 정체성의 숭고성을 간과한 것으로 관료들은 모두 자신의 이익을 추구하는 사람으로 여겨질 뿐, 공공이익을 추구하고, 심지어 공공이익이라는 숭고한 목표를 위해 자신의 이익을 희생할 수도 있다는 가능성이 간과되기 때문이다. 덴하르트가 보기에 "사람들이 공공서비스에 매료되는 이유는 그들이 공공서비스의 가치관에 의해 이끌리기 때문이다. 이러한 가치관은 다른 사람을 위해 봉사하고 세상을 더욱 아름답고 안전하게 만들며, 민주주의를 추진하는 역할을 한다. 즉, 이러한 가치관은 한 지역 사회의 서비스에서 한 시민으로서의 의미의 정수를 보여주었다. 우리는 사람을 기계적으로 덧씌우거나 그들을 마치 자기 이익만을 위하는 것처럼 행동하는 것으로 생각해 동기와 가치관을 억압할 것이 아니라 높은 차원의 동기와 가치관을 육성하고 격려해야 한다."[35]

반면에 우리의 문화는 관료의 도덕적 자율을 강조하고 관료에 대한 사상교육에 더 비중을 두었다. 그러나 사실상 우리 역시 각종 법률과 규정으로 관리의 행위를 제약한다. 이런 법률과 제도 자체가 관료가 실수를 하고 심지어 범죄를 저지를 수도 있다는 가정을 내포하고 있다. 다만 우리가 이 점을 덜 강조하고 있을 뿐이다. 그러나 위에서 언급한 바와 같이 도덕 윤리에 대한 강조는 우리의 법제 건설에 대한 소홀함을 초래할 수 있다. 이런 소홀함의 결과는 일부 관료들이 법률과 제도의 허점을 이

---

35   [美]珍妮特·登哈特, 罗伯特·登哈特, 『新公共服务: 服务, 而不是掌舵』, 丁煌等译, 中国人民大学出版社, 2006年版, p.163.

용하여 부정부패를 저지르거나 법률을 무시하는 동시에 대중들이 체제 밖의 길을 걷도록 하였다. 특히 인터넷을 이용하여 반부패 활동 또는 관료에 대한 감시를 하다가 최후에는 앞에서 언급한 과격한 상황들이 나타났다.

따라서 정부든 민간이든 관료들을 두 가지 정체성의 시각에서 인식할 필요가 있다. 과거에는 관료의 직업적 정체성을 더 많이 고려했다면, 부패척결과 청렴(反腐倡廉), 깨끗한 정치(政治清明)를 향해 가는 오늘날에 있어서 우리는 먼저 관료의 시민정체성을 고려하고, 관료의 합리적 경제인의 면모를 고려해야 한다. 이런 점에서 출발하여 해당되는 법률과 제도를 구축 완성함으로써 권력에 대해 효과적으로 제약하고, 관료의 행위를 규범화시키고, 관료에 대한 감독체계를 완성해야 한다. 고위간부 재산공개제도를 실시하면 국민들의 시기와 의심도 사라질 것이다. 돈 많은 관료가 돈을 많이 쓰는 것도 사실 정상적인 일이니, 남몰래 할 필요가 없다. 공금으로 먹고 마시는(공무 접대 제외) 청구제도(报销制度)가 불가능해졌을 때 대중들 또한 더 이상 관료를 지켜볼 필요가 없어지고, 관료들 스스로 먹고 마시는 자유가 생긴다. 국민들의 질책을 두려워할 필요가 없고 먹고 마시는 것도 포기할 필요가 없다. 시민에 대한 최저 요구는 법을 지키는 것이며, 이것은 그리 높지 않은 요구이다. 사회가 관리에게 더 높은 요구를 할지라도 합리적 경제인, 즉 시민정체성의 측면에서 고려해 볼 때 우리는 관료에게 지나치게 높은 도덕적 요구를 하지 않을 수 있다. 왜냐하면 이러한 정체성으로는 그들이 우리와 같은 사람들이기 때문이다. 이렇게 되면 관료의 잘못이나, 흠집 또는 단점(물론 위법한 범죄와 관련된 행위는 포함되지 않음)에 대해 몽둥이로 때려 죽이려는 태도가 아닌 관용으로 포용할 수 있고, 관료들에 대해서 상해를 입히거나 공공의 이익에 영향을 주지 않는 사사로운 행위를 하는 것도 이해하는 태도가 생길 수 있다.

다음으로 우리는 당연히 관료의 직업적 정체성도 고려해야 한다. 이 정체성은 관료에게 영예를 주고, 또한 관료에게 책임도 주었기 때문이다. 이러한 영예는 개인의 지위와 명성이 아니라, 무슨 무슨 '장(長)'이나 '주석(主席)', '주임(主任)'이 주는 기쁨이나 자기 만족이 아니라 대중에게 봉사하는 그러한 만족이다. 이러한 인식을 갖추면 관료들은 공과 사의 관계를 잘 처리할 수 있고, 조직의 이익과 개인 이익의 관계를 잘 처리할 것이다. 이런 인식에서 출발하여 어떻게 관료들의 도덕적 수준을 향상시킬 것인가를 고려해야 한다. 여기에는 주로 두 가지를 포함한다. 하나는 직업윤리로서 정부에서는 행정윤리라고 할 수 있다. 둘째는 개인의 품행이다. 폴 애플비는 정부체제의 도덕성에 대해 말하면서, 세 가지 가장 기본적인 도덕적 품성을 가리켰다. 즉, 낙관과 용기, 인자한 공정성이다. 낙관은 사람에게 최대한 사물의 밝은 면을 보도록 하고, 사람들로 하여금 각종 모호하고 자기 모순적인 일에서 자신감을 잃지 않게 하고, 행위의 목적성을 강화하여 수동적인 면을 감소시킬 수 있다. 용기란 포부와 책임감, 그리고 빈둘거림에 대한 한스러움이다. 용기는 사람이 원칙을 지킬 수 있도록 하여 어려움 앞에서 움츠러들지 않고 누군가에게 고통을 줄 수 있는 결정을 내릴 수 있다. 다음으로 인자함과 연결된 공정함이다. 정부는 가치의 권위적 배분자로 그가 사용하는 계량화가 불가능한 척도는 정의와 사회복지다. 권력은 공정하고 동정심이 많은 상황에서 행사되어야 한다. 인자함은 관료들의 의사결정에 있어 정보 부족과 사심 개입에 도움을 주는 역할을 하며, 그렇지 않으면 의사결정이 공정해지기 어렵다. 인자함은 강제적인 수단이 아니라 권유하는 것을 강조하고, 사람들의 행복한 생활(美好生活)에 대한 동경을 북돋워준다. 이런 동경이 없으면 정부는 현존하는 특권을 보호하는 우울한 방어장벽이 될 것이다.[36] 애플비가 여기에서 지적하는 것은 행정윤리를 말하며, 그 밖에 도덕은 개인의 자질과 품격 방면의 내용도 포함한다. 예를 들어 우리가 흔히 강조하는 성실, 단정, 선량, 정의감 등이다. 우리는 관료들이 행정윤리를 잘 준수할 뿐만 아니라, 양호한 개인 도덕도 잘 갖추기를 기대한다.

관료의 두 가지 정체성이 한 데 공존한다는 전반적인 인식, 특히 관료의 시민정체성에 대한 인식으로의 회귀는 조정 과정이 필요하며, 이 과정은 정치생태의 변화뿐만 아니라 전체 사회생태의 변화와 연결되어 있을 뿐만 아니라 깨끗한 정치, 경제적 진보, 문화의 변화와 도덕적 향상과도 관련된다. 이러한 과정의 발전을 촉진시키는 데 도움이 되기 때문에 정부든 민간이든 이와 같은 인식의 회귀는 필수적이라고 하겠다.

---

36   [美]理查德·斯蒂尔曼, 『公共行政学: 观点和案例』, 李方, 杜小敬等译, 中国社会科学出版社, 1998年版, p.435.

국가 거버넌스의 현대화와 기구개혁*

요약: 기구개혁은 국가 거버넌스 현대화의 배경 하에서 이해해야 한다. 국가 거버넌스의 현대화는 기구개혁의 목표일 수도 있고 기구개혁의 수단이 될 수도 있기 때문이다. 초기의 기구개혁은 주로 효율을 높이는 데 중점을 두고 절차와 기술을 위주로 하는 개혁이었으며, 구조개혁은 미흡했다. 미래에 기구개혁이 그 목표를 달성하려면 구조개혁으로 무게 중심을 옮겨야 한다. 이 개혁의 초점은 권력에 있으며, 개혁은 민주정치, 시장경제와 법치국가의 원칙에 따라 정부권력의 합법성 원천과 권력의 경계 및 권력의 행사를 둘러싸고 전개되어야 한다. 구조개혁은 체계적 사고와 전체적 추진, 탑레벨 디자인(顶层设计)과 기층 혁신, 동력 강화와 저항력 감소, 그리고 점진적 방법과 급진적 방법 등의 개혁적 전략을 고려해야 한다.

1. 기구개혁의 사명

기구개혁과 국가 거버넌스 현대화를 연결시킨 것은 국가 거버넌스의 현대화가 기구 개혁에 있어 목적일 수도 있고 수단일 수도 있기 때문이다.

* 　이 논문은 『学术界』, 2016, Vol.11, pp.16-25에 수록되었다.

우선, 기구개혁의 목적은 국가 거버넌스의 현대화를 실현하는 것이다. 비록 오늘날 국가 거버넌스의 주체는 이미 다원화되었지만, 중국에서는 주요 주체가 여전히 정부라는 점은 의심할 여지가 없다. 정부는 국가의 통치 과정에서 대체할 수 없는 역할을 발휘하고 있다. 그 밖에 목적의 시각에서 볼 때 국가 거버넌스의 현대화는 현대 국가 건설의 필수불가결한 구성 요소이다. 현대 국가의 주요 특징을 가장 정제된 말로 요약하자면 시장경제, 민주정치와 법치국가다. 이 세 가지는 공공관리와 관련된 세 가지 가장 중요한 구성 부분인 경제, 정치와 법률에도 바로 대응한다. 2008년 중국공산당 17차 2중전회에서 통과된 「행정관리체제 개혁 심화에 관한 의견(关于深化行政管理体制改革的意见)」에 따르면 기구개혁이 지켜야 할 기본 원칙은 "사회주의 시장경제체제 견지와 완성에 부응하고 사회주의 민주정치와 법치국가 건설에 서로 조화를 이룬다"는 것이다.[37] 이렇게 해서 기구개혁은 국가 현대화의 차원으로 격상됐다. 이런 전략적 차원에서 기구개혁을 기획하고 진행하면 기구개혁의 목표를 더욱 잘 실현할 수 있다. 즉, 중국공산당 18대 보고서가 제시한 '직능과학(职能科学), 구조 최적화(结构优化), 고효율 청렴결백(高效廉洁), 인민들이 만족하는 정부'를 실현할 수 있을 것이다.

다른 한편, 국가 거버넌스의 현대화는 기구개혁의 수단이 될 수도 있다. 기구개혁과 관련된 행정체제는 국가 거버넌스체계의 일부분으로,

---

37 「关于深化行政管理体制改革的意见」, (2008年 2月 27日 통과, 2008年 3月 4日 발표), 中国政府网, http://www.gov.cn/jrzg/2008 03/04/content_909225.htm.

국가 거버넌스체계는 행정체제 뿐만 아니라 정치체제, 경제체제, 문화체제와 사회체제를 포함한다. 기구개혁이 국가 거버넌스의 현대화를 실현하려면 반드시 기타 체제 개혁과 상호작용을 해야 하고, 특히 정치체제 개혁의 지지와 협조를 받아야 한다. 이 때문에 기구개혁은 수단과 전략에 있어 개혁을 더욱 큰 체계에 두고 생각할 필요가 있으며, 체계의 다른 부분의 협조와 지지가 없으면 기구개혁은 결국 그 목표를 달성하기 어려운 것이다.

기구개혁이 이와 같은 사명을 완성하려면 구조와 절차 두 가지 측면에서 개혁을 진행해야 한다. 구조와 관련된 것은 관계 문제, 절차 또는 기능 간의 배열 조합과 이에 따른 체제 구조 문제이다. 이것은 정부 내부 조직 층차 간의 관계와 부문 간의 상호관계 뿐만 아니라 이로 인해 발생하는 권력관계와 조직기능의 이행문제도 포함된다. 예를 들어, 입법기구와의 관계는 중국에서 집권당과의 관계와 관련되어 있다. 정부의 운영은 이러한 외부 조건과 떨어질 수 없기 때문이다. 절차가 관련된 것은 과정과 기술적 문제이다. 이는 주로 정부 내부의 운영 차원, 예를 들어 직능의 이행, 행정산출, 성과관리, 시장화, 기업화 운영방식 등을 말한다. 절차개혁이 해결해야 할 것은 정부의 효율성을 어떻게 향상시키느냐 하는 문제이다. 즉, 정부가 어떻게 더 잘 할 수 있느냐 하는 문제로 기술적 문제이다. 그리고 기구개혁은 왜 해야 하는가, 왜 정부의 효율성을 높이려 하는가, 효율성을 높이려는 목적은 무엇인가 등, 이것은 가치의 문제이다. 그것은 정치적 차원의 문제와 더 많이 관련되어 있다. 기구개혁에서 구조와 절차 즉, 관계와 과정 이 둘은 서로 보완하고 서로 촉진하는 관계이다. 양쪽 모두 상대방이 자신이 존재하는 조건이며, 관계는 절차 운영의 목적과 방식을 규정한다. 이러한 관계 없이 운영의 목적과 방식을 정하면 운영은 진행될 수 없다. 그리고 절차는 관계의 설정과 재설정에 필요한 출처를 제공한다. 이런 출처가 없으면 관계 자체도 존재할 수 없다.

일반적으로 기구개혁의 대상은 정부이지만 개혁의 목표는 정부의 업무효율을 높이고 국민들이 만족하는 정부가 되는 것이다. 그러나 절차와 기술 개혁만으로는 이러한 사명을 완수할 수 없다. 그 이유는 절차가 보통 구조에 의해 결정되기 때문이다. 예를 들어 권력구조에 결함이 있는 상황에서, 효율성 추구는 흔히 관료 개인의 공적에 대한 추구로 발전할 수 있지만 국민의 만족과 무관하며, 심지어 이와 같은 추구는 대중의 권리와 사회이익에 대해 해가 될 수 있다. 이는 기구개혁이 단순히 절차의 개혁에 국한되지 않고 구조개혁을 동시에 추진해야 한다는 뜻이다.

중국은 1980년대부터 지금까지 기구개혁을 돌이켜 보면 최초의 설계는 더욱 큰 정치체제 개혁 안에서 기구개혁을 고려한 것으로, 이것은 주로 1988년의 제2차 기구개혁에 나타난다. 이때 개혁의 주제는 '당정분리(党政分开)'로 이것은 덩샤오핑(邓小平)의 개혁 방향을 따랐다. "개혁의 내용은 먼저 당정이 분리되어 당이 어떻게 잘 지도하는가의 문제를 해결하는 것이 관건이고 최우선이 되어야 한다. 두 번째 내용은 권력을 하방(下放)하는 것으로 중앙과 지방의 관계를 해결하는 동시에, 지방 각급도 권력을 하방하는 문제가 있다. 세 번째 내용은 기구를 간소화하는 것인데, 이것은 권력의 하방과 관계가 있다."[38] 이러한 개혁의 논리는 정부의 기구개혁이 먼저 당정분리와 권력 하방이라는 이 두 가지 외부조건의 변화, 즉 당정관계와 권력체제의 개편이 필요하다는 것을 분명하게 보여준다. 당정분리가 당과 정부의 권력경계 문제를 먼저 해결하기 때문에 이것은 정부의 권력하방을 위한 기초를 제공한다. 권력의 경계가 명확하지 않은 상황에서 각급 정부 간의 권력경계 문제를 해결할 수 없고, 개혁에 따라 출현한 국가와 시장, 사회 간의 경계 문제를 해결할 수 있기 때문이다. 그리고 세 번째가 바로 정부 자체의 기구개혁이다. 제2차 기구개혁은 1982년의 제1차 기구개혁을 더욱 뚜렷하게 추진했다. 1982년의 개혁은 기구를 간소화하고 인원을 감축하는 것을 중심으로 하는 전형적인 절차개혁으로 기구와 인원의 간소화로 정부의 지출을 줄이고 정부의 효율을 높이는 데 목적을 두었다. 제2차 기구개혁은 기구 간소화와 인원 감축 및 조직 기구 합리화의 절차개혁을 실시하는 동시에 구조적 개혁도 진행했다. 이는 당과 정부의 관계, 당과 법률의 관계(개혁은 당이 반드시 법률의 틀 안에서 활동해야 한다고 명확히 제기), 당과 정부의 권력관계, 당의 지도방식 문제, 공무원의 국가화 관리문제 등의 개혁과 관련된다. 이번 개혁은 정부의 범위를 크게 뛰어 넘어섰고 처음으로 기구개혁과 동시에 당과 정부 두 부문(당의 일부 조직과 그 관리 방식도 개혁에서 변화)을 포함하였으며, 개혁은 그 당시 보다 광범위한 정치체제 개혁과 연계되어 정치체제 개혁의 도움을 빌어 정부 자체의 기구개혁만으로 해결할 수 없는 문제를 해결했다. 그러나 기구개혁은 이후의 발전에서 이 같은 개혁의 논리를 이어가지 못했고, 즉, 앞의 두 단계를 완성하지 못한 상황

---

38   『邓小平文选』第3卷, 人民出版社, 1993年版, p.177.

에서 세 번째 단계에 들어간 것이다. 그래서 그 이후의 기구개혁은 구조와 정치 분야의 개혁에서 벗어나 주로 정부 내부의 절차와 기술적 측면의 개혁을 중심으로 지금까지 지속되었다.

2. 절차개혁 및 한계

중국의 기구개혁은 1982년부터 지금까지 7차례 진행되었고, 30여 년이 걸렸다. 만약에 7차례 기구개혁의 특징을 정리하면 위에서 언급한 2차를 제외하고 대체적으로 '정부 내부 절차의 개혁'으로 요약할 수 있다. 그 내용은 다음과 같은 몇 가지를 포함한다. ① 기구와 인원의 간소화와 재구성. 이것은 주로 초기 4차례의 개혁에서 나타난다. 행정효율을 높이고 행정지출을 절감하기 위해 정부의 규모는 축소하고 인원은 줄이기 시작했다. 제4차 개혁에서 중앙정부 기구와 인원은 모두 2분의1로 줄었다. 중앙정부 부문은 1982년 100개에서 2013년에는 27개로 줄었다. ② 정부 기능의 조정. 정부 기능의 조정은 우선 경제체제의 전환에 따라 진행되었다. 20세기 90년대 시장경제체제는 원래의 계획경제체제를 대체했기 때문에 정부에게는 시장경제체제에 어떻게 적응하느냐 하는 문제가 있었다. 그래서 개혁은 정부의 기능 전환을 내세웠고, 이것은 나중에 개혁의 중심이 되었다. 20세기 90년대 이후 몇 차례의 개혁은 모두 이점을 반영했다. 예를 들어, 제4차 기구개혁은 계획경제 하의 자원배분 방식인 10개의 산업경제관리 부문을 폐지하고, 제5차 기구개혁은 정부 부처 개편을 단행해 은행감독위원회, 증권감독위원회 등 시장경제체제의 특징에 더욱 부합하는 기구를 설립했다. 제6차 기구개혁은 대부처제(大部制)를 만들어 정부의 비슷한 기능을 통합시켜 정부 직능의 중첩과 교차를 줄였다. ③작동방식의 변화. 우선 관료제 조직 내부를 상명하달(自上而下)식의 작동방식으로 움직이는 토대 아래에서 정부와 기타 사회 조직의 횡적 작동을 증가시켰다. 이것은 정부 운영, 특히 공공서비스 제공에 시장 메커니즘을 도입한 결과이다. 전통적인 행정에서 정부는 공공서비스의 유일한 생산자이자 공급자였고, 개혁의 한 결과는 정부 생산자와 공급자 역할의 분리이며, 다른 사회 조직이 공공서비스를 제공하는 기능을 맡기 시작하면서 정부와 이런 조직 간에 위탁과 대리관계가 확립되었다. 그 밖에 일부의 사회 조직들은 사회 자원배분에서의 역할을 발휘하기 시작해, 공익 유형의 단체, 자선단체 등은 어느 정도 원래 정부가 수행하던 기능을 수행하게 되었다. 그 다음으로 운영은 정교화되어 그리드화(网格化) 운영에서 두드러지게 나타났다. 그리드화 작동은 틈새 없는 운영을 바탕으로 발전해온 중국 특색을 가진 운영 방식이다. 그것은 원래의 굵은 선(粗线条) 관리 방식을 바꾸었다. 또한 정보 기술의 발전에 힘 입어 운영 과정에서 날로 전자화, 그리드화 방식을 채택하여 행정효율을 높였다. ④운영을 중심으로 관련 규정과 제도를 구축했다. 성과관리제도, 정보공개제도, 문책제도 등이 비교적 현저하게 나타난다. 한마디로 전기(80년대부터 90년대까지) 개혁의 주제는 기구와 인원을 간소화하는 것이고, 후기(90년대부터 지금까지) 개혁의 주제는 정부 기능의 전환이다. 이런 절차개혁의 방향은 기술과 절차의 개선, 조직구조와 조직기능의 합리화를 통해 정부의 업무효율을 향상시키는 것으로 나타났다. 정부 내부 절차를 둘러싼 개혁과 추진은 다음과 같은 몇 가지 요소의 영향을 받았다.

우선 구조개혁 좌절에 따른 영향이다. 제2차 기구개혁과 관련된 구조적 개혁의 난이도, 민감성과 이에 상응하는 준비가 부족해 이번 개혁은 기존의 생각대로 계속 되지 못했다. 이는 상당 부분 기술과 절차를 중시하는 방향으로 전환시켜 개혁을 추진했다.

다음은 실적 추구에 대한 영향이다. 개혁개방 초기의 목표는 가능한 한 짧은 시간 내에 중국의 경제적 빈곤과 낙후된 면모를 바꾸는 것이었다. 이 목표를 달성하기 위해 개혁은 추월전략을 실시했다. 구체적인 방법은 계획경제를 포기한 후 정부 주도적인 시장경제를 실행하여 정부의 힘으로 경제의 빠른 성장을 추진하는 것이다. 이는 개혁 초기에 효율과 공평 둘 사이에서 우리가 망설임 없이 전자를 선택했음을 보여준다. 이 같은 효율성은 상당 기간 GDP 증가로 나타났다. 그래서 정부의 기구개혁은 어느 정도는 자체 개혁을 통해 경제성장을 촉진한 것이다. 이처럼 정부의 기구개혁은 절차와 기술 개혁(조직 재구성, 기능조정, 인원감축, 성과평가체계 도입, 정보기술 운용, 지방정부 간 경쟁, 행정심사비준(行政審批) 감소 등)으로 전환되어 합리적인 분석이 가능하게 되었다. 이러한 개혁이 정부의 효율성을 높이는 데 도움이 되고, 정부의 효율성은 그동안 경제 발전에 있어 매우 중요한 역할을 했기 때문이다. GDP에 대한 추구는 2004년 '서비스형 정부(服務型政府)'가 제기된 후에 다소 바뀌었고, 정부 기능은 경제 추구에서 사회관리와 공공서비스로 바뀌었다. 그러나 공공서비스 제공에도 정부 자체의 효율성 문제가 있다. 예를 들어 정부가 공공서비스를 독점적으로 제공하는 방식을 바꿔 다양한 사회 조직이 공공서비스를 제공하는 데 참여하는 것은 분명히 좋은 방식이다. 그 밖에 정부의 입장에서 성과는 국민의 정부에 대한 인정과 자신의 합법성과 관련된다. 절차개혁도 정부의 업무효율을 향상시키고 공공서비스 제공을 개선하는 데 도움이 된다.

마지막으로 새로운 공공관리의 영향이다. 거의 중국의 기구개혁과 동시에 진행된 '신공공관리(新公共管理)'라는 기치 아래 나타난 서방 국가의 정부개혁 운동은 중국의 기구개혁에 깊은 영향을 미쳤다. 새로운 공공관리의 핵심은 정부를 기업화된 정부로 개혁하고 시장화된 메커니즘을 활용하여 공공서비스를 제공하는 것이다(예를 들어 민관협력, 위탁인과 대리인 관계, 서비스 아웃소싱, 정부조달, 공공서비스 구매 등). 이것은 절차 기술 특색이 매우 뚜렷한 개혁으로 그 배경에는 글로벌 경제통합 시대에 정부가 기업처럼 경쟁력을 강화해야 한다는 이유가 있다. 이러한 개혁의 방향은 분명히 중국의 기구개혁에 영향을 미쳤으며 정부의 효율성과 경쟁력 제고를 강조하는 중국의 기구개혁과 잘 맞아 떨어지기 때문이다. 그래서 우리는 새로운 공공관리 방법들이 중국 정부 운영에 도입되는 것을 보았다. 예를 들어 성과평가, 균형성과표(Balanced Score Card)는 중국의 서로 다른 급의 정부와 공공부문에서 활용되었다. 민관협력은 정부의 양로서비스 구매, 정부조달, 결과지향적 운영 등과 같이 공공재와 공공서비스를 제공하였다.

절차의 개혁은 정부의 업무효율을 높이고 어떻게 더 잘하느냐는 기술적 이성 문제를 해결하는 데 목적을 둔다. 하지만 왜 이렇게 해야 하는

지에 대한 가치 이성적 문제는 여전히 풀리지 않고 있다. 기구개혁 이후에 구조적 개혁을 회피하거나 지연시켰기 때문에 우리는 이 개혁의 부족함이 가져온 문제를 볼 수 있다. ①기능전환은 기능의 포지셔닝이라는 기본적인 문제를 해결하지 못했다. 정부의 권력경계가 명확하지 않기 때문에, 정부가 시장, 사회와의 3자 관계에서 자리를 넘어서거나, 자리를 비우고, 자리를 잘못 잡는 등의 상황이 자주 나타난다. 정부-기업 분리, 정부-사회 분리 개혁은 여러 해 논의되었음에도 아직도 지지부진해서 중국공산당 제18차 전국대표대회(이하 중국공산당 18차 당대회)에서 여전히 이 방면의 개혁을 추진하는 것을 강조하고 있다. 정부의 강력한 지위는 사회의 다른 조직들을 억압하게 만들고, 이로 인해 전체 사회의 활력이 부족하게 된다. ②개혁은 정부권력에 대한 효과적인 감독과는 거의 연관되지 않기 때문에 부패가 성행하고 정부의 공신력이 떨어지게 된다. 「인민논단(人民论坛)」의 "향후 10년 10대 도전"의 천인 설문조사에 따르면 "부패문제가 국민이 감당 할 수 있는 한계를 돌파하는 것"이 1위로 82.3%의 응답자가 이 항목을 선택했다. 정부권력에 대한 감독 부족도 권력이 국민 앞에서 오만하게 만들고, 민관관계의 긴장과 집단적 사건의 빈발도 유발했다. 조사에서 3위를 차지한 도전은 기층간부와 대중의 충돌로 응답자의 63.2%가 선택했다.[39] ③기구개혁은 운영체제의 변화를 가져오지 않았다. 대부처제 개혁의 경우 형식상 조직분리와 합병을

39 『人民论坛』, "千人问卷" 调查组, 「"未来10年10大挑战"调查报告」, 『人民论坛』, 2009年, 第24期.

완성했으나 기대하던 운영체제(즉, 의사결정권, 집행권과 감독권 3자간의 상호 제약과 상호조율) 상의 변화를 가져오지 못했다. ④ 정부 자신의 이익과 관련된 개혁은 진척시키기 어렵다. 행정심사비준 개혁을 예로 들면 개혁이 20여 년 동안 진행되었으나 줄곧 크게 진전되지 않았다. 이번처럼 강도 높은 행정심사비준 개혁에도 불구하고, 국가행정학원(国家行政学院)의 조사 자료에 따르면 "조사대상 기업들의 71.4%는 반드시 행정심사비준을 계속 취소, 축소시켜야 하고 개혁의 수준을 높여야 한다고 생각했다."[40] 이유는 이 개혁이 본질적으로 정부에 속하지 않는 권력을 빼앗는 개혁이며, 정부 자신의 이익과 직결되기 때문이다. 이 모든 것은 절차와 기술 개혁만으로는 문제들을 해결할 수 없다는 것을 보여준다. 그리고 시간이 지날수록 부정적인 문제가 끊임없이 확대되고 있다. 따라서 미래 기구개혁의 핵심은 반드시 구조적 개혁으로 바뀌어야 한다.

3. 기구개혁의 지향

절차개혁의 목표가 지향하는 것이 효율이라면 구조개혁이 지향하는 것은 권력이다. 구체적으로 말하자면 이 권력은 세 가지 측면, 즉 권력의 출처, 권력의 경계 및 권력의 행사와 연관된다. 따라서 이와 같은 문제들

은 모두 권력과 연계된 것이기 때문에 개혁이 다소 핵심적인 권력문제를 피하고, 정치체제의 개혁을 피했으며, 절차에 착안하여 구조적 개혁을 소홀히 한 탓에 나타난 것이다. 만약에 전기 개혁이 시장경제, 사회관리와 공공서비스에 적응하는 것을 목표로 했더라면, 구조개혁의 목표는 훨씬 더 방대해져 민주정치, 시장경제 및 법치국가와 관련된 정부권력 문제를 해결하고 이와 관련된 가치 이성 문제를 해결해야 한다.

첫째는 민주정치다. 민주정치는 정부권력 원천의 합법성, 권력에 대한 제약, 문책 및 대중의 공공관리 참여 문제와 관련된다. 중국공산당 18차 당대회 보고에서 정치체제 개혁에 대해 "민주적 제도를 보완하고 민주적 형식을 풍부하게 하여 인민들이 법에 따라 민주적 선거, 민주적 정책, 민주적 관리, 민주적 감독을 실시하도록 보장해야 한다"고 밝혔다.[41] 여기서 민주적 선거가 핵심 문제로, 그것은 정부권력의 합법성의 원천이며, 합법성은 정부가 어떤 일을 행하는 기초가 되는 것으로 민주적 의사결정, 관리와 감독 모두 민주적 선거에서 나오는 권력 합법성에 기반을 두고 있다. 권력이 국민으로부터 부여되는 것이 아닐 때 민주적 의사결정, 관리와 감독도 발원지 없는 물과 뿌리 없는 나무가 되며, 그것은 단지 지도자의 개인적 기호에 달려 있다. 중국에서 민주적 선거의 한 가지 문제는 일부 정부관료들이 인민대표대회 선거를 통해 선출되는 형식이지만, 실제 운영에 있어서 관료들은 상부의 임명을 통해 직위를 얻

---

41 「中国共产党十八大报告」(2012年 11月 8日), 中国网, http://news.china.com.cn/politics/ 2012 11/20/content_27165856.htm. 구체적으로 제5부분 "중국특색사회주의 정치발전의 길 견지 및 정치체제개혁" 참조.

는 경우가 더 많다는 것이다. 이러한 방법이 낳은 부정적인 결과는 다음과 같다. 첫째, 대중과 관료 사이에 직접적인 관계가 없으며, 심리적으로 나와 아무런 관계가 없다는 느낌을 줄 수 있다. 둘째, 상부 임명으로 인해 관료들은 국민에 대한 책임보다는 상부에 더 많은 책임을 지게 된다. 관료가 되는 것의 여부는 국민과 관계가 없기 때문에 권력이 국민 앞에서 오만하게 되고 주종 관계가 전도된다. 또 다른 문제는 민주선거 절차 상의 문제로 주로 선거에서 뇌물을 쓰는 것이다. 최근 드러난 랴오닝성 (辽宁省)의 광범위한 뇌물 선거는 절차 상의 문제를 반영하였다.

정부관료의 합법성을 강화하기 위해 중국의 정부관료들은 주로 다음과 같은 세 가지 경로를 통해 국민들의 인정을 받는다. 첫 번째는 정부의 실적 향상을 통해 이러한 합법성과 국민들의 인정을 받는 것이다. 국민이 만족하는 정부를 건설하는 것은 어느 정도 정부 합법성의 원천을 해결하는 방법이라고 할 수 있다. 두 번째는 내부의 엄격한 규율과 상벌 제도를 통해 국민들에게 정부에 대한 인정을 받는 것이다. 예를 들어 뛰어난 사람은 승진 시키고 용속한 사람은 조정하며 부패한 자를 제거하는 등 정부의 이미지를 향상시키고, 정부의 공신력을 높이는 것이다. 세 번째는 일부 민주적 형식의 대중참여(예를 들어 민주간담회, 민주협상제도, 대중참여 의사결정 등)을 통해 정부와 국민간의 관계를 조화롭게 만드는 것이다.

그러나 이상의 방법을 통해 합법성을 강화하는 것만으로는 부족하다. 그 주요 원인은 다음과 같다. 먼저, 정부의 정치적 업적 향상에 따라 국민의 수요도 높아지기 때문에 정부에 대해 더욱 많은 요구를 제기할 수 있다. 다음으로, 정부의 실적이 반드시 안정적일 수 없으며, 종종 불확실한 대내외 환경요소의 제약을 받는다. 실적이 부진하거나 성과가 없거나 높지 않으면 국민들의 지적을 받아 정부 공신력이 떨어지고 정부의 합법성을 의심받을 수 있다. 내부의 규율과 상벌 제도가 관습의 영향을 받을 수도 있다. 예를 들어 실적이 아닌 연차에 따라 승진하고 능력 없는 사람이 높은 자리에 있는 등은 비교적 흔히 볼 수 있는 현상들이다. 마지막으로, 관료의 부패가 정부의 이미지에 영향을 미치고 있다. 민주적 형식의 대중참여도 형식적인 것일뿐 실질적인 문제를 해결하지 못한다. 민주적 선거, 의사결정, 관리와 감독이라는 기본적 틀이 아직 완전한 구조를 갖추지 못했기 때문이다. 이 문제를 해결하는 가장 좋은 방법은 법에 따라 국민들이 민주적 선거에 참여할 권리를 보장하고 실현하는 것이다.

따라서 구조개혁은 우선 민주적 선거제도를 개혁하고 보완해, 권력의 합법성 원천 문제를 해결해야 한다. 과거의 기구개혁을 보면 민주적 의사결정, 민주적 관리와 민주적 감독 측면에서 많은 개혁을 실시했다. 예를 들어, 정책결정 과정에서 대중참여 및 관료에 대한 문책 등이다. 그러나 민주적 선거에서는 개혁의 역량이 부족하다. 물론 공개선발(公选)과 차액선거(差额选举;입후보자가 당선자수보다 많은 선거방식) 등의 개혁 노력이 있었던 것은 사실이지만 이 정도로는 턱없이 부족했다. 사회주의에서 민주의 본질은 인민이 주인이 되는 것(人民当家做主)으로 "인민민주는 사회주의의 생명이다."[42] 관료가 국민에 의해 선택되고 국민의 감독을 받아

---

42 「中国共产党十八大报告」(2012年 11月 8日), 中国网, http://news.china.com.cn/politics/

야만 비로서 진정으로 국민에 대해 책임질 수 있다.

둘째는 시장경제다. 시장경제와 관련된 구조개혁이 해결해야 할 문제는 정부의 권력경계 문제, 즉 정부와 시장(및 사회와)의 관계 문제이다. 이것은 오래된 문제이자 기구개혁 몇 년 동안 줄곧 효과가 뚜렷하지 않은 문제였다. 이 문제의 본질은 정무와 시장 중 누가 자원 배분을 주도하느냐의 문제이다. 양자 간의 경계가 명확하지 않은 데에는 그 역사적인 원인이 있다. 중국에서 시장경제체제는 자연적 발전의 결과가 아니라 구축된 것으로 구축자는 바로 정부이다. 이는 적어도 일정 기간 내에 정부 주도의 구조를 결정짓는 것이다. 개혁 초기 이 같은 정부 주도의 시장경제모델은 당초의 추월전략에 상응하는 것이었다. 초기의 중국 경제발전을 보면 이 경계의 모호함(예를 들어 정부와 밀접하게 연결된 경제개발구, 정부의 금융, 주식시장 등에 대한 심도 있는 개입 등)은 중국 경제의 고속 발전을 가져왔을 뿐만 아니라 일련의 문제점도 낳았다. 이로 인해 정부의 기능 전환 측면에서 여러 차례 기구개혁을 진행했으며, 전반적인 방향은 정부의 기능을 시장체제의 요구(예를 들어 앞에서 언급한 계획경제 시기의 공업경제 관리 부문 폐지, 시장경제 대응 부문의 설립 등)에 적응하게 하는 것이다. 그러나 배후의 권력 문제를 건드리지 않았기 때문에 개혁(주로 행정심사비준제도로 표현되는 개혁)은 단지 간단한 행정심사비준 항목의 감소와 취소에 그쳤으며, 개혁은 계속 정체되어 있었다. 중국이 경제 뉴노멀에 진입한 후

2012 11/20/content_27165856.htm. 구체적으로 제5부분 "중국특색사회주의 정치발전의 길 견지 및 정치체제개혁" 참조.

에 중공18차 당대회에서는 시장이 자원배분에서 결정적인 역할을 발휘하도록 하겠다고 제기했다. 이것은 정부가 아닌 시장 주도로 자원배분이 이뤄져야 함을 의미한다. 그러나 이에 앞서 우선 시장과 정부 양자 간의 경계 문제를 해결해야 한다. 제7차 기구개혁은 이 방면에서 난관을 극복하여, 행정심사비준제도 뒤의 핵심적인 정부권력 문제와 관련해 정부기구 간소화 및 권한이양과 권한 리스트를 제시하고, "법이 부여하지 않은 권한은 이행하면 안된다"는 원칙 아래 행정심사비준 개혁을 추진했다. 그러나 문제는 권한 리스트의 수립이 정부 내부에 국한되어 있다는 점이며, 이는 두 가지 문제를 초래한다. 하나는 이 권한 리스트의 확립에 사회와 외부 관계자의 참여가 부족하다는 것이다. 그렇기 때문에 사회와 관련자들에게 어느 정도 인정 받을지는 확실하지 않다. 또 하나는, 행정심사비준 항목의 감소나 취소가 상위의 법률적 차원에서 확정된 것이 아니기에 그 결과가 불확실한 경우가 많다. 오늘은 항목을 축소하고 내일은 늘이거나 집행을 제대로 하지않는 등 과거에 발생했던 일들이 재발하는 것이다. 게다가 권력에 대한 효과적인 감독이 결여된 상황에서, 어떻게 정부가 진정으로 기구를 간소화하고 권한을 하부 기관에 이양(簡政放权)할 수 있을까? 누가 정부권력을 제한하고 정부권력의 운영을 감독할까? 그렇기 때문에 중국공산당 18차 당대회에서 경제 뉴노멀 하에 시장이 자원배분에서 결정적 역할을 하도록 해야 한다고 제기했지만, 정부주도 모델은 아직까지 뚜렷한 변화가 나타나지 않고, 정부권력의 경계는 여전히 불분명하며, 정부의 기능 남용, 결여, 부재 현상은 근본적으로 바로잡지 못하고 있다.

세 번째 지향점은 법치국가다. 여기서 기구개혁과 관련된 것은 정부권력의 운영 문제이고, 권력의 운영은 법률과 규정으로 규범화해야 하며, 이와 관련된 몇 가지 사항은 다음과 같다.

첫째, 법률과 규정의 완비. 개혁개방 이후 정부의 법제건설이 큰 발전을 이루었음에도 불구하고 아직도 보완할 점이 있다. 정부 활동의 경우 통상 조직법, 공무원법, 행정절차법 등 세 가지 법으로 지탱된다. 중국은 이미 앞의 두 가지 법이 있으나 행정절차법 없이 정부의 권력 운영을 규범화했다. 공무집행과 관련된 규정과 관련 법률 규정이 있지만 상위의 법률이 부족하기 때문에 각 지방정부 간 공무집행 일치성이 없고 동일한 사안을 서로 다른 지방에서 서로 다르게 처리하는 것이다.

둘째, 법에 근거한 행정집행(依法行政). 정부의 행정행위는 제도적으로 더욱 더 규범화되어야 한다. 중국공산당 18차 당대회에서는 어떤 조직이나 개인이든 헌법과 법률을 초월하는 특권을 가져서는 안되며, 말로 법을 대신(以言代法)하고, 권력으로 법을 도압(以权压法)하며, 사사로운 정에 얽매여 법을 어기는 것(徇私枉法)을 허락하지 않는다고 명시한다. 그 밖에 다음과 같이 법에 근거한 행정이 구체적으로 나타나 있다. "①권력 운영 제약과 감독체계를 완비한다. ②제도를 통해 권력, 일, 사람을 관리하고 국민의 알 권리, 참여권, 표현권, 감독권을 보장한다. ③의사결정권, 집행권, 감독권이 상호 제약하고 상호 조화롭도록 보장하며, 국가기관이 법적 권한 및 절차에 따라 권력을 행사하도록 보장한다. ④과학적 의사결정, 민주적 의사결정, 법에 의한 의사결정을 견지하고, 의사결정 기제와 절차를 완비하고, 의사결정의 책임을 묻고 잘못을 바로 잡는 제도를 완비한다. ⑤권력 운영의 공개, 규범화를 추진하고, 당무공개(党务公开), 정무공개(政务公开), 사법공개와 각 분야의 업무공개 제도를 완전하게 갖추고 질의, 문책, 감사(审计), 인책사직, 파면 등의 제도를 완비하며 당내감독, 민주감독, 법률감독, 여론감독을 강화하고 국민이 권력을 감독하게 하여 권력을 햇빛 아래에서 운영되도록 한다."

셋째, 법제문화 건설. 규칙은 공식적인 것과 비공식적인 것의 구분이 있다. 비공식적 규칙은 잠재적 규칙이라고도 하는데, 정부권력이 잠재적 규칙에 따라 움직이는 것은 결코 보기 드문 일이 아니다. 중국 사회는 흔히 숙인사회(熟人社会)로 여겨지는데, 일 처리의 첫 번째 요지는 '꽌시(关系)'를 찾는 것이다. 이러한 문화는 자연스럽게 정부에도 영향을 미친다. 예를 들어 서비스 대상을 차별하는 것이다. 따라서 법제문화의 건설이 필요하며, 정부권력이 법률과 규정에 따라 운영되도록 보장하고, 사사로이 공무집행을 하는 것이 아니라 규제 기준에 따라 사회 대중을 위해 서비스하도록 해야 한다.

4. 기구개혁의 전략 선택

1) 체계적 사고 및 총체적 추진

체계이론에 따르면, 체계는 각각의 부분으로 구성된 유기적 일체로서 각 부분은 체계 내 일정한 위치에서 특정한 작용을 하고 있다. 각 부분은 서로 연결되고 서로 영향을 주며 하나의 불가분의 전체를 구성한다. 앞서 지적했듯이 행정체제는 국가 거버넌스체계의 일부분으로 정치체제, 경제체제, 문화체제 및 사회체제와 공동으로 국가 거버넌스체계를 구성했다. 중국공산당 18차 당대회에서 '전면적 심화개혁(全面深化改革)'을 제기한 것은 체계적인 측면에서 개혁의 추진을 고려한 것으로 한 분야 또는 몇몇 분야가 아니라, 모든 분야의 개혁을 추진하는 것이다.

행정체제 개혁의 전체와 부분의 관계를 두 가지 측면에서 고려할 수 있다. 첫째, 국가 거버넌스체계는 전체이고 행정체제는 그 중 한 부분이라는 것이다. 이런 관점에서 기구개혁은 반드시 경제체제 개혁, 정치체제 개혁, 문화체제 개혁 및 사회체제 개혁과 어떻게 양호한 상호 작용 및 상호 우위를 보완할 것인가를 고려해야 한다. 기구개혁이 다른 몇 가지 체제, 특히 정치체제 개혁의 호응과 협조 없이는 기구개혁의 역사에서 알 수 있듯이 개혁과 관련된 중대한 문제들을 효과적으로 해결할 수 없다. 둘째, 행정체제나 기구개혁이 전체이고, 구조와 절차 개혁을 두 가지 큰 부분으로 보는 것이다. 개혁은 반드시 구조와 절차 간의 양호한 상호작용을 고려해야 한다. 특히 구조개혁으로 절차개혁을 어떻게 더 추진할지를 고려해야 한다. 앞서 지적한 바와 같이, 기구개혁은 일찍이 구조와 절차 동시 개혁(제2차 기구개혁)에서 절차개혁으로 전환하는 과정을 거쳤다. 그러나 구조개혁이 결여됨으로 인해 절차개혁이 제대로 추진되지 못했다. 따라서 기구개혁은 정치체제 등 다른 분야의 개혁과 상호작용하는 동시에 구조와 절차의 상호작용(여기서 구조 부분의 개혁이 분명히 개혁의 핵심)을 반드시 고려해야 하며, 이러한 상호작용은 개혁 자체의 전체적인 효과에 영향을 미친다.

2) 탑레벨 디자인(顶层设计)과 기능 혁신

기구개혁은 상하 상호작용의 과정이어야 한다. 기존 개혁의 양상은 주로 일방적으로 위에서 아래로의 하향식 개혁이었다. 개혁의 동력은 주로 상층에서 왔고, 상급기관의 결정과 하급기관의 집행 과정으로 나타났다. 제도경제학에서는 이러한 하향식 개혁을 "강제적 제도 변혁"이라고 부르는데, 그 장점은 개혁의 원가를 줄일 수 있는 것이이다. 다만 일관성 있는 동의를 얻기 어려워 개혁에 대한 부정적 정서나 거부 반응이 나타날 수 있다는 것이 단점이다. 사실 하향식의 강제적 변화 속에서도 상향식의 유인식 변화가 동시에 발생하는데, 변화의 동력은 기존 체제나 상황 보다 더 많은 수익을 얻는 데에서 출발한다. 이 때문에 기구개혁에서도 적지 않은 지방의 혁신과 자신의 특징에 맞춘 개혁이 나타났다. 예컨대, 공공서비스 구매 부분에서 몇 가지 다른 모델이 생겼으며, 정부-기업관계와 정부-사회의 관계를 처리하는 데도 다양한 방법들이 생겨났다. 과거의 개혁은 주로 절차와 기술의 개혁이었기 때문에, 이 분야에서 지방의 자율적 개혁 공간이 상대적으로 컸다. 결과와 효율을 평가의 중심으로 하는 절차개혁은 지방의 혁신 수단의 다양성을 위한 기반을 제공했다. 절차의 개혁이 지방의 더 많은 혁신을 요구한다면 구조개혁에는 탑레벨 디자인이 필요하다. 탑레벨 디자인은 주로 이론, 상상력 및 실천에서 나온다. 탑레벨 디자인은 거시적이면서도 실제에 부합하는 것이어야 한다. 이런 의미에서 볼 때 구조개혁에서 기층이 완전히 수동적인 것은 아니다. 따라서 기층의 혁신을 격려하고, 탑레벨 디자인에 끊임없이 새로운 동력을 제공해야 한다.

구조개혁의 탑레벨 디자인과 기층 혁신의 어려운 점은 다음과 같다. 첫째, 정부가 주도한 경제발전의 상대적 성공(그러나 우리는 종종 배후의 부정적인 측면을 무시했다)으로 인해 일각에서는 중국이 이미 성공적인 모델을 형성했고, 성공한 이상 다시 개혁할 필요가 없다고 생각한다. 둘째, 구조개혁이 결여되었기 때문에 기구개혁 이후 형성된 정부이익은 시간이 지날수록 점점 뿌리가 깊어져, 이를 바꾸기가 점점 어려워지고 있다. 따라서 탑레벨 디자인과 기층 혁신은 반드시 사상의 경직성과 이해관계를 타파해야 한다.

3) 개혁의 동력 강화와 저항 감소

개혁은 동력이 필요하지만 저항이 생길 수도 있다. 그렇기 때문에 개혁은 본질적으로 이익의 분배과 조정에 달려 있다. 이익을 얻는 자는 일반적으로 개혁 동력의 원천이 되고, 이익을 잃는 자는 종종 개혁의 저항이 된다. 역장(force field) 이론에 따르면 동력이 저항보다 크면 개혁은 전진할 것이고, 저항 동력보다 크면 개혁은 후퇴할 수 있다. 이 때문에 기구개혁은 시종일관 어떻게 동력을 강화하고 개혁 추세를 유지하느냐 하는 문제가 존재해 왔다. 본질적인 구조개혁은 정부에 속하지 않는 권력을 박탈하고 권력 구성을 조정하며, 권력 운영방식을 규범화시키고 권력에 대한 감독과 제약을 강화하는 것으로 정부 자체가 개혁의 대상이 된다. 그래서 개혁은 전적으로 정부 내부의 힘만으로는 부족한 것이다. 개혁은 내부적으로 잠재된 이익을 얻는 자를 만들어 끊임없이 동력을 강화해야 할 뿐만 아니라 동시에 이익을 잃는 자에게 보상함으로써 저항을 줄여야 한다(물론 파레토)의 관점에 따르면 이 보상은 개혁에 따른 사회 이익의 증진을 넘어서는 안된다). 또한 동시에 다른 사회적 역량을 동원하여 지지를 얻어야 한다. 이익이란 개인에게도 있고 조직에도 있을 수 있다. 절차의 개혁은 여러 측면에서 개인의 이익과 관련되고 정부 내부 부문 간의 이익과도 연관된다. 대부처제 개혁의 경우 조직통합으로 직위가 감소해 일부는 승진의 기회를 잃을 수 있다. 마찬가지로 취약 부문과 강세 부문의 합병은 일부 사람들 손해를 입게 하는데, 이 모든 것이 개혁에 대한 저항과 불만을 초래한다. 구조개혁의 대상은 정부 자체이기에 관련된 이익의 측면이 훨씬 크다. 개혁은 정부의 권력을 진정으로 국민에게 부여하도록 해야 하고 원래 정부에 속한 권력을 박탈하고 조정하며 권력을 진정한 감독 아래 두어야 하는데, 이것이 정부의 이익과 부딪칠 수 있다. 따라서 구조개혁은 정부 스스로 추진해 완성하기가 어렵고 정부 안팎에서 개혁의 역량을 동원하여 공동으로 개혁을 추진해야 한다.

사회 역량을 동원하여 구조개혁에 참여시키려면 특별한 관심을 기울여야 한다. 기존 기구개혁의 특징 중 하나는 정부가 자신의 역량을 통해 문제 해결을 모색한다는 것이다. 따라서 개혁은 기본적으로 정부의 범위 안에서만 국한되어 진행된다(특히 후기의 개혁). 만약에 절차적 개혁이 상대적으로 폐쇄성을 가졌다면 구조개혁은 상당 부분 사회와 관계가 있고, 대중과 관계가 있을 수 있다. 개혁은 반드시 국민이 얻게 된 이익을 인식하게 해야 한다. 그리하여 그들의 개혁에 대한 열정을 불러 일으키고 개혁에 동참하게 하여 개혁의 무궁무진한 동력을 이뤄 정부 내부의 개혁 역량과 함께 개혁을 추진해야 한다.

4) 점진적 개혁과 급진적 개혁의 병행

점진적 개혁은 이미 과거의 기구개혁에서 일종의 경로의존이 되었다. 점진적 개혁은 하나의 방법으로서 그 가치는 전체적인 안정을 유지하는 상황에서 한계가 축적된 개혁을 통해 사물을 최종적으로 변화시킬 수 있다는 데 있다. 그러나 이 방법의 문제점은 일종의 수리하는 변혁이기 때문에 개혁의 진행을 지연시키고 문제를 매우 늦도록 해결하지 못할 것이다. 한 가지 분명한 예는 정부-기업 분리, 정치-경제 분리, 정부-사회의 분리 문제로 이 개혁은 거의 20여 년 동안 지속되었지만 아직도 제대로 해결되지 않았다. 그래서 이와 같은 것은 이 개혁의 배후에 이익의 분쟁이 가득하고, 일단 과감하게 착수(즉 급진적 방법 사용)하면 불안정을 가져올 것이라는 일종의 교조적 발상에서 나온 것이다. 거꾸로 이것은 점진적인 방법에 대한 숭배라고도 할 수 있다. 이러한 숭배는 어떤 문제에 부딪혔을 때 별 생각없이 점진적인 방법을 택함으로써 점진적 방법은 일종의 경로의존이 된다. 개혁은 이제는 사실상 흔히 말하는 수심이 깊은 곳에 들어갔다. 소위 수심이 깊은 곳이란 어렵고 힘든 과제만 남아있는 것을 뜻한다. 문제는 무턱대고 점진적인 방법만을 채택하는 것이 이 문제들을 해결할 수 있겠느냐 하는 것이다.

구조개혁이 풀어야 할 숙제는 바로 이런 난제들이며, 그것은 많은 이익 문제와 어려운 과제와 관련되어 있다. 방법론적으로 말하면 이전의 점진적 방법이 이러한 난제들 앞에서 힘에 부치는 것처럼 보일 때, 급진적인 방법을 채택하는 것을 고려할 필요가 있다. 점진적인 방법이 이익 갈등을 타파하지 못할 때 개혁은 장사단완(壯士斷腕, 작은 것을 희생하고 전체를 보전시키다)식 방법으로 문제 해결을 고려해야 하지 않을까? 「행정 관리체제 개혁 심화에 관한 의견(关于深化行政管理体制改革的意见)」에 따르면 우리의 목표는 "2020년에 비교적 완벽한 중국특색사회주의 행정관리체제를 구축하는 것"이다. 일부 현안으로 남아있는 미해결된 문제들이 결국 점진적인 방법 운용으로 인해 지연되어 해결되지 못해서는 안된다. 구조개혁의 방법은 한 가지 경로의존만 있어서는 안되고, 점진적 개혁이 효과를 보지 못할 경우 급진적 방법 선택을 반드시 고려해야 한다.

Modernization of National Governance and Administrative Reform

Abstract: Administrative reform needs to be understood in the context of the modernization of national governance, because the modernization of national governance either can be taken as a goal of the administrative reform, or a means of the reform. In the early stage of the reform, the problem of administrative process and technology is emphasized in order to improve the governmental efficiency, while the problem of structure is neglected. The structural problem which focus on the legitimacy of power, the boundaries of power and the execution of power should be emphasized in the coming reform. Also the means and strategy of structural reform should be well considered in order to promote the reform.

국가 거버넌스 현대화와 리더십 향상*

요약: 국가 거버넌스는 1980년대 이후 심각한 변화를 겪었다. 이러한 변화는 정부 관료의 리더십에 심각한 도전을 야기해 리더십 향상의 문제가 국가 거버넌스 현대화 실현을 위한 중요한 조건이 됐다. 능력과 소질을 나타내는 '빙산모델'에서 능력은 빙산의 위쪽(외재적, 보이는 부분)의 지식과 기술 능력, 빙산 아래쪽(사람의 내재적, 측정하기 어려운 부분)의 사회적 역할, 자아 개념, 특질과 동기 등으로 구성된다는 것을 보여준다. 심층부분은 사람의 행동과 표현에 결정적인 역할을 한다. 리더십 향상은 표층과 심층 두 부분에서 이뤄져야 하고, 더 중요한 것은 심층 부분을 중요하게 여겨야 한다. 구체적으로는 인센티브, 성과평가, 교육훈련 세 가지로 나눠 진행해야 한다.

1. 국가 거버넌스 현대화의 리더십에 대한 도전

국가 거버넌스는 정부의 행위와 연결되어 있다. 우선 정부는 제도와 규칙의 제정자이기 때문이다. 기본적인 제도가 한 국가의 발전에 영향을 줄 수도 있는데, 예컨대 계획경제를 포기하고 시장경제체제로 전환하는 것

*   이 글은 『理论探讨』 2016, Vol.6, pp.22-28에 수록되었다.

만으로도 중국은 천지개벽의 변화를 가져왔다. 둘째, 정부는 국가 거버넌스에 큰 영향을 미치는 막대한 자원을 갖고 있다. 예를 들어 재정배분 정책은 특정 국가 발전단계에서의 정부의 정책 취향을 뚜렷이 반영한다. 셋째, 정부는 공공서비스의 제공자로 사회와 경제의 관리자이자 공공 권위 기관이며, 사회 역량 결집의 핵심이자 사회적 갈등과 충돌의 해결자이다.

이러한 이유로 국가 거버넌스는 정부의 품질에 관한 문제를 제기한다. 정부의 품질에 관한 하나의 화두는 정부와 정체의 관계이다. 플라톤 이래 정치철학자들은 정치체제의 형식을 통해 좋은 정부를 해석하려고 했다. 그들은 좋은 정부가 민주적 상태인지, 아니면 독재적 상태인지 또는 인자한 독재자 통치 아래에 있는지, 아니면 군주의 통치 하에 있는지 등에 대해 논쟁했다. 윌리엄 루이스(William Arthur Lewis)가 보기에 이런 방법은 역사 인식에 도움이 되지 않는다고 생각했다. 예컨대 이탈리아의 경우 2500년이라는 역사 속에 위에 언급된 각각의 정체가 있지만 어느 시기의 통치가 더 훌륭했는지는 비교할 수 없다. 루이스는 좋은 정부란 통치자의 지혜와 피통치자의 만족이 결합되어야 하는데, 이것이 반드시 군주나 민주주의 혹은 독재자에 의해 이뤄지는 것은 아니라고 보았다. "정부의 질은 통치자의 자질에 달려 있지 정부의 형식에 의해 결정되지 않는다."[43] 루이스가 통치자, 즉 지도자 자질의 의미에 대해 깊이 있게 논의하지 않았지만 국가 거버넌스에 있어서 지도자의 비중은 두말 할 필요 없이 중요하다. 이로 부터 지도자 리더십의 중요성을 알 수 있다.

---

43   [英]阿瑟·刘易斯, 『经济增长理论』, 梁小民译, 上海三联书店, 1995年版, p.526.

1980년대 이후 국가 거버넌스에 많은 변화가 있었고 정부의 관리 능력도 끊임없이 도전받았다. 전통적인 공공행정 패러다임이 사상이념, 운영방식, 조직제도, 기술요구, 기능조합 등의 측면에서 큰 변화가 일어나면서 새로운 관리 패러다임도 이 시점에 맞춰서 생겨났다. 중국에서 이런 변화는 1990년대 중·후반, 특히 2000년 이후에 발생했다. 이것은 새로운 행정운영의 요구이자 민주행정 발전의 내재적 논리였다. 이 변화를 추진하는 요인은 세 가지였다. 우선 첫 번째로 시장경제의 발전과 사회의 성장에 따른 다원적 이익의 형성을 가져오고, 이는 장기적으로 계획경제체제에서 일원적 이익의 구성 상황을 바꾸었기 때문에 정부관리의 어려움을 더했다. 기존 체제에서 정부는 국가이익, 사회 모든 구성원들의 이익을 대변하고 정부 자체의 이익은 없다고 여겨졌다. 그러나 시장경제가 이 상황을 변화시켜 사회 각 계층은 물론 정부조차도 자신의 이익을 얻게 되었다. 정부 입장에서 이런 이익을 얻을 수 있는 방법은 공공관리에 참여하는 것이다. 원가의 효율과 이익의 관점에서 보면, 이는 비교적 좋은 선택이다. 이에 따라 정부 거버넌스는 대중 참여와 공공관리를 독려하는 새로운 조치들이 나타나기 시작했다. 예를 들어 제도적으로 정부 정보공개, 정부 결정에 대한 공청회를 열고 전문가와 사회 조직의 참여를 보장하는 등 협상민주(協商民主)는 공공관리에 있어 흔한 현상이 되고 있다. 둘째, 정부의 시장화된 운영 방식이 관련 사회 조직과 부문의 참여를 이끌어냈다. 오늘날 정부 직능은 위탁인-대리인의 방식에서 사회 다른 조직들과 부문들로 이전되는 것이 갈수록 늘고 있다. 다시 말하면 이들 단체와 부문들이 본래 정부 소유의 기능을 떠맡게 된 것이다. 셋째, 정보기술은 대중참여의 편리성을 향상시켰다. 전자정부의 발흥은 정부와 국민 사이의 소통을 강화하고, 정부가 민심을 읽고, 국민의 뜻을 헤아려 공공정책을 개선하는 데 중요한 역할을 하고 있다. 이런 것들은 오랫동안 관료체제에 젖어 있던 공무원, 특히 지도자의 능력에 전대미문의 도전을 안겨주었다.

첫 번째 도전은 조직체제는 위로부터 아래로의 관료계급 구조가 수평적인 네트워크 구조로 발전하는 것은 지도자가 더 좋은 조정 능력을 갖출 것을 필요로 한다. 전통적 관리는 명령형으로 국가가 사회 위에 군림하는 모델로서 정부가 늘 최고 지휘자의 정체성으로 호령하고, 정부와 사회와의 관계는 명령과 복종의 관계였고, 사회는 항상 피동적인 위치에 처하고 있었다. 이는 전통적인 계획경제체제가 요구하는 집중과 관련이 있지만 전통적인 정부가 관리의 유일한 주체라는 인식과도 무관하지는 않았다. 이처럼 관리가 발흥됨에 따라 공공관리에 더 많은 사회 조직 단체와 개인이 계속 늘어남에 따라 정부가 이러한 조직 단체와 협의하여 공동으로 해결하는 문제도 많아지면서 정부의 전통적인 지휘자 역할은 조정자 역할로 바뀌기 시작했다. 그럼에도 불구하고 정부가 갖는 공공권위를 크게 손상시키지 않았다. 이러한 역할의 전환은 정부가 상응하는 조정 능력을 갖도록 요구하고 있는데 과거 명령하고 시행하는 방식만으로는 오늘의 문제를 해결할 수 없다. 이 같은 전환은 오랫동안 명령하고 시행하는 방식에 익숙해진 지도자들에게는 쉽지 않은 일인데, 사상적으로 유아독대(唯我独大)적이고 유아독존(唯我独尊)적인 생각을 바꿔야 할 뿐만 아니라 양호한 조정 능력도 키워야 하기 때문이다. 즉 위에서 군림하는 방식이 아닌 평등한 자세로 사회관계를 처리하는 능력을 말한다.

두 번째 도전은 공공서비스의 운영방식 변화는 정부 관료들에게 준상업적 능력을 요구한다. 이러한 능력은 전통적 행정 양식에서는 거의 언급되지 않았는데, 정부가 공공재, 공공서비스의 유일한 생산자이자 제공자로 어떤 공공재를 생산하고 어떤 공공서비스를 제공할지는 정부 자체에서 결정하기 때문이다. 정부와 사회 구성원의 관계는 일종의 생산자·제공자와 수용자의 관계로 수용자는 생산자와 제공자를 중심에 두고 있다. 정부와 상업도 거의 관계가 있는 것이 아니다. 그러나 정부 운영방식이 바뀌고, 생산자와 제공자가 소비자나 수용자를 중심으로 해야 하기 때문에 정부가 겸하고 있는 생산자·제공자라는 두 가지 정체성이 분리되고, 정부는 통상 공공재와 공공서비스의 생산자가 되는 경우가 많으며 사회의 다른 조직이나 단체가 제공자 역할을 맡게 되었다. 예를 들어 정부가 양로서비스를 구매하고, 공공 위생사업을 아웃소싱하거나, 공공-민간 협력, 정부조달 등이 있다. 이 모든 면에는 정부 관료들은 관련된 조직이나 단체를 상대할 때 일종의 준상업적 능력을 갖추어야 한다. 간략하게 말하면 납세자를 위해 어떻게 하면 좋은 거래를 성사하고, 더 적은 돈으로 더 많은 일을 할 수 있는가 하는 것이다.

세 번째 도전은 사회적 갈등과 충돌의 증가는 정부 관료들에게 더 나은 충돌 해결 능력을 요구한다. 시장경제체제의 수립은 이익의 형성과 분화를 야기하고, 이익으로 인한 충돌은 이미 사회적으로 흔한 현상이 되었으며, 몇몇 큰 집단적 충돌이 때때로 발생한다. 이런 충돌은 전통적인 행정 시기에는 없던 특징이다. 전통적 시대에는 이익으로 인한 충돌이 많지 않았다. 전통 사회에서 국가 이익이 개인의 이익을 대신하고 최고의 자리에 위치한 만큼 충돌 해결 방식은 주로 이익의 공평한 분배가 아니라 이데올로기적 주입과 도덕적 감화를 통해, 물론 계급투쟁을 명분으로 한 정치적 해결이 필요하며, 관료들이 필요로 하는 것은 계급투쟁의 능력이다. 비록 시대가 지나고, 개혁개방 후의 사회가 예전 같지 않지만, 전통시대에 형성된 이러한 능력은 사회안정을 강력히 유지하는 과정에서 특유의 관성을 보여주었고, 이익으로 인한 갈등과 충돌은 간단하게 계급투쟁의 방식으로 해결되고, 어떠한 민사문제나 충돌도 정권에 대한 도전으로 간주하여 억압함으로써, 결국 집단적인 사건을 야기시켰다. 한편 오늘날 사실상 이익의 한 편을 이루는 정부가 공공이익 차원에서 어떻게 사회적 이익간의 충돌을 균형 있게 조정할 수 있는지에 대하여 정부관료들에게 하나의 새로운 갈등 조정과 충돌 해결 능력이 필요하다.

네 번째 도전은 사회관리의 불확실성과 리스크 관리의 증가는 정부 관료들에게 더 나은 탑레벨 디자인 능력과 실행력을 요구한다. 전 세계적으로도 세계 경제는 매우 불안정한 시기로 접어들었다. 중국 사회도 경제의 고속 성장 이후 '3기 중첩(성장속도 변속기, 구조조정 진통기, 전기부양책 소화기)'의 시기로 접어들면서 뉴노멀 경제 상태의 지속은 사회관리의 불확실성과 리스크 수준도 높아졌다. 어떻게 하면 체계적인 경제 리스크(금융 리스크, 주식 리스크, 부동산 리스크 등)와 경제적 리스크로 인한 사회적 리스크와 정치적 리스크를 방지할 수 있는지, 어떻게 하면 자원배치에 시장이 결정적 역할을 할 수 있는지, 어떻게 이익배분에 공평하고 공정한 원칙을 가질 수 있는지 등등 이 모든 문제들은 정부관리에 심각한 도전을 일으킨다. 그것은 정부관료들이 더 나은 상위수준 설계 능력(즉, 거시적 전략기획 능력)을 갖고, 냉정하고 분명하게 사물의 변화를 관찰하고, 미래 발전의 추세를 탁월하게 지적해 효과적으로 미래 발전을 이끌어갈 수 있도록 해야 한다. 또한 정부 관료들이 비전과 목표를 현실로 바꾸는 강력한 집행력을 갖추도록 요구함으로써 국가의 발전과 국민의 복지를 계속 발전하는 상태로 유지하는 것이다.

다섯 번째 도전은 국민들의 공공서비스에 대한 수요가 증가함에 따라 정부 관료들이 보다 나은 공공서비스를 제공하는 능력을 갖추어야 한다. 오늘날 정부는 가진 자원에 한계가 있어 자신의 능력만에 의지해서 만족스러운 공공재와 공공서비스를 사회에 제공할 수 없다. 그래서 시장자원과 사회자원을 활용해 어떻게 더 나은 공공서비스를 제공하느냐가 자연스럽게 정부의 한 가지 선택이 되었다. 새로운 시장화의 운영 방식은 의심할 여지 없이 정부 관료의 관리 능력에 도전하였다. 예를 들어 시장 상황을 파악하고 그에 따라 결정하도록 하는 것, 이것은 예전에 없던 것이다. 전통적인 공공행정에는 없는 각종 사회 조직 및 기업과의 관계를 처리해야 한다. 최소한의 비용으로 최대의 수익을 낼 수 있도록 고려해야 하고, 일반적으로 위탁인과 대리인 관계에 의해 진행하는 운영활동을 효과적으로 감독하고 그 운영 결과에 책임져야 한다. 감독과정에서 '관리자가 포로가 된다'는 현상을 방지할 필요가 있고, 더 많은 경제학과 법률 지식을 갖추고 구체적인 활동을 전개하는 것 등등이 필요하다.

여섯 번째 도전은 정보화 사회의 발전은 정부 관료들이 정보기술을 더 잘 활용할 수 있는 능력을 갖추도록 요구한다. 20세기 말 이후 정보화 기술의 급속한 발전은 정부의 관리 생태를 상당히 변화시켰고, 정부 행위를 더욱 공개적이고 투명하게 만들었으며, 공공관리에 대한 대중의 참여를 역사상 유례 없이 높였으며, 정부의 관리 효율을 전례 없이 높였고, 정부의 운영방식을 혁명적으로 변화시켰다. 정보기술은 기회도 가져다줬지만 정부관리에 도전장을 내밀었다. 예컨대 어떻게 대중매체 시대에 주류의 목소리를 주변화시키지 않고, 어떻게 정보기술을 활용해 대중과 더 나은 소통을 할 수 있는지, 어떻게 신속하고 효과적으로 민중의 요구에 대응하고, 인터넷을 통해 더 나은 공공서비스를 제공하며, 대중이 공공관리에 참여할 수 있는 더 편리하고 효율적인 통로를 제공하는지도 사실상 정부 관료들의 능력에 대한 시험이 되고 있다. 오늘날 기본적인 정보기술 능력을 갖추지 못한 상태에서 국가 거버넌스의 현대화가 어떤 광경일지를 상상하기도 어렵다.

2. 리더십: 빙산모델에 기반한 분석

도전에 대한 대응으로 지도자의 능력을 향상시켜야 한다. 능력에 대한 일반적인 정의는 능력이 3가지 부분으로 구성되어 있다는 것이다. 즉 첫째, 기초적 능력, 이것은 지식(기초지식, 전문지식과 실무지식)과 기능 기교를 포함한다. 둘째, 업무능력으로 문제해결력(이해력, 판단력, 결단력), 문제해결 과정 중 사람과의 교제능력(표현력, 교섭력, 조정력), 사물 창조능력(응용력, 기획력, 개발력) 및 리더십(지도력, 감독력, 통솔력) 등 네 가지 측면을 포함한다. 셋째, 소질능력은 체력소질, 지능소질 및 성격 개성 등을 포함한다.[44] 이렇게 보면 리더십은 다른 능력과 연관되어 있지만 사실상 여러 능력 중 한 가지라는 것을 알 수 있다.

리더십에 대한 논의는 적지 않은데 일반적인 의미에서 검토하는 비교적 영향력 있는 '5가지 리더십 모델(領导五力模型)'이 있다. 이 관점에서 보면 리더십은 5가지 측면을 포함한다. 첫째는 감화력, 이것은 확고한 신념, 숭고한 이상과 인격, 그리고 높은 자신감을 포함한 가장 본질적 능력으로, 한 집단, 조직, 민족, 국가 혹은 전 인류를 대표하는 윤리적 가치관과 완벽한 수양을 갖추고 있으며, 지혜가 많고 경험이 풍부하며, 하는 일에 대해 열정이 가득한 것이다. 둘째는 예지력(前瞻力)으로 앞을 내다보고 미래를 예측하고 파악하는 능력이며 지도 이념을 포함한다. 이것은 조직의 이해관계자의 기대, 조직의 핵심능력 및 거시적 환경의 발전 추세를 이해하는 능력 등을 포함한다. 셋째는 영향력으로 피지도자에게 적극적이고 주동적으로 영향을 미치는 능력이며 피영도자의 욕구와 동기에 대한 통찰과 파악, 피지도자와 각종 공식, 비공식적인 관계를 맺어 효과적으로 소통하고 영향을 줄 수 있는 능력을 말한다. 넷째는 결단력으로 전략 수행 중의 각종 문제와 돌발사건에 대한 빠르고 효율적인 의사결정을 할 수 있는 능력, 의사결정 수익을 신속하고 정확하게 평가할 수 있는 능력, 리스크 예방 및 해소에 대한 의식과 능력 및 최적의 의사결정 실행 시기를 파악할 수 있는 능력 등이다. 다섯째는 통제력으로 지도

44   罗锐韧, 曾繁正主编, 『人力资源管理』, 红旗出版社, 1997 年版, p.92.

자가 조직의 발전 방향, 전략 수행 과정과 효능을 효과적으로 통제하는 능력을 말하며, 조직의 가치관 확립, 규칙과 제도 마련, 각종 현실적이고 잠재적인 충돌 등을 통제하고 효과적으로 해결하는 것을 포함한다.[45]

인사부에서 2003년에 반포한 「국가공무원 통용능력 표준 구성(시행)」[46]도 일반적 의미에서 공무원의 9가지 능력을 제시하고 있다. 여기서 말하는 공무원은 당연히 지도자로서의 공무원도 포함된다. 이 9가지 통용 능력(일반적 능력)은 구체적으로 다음과 같다. 첫째는 정치감별능력, 즉 정치이론의 기본을 갖추고 문제에 대해 정치적으로 관찰하고, 사고하고, 처리하며, 당의 노선과 방침, 정책 등을 관철시켜 집행하는 것이다. 둘째는 법률에 의한 행정능력이다. 비교적 강한 법률의식과 규칙의식, 법제 관념을 가지고 법에서 정한 직책의 권한과 절차에 따라 직무를 수행하고 공무를 집행한다. 권력으로 법을 대신하지 않고 위법행위에 맞서 싸우며, 헌법과 법률의 존엄성을 수호해야 한다. 셋째는 공공서비스의 능력으로 인민을 위한 당의 기본 의식 관념과 서비스 의식을 굳건히 세우고, 성실하게 국민을 위하며, 신의를 지키고 정치의 도를 바로하며, 책임감이 강하고, 업무에 대해 성실하게 책임지며, 비교적 강한 행정 원가 의식이 있으며, 현대 공공행정 방법과 기능을 잘 활용하고, 업무 효율을 높이는 데 집중해야 한다. 넷째는 조사연구 능력으로 실천 제일의 관점을

45   中国科学院 "科技领导力研究" 课题组, 「领导力五力模型研究」, 『领导科学』, 2006年, 第9期, pp.20-23.

46   人事部, 「国家公务员通用能力标准框架(试行)」, 『中国公务员』, 2003年, 第12期, p.22.

견지하고, 실사구시하며, 과학적인 조사연구 방법을 숙달하고, 문제를 발견하고 분석하여 문제 해결을 위한 제안을 제시하는 등의 능력이 있어야 한다. 다섯째는 학습 능력으로 평생 학습 관념을 확립하고, 이론은 실제를 연결하며, 배운 것을 실제로 활용하고 과학적 학습 방법을 익히며, 적시에 업무의 필요에 상응하는 지식과 기능 등을 갱신하고 학습해야 한다. 여섯째는 소통·조화 능력으로 전반적 관념, 민주적 태도, 협동의식 등을 가져야 하고, 조리 있는 언어표현 능력과 자신과 의견이 다른 사람들과 함께 일하는 데 능하고, 업무 연락 네트워크를 구축하고 활용할 수 있으며, 각종 의사소통 방식을 효과적으로 사용할 수 있어야 한다. 일곱째는 창조 능력으로 사상적 해방, 넓은 시야, 시대와 함께 전진하며 창조적 정신과 창조적 용기를 가지고 있다. 창조적 방법과 기술을 터득하고 창조적 사고방식을 키우며, 새로운 상황을 분석하여 새로운 사고방식을 제시하여 새로운 문제를 해결하는데 능숙하다. 여덟째는 돌발사건 대처 능력으로 각종 사회갈등을 정확히 인식하고 처리하며, 서로 다른 이해관계를 잘 조화시키는데 능숙하다. 돌발사태에 직면하면 정신을 맑게 하고, 여러 역량을 동원하여 돌발사건에 질서 있게 대처하는 능력이다. 아홉째는 심리적 적응력으로 사업 정신이 강하며, 긍정적이고 낙천적이며 발전적인 정신 상태와, 투철한 직업정신과 직업에 대한 열정이 있으며, 순탄한 환경과 역경, 성공과 실패 등을 정확히 대하고 처리할 수 있다.

일반적으로 능력인 이상, 그것의 지향성에 문제가 있을지도 모른다. 예를 들어 공무원 통용 능력의 한 가지 문제점은 이러한 능력을 지도자와 피지도자에게 똑같이 요구할 수 있느냐는 문제일 수 있다. 통용 능력 외에, 또 직위와 연관되는 능력이 필요하지 않을까? 5 가지 리더십 능력에도 유사한 문제가 안겨 있다. 그것이 초점을 맞추는 것은 지도자에 대한 것이지만 지도자 자체도 층위가 존재해 상·중·하로 나눠진다. 예컨대 고위급 지도자에게는 의사결정 능력이 중요한 반면 하급 지도자에게는 집행능력이 더 중요하다.

한 가지 개선된 관점에서는 세 가지 기본적 능력, 즉 기획 능력, 타인과의 교제 능력 및 집행과 처리 능력을 상·중·하 등 세 가지 다른 층위의 지도자에게 맞춘다. 그중에서 다른 사람과의 교제 능력은 모든 차원의 지도자에게 필수적인 것으로 어떤 층위의 지도자일지라도 모두 인간관계를 잘 처리해야 하기 때문이다. 나머지 두 가지 능력은 지도자의 차원에 따라 그 요구도 다르다. 기획 능력은 설계 능력이나 의사결정 능력이라고 할 수 있는데, 고위층이 더 많이 갖춰야 하고, 등급이 높을수록 더욱 그런 능력을 갖춰야 한다. 집행과 처리 능력은 반드시 중하위 지도자들이 더 많이 갖춰야 한다.

제임스 번스(James MacGregor Bums)는 지도자를 '거래형 리더'와 '변혁형 리더' 두 가지 다른 유형으로 분류했다. 그는 거래형 리더의 목표는 공동 목표를 갖고 있는 하급자와 함께 공동이익을 실현하기 위해 노력하는 것이 아니라, 각자 자기 주장대로 하는 개인과 단체와 흥정하여 그들 각자의 이익을 실현하는 것이다. 변혁형 리더의 전제는 개인이 어떤 다른 이익을 가지고 있더라도 '더 높은' 목표를 추구하도록 뭉치는 것이다. 번스는 두 가지의 리더십 모두 사람의 목표 달성에 도움이 되겠지만,

두 리더십이 따르는 가치는 다르다고 주장한다. 거래형 리더는 수단의 가치에 더 치중한다. 그래서 성실, 책임, 공정, 약속을 성실히 지키는 것이 중요하고 이것을 포기하고 교역을 완성할 수 없다. 그러나 변혁형 리더십은 정의, 평등, 자유 등 하급자의 도덕적 차원을 '향상'하는 목적의 가치에 치중한다.[47] 이러한 분류가 성립된다면 두 가지의 서로 다른 가치 추구가 서로 다른 유형의 리더에게 서로 다른 능력을 요구하게 된다는 것은 분명하다.

일반적인 능력 요구이든지 어떤 수준이나 유형에 따라 제기된 요구이든지 지도자가 어떤 능력을 가져야 하는지, 즉 능력의 구성에 대한 논의가 끝이 없고 수많은 능력을 나열할 수도 있으며, 각각의 능력 모두 중요하다고도 할 수 있다. 심지어는 여러 가지의 지표를 설정해서 리더십에 대한 평가를 할 수도 있지만 이는 종종 도움이 되지 않고 문제를 복잡하게 만들기만 한다.

사실상 능력 소질(역량(胜任力))의 빙산 모델은 리더십 구성에 대해 더 나은 해석을 할 수 있다. 데이비드 맥클리랜드(David C. McClelland)는 1970년대부터 이미 일반적으로 능력 속에 포함된 지능과 지식, 인간의 소질 이 둘은 한 사람의 일의 성패를 설명하는데 있어서 그 의미가 다르다는 것을 일찍이 발견했다. 그는 전통적인 지능과 지식 테스트로 미래의 업무에서 개인의 성패를 예측하는 것은 정확하지 않을 수 있고, 1차 자료에서 직접 발굴한 고효율과 고효능의 업무 실적과 밀접한 관계가

---

47   James M. Burns. *Leadership*. New York: Harp &Row Publisher, 1978. P.426.

있는 개인이나 개체의 기본적 특징이 미래의 업무 가운데 오히려 양호한 성과를 낼 수 있다고 지적한다.[48] 이는 능력 중에 소질 부분이 지식 기능 등의 부분보다 한 사람의 성패에 더 중요하다는 것을 가리킨다. 라일 스펜서(Lyle M·Spencer)와 사인 스펜서(Signe M·Spencer)는 1990년대 맥클리랜드의 관점을 발전시키고, 능력 소질의 '빙산 모델'을 제시했다. '빙산 모델'은 능력 소질을 빙산 위와 빙산 아래 두 부분으로 나눈다. 빙산의 윗부분(즉, 외재적인, 보이는, 알기 쉬운, 측정할 수 있는 부분)의 내용은 지식과 기능을, 빙산의 아랫부분(사람의 내재적인, 측정하기 어려운 부분)은 사회적 역할, 자아개념, 특성과 동기 등을 포함하고 있다. 표층 부분과 달리 심층 부분은 외부로의 영향을 통해 변화하기 어렵지만, 사람의 행동과 표현에 결정적인 역할을 한다. 스펜서가 보기에 우수자와 일반인을 구분하는 것은 표층 부분이 아니라 심층 부분이다. 능력 소질이란 바로 "한 가지 일에 탁월한 성취자와 평범한 자를 구별할 수 있는 중요한 요소, 즉 인간의 심층적인 특징"[49]이다. 그 이유는 한 사람의 심층적인 부분에 있는 생각, 동기, 가치, 열정, 개성이 그가 얼마나 많은 지식과 기능을 얻고, 어느 정도까지 그 지식을 이용하고 능력을 발휘하느냐를 결정한다. 같은 지식과 능력을 갖추고 있으면서도 일하고 싶어하는 열정이 없다면 성과가 있을 수 없고, 마찬가지로 동력이 없으면 지식과 능력을 얻거나 향상

48   David C. McClelland, "Testing for Competence Rather than for Intelligence", *American Psychologist*, 1973(1).

49   Lyle M. Spencer and Signe M. Spencer, *Competence at Work: Models for Superior Performance*, John Wiley and Sons, Inc, 1993 참조.

시킬 수 없다.

이렇듯 리더십도 두 가지 차원에 따라 구분할 수 있다. 첫 번째 단계는 성과를 낼 수 있는 능력, 즉 해수면 위에 떠 있는 빙산 표층의 능력, 다시말해 지식과 기술이다. 물론 여기서 지식과 기술을 더 많은 능력으로 진화시킬 수 있다. 예를 들어 앞에서 언급한 '5 가지 리더십 모델'과 공무원의 통용 능력에 언급된 능력이 있고 심지어 더 많이 열거할 수 있다. 그런데 두 가지 기본이 되는 능력이 있다. 간단하게 말하자면 일을 하는 능력과 사람 됨됨이를 하는 능력이다. 일을 하는 능력도 물론 많은 능력을 포함할 수 있지만 지도자에게는 의사결정 능력과 집행 능력에 집중돼 있다.

사이먼(Herbert Alexander Simon)은 "관리 즉 지도자는 여러 사람의 노력을 조율해 조직의 목표를 달성한다."고 말한다. 따라서 어떻게 인력자원을 적절하게 배치할 것인지, 어떻게 조직원들에게 조직에 대한 소속감을 줄 것인지, 어떻게 팀워크와 집단주의 정신을 기를 것인지 그리고 어떻게 조직원들에게 그들의 적극성을 발휘하도록 동기부여를 할 것인지 등 그것이 일의 최후 성공여부가 되는 또 다른 필수조건이다.

서로 다른 공공관리모델에 따라 의사결정과 집행능력에 대한 요구가 각기 다르다. 가장 큰 차이점은 전자는 기본적으로 조직 내부의 비교적 폐쇄적인 환경에서 이뤄지는 것으로 엄격한 관료 등급제를 따라 나타나는 것이고, 후자는 보다 개방적인 환경에서 이뤄지는 것으로 종적인 관료 등급제 외에도 수평적 네트워크 구조에서 진행된다. 의심할 바 없이 앞서 지적했듯이 이와 같이 환경은 의사결정과 이러한 능력들에 더 높은 요구를 제기한다.

두 번째 차원의 능력은 해수면 아래의 빙산 부분, 즉 동기, 가치관, 자아정립, 열정과 같은 잠재적 능력이다. 이 부분의 능력은 심층적인데, 해수면 아래에 있기 때문에 종종 간과되기도 한다. 하지만 빙산 모델에서 지적했듯이 이 부분의 능력은 오히려 관건이 되는 것이고 이러한 잠재력은 한 사람이 일을 하면서 보여준 성과를 이룩한 행위와 분명한 인과관계가 있다. 이 잠재적인 부분은 한 사람의 행동방식과 사고방식을 예측할 수 있다. 서로 다른 가치 지향점은 지도자의 일처리 방식을 결정짓고 일의 결과에 영향을 미친다. 예컨대 민원제기(上访)에 있어서 민원을 국민의 권리로 간주하는 것과 이를 간단히 안정에 대한 위협으로 간주하는 것은 두 가지 다른 문제 해결 방법을 낳을 수 있다. 후자의 결과는 항상 안정을 유지할수록 더욱 불안정하게 되는 것이고, 이 과정에서 보여지는 집행 능력이 강할수록 그 결과는 오히려 나빠질 수 있다. 우리 사회에 계속해서 일어나는 집단사태는 지도자들의 빙산 윗부분의 능력 문제라기보다는 빙산 아랫부분의 의식과 가치관의 문제라는 것을 더 많이 보여준다. 하지만 이런 문제들은 해수면 아래에 있어서 종종 무시된다. 그래서 갖은 방법을 다해 지도자들의 해수면 위의 능력을 향상시키더라도 그 결과 별 도움이 되지 않는 경우가 많다.

3. 지도자 능력의 향상 방법

지도자 능력의 제고는 국가 거버넌스 현대화의 배경에서 이해해야 한다. 국가 거버넌스의 현대화와 지도자의 능력은 서로 보완 및 발전(相輔相成)하는 관계에 있다. 국가 거버넌스 현대화 과정은 지도자가 그 재능과 능력을 발휘할 수 있는 전대미문의 커다란 무대를 마련해 주었고, 그 과정에서 생긴 문제점들은 동시에 끊임없이 지도자의 능력에 도전하였다. 반면에 지도자의 리더십은 이러한 과정의 속도를 높일 수 있고, 지연시키거나 심지어 이러한 과정을 방해할 수 있다. 지도자의 능력이 강하면 이과정을 가속화시키고 그 과정에서 리더십이 부단히 향상될 수 있다. 지도자 능력이 약하면 문제를 해결하는 수단과 방법이 부족하고, 중대한 문제의 성과를 전복시킬 수 있는 잘못을 저지르는 등, 이 과정을 지연시키고 심지어 방해할 수도 있다. 그런 의미에서 지도자의 능력을 향상시키는 것이 국가 거버넌스 현대화의 급선무이다.

지도자의 능력을 향상시키려면 격려, 성과평가, 교육훈련 등 3가지 측면에서 진행해야 한다. 왜냐하면 이 3가지 측면에서 다음과 같은 논리적 관계를 보여주기 때문이다. 먼저 격려는 성과에 영향을 주고, 성과평가는 개개인의 표현과 능력을 반영한다. 이는 교육훈련을 위한 기반을 제공하고 교육훈련을 통해 능력을 향상시켜 표현을 제고하고, 다시 표현에 대해 격려한다. 이렇게 능력이 향상되고 표현이 향상되는 순환이 이루어진다.

1) 격려(동기부여)

일반적으로 하나의 일을 해내려면 두 가지 조건, 즉 능력과 열정이 필요하다. 빙산 모델에 따르면, 열정, 즉 가치관, 특질, 동기 등은 빙산 아래의 잠재적인 능력에 속하며, 이러한 능력은 단지 교육훈련만으로 얻을 수 있는 것이 아니다. 따라서 리더십의 향상은 열정과 필요, 그리고 동기를 불러일으킬 수 있는 격려기제를 갖춰야 한다. 맥클리랜드가 보기에 사람은 기본적으로 3가지 욕구(three needs), 즉 성취욕구, 권력욕구, 소속집단 욕구 등이 있으며 욕구의 정도는 사람마다 다를 수밖에 없다. "어떤 사람들은 성공을 위한 강렬한 동기를 갖고 있으며, 그들이 추구하는 것은 성공의 대가 그 자체가 아니라 개인의 성취이고, 그들은 일하는 것에 있어서 이전보다 더 잘, 더욱 유효하게 하려는 욕망을 갖고 있다. 이러한 충동(內驅力, drive)이 바로 성취욕구다. 높은 성취 욕구자와 다른 사람들의 차이점은 그들이 일을 더 잘하려는 데 있다……그들은 어려운 도전을 즐기고, 성공이나 실패에 대한 책임을 질 수 있는 것이지 그 결과를 운이나 다른 사람의 행위로 돌리는 것이 아니다."[50]

이런 욕구를 불러일으키기 위해서는 좋은 격려기제가 필요하다. 좋은 격려 기제의 원칙은 '재능있는 사람이 지위를 차지한다(能者居位)'는 것이다. 직위 승진은 항상 공무원들이 제일 중요시하는 일이다. 이는 직위와 물질적 이익이 연결될 뿐 아니라 개인의 능력도 인정받는 것이기

---

50 [美]斯蒂芬·罗宾斯, 『组织行为学』(第七版), 孙建敏, 李原等译, 中国人民大学出版社, 1997年 版 p.173.

때문에 정신적 측면에서도 의미가 있다. 앞의 '능자거위(能者居位)', 즉 능력있는 사람이 올라가고 무능한 사람이 물러서는 원칙은 정부 관료들 간에 일종의 경쟁의식을 일으키고, 지위를 차지하는 것은 능력에 의한 것이지 다른 것과 무관한 것이다. 이렇게 하면 능력있는 사람이 자신의 발전 전망을 보고 더욱 분발하며, 어느 정도 관료의 직무유기나 이탈 문제를 효과적으로 해결할 수 있다.

훌륭한 격려기제는 정신적 격려와 물질적 격려 2가지 측면이 균형을 이루어야한다. 만약 관료가 직무유기하거나 또는 능력 있는 관료가 그만둔다면 이것은 조직의 격려기제에 결함이 있다는 뜻으로 적극성을 불러일으키거나 유능한 관료들을 붙잡을 수 없다는 것을 나타낸다. 계획경제 시대에 우리는 정신적 격려에 치중한 나머지 물질적 격려가 수정주의의 소산으로 여겼다. 개혁개방 시대에 우리는 또 물질적 격려에 치중한 나머지 물질적 격려를 성과와 연계시켰다. 이는 한편으로 성과의 효율적 향상을 자극한 면도 있지만, 다른 한편으로 공무원들이 물질적 이익 계산에 정통하도록 하고 '천하위공(天下为公, 천하는 만인의 것)' 정신이 부족한 문제도 낳았다.

그밖에 우리의 어떤 격려기제는 어느 정도 평범함을 조장하는 경우도 있고, 비록 공식적인 격려제도가 흠잡을 데가 없을지라도 성행하는 잠재적인 규칙들은 일부 분야에서 더욱 중요한 역할을 하고 있다. 예를 들어, 관료의 승진에 있어서 연공서열을 따지고, 인위적으로 선을 긋는 현상이 여전히 심각하며, 인품 좋고 능력 있고 일 잘하는 사람이 중용되지 못하고 성실한 사람이 불이익을 받는 등 이와 같은 현상들이 적지 않다.

오늘날 물질적 격려는 당연히 중요하다. 격려할 때에도 지도자의 이성적 경제인으로서의 일면을 반드시 주저함 없이 인정해야 하고 그들이 자신의 이익 추구를 한다는 것을 인정해야 한다. 격려제도를 설계할 때는 이 점을 분명히 생각해야 하며, 일방적으로 지도자가 헌신적으로 일하기를 요구하고 아무 보수를 주지 않거나 지불한 것보다 낮고 대등하지 않은 보상을 주면 안 된다. 정부를 포함한 어떤 조직도 존재하고 효율적으로 운영되는 것은 조직과 구성원 사이에 일종의 체스터 바너드(Chester I. Barnard)가 말한 '자극-보상'의 균형을 유지하면서 조직은 자극을 주고, 구성원들은 그것에 보답하며 조직의 목표를 달성하기 위해 노력한다는 것이다. 만약 이 균형이 무너지면 조직은 효율적으로 작동하지 못할 것이다. 한편으로는 정신적 격려의 의미와 역할을 소홀히 해서는 안된다. 정부 부문의 지도자가 공직자로서 다른 사람과 다른 점은 공공부문에 몸담고 있다는 것이고, 정부 부처의 본질은 사회 대중들을 위해 서비스한다는 점에서 숭고한 것이다. 좋은 격려제도는 정부 공직자의 사명감을 불러일으키고, 그들로 하여금 자신이 위대한 일을 하고 있다는 사실을 느끼도록 하며, 직업에 대한 명예심과 헌신을 불러일으키도록 해야 한다. 공직에 종사하는 사람들은 덴하트(Robert Denhardt)가 말한 대로 "공공서비스의 가치관에 의해 일하도록 재촉되고 있기 때문이다. 다른 사람을 위해 봉사하고 세상을 더 좋게 하고 더욱 안전하게 하며, 민주제도가 그 역할을 발휘하도록 하는 이런 가치관들은 한 지역사회(社區)의 서비스에서 한 시민으로서의 의미의 정수를 구현해냈다"[51]고 말했다. 따라서 격려제도는 이러한 고차원적 동기와 가치관을 육성하고 장려하여 대중을 위해 일하는 욕구를 자극해야 한다.

2) 성과평가

성과평가는 실적에 대한 측정이다. 실적의 좋고 나쁨은 앞에서 지적했듯이 능력과 열정으로 이루어진다. 실적이 나쁘면 일에 대한 열정이 없다고 할 수 있고, 열정은 있으나 능력이 부족할 수도 있다. 전자의 경우는 조직의 인센티브 제도에 문제가 있는지를 밝히고, 만약 후자의 경우라면 조직의 교육 시스템에 문제가 있었던지(물론 선발 제도에 문제가 있을 수도 있고, 일부 선발된 관리 자체가 부적합할 수 있다) 지도자의 능력이 조직의 수요를 충족시키지 못했을 수도 있다. 이는 3가지 가운데 성과평가의 중요성을 보여주고, 좋은 성과평가 제도의 구축이 얼마나 중요한지를 보여준다. 좋은 성과 평가 제도는 반드시 다음 세 가지 측면에서 특징이 있다.

첫째, 성과 기준의 합리성. 이 합리성은 기준을 너무 높거나 낮게 잡으면 안된다. 중국 행정조직의 한 가지 관행은 기준이 너무 높다는 것이다. 지나치게 높은 기준은 부작용을 일으킨다. 첫 번째는 노력하는 적극성을 상쇄하고 아무리 노력해도 달성하지 못해 노력을 포기하거나, 두 번째는, 기준에 미달해 허위로 날조하고 거짓 허위보고를 하거나, 기만 행위를 하는 등의 현상이 속출한다. 세 번째는 기준 제정자인 지도층에 대한 신뢰 상실로 반발심이 일어나는 경우도 있다. 또한 기준이 고정불

---

51 [美]珍妮特·登哈特, 罗伯特·登哈特, 『新公共服务: 服务, 而不是掌舵』, 丁煌等译, 中国人民大学出版社 2006年版, p.163.

제5장 공공행정 현대화의 도전 | 541

변해서는 안되며 반드시 상황 변화에 따라 기준을 조정해야 한다. GDP 성장률의 경우를 보면 경제가 정상적으로 발전할 때와 결제발전이 위기 상황에 직면했을 때의 기준은 반드시 달라야 하다. 후자의 상황에서 전자의 기준에 도달하지 못한 것은 능력 문제가 아니라 기준에 문제가 있는 것이다.

둘째, 평가 과정의 객관성이다. 평가는 사실에 기반을 두고 실제 성과와 기준을 서로 비교함으로써 평가 과정에서 인정이나 개인적 선호 등 주관적인 요인을 배제해야 한다. 객관성은 성과의 실제 상황을 반영하기 때문에 조직에나 개인에게나 모두 유익한 것이다.

셋째, 평가 결과의 정확성이다. 좋은 성과평가의 결과는 지도자의 표현을 진실하고 정확하게 반영할 수 있다. 평가결과의 중요성은 지도자에게 있어서 그들의 상벌, 인사이동, 직무변동 및 능력 교육 등이 모두 이 토대 위에서 이뤄진다는 데 있다. 리더십 향상의 측면에서 본다면 정확한 평가 결과도 능력 향상 교육을 위한 밑거름이 되었다.

3) 교육훈련

현대 리더십이론에 따르면, 리더십은 일종의 기술로 타고난 것이 아니라 후천적으로 습득할 수 있다고 여기고, 이러한 학습은 넓은 의미의 학습이며, 물론 교육훈련도 포함된다. 교육훈련은 공무원 관리에 있어 이미 능력 향상을 위해 필수불가결한 방식으로 인식되고 있지만 문제는 교육훈련의 유효성이다. 교육훈련 방면에 관한 저술, 특히 기술 방면에 관한 저술은 매우 많아 여기에서는 더 이상 논의하지 않겠다. 효과적인 리더십 교육훈련은 다음 3가지 측면을 중점적으로 고려해야 한다.

우선 교육훈련 사항이 시대와 더불어 발전해야 한다. 앞서 지적한 바와 같이, 능력은 동태적 개념이다. 사회의 발전, 시공간적 변화로 인해 불시에 지도자에게 새로운 능력을 요구하는 경우가 있기 때문이다. 과거의 능력이 오늘의 문제를 해결할 수 있는 것은 아니며, 그 능력은 시대의 흐름에 따라야 한다. 여기서 영국 공무원 교육훈련 방법은 우리에게 시사하는 바가 크다. 영국 정부가 2012년 발표한「문관제도 개혁 계획」이 문관들의 능력 향상을 최우선적으로 선택해야 할 과제로 삼은 이유는 영국 문관부 장관 밥 크스렉(Bob kesslek)이 지적했듯이 문관시스템이 "유례없는 도전에 직면하고 있고 도전의 요구에 맞춰 근본적인 개혁을 해야 한다"는 것 때문이다.[52] 주요한 도전은 정부에서 공공서비스를 어떻게 더 잘 제공하느냐에 달렸고, 정부조달과 아웃소싱, 숫자화 운영방식은 정부로 하여금 기존 공공서비스의 독점 제공자에서 주요 서비스 제공의 감독자로 바뀌도록 하였다. 이러한 정부 운영 환경의 변화는 문관의 정체성에 있어서도 순수하게 정치원칙과 공무집행에 바탕을 둔 정부 관료에서 경제와 이성을 따지고 실질적인 효과와 가치를 추구하는 반상인의 역할로 바꾸었다. 이러한 새로운 변화는 문관이 새로운 능력을 갖춰 적응해 갈 수 있어야지, 그렇지 않으면 새로운 역사적 조건에서 비교적 적은 비용으로 국민에게 값어치가 있는 서비스를 제공하는 것은 공

---

52 竺乾威,「文官公共服务能力建设: 英国的经验及启示」,『南京社会科学』, 2013年, 第10期, pp.67-74.

염불에 그칠 수 있다. 이와 같은 인식을 바탕으로 개혁 계획이 처음으로 문관 시스템 전반에 걸쳐 21세기에 더 나은 공공서비스를 제공할 수 있는 중요한 네 가지 능력을 제기하였다. 첫 번째는 변화를 이끌어나가고 관리하는 능력이다. 두 번째는 비즈니스 기술과 행동 능력이며, 세 번째는 정부 프로젝트와 계획을 효율적으로 제공할 수 있는 능력, 마지막으로 서비스를 새로 디자인하고 숫자화된 서비스를 제공하는 능력이다. 능력 양성은 교육훈련을 포함하여 이 네 가지 능력의 향상을 둘러싸고 진행해야 한다.

둘째, 교육훈련 방법의 맞춤성, 다양성과 실용성은 능력을 중심으로 디자인해야 한다. 영국의 경우를 보면, 교육훈련계획 프로그램은 구체적으로 다음과 같다. 첫째는 시장에서 특화된 프로젝트에 필요한 인재를 고용한다. 둘째는 옥스퍼드대 세드 비즈니스 스쿨(Said Business School)과 함께 '중요 프로젝트 지도자 연구반'을 만들어 세계적 프로젝트 지도자를 양성하는 것이다. 이 연구반은 350개 고위급 지도자를 대상으로 하고, 그들은 정부의 일부 최상위 우선순위 사업에 대해 책임을 맡게 된다. 연구반 과정의 25%는 비즈니스 인식에 집중해 졸업생들이 민간부문과 함께 일할 수 있는 능력을 키우도록 했다. 셋째는 문관의 '프로젝트 리더' 네트워크를 지원하고 확대하는 것으로, 이러한 네트워크는 프로젝트를 이끌고 관리하는 좋은 경험을 제공하고 공유하게 된다. 넷째는 중대 프로젝트 관리국에 프로젝트 전문가 비축고를 만드는 것으로, 이들 전문가들은 부처를 넘어 이동할 수 있으며, 일부 우선적인 프로젝트에 배치될 수 있다. 영국 정부의 조치는 정부가 직면한 새로운 도전에 맞서 도전에 대응하는 능력의 기본 단위를 구축한 뒤 맞춤형과 실용적 교육훈련을 실행하는 것으로 보인다.

마지막으로, 교육훈련은 학습에 대한 관심과 학습 능력을 키워야 한다. 지도자 능력의 향상은 교육훈련의 도움을 받을 수 있지만, 지식의 획득과 능력의 향상이 어느 정도 지도자 본인의 학습 능력과 이해력에 달려 있다. 앨빈 토플러(Alvin Toffler)는 저서 「권력이동(Powershift)」에서 미래의 질 높은 권력은 지식의 활용에서 나오고, 지식은 가장 용도가 광범위한 사회 통제의 근본 원천이며, 미래 권력 이동의 중심이라고 했다. 외부환경과 내부환경이 끊임없이 변화하는 행정 생태계 속에서 지도자의 학습능력이 특히 중요하고, 교육훈련은 지도자의 학습에 대한 흥미와 학습 능력을 배양시켜야 한다. 이러한 학습은 넓은 의미의 학습 개념으로 이론에서나 실천에서, 타인으로부터, 그리고 자신을 향상시킬 수 있는 모든 것에서 끊임없이 배워야만 환경의 변화에 적응하고, 환경의 변화를 이끌 수 있으며, 지도자는 비로소 이끄는 일을 할 수 있게 된다. 이밖에 지도자는 느껴서 깨닫는 능력도 중요한데, 이러한 능력은 매사에 하나를 들으면 열을 안다는 능력을 말하며, 비교하고, 판별하고, 종합하면서 얻은 경험과 교훈을 잘 느껴서 깨닫고 그 속에서 향상되는 것이다.

중국의 행정 개혁: 혁신과 현대화
公共行政的改革、創新與現代化

1판 1쇄 인쇄   2021년 1월 22일
1판 1쇄 발행   2021년 1월 29일

지은이   주첸웨이(竺乾威)
옮긴이   성균관대학교 성균중국연구소
펴낸이   신동렬
편집   현상철·신철호·구남희
디자인   심심거리프레스
마케팅   박정수·김지현

펴낸곳   성균관대학교 출판부
등록   1975년 5월 21일 제1975-9호
주소   03063 서울특별시 종로구 성균관로 25-2
전화   02)760-1253~4
팩스   02)760-7452
홈페이지   http://press.skku.edu/

ISBN 979-11-5550-458-1 93340